# *Karl August Varnhagen von Ense*

# Schriften und Briefe

Mit 8 Abbildungen

Herausgegeben von
Werner Fuld



Philipp Reclam jun. Stuttgart

Umschlagabbildung: Karl August Varnhagen von Ense.
Zeichnung von Samuel Diez, 1839.

Universal-Bibliothek Nr. 2657[5]

Gesamtherstellung: Reclam, Ditzingen. Printed in Germany 1991

ISBN 3-15-002657-1

# Inhaltsübersicht



## Publizist und Zeitzeuge



## Rezensionen



## Briefe

## Anhang

ler, sein Lob und seine Zustimmung zu erwerben [...]. Seine Wohnung war wie ein Zelt im Kriegslager der Zeit. Alle freisinnigen Elemente, die unzufrieden mit der Regierung und dem politischen Zustande Preußens waren, suchten ihn auf, um ihre Befürchtungen und Klagen in sein Ohr zu schütten; aber auch ein Teil der am Ruder befindlichen Staatsbeamten und Diplomaten stand noch aus früheren Tagen her im Verkehr mit ihm und hatte seiner Ansichten und Meinungen vor ihm kein Hehl. Varnhagen erhielt infolgedessen Gelegenheit, allen Parteien in die Karten zu sehen und ihr Spiel zu beobachten.«[1]

Diese intimen Kenntnisse und sein unkontrollierbarer Einfluß machten ihn, dessen demokratische Überzeugungen nicht unbekannt waren, besonders in der dunklen Restaurationszeit nach der unvollendeten Revolution von 1848 zu einem politischen Unsicherheitsfaktor. Erst mit seinem Tod, so glaubte man, hätte eine unruhige Epoche endlich ihr spätes Ende gefunden. Um so größer war das Erstaunen und in manchen Kreisen das Entsetzen, als gänzlich unerwartet Varnhagens Nichte und Erbin Ludmilla Assing mit der Veröffentlichung des an Überraschungen überaus reichen Nachlasses begann. Plötzlich zeigte sich, daß die Vergangenheit keineswegs vergangen war: Mit jedem Band, den die unbeirrbare Herausgeberin vorlegte, kamen unliebsame Einzelheiten des politischen und kulturellen Lebens ans Licht der Öffentlichkeit und machten Varnhagen noch lange nach seinem Tod zu einem gegenwärtigen Autor, dessen nachgelassene Schriften und Briefe sich zu einem einzigartigen und mit äußerster Heftigkeit bekämpften Zeitdokument zusammenfügten.

Der Skandal begann im Februar 1860, keine zwei Jahre nach Varnhagens Tod, mit der Veröffentlichung des Briefwechsels zwischen dem im Vorjahr kurz vor Erreichen seines 90. Geburtstages verstorbenen Alexander von Humboldt und Varnhagen, der mehr als dreißig Jahre lang dessen engster

1 Feodor Wehl, *Zeit und Menschen. Tagebuch-Aufzeichnungen aus den Jahren von 1803–1864*, Bd. 2, Altona 1889, S. 13 ff.

*Einleitung*

# Diplomat und Revolutionär

Mit dem Tod Karl August Varnhagens von Ense am 10. Oktober 1858 schien für die preußische Diplomatie ein jahrzehntelanges Ärgernis beendet zu sein. Alle Intrigen gegen ihn waren ins Leere gelaufen oder an seinen undurchschaubaren Beziehungen zum Hofe gescheitert. Obwohl Varnhagen 1824 – mit 39 Jahren – in den einstweiligen Ruhestand versetzt und ein Jahr später mit dem Titel »Geheimer Legationsrat« abgefunden worden war, beauftragte ihn König Friedrich Wilhelm III., der seinen Einfluß sonst eher zu fürchten schien, mehrfach mit Missionen, die so delikat waren, daß kein Diplomat in Diensten ihr Scheitern verantworten wollte und deren Gelingen keinen offiziellen Ruhm versprach. In den Jahren nach dem Tod seiner Frau Rahel (1833) hatte sich Varnhagen als Graue Eminenz der Politik und der Literatur etabliert. »Er war in Berlin eine überaus angesehene Person und seine Wohnung in der Mauerstraße, gerade gegenüber der Einmündung der Französischen Straße, ein Wallfahrtsort aller Berühmtheiten, aller Menschen von Geist und hervorragendem Ansehn. Es kam niemand von Namen und Ruf nach der preußischen Hauptstadt, der nicht Varnhagen besucht hätte. Varnhagen, der im Verein mit Rahel soviel getan hatte, um Goethe Anerkennung und Verehrung zu schaffen, hatte nun selbst etwas von dessen Ruhm erlangt. Er bildete einen Mittelpunkt für alle Intelligenz der Hauptstadt und in diesem Mittelpunkte sozusagen den Seher und das Orakel der Zeit. Alle Welt wollte von ihm die Rätsel der Gegenwart und den Gang der Zukunft gedeutet haben. Es war, als ob der Webstuhl der Geschichte in seiner Stube schnurrte. Nicht nur die Minister, die Diplomaten, die Politiker kamen, ihn um Auskunft und Rat zu fragen, auch die Künstler, um nach seinem Urteil zu forschen, die Schriftstel-

Vertrauter gewesen war. Der welterfahrene Naturforscher, der als Kammerherr zweier preußischer Könige bei Hofe intellektuell vereinsamte, hatte in Varnhagen einen ebenbürtigen Freund gefunden, bei dem er mit seinem bissigen Spott über die würdelosen Hofsitten, die Geistesschwächen des Monarchen, die Stupidität seiner Minister und die Intrigen der Bürokratie auf völlige Übereinstimmung stieß. Wie Varnhagen vertrat Humboldt demokratische Ansichten und wäre ohne die ahnungslose Protektion des Königs, der sich mit seinem Ruhm schmückte, ohne seine Kenntnisse zu nutzen, wohl allein aufgrund seiner öffentlichen Vorträge wegen demagogischer Umtriebe aus Preußen ausgewiesen worden. Aber Humboldt tauschte nicht nur intime Indiskretionen mit Varnhagen aus, sondern vertraute auch dessen vielseitig erprobtem und weithin gerühmten Stilgefühl, als er ihm die Summe seines Lebenswerks, den *Kosmos* (1845–62), zur endgültigen stilistischen Überarbeitung überließ. Die klassische Sprache dieser epochalen Naturgeschichte ist weitgehend Varnhagens Leistung und Verdienst.

Als 1860 der 400 Seiten umfassende Briefwechsel Alexander von Humboldts mit seinem Freunde erschien – ergänzt durch Gesprächsaufzeichnungen aus Varnhagens bislang unbekannten Tagebüchern – und der Öffentlichkeit damit intime Einblicke in die politisch und moralisch korrupten Verhältnisse am preußischen Hof ermöglicht wurden, erhoben sich sofort Stimmen des Protestes. Während kirchliche Kreise den offenen Atheismus der Briefpartner und deren Spott über den Einfluß von Kirchenmännern auf den von seinem »Gottesgnadentum« überzeugten Friedrich Wilhelm IV. rügten, nannte Friedrich Hebbel das Buch schlicht verallgemeinernd »den skandalösesten Briefwechsel [...], der je das Licht der Welt erblickt hat« – »ein Spucknapf, der lebendig wird.«[2]

2 Friedrich Hebbel, *Tagebücher*, hrsg. von Karl Pörnbacher, München 1984, Bd. 3, S. 274 (1. April 1860) und S. 296 (Mai 1861).

Auch die Behörden reagierten umgehend. Bereits am 28. Februar 1860 erwog der Berliner Polizeipräsident eine Beschlagnahme, da das Buch Urteile enthalte, »die mindestens durch ihre Veröffentlichung den Charakter der Ehrfurchtsverletzung gegen den König«[3] annähmen. Tatsächlich wurde das Buch noch am folgenden Tag beschlagnahmt, die Konfiszierung aber aus Bedenken gegen einen Prozeß wenig später wieder aufgehoben. Der Verlag Brockhaus, der sich eine bessere Werbung nicht hätte wünschen können, mußte bereits im Juni die fünfte Auflage drucken. Nach der Freigabe des Buches verlegten sich die Gegner auf die Taktik, die Berechtigung Ludmilla Assings zur Herausgabe des Briefwechsels in Abrede zu stellen. Diese veröffentlichte daraufhin (*Vossische Zeitung*, 31. März 1860) die Schenkungsurkunde, mit der ihr Varnhagen nicht nur seine Bibliothek und Manuskriptsammlung übereignet hatte, sondern ausdrücklich auch deren Nutzung durch die mit dem Material seit Jahren vertraute Nichte bestimmte. Es besteht kein Zweifel, daß Varnhagen selbst die Veröffentlichung seines Nachlasses gewünscht hatte, dennoch versuchten die Gegner noch jahrelang mit der Behauptung, die Herausgeberin verstoße gegen den letzten Willen Varnhagens, die Veröffentlichung besonders der Tagebücher zu verhindern. Denn durch die in den Humboldt-Briefwechsel eingefügten Gesprächsaufzeichnungen ahnten sie, welch enthüllendes Material noch auf sie zukommen würde.

Bemerkenswerterweise wurden Varnhagens *Briefe an eine Freundin*, die die Adressatin Amely Bölte ebenfalls 1860 herausgab, von der Öffentlichkeit kaum zur Kenntnis genommen, obwohl Varnhagens Briefe an die in England lebende Bölte ausführlicher und kritischer zu Zeitfragen Stellung nehmen, als es der schriftliche Dialog mit Humboldt nötig gemacht hatte. Dieses eigentümliche Übergehen könnte seinen Grund haben in dem Titel, der auf Wilhelm von Hum-

3 Zit. nach: Heinrich Hubert Houben, *Verbotene Literatur*, Dessau [2]1925, S. 597.

boldts *Briefe an eine Freundin* verweist. Über dieses salbungsvoll verlogene Erbauungsbuch, das keinen kritischen Leser anlockte, hatte Varnhagen an Amely Bölte geschrieben (30. November 1847), es sei ihm »zu mönchisch, zu asketisch, und bei den besten Stellen läßt mich das Wissen, wie Humboldt bis zuletzt auf ganz entgegengesetzte sinnliche Richtungen hingegeben war, zu keiner Erbauung kommen.« Die unglückliche Identität der Titel hat vielleicht verhindert, daß Varnhagens unverblümte Zeitanalysen einem breiteren Publikum bekannt wurden.

Im Gegensatz dazu hatten die ab 1861 von Ludmilla Assing herausgegebenen *Tagebücher. Aus dem Nachlaß Varnhagens von Ense* einen geradezu sensationellen Erfolg und ein ebenso breites wie heftiges Echo. Vom ersten Band an nahm die Herausgeberin gewisse Rücksichten: Sie veröffentlichte nicht annähernd die vollständigen Manuskripte – tatsächlich umfassen die letztlich gedruckten 14 Bände noch nicht die Hälfte des handschriftlichen Bestandes. In dieser Auswahl, deren Hauptakzent auf politischen Eintragungen zu Lasten der literarischen Notizen liegt, wurden viele noch lebende Personen nur mit dem Namensinitial bezeichnet, was allerdings die Neugier des Publikums besonders reizte. Der Referent des Polizeipräsidenten erklärte über die ersten beiden, von 1835 bis 1844 reichenden Bände, es handle sich um »eine groteske Mischung von wertvollen Betrachtungen, Anekdoten und historischen Daten, übergossen mit dem Gifte bitterster Schmähsucht, die ihren natürlichen Ursprung in wohl unverdienter Zurücksetzung finden läßt, und die sich bis über das Königliche Haus und die jetzt regierenden Majestäten erstreckt.«[4] Einen Grund zum Einschreiten sah man, zumal nach der Erfahrung mit dem Humboldt-Briefwechsel, nicht. Das änderte sich, als im Frühjahr 1862 die nächsten beiden Bände erschienen, die bis zur Revolution von 1848 reichten. Im Sommer wurde die Herausgeberin Ludmilla Assing zu

4 Zit. nach: ebd., S. 600.

acht Monaten Gefängnis verurteilt; sie floh nach Italien, eine Berufung wurde verworfen. Nun sollten die Bände beschlagnahmt werden, aber die Beamten fanden bei den Buchhändlern nur noch ein einziges Exemplar, obwohl bereits eine zweite Auflage ausgeliefert worden war. Im August 1862 erschienen wiederum die nächsten Bände 5 und 6, die sofort vergriffen waren, so daß die Beschlagnahme erneut ohne Erfolg blieb. Daraufhin wurde gegen Ludmilla Assing ein neues Verfahren eingeleitet, an dessen Ende sie 1864 wiederum in Abwesenheit zu zwei Jahren Gefängnis und Verlust der bürgerlichen Rechte verurteilt wurde. Seither wurde sie steckbrieflich gesucht. Unbeeindruckt ließ die mutige Ludmilla Assing die zwei folgenden Bände in einem Schweizer Verlag erscheinen, bis die Amnestie vom 20. September 1866 die Vollstreckung des gegen sie erlassenen Haftbefehls aufhob und der 9. bis 14. Band ohne Beanstandung wieder in Deutschland, bei Hoffmann und Campe, gedruckt werden konnten.

Bereits die stets behördlich gefährdete und wechselvolle Druckgeschichte der Tagebücher Varnhagens[5] zeigt, welche Bedeutung dieser Sammlung zugemessen wurde. Tatsächlich handelt es sich trotz des fragmentarischen Charakters der Auswahl um ein einzigartiges Zeitdokument der deutschen Geschichte. Abgesehen von Varnhagens Bewertungen und Selbstaussagen findet der Historiker hier ein unersetzliches Archiv, zusammengestellt aus Zeitungsmeldungen, persönlichen Eindrücken und unzähligen privaten Gesprächen. Eine Ergänzungsedition, die alle damals aus tagespolitischen Gründen fortgefallenen literarhistorisch wichtigen Eintragungen sammelt, wäre dringend erforderlich.

Die publizistische Reaktion auf das Erscheinen der Tagebücher war außerordentlich heftig. Man stelle sich vor: ein preußischer Diplomat, trotz seines Ruhestandes noch immer in Verbindung mit höchsten Regierungskreisen, als »deut-

5 Ausführlich dargest.: ebd., S. 595 ff.

scher Plutarch« von Goethe gerühmt für den geschmeidigen Stil seiner *Biographischen Denkmale*, erweist sich scheinbar plötzlich als jahrelanger Parteigänger der Demokraten und übt so vernichtende Kritik an den preußischen Zuständen, daß das Königliche Stadtgericht im Urteil gegen die Herausgeberin der Tagebücher von einer »Gefährdung des öffentlichen Friedens« sprach. Welche Überraschung dieser abrupte Wandel des Varnhagen-Bildes in der Öffentlichkeit auch für die demokratische Seite bedeutete, zeigt die Rezension von Hieronymus Lorm[6]: »In doppelter Gestalt auf Erden zu wandeln, war manchem Wundermann zu seinem Nutzen und zum Schaden anderer Leute beschieden. [...] Nach dem Tode jedoch in doppelter Gestalt auf die Nachwelt übergehen, sozusagen in zwei nicht nur verschiedenen, sondern einander sogar ausschließenden Charakteren aufzutreten – das ist einzig und allein dem Schriftsteller Varnhagen von Ense gewährt und kommt in der ganzen Kulturgeschichte wohl nicht ein zweitesmal vor.« Lorm gibt nun in seiner Rezension zunächst ein Bild des von allen gekannten Varnhagen als Schriftsteller und Herausgeber der Briefe seiner Frau und schließt diesen nicht unkritischen Abriß mit der süffisanten Bemerkung: »[...] man hätte damals glauben können, seine Bedeutung wäre mit einem einzigen Worte zu bezeichnen: Rahels Witwe.« Anschließend würdigt Lorm den Varnhagen der Tagebücher: »Jetzt wurde klar, daß die milde, philosophische Resignation [...] eine Maske gewesen war, unter der in Wahrheit eine ungebändigte, aber auch durch die allgemeinen Verhältnisse gerechtfertigte Wut gegen alles lebte, was in Deutschland mit der Politik zu tun hatte. Wie Karl Moor, weil ihm Unrecht geschehen war, aus dem Kreise der ehrlichen Leute heraustrat und unter die Spitzbuben ging, so hatte Varnhagen aus demselben Grunde umgekehrt den Kreis der Diplomaten verlassen und war unter die ehrlichen Leute gegangen. Die Ehrlichkeit gibt den ›Tagebüchern‹, obgleich

6 Heinrich Landesmann (Pseud.: Hieronymus Lorm), *Philosophisch-kritische Streifzüge*, Berlin 1873, S. 98 ff.

sie anscheinend nur von subjektiven Stimmungen und Veranlassungen getragen werden, ihre für die Geschichtsschreibung unschätzbare, objektive Bedeutung. Zugleich aber wirken sie günstig zurück auf seine nicht posthumen Werke. Denn von seiner Gerechtigkeitsliebe und von seiner Fähigkeit, gegen das Schlechte leidenschaftlich zu entbrennen, jetzt unterrichtet, liest man aus seinen Büchern ohne Mühe und ohne Anzweiflung den wirklichen Weltweisen, den künstlerisch gebildeten Schriftsteller heraus. Demnach geht er in zwei Gestalten auf die Nachwelt über.«

Die späte Genugtuung eines verfolgten Demokraten wie Lorm zeigt sich nach unmittelbarer Lektüre der ersten Tagebuch-Bände in seinem Brief an den Redakteur der Wiener *Presse*, Emil Kuh: Daß Varnhagen »plötzlich aus dem Grabe heraus die Posaune des jüngsten Gerichtes vernehmen läßt gegen die Sünder, die in niederträchtigem Eigennutz und durch Sanktionierung frommer Heuchelei und seelenmörderischer Lüge das deutsche Volk um äußere Ehre und innere Sitte und 40 Jahre fortschreitender Kultur brachten, das ist eine Gerechtigkeit, die in ihrer seltsam schauerlichen Strenge und Größe als solche, als bloße Gerechtigkeit, auch von der ruhigsten Zeit erkannt werden kann und für alle Zeit gültig bleibt.«[7]

Während der politisch ungebildete Konformist Hebbel in Varnhagens Enthüllungen nur die »Bosheit und Giftigkeit« eines Kammerdieners findet, der sich »lebelang vergebens um eine Stelle bemüht«[8], erkannte Lorm sofort deren aktuelle politische Sprengkraft: »Und diese Bücher sind nicht bloß Geschichte, sie machen auch schon Geschichte, das wird sich bei den neuen Gestaltungen in Preußen zeigen.«[9] Genau dies aber sollte mit allen Mitteln verhindert werden. Denn es zeigte sich hier, wie falsch Theodor Mundts maliziöse Vermutung gewesen war, von Varnhagens aus diplomatischer

7 Hieronymus Lorm, *Ausgewählte Briefe*, Berlin 1912, S. 179.
8 Hebbel (Anm. 2) S. 319 (15. Oktober 1862).
9 Lorm (Anm. 7) S. 179.

Vorsicht zurückgehaltenen Aufzeichnungen werde später »nichts der Rede Wertes mehr« zurückbleiben.[10] Im Gegenteil setzte Varnhagens Chronik der Intoleranz und der obrigkeitsstaatlichen Unterdrückungsmechanismen noch auf Jahre hinaus einen schmerzhaften Stachel ins Selbstgefühl des deutschen Reiches. Der Kampf gegen den Schatten, den seine Tagebücher auf die preußische Geschichte warfen, begann mit Diffamierungen und endete im Rufmord.

Der diffamierende Grundzug des ungewöhnlich umfangreichen Aufsatzes (im Neudruck fast 100 Seiten), den Rudolf Haym 1863 anläßlich der ersten 6 Bände der Tagebücher dem Charakter Varnhagens widmete,[11] erklärt sich nicht allein aus politischen Differenzen, sondern vor allem aus persönlicher Rachsucht. Haym gehörte in der Frankfurter Nationalversammlung zur Partei des rechten Zentrums, die 1848 das Recht des Königs auf Verlegung und Vertagung durchsetzte. »Ein wahrer Hochverrat an der Freiheit und am Volke«, heißt es dazu im fünften Band der *Tagebücher*, der Haym vorlag, und in der Aufzählung der Abgeordneten fand er seinen Namen mit dem Zusatz: »lauter verfaulte Freisinnige, wegzuwerfen und einzustampfen!«[12] Varnhagens spontaner Zorn machte ihn jedoch keineswegs blind für die Verdienste, die sich Haym später mit seinen Schriften erwarb, bis er mit seinem Buch über Hegel Varnhagens entschiedene Ablehnung herausforderte. Haym hatte, durchaus vulgär-soziologisch, gegen die Differenz der eben beendeten *Phänomenologie* zu dem gleichzeitigen Einmarsch Napoleons in Jena polemisiert, hatte über den »absoluten Idealismus« der Philoso-

10 Theodor Mundt, *Geschichte der Literatur der Gegenwart*, Leipzig ²1853, S. 649.

11 Rudolf Haym, »Tagebücher von K. A. Varnhagen von Ense«, in: *Preußische Jahrbücher* 11 (1863) S. 445 ff.; wiederabgedr. in und zit. nach: R. H., *Zur deutschen Philosophie und Literatur*, ausgew., eingel. und erl. von Ernst Howald, Zürich/Stuttgart 1963, S. 74 ff.

12 Karl August Varnhagen von Ense, *Tagebücher*, 15 Bde., hrsg. von Ludmilla Assing (im folgenden zit. als: *Tagebücher*), Bd. 5, Berlin 1862, S. 321 (1. Dezember 1848).

phie Hegels gespottet, der sich an Napoleon »wegwerfen mußte«. Aber »es wäre im höchsten Grade unbillig, Hegel allein und persönlich« für diese »Schmach verantwortlich zu machen« – und nun folgen die für Varnhagens Kritik entscheidenden Sätze: »Er teilte das Schicksal und die Torheit einiger der Besten seiner eignen Zeitgenossen. Wo Hegel stand, ebenda stand auch Goethe.«[13] Für Varnhagen, den Heine mit guten Gründen den »Statthalter Goethes auf Erden« genannt hatte, war dies ein Sakrileg: er nutzte seine Beziehungen, um Hayms Buch durch negative Rezensionen zu diskreditieren, und ließ durch seinen langjährigen Freund Karl Rosenkranz eine Gegenschrift erscheinen.[14] »Ich las sie sogleich, sie freut mich sehr. Das freche Geschwätz des verdrehten Burschen wird gehörig abgestraft [. . .].«[15]

Vor diesem Hintergrund einer Literaturfehde muß man Hayms Aufsatz gegen Varnhagen als einen weit ausholenden Gegenschlag verstehen, der um so gründlicher ausfallen durfte, als sich der Gegner nicht mehr wehren konnte. Hayms vorgebliche Rezension unterscheidet sich von allen späteren grobschlächtigen Erledigungsversuchen dadurch, daß sie ohne Einschränkung noch heute als stilistisch vollendetes Meisterwerk der Perfidie und Verleumdung gelten muß. Sie ist die Quelle, aus der alle späteren Gegner, ihnen voran Treitschke, geschöpft haben. Hayms Stillage wechselt zwischen der Ironie, mit der das Werk des Schriftstellers Varnhagen abgehandelt wird, und einem rüden Sarkasmus bei der Darstellung seiner politischen Haltung – »seit sich unter der äußeren Hülle aristokratischen Gebarens allmählich der vulgärste Radikalismus entwickelte.«[16] Für den Schriftsteller findet der Anti-Goetheaner Haym Worte, die ihm wider Willen zum Lob geraten: »Es gibt Seiten, namentlich in den kritischen Aufsätzen Varnhagens, die Goethe

13 Rudolf Haym, *Hegel und seine Zeit*, Berlin 1857, S. 258 f.
14 Karl Rosenkranz, *Apologie Hegel's gegen Dr. R. Haym*, Berlin 1858.
15 *Tagebücher*, Bd. 14, Hamburg 1870, S. 210.
16 Haym (Anm. 11) S. 169.

nicht anders geschrieben haben könnte« – aber eben nur deshalb, weil »seine Eigenliebe, seine Selbstgefälligkeit [...] die Form der Bespiegelung in Goethe«[17] angenommen habe. Varnhagens Hinwendung zur Partei der Demokraten erklärt Haym mit einer seither zur konventionellen Legende gewordenen Zurücksetzung durch die preußische Regierung, von der er nichts merken ließ: »Ein redseligster Räsonneur in Wort und Schrift, steht er agitierend hinter den Kulissen, schürt er das Feuer und freut sich, wenn es um sich greift, aber, dank seinem Renommee als Schriftsteller für die vornehme Welt und dank seinem diplomatischen Behaben: seine alten Bekannten aus der höheren Gesellschaft haben fürs erste noch keine Ahnung von seinen plebejischen Meinungen« – daß »unter dem glatten, weichen, schöngefleckten Fell eigentlich eine blutgierige Bestie stecke, das war ein Geheimnis [...]«.[18] Hayms Fazit ist von demagogischer Schlichtheit; der Gegenwart habe Varnhagen nichts mehr zu sagen: »Zum Glück. Denn an solchen Staatsmännern würde der Staat, an mehreren solchen Schriftstellern die Literatur zugrunde gehen. [...] Möge es auch in Zukunft unter uns viele gleich große Talente, aber nie einen zweiten Varnhagen geben. Es ist genug und zu viel an dem einen.«[19]

Treitschke hat Haym zu diesem vernichtenden Aufsatz – der ersten Gesamtdarstellung Varnhagens – ausdrücklich beglückwünscht. Das »edle moralische Pathos« und der »sittliche Ernst« hatten ihm besonders zugesagt; »ich kann mir lebhaft vorstellen«, schrieb er dem Autor am 27. Juni 1863, »daß Sie bei der Arbeit gradezu gelitten haben« und ihm das Schreiben »verekelt« gewesen wäre[20]. Bei der Beurteilung Varnhagens in seiner *Deutschen Geschichte* (1879–94), die bis tief in unser Jahrhundert das Geschichtsbild des Bürgertums

17 Ebd., S. 146.
18 Ebd., S. 169.
19 Ebd., S. 172 f.
20 *Heinrich von Treitschkes Briefe*, hrsg. von Max Cornicelius, Bd. 2, Leipzig 1913, S. 268.

verhängnisvoll beeinflußt hat, übernimmt Treitschke alle Motive Hayms in polemischer Vergröberung und orientiert sich zugleich in der Struktur der Argumentation an Mommsens *Römischer Geschichte* (1854–56): Treitschke verfährt mit Varnhagen wie Mommsen mit Cicero, dem als Staatsmann jede Einsicht, als Schriftsteller jede Ansicht abgesprochen worden war. Folglich ist Varnhagen für Treitschke »der eitelste und unzuverlässigste aller Diplomaten Preußens« gewesen, der als »literarischer Schöngeist« versucht habe, »Politik auf eigene Faust« zu betreiben, »um sich des Ruhmes seiner Frau würdig zu zeigen«.[21] Seine politischen Berichte an den Staatskanzler Hardenberg seien »fast durchweg wertlose Klatschereien, ganz im Stile seiner späteren Tagebücher«,[22] die Amtsführung eine »Kette von Unbotmäßigkeit und Gewissenlosigkeit«.[23] Schließlich, nach der Abberufung, »rächte er sich endlich durch eine literarische Giftmischerei, die seiner politischen Taten würdig war«.[24] Bruchlos und historisch zwangsläufig schließt sich diesem Urteil die nationalsozialistische Diffamierung Varnhagens an, »der als Mensch und Charakter wie als Politiker eine klägliche Erscheinung ist, und der sein ganzes bißchen schriftstellerische Gewandtheit in den Dienst der Befehle seiner jüdischen Frau« stellte.[25]

Eine ganz unerwartete Unterstützung und Fortführung fanden die antisemitischen Angriffe Treitschkes gegen Varnhagen in dem Buch der Jüdin Hannah Arendt über Rahel, das schon vor 1933 zum größten Teil im Manuskript vorlag, aber erst 1959 veröffentlicht werden konnte.[26] Dieser monographische Essay reproduziert das bekannte Bild Varnhagens,

21 Heinrich von Treitschke, *Deutsche Geschichte im Neunzehnten Jahrhundert*, Tl. 2: *Bis zu den Karlsbader Beschlüssen*, Leipzig 1882, S. 370.

22 Ebd.

23 Ebd., S. 518.

24 Ebd.

25 Kurt Fervers, *Berliner Salons. Die Geschichte einer großen Verschwörung*, München 1940, S. 19.

26 Hannah Arendt, *Rahel Varnhagen*, München 1959.

um in autobiographisch begründeter Projektion den Sozialisationskonflikt einer kämpferischen Jüdin zu zeigen, die letztlich vor den historischen Verhältnissen resignieren mußte. Rahel habe »der bettelhaften Neugier dieses Mannes« nur nachgegeben, weil sie in ihrer unsicheren ökonomischen Situation in ihm »die letzte Chance« sah. So wurde sie unglücklich, denn »den Mann, mit dem sie lebt, hat sie nie geliebt«. Alle Erfolge des Nichtjuden Varnhagen werden von Hannah Arendt ignoriert oder polemisch umgewertet; sogar daß er Rahel im Kreis der Freunde preist, wird bei Arendt zu »der absurden Lächerlichkeit, sich zum Propheten einer Frau zu machen«. Denn dadurch habe er »letztlich ihr Leben zur Anekdote degradiert«.[27] Solche Polemik ignoriert, daß Hannah Arendt ihre Rahel-Studie einzig deswegen schreiben konnte, weil Varnhagen nach Rahels Tod alle ihre Briefe von Bekannten und Freunden auslieh, sie abschrieb, in mehreren Auswahlbänden veröffentlichte und nur dadurch erreichte, daß wir heute noch etwas von dieser Frau wissen.

Gerade an Varnhagens Editionen aber übte Hannah Arendt noch im 1958 geschriebenen Vorwort ihres Buches heftige Kritik: Die von Varnhagen veröffentlichten Briefe böten durch »seine absichtlichen Verfälschungen«, seine »Interpolationen und Vernichtung oder Verstümmelung von Briefen«, keine authentischen Texte. Erst ihre eigenen nach Einsicht ins Varnhagen-Archiv vorgenommenen »zahlreiche(n) Korrekturen und Ergänzungen« gewährleisteten philologische Exaktheit der Zitate und der im Anhang ihres Buches wiedergegebenen Briefe,[28] die in der Druckfassung von 1834 »oft beträchtliche Auslassungen und Änderungen von Varnhagens Hand« enthalten hätten.[29] Solche für ein breiteres Publikum nicht nachprüfbaren Behauptungen mußten (und sollten) den Leser sofort gegen Varnhagen, der hier als Fälscher dargestellt wird, einnehmen. Dies ist Hannah

27 Ebd., S. 141, 171, 197, 144, 142.
28 Ebd., S. 8 f.
29 Ebd., S. 214.

Arendt durchaus gelungen, freilich leider auf Kosten der historischen Wahrheit. Richtig ist, daß in 21 Briefen auf insgesamt 50 Seiten ganze 13 Zeilen von Varnhagen gekürzt wurden, ohne daß dadurch eine Sinnentstellung oder nur Sinnveränderung entstanden wäre. Demgegenüber hat Hannah Arendt in einem Brief selbst neun Zeilen ohne Kenntlichmachung ausgelassen.[30] Ohne auf die unterstellten Motive, die nach Arendt Varnhagen zu seinen angeblichen »Verfälschungen« bewogen haben, hier näher einzugehen, sei festgehalten, daß Varnhagen die Briefe in größtmöglicher Texttreue veröffentlichte, was zu seiner Zeit keineswegs selbstverständlich war, und auch gerade solche Stellen, die vielleicht für ihn ungünstig wirken konnten, nicht unterdrückte. Die neuere Rahel-Forschung hat dies zwar inzwischen anerkannt und distanziert sich auch vom interpretatorischen Ansatz des Arendt-Essays[31], doch die vernichtende Wirkung, die Hannah Arendts sehr erfolgreiches Buch als vorerst letztes Glied einer Kette von Verleumdungen auf das Bild Varnhagens beim Leserpublikum gehabt hatte, konnte dadurch nicht ausgelöscht oder rückgängig gemacht werden.

Der Vorwurf, Varnhagen hätte ihm hinterlassene Briefe entstellt und aus privaten Gründen nur verfälscht veröffentlicht, war übrigens nicht neu. Als Reinhold Steig 1894 Briefe von Clemens Brentano und Achim von Arnim in zusammenfassender Darstellung publizierte, war es für ihn selbstverständlich, einzelne Tilgungen in den Manuskripten mit Varnhagens »Rache an Arnim, Bettina und Clemens« zu erklären.[32] Tatsächlich hatte Varnhagen, nachdem ihm in den vierziger Jahren von Bettina der größte Teil des Nachlasses

30 Im Brief an Brinckmann vom 24. April 1824; ebd. S. 260 ff.

31 Z. B. *Rahel Levin Varnhagen. Die Wiederentdeckung einer Schriftstellerin*, hrsg. von Barbara Hahn und Ursula Isselstein, Göttingen 1987 (Zeitschrift für Literaturwissenschaft und Linguistik, 14), und Heidi Thomann Tewarson, *Rahel Levin Varnhagen*, Reinbek bei Hamburg 1988 (rowohlt monographien, 407).

32 Reinhold Steig, *Achim von Arnim und die ihm nahe standen*, Bd. 1, Stuttgart/Berlin 1894, S. 295.

ihres Mannes und ihres Bruders zur Verwahrung und späteren Veröffentlichung überlassen worden war, einzelne Stellen in den Briefen aus deren antisemitischer Zeit (Winter 1810/11) eliminiert, die unverhohlen gegen Rahel als Jüdin gerichtet waren. Er handelte dabei, entgegen heutigen textkritischen Maßstäben, ganz im postumen Interesse Clemens Brentanos, das auch dessen Bruder Christian bei seinen allerdings erheblich umfangreicheren Eingriffen in der Edition der *Gesammelten Schriften* von 1852 wahren wollte, als er all das wegließ, »was Clemens selbst für anstößig und nachteilig erachtet, und darum nicht würde haben drucken lassen«, wie Christian Brentano in seiner Einleitung formulierte.

Varnhagens diplomatische Editionspraxis verschleiert heute, daß er damals unter den Literaten keinen gehässigeren Feind hatte als Clemens Brentano. Diesen Virtuosen der üblen Nachrede lernte Varnhagen im Sommer 1811 in Teplitz kennen; seine antisemitische Haltung war spätestens seit der Gründung der »Christlich-Deutschen Tischgesellschaft« im Januar jenes Jahres allgemein bekannt. Brentano hatte dort im März unter großem Beifall seine Streitschrift *Der Philister vor, in und nach der Geschichte* vorgelesen und sie im Mai drucken lassen. Diese Schrift mit ihren heftigen antijüdischen Schmähungen erregte in Berlin größtes Aufsehen und sogar Tätlichkeiten auf offener Straße. Ein Strafverfahren gegen Arnim hatte beide Gründer der »Tischgesellschaft« veranlaßt, Berlin fluchtartig zu verlassen. Bereits beim ersten Besuch Brentanos bei Varnhagen in Teplitz kam es, wohl durch antisemitische Äußerungen gegen Rahel, zu einem handgreiflichen Streit, der aber Varnhagen nicht daran hinderte, bei seinem Aufenthalt in Prag im Spätsommer 1811 Brentano fast täglich zu empfangen. An Rahel schrieb er: »Du wirst Dich wundern zu hören, wer mich alle Tage besucht, und mich ziemlich lieb hat: Clemens Brentano. In meinen kranken Tagen war er fast immer bei mir, und las mir vor; anfangs hatte ich noch einige Auftritte mit ihm, weil er sich vieles erlaubte, das ich nicht leiden wollte, jetzt aber sind wir ganz unbefangen und vergnügt zusammen [...].«[33] Rahel war zunächst über diesen Umgang ihres Freundes entsetzt, ließ sich aber beruhigen durch den versöhnlichen Ton der Mitteilungen: »Berührt er jemals die Teplitzer Geschichte, so ist alles vorbei, ich würde das Ableugnen von seiner Seite niemals ertragen, und ihn auf alle Weise zwingen, die Wahrheit einzugestehen, so leid es mir auch täte. Bis zu dieser möglichen Explosion leben wir in gutem, vertrauensvollem Frieden [...].«[34]

Zu dieser »Explosion« kam es allerdings sehr rasch, nachdem Brentano durch Varnhagen einen Brief an Rahel befördern ließ, der offenbar wieder höchst süffisante und beleidigende Bemerkungen enthielt. Rahels wütende Reaktion richtete sich nun aber weniger gegen Brentano (»Er ist ein Esel; und weiter nichts«), als vor allem gegen Varnhagen selbst, da sie annahm, ihr Freund hätte den Inhalt des Briefes gekannt: »Du mußt aber *komplett* die *Besinnung* verloren haben, daß Du ihn diesen Brief abschicken ließest! *So* pronierst Du mich! und *so* läßt Du mich beleidigen, wenn einige Hiebe mich schützen können? Du wirst *begreifen*, daß es jetzt dazu *durchaus* zu spät ist: und das Ridikül auf unserer Seite wäre. [...] Warte also *lange*, auf eine andere, *ganz* günstige Gelegenheit. Nun kein Wort mehr der Schmach, in Kot getreten zu sein.«[35]

Die Folge war, daß Varnhagen beim nächsten sich bietenden Anlaß Brentano zwei Ohrfeigen verabreichte, ihm als Pfand für sein künftiges gutes Benehmen das Manuskript des Trauerspiels *Aloys und Imelde*, an dem Brentano gerade letzte Hand anlegte, wegnahm und dafür sorgte, daß der Vorfall überall bekannt wurde. Durch die Konfiszierung des Manuskripts, das er erst zwei Jahre später – übrigens durch

33 *Briefwechsel zwischen Varnhagen und Rahel*, hrsg. von Ludmilla Assing, 6 Bde., Leipzig 1874/75 (im folgenden zit. als: *Briefwechsel mit Rahel*), Bd. 2, S. 170 (24. Oktober 1811).

34 Ebd., S. 213 (6. Januar 1812).

35 Ebd., S. 236 f. (1. Februar 1812).

Rahels großzügige Vermittlung – zurückerhielt, sah sich Brentano gezwungen, eine neue Fassung zu schreiben, die in manchen Details den Charakter eines Schlüsseldramas um Varnhagen annahm.[36]

Von Clemens Brentano stammen zwei sich ergänzende Äußerungen, die durch ihre kaum zu überbietende Taktlosigkeit das negative Varnhagen-Bild mitbestimmt haben. Als ab 1860 die skandalösen Publikationen aus dem Nachlaß an die Öffentlichkeit kamen, erinnerte man sich in konservativen Kreisen an eine fast dreißig Jahre zurückliegende Anekdote, die Brentano anläßlich des Erscheinens der Briefe Rahels überall erzählt hatte: »Als Varnhagen erst den Briefwechsel, dann die Tagebücher seines verstorbenen Weibes, der bekannten Rahel Levin, herausgab, sagte Clemens Brentano in tiefster Entrüstung: ›Varnhagen krebst weiter mit der Leiche seines Weibes!‹ und erzählte dabei erklärend: als er in Böhmen gewesen, habe sich die Frau eines Beamten ersäuft; als in der gewöhnlichen Zeit der Leichnam der Frau wieder an die Oberfläche gekommen, sei er mit Krebsen bedeckt gewesen; diese Krebse habe der Beamte sich trefflich schmecken lassen, den Leichnam seines Weibes aber wieder ins Wasser geworfen, und ruhig gesagt: ›Ich krebse weiter.‹«[37]

Diese Geschichte wurde zuerst 1861 in der konservativen *Kreuz-Zeitung*, danach auch in der Augsburger *Allgemeinen Zeitung* (12. November 1861) gedruckt. Im Kampf gegen die *Tagebücher* sollte sie suggerieren, daß Varnhagen seit je ein literarischer Schmarotzer ohne jedes eigene Verdienst gewesen sei. Mit ihr läßt sich eine noch sehr viel frühere Äußerung Brentanos verbinden: Mitte Februar 1810 hatte er an Görres sehr kritisch über Varnhagen als den Mitautor des gerade

36 Zum ganzen Vorgang vgl.: Clemens Brentano, *Werke*, Bd. 4, hrsg. von Wolfgang Frühwald und Friedhelm Kemp, München 1966, S. 929 ff., und Rahel Varnhagen, *Gesammelte Werke*, München 1983, Bd. 10, S. 159 ff. Zur späteren Geschichte des Manuskripts aus familiär-polemischer Perspektive vgl. Lujo Brentano, *Mein Leben im Kampf um die soziale Entwicklung Deutschlands*, Jena 1931, S. 265 ff.

37 Zit. nach: Rahel Varnhagen (Anm. 36) S. 177 f.

erschienenen Romans *Die Versuche und Hindernisse Karl's* geschrieben, seine Leidenschaft zum Scherenschnitt erwähnt und hämisch kolportiert, daß Varnhagen in der Schlacht von Wagram (1809) »einen Schuß in die Lende erhalten hat«, was heißen sollte, daß dieser »nonnenhafte Ausschneider« impotent oder zumindest unfruchtbar sei.[38] In der umgearbeiteten Schlüsselfassung von *Aloys und Imelde* wird von Comingo (Varnhagen) gesagt, daß an ihm kein Blättchen mehr grüne. Ins Metaphorische und auf das Lebenswerk gewendet findet man das Bild bei Haym, wenn er Varnhagen als »Baum mit zahllosen Wurzeln und Würzelchen« beschreibt – »aber ohne nährende Frucht zu tragen«.[39]

Entsprechend, aber wesentlich rüder äußerte sich Ernst Moritz Arndt 1840 in einem Brief an Perthes: Varnhagen sei »der böse Wurm, der mit einer gewissen geistigen Gewandtheit ohne eigenes Zeugungsvermögen kapaunisch fremde Eier bebrüte«.[40] Wie sehr bei solchem Urteil stets die Erinnerung an Varnhagens gewiß unkonventionelle Ehe mit der vierzehn Jahre älteren Rahel mitgedacht wurde, zeigen Treitschkes unverblümte Worte, »das Leben der kinderlosen« Frau »blieb der Natur fremd«.[41] Für ihn war Varnhagen »der eunuchenhafte Gatte«[42] Rahels, und er artikulierte damit eine weit verbreitete Meinung, wie sie unüberbietbar präzise in der von Lorm zitierten Formulierung »Rahels Witwe« deutlich geworden war.

Mit der sexuellen Diffamierung verband sich die Denunzierung Varnhagens als eines unfruchtbaren Autors deswegen so leicht, weil er sich mit einem großen Teil seiner schriftstellerischen Tätigkeit auf einem Feld betätigte, das seinen Literatenkollegen ebenso wie seinen Kritikern unzugänglich

38 Joseph Görres, *Gesammelte Briefe*, München 1874, Bd. 2, S. 83.
39 Haym (Anm. 11) S. 172.
40 Ernst Moritz Arndt, *Briefe*, hrsg. von Albrecht Dühr, Bd. 3, Darmstadt 1975, S. 28 (5. November 1840).
41 Treitschke (Anm. 21) Tl. 4: *Bis zum Tode König Friedrich Wilhelms III.*, Leipzig 1889, S. 418.
42 Treitschke (Anm. 21) Tl. 2, S. 44.

blieb: dem des anonym schreibenden politischen Publizisten und Journalisten. Während er noch 1810, wie von Brentano, nach seinen durchaus epigonalen romantischen Versuchen in Vers und Prosa beurteilt wurde, hatte er schon zwei Jahre zuvor in Briefen an Rahel seine Begabung als Dichter selbstkritisch bezweifelt und mit hilfloser Prophetie nach einer Lösung gesucht: »[...] nützlich wäre mir nur eins, frei zu leben ohne Stand, ich weiß was ich leistete für mich und für Andere in solcher Freiheit, wenn gleich die jetzige Einrichtung der Welt meinem Leisten keinen Namen ausdrücklich beizulegen weiß [...].«[43]

Varnhagen wird dieses Ziel erreichen, aber als er es 1808 formulierte, lebte er elend in Tübingen, um ein Medizinstudium zu vollenden, vor dem er fünf Jahre vorher geflohen war. Nach dem Tod seines Vaters (1799) hatte ihn ein Gönner, der Hamburger Konsul Kirchhof, auf die Berliner Pepinière geschickt, eine erst 1795 für die preußische Armee gegründete Lehranstalt für Kriegschirurgie, die Stipendiaten zu kostenlosem Studium aufnahm, wenn sie sich verpflichteten, für jedes Studiensemester später ein Jahr als aktive Militärärzte abzuleisten. Drei Jahre hält es Varnhagen dort aus, dann überwirft er sich mit einem Lehrer, schneidet sich den obligaten Zopf ab und nagelt ihn zum Abschied ans Portal der Anstalt. Er ist völlig mittellos, schreibt für die Hamburger Zeitung *Nordische Miszellen*, weil er einen neuen Rock braucht, wird Hauslehrer bei dem Berliner Fabrikanten Cohen, der aber schon wenige Monate später Bankrott macht. Man vermittelt dem Neunzehnjährigen eine andere Hauslehrerstelle bei dem Hamburger Bankier Hertz, mit dessen vielgeliebter Gattin Fanny er bald ein Verhältnis beginnt. Durch ihre finanzielle Unterstützung können Varnhagen und seine in Berlin gewonnenen Freunde Chamisso, Fouqué und Wilhelm Neumann ihren *Musenalmanach*, dessen erster Teil, von Chamissos Sold finanziert, 1804 erschie-

43 *Briefwechsel mit Rahel*, Bd. 1, S. 126 (10. November 1808).

nen war, immerhin bis zum dritten Teil 1806 fortführen. Es war ein Unternehmen von Freunden für Freunde, die sich in Sonetten wechselseitig andichteten und dabei doch auf allgemeinen Beifall hofften. Vergeblich – denn Chamisso schreibt Anfang März 1805: »Wir sind [...] verkannte Genies, keine Seele spricht von uns, geschweige ein Zeitungsblatt.«[44] Zwei Monate später macht er die Freunde auf eine Rezension aufmerksam, die den Almanach mit leisem Spott abfertigte: er enthalte »größtenteils ungewisse Nachklänge einiger Dichter der neuesten Zeit, Sonette hauptsächlich, welchen das Unendliche insofern nicht abzusprechen ist, als sie in der Tat kein Ende haben. Sie haben aber auch keinen Anfang und werden gewiß nicht bloß dem schwatzenden Pöbel, sondern auch manchen Leuten von Geist Stoff geben zu neuen Warnungen vor dieser Dichtform, die gleich geschickt ist, das Höchste auszusprechen wie das Lächerliche in wunderbarem Reize vorzutragen [...]. Man wird versucht, ein Buch von so geringem Gehalt, dessen einzelne Leistungen einander so ähneln, daß Einer Verfasser aller könnte gewesen sein, mit einem Scherze zu entlassen. Allein der heilige Ernst, der aus diesen wahrscheinlich sehr jungen Dichtern spricht, muß bald den Scherz entwaffnen; auch trifft man hin und wieder auf Spuren von Talenten, die allerdings eine bessere Bahn verdienten und sie wohl auch noch einmal finden werden.«[45]

Diese Beurteilung durch einen Herrn von Jariges war durchaus gerecht, doch machte sie auf die Freunde vor allem deshalb einen so deprimierenden Eindruck, weil die Jenaer *Literatur-Zeitung* als Organ des Goethekreises galt und dieser Verriß gleichsam als Urteil des verehrten und geliebten Meisters selbst empfunden wurde. Nicht ganz zu Unrecht, denn in der Sammlung *Gespräche mit Goethe* (1837) teilt

44 *Adelbert von Chamisso's Werke*, hrsg. von Julius Eduard Hitzig, Bd. 5, Berlin [5]1864, S. 63.
45 Jenaische *Allgemeine Literatur-Zeitung* 2 (1805) Nr. 104 (2./3. Mai) Sp. 217 ff.

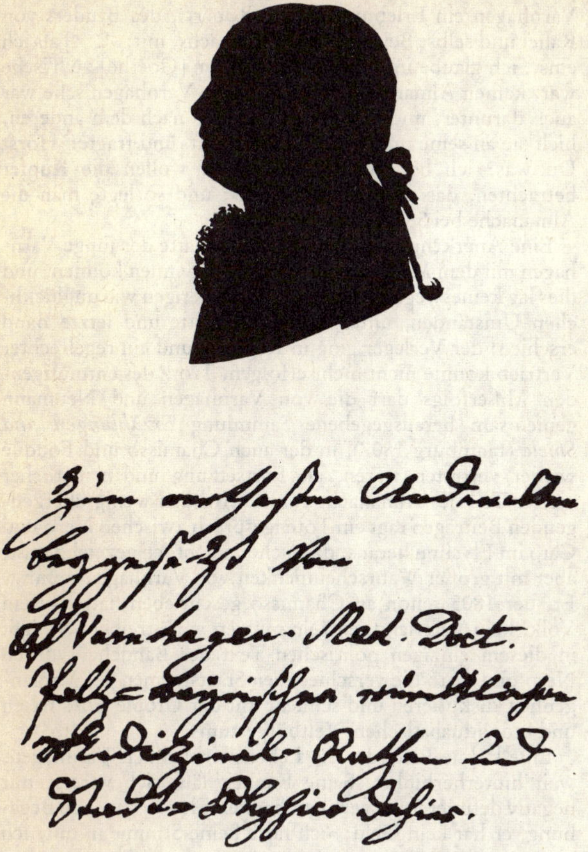


*Der Vater, Medizinalrat Johann Andreas Varnhagen*
*Aus dem Nachlaß Karl August Varnhagens von Ense*

Varnhagen ein Erlebnis Ludwig Roberts, des Bruders von Rahel und selbst Beiträger des Almanachs, mit: »[...] als ich einst, ich glaube im Jahre 1804, bei ihm [Goethe] zu Tische war, kamen Almanache, der Chamisso-Varnhagen'sche war auch darunter, und Goethe nahm einen nach dem anderen, hielt sie an seine und seiner Frau Ohren, und fragte: ›Hörst Du was? ich höre nichts. Nun! wir wollen die Kupfer betrachten, das ist doch das Beste‹; und so legte man die Almanache bei Seite.«[46]

Eine Anerkennung als Schriftsteller hatte der junge Varnhagen mit dem Musenalmanach nicht gewinnen können, und dies lag keineswegs an den ebenso schwierigen wie unglücklichen Umständen, unter denen der dritte und letzte Band erschien: der Verleger ging in Konkurs und ein regelrechter Vertrieb konnte nicht mehr erfolgen. Trotz des entmutigenden Mißerfolgs darf die von Varnhagen und Neumann gemeinsam herausgegebene Sammlung *Erzählungen und Spiele* (Hamburg 1807), in der auch Chamisso und Fouqué wieder vertreten waren, als Fortsetzung und eigentlicher vierter Teil des Almanachs gelten. Aus den wenig überzeugenden Beiträgen ragt ein Totengespräch zwischen Nero und Cato im Elysium heraus, das nicht namentlich gezeichnet ist, aber mit großer Wahrscheinlichkeit von Varnhagen stammt. Er, der 1805 schon an Chamisso geschrieben hatte: »Kein Volk, kein Vaterland, einzeln müssen wir's treiben!«[47], läßt in diesem einzigen politischen Text des Bändchens durch Nero und Cato die verschiedenen Staatsformen der Vergangenheit diskutieren und schließt mit der Utopie eines freien und individualistischen Weltbürgertums.

Eine kühne Idee, der die Lebenswirklichkeit Varnhagens weit hinterherhinkte. Seine Freiheit läßt sich vorerst nur negativ definieren: er verfügt über keine herausragende Begabung, er hat kein Geld; »ich höre keine Stimme in mir, ich

46 K. A. Varnhagen von Ense, *Ausgewählte Schriften*, hrsg. von Ludmilla Assing, Abt. 3, Bd. 18: *Vermischte Schriften*, Tl. 2, Leipzig 1875, S. 338.
47 Chamisso (Anm. 44) S. 110.

fühle keinen Zug, der mir nur auf's Leiseste anzeigte, welches mein Beruf sei«, schreibt er 1808 an Rahel.[48] Obwohl er nun in Tübingen sein Medizinstudium beenden soll, spielt er mit dem Gedanken, seine virtuos gehandhabte Liebhaberei des Scherenschnitts zum Gewerbe zu machen. Daß er kein Dichter ist, weiß er immerhin – »oder vielmehr, daß der Stoff, woraus ich gebildet worden, nicht hinreichte«,[49] und der zwischen 1807 und 1808 entstehende parodistische Roman *Die Versuche und Hindernisse Karl's*, dessen Kapitel von ihm und seinem Freund Wilhelm Neumann abwechselnd geschrieben werden, ist eher, wie Achim von Arnim in seiner Rezension[50] schrieb, »ein geselliger Scherz mehrerer Freunde«, und deutet im Stilmittel der Parodie schon auf den vorläufigen Verzicht Varnhagens, als eigenständiger Schriftsteller zu gelten. Die im Vergleich zu den vorangegangenen Produktionen verhältnismäßig große Resonanz – zwar nicht beim Publikum, aber bei renommierten Kritikern wie Friedrich Schlegel – konnte Varnhagen den erzwungenen Rückzug aus der Literatur immerhin erleichtern.

Er mußte Arzt werden. Fanny Hertz in Hamburg hatte ihm eine Niederlassung versprochen und war bereit, ihn zu heiraten. Mit ihrem Geld kaufte er sich das Doktordiplom der Universität Erfurt[51] und wollte in Tübingen eigentlich nur noch seine klinischen Semester ableisten, aber da hatte er schon, nach einer kurzen folgenlosen Begegnung 1803, Rahel Levin näher kennengelernt, begann mit ihr ein Liebesverhältnis und lernte als ständiger Gast ihres Berliner Salons in der Jägerstraße die geistige Prominenz der preußischen Hauptstadt kennen: die Brüder Humboldt, den Prinzen Louis Ferdinand, die beiden Tiecks und zahlreiche Gelehrte, Fürsten,

48 *Briefwechsel mit Rahel*, Bd. 1, S. 125 (10. November 1808).

49 Ebd.

50 Anonym in: *Heidelberger Jahrbücher* 3 (1810) Bd. 2, S. 347 ff.

51 Vgl. hierzu K. A. Varnhagen von Ense, *Werke*, hrsg. von Konrad Feilchenfeldt in Zus.arb. mit Ursula Wiedenmann, Bd. 2: *Denkwürdigkeiten des eignen Lebens* 2, hrsg. von K. Feilchenfeldt, Frankfurt a. M. 1987, S. 131, und *Tagebücher*, Bd. 14, Hamburg 1870, S. 376.

Diplomaten und Künstler. Unübertrefflich hat er selbst die Atmosphäre und Geselligkeit dieses Salons mehrfach geschildert. Wie provinziell mußte ihm dagegen Tübingen erscheinen; die Bekanntschaft mit dem Verleger Cotta, mit Justinus Kerner, der ihm den kranken Hölderlin zeigte, und Ludwig Uhland konnten ihm das Berliner Leben nicht ersetzen. »An Gesellschaft ist hier gar nicht zu denken, man ahndet gar nicht, was hier alles fehlt, ich kann wirklich hier nur mit Mühe denken. Sofas kennt man kaum, einen Tisch hab' ich mir machen lassen [. . .]. Ich kann auch nur in einer großen Stadt leben, wo es Gesellschaften, Theater und Juden gibt, mehr um zu wissen, daß es da ist, als es zu genießen.«[52]

Varnhagen ist 1809 vierundzwanzig Jahre alt und hat zahllose Schwierigkeiten hinter sich, aber nicht wie die achtunddreißigjährige Rahel schon ein Leben. Bisher stand er immer nur zwischen zwei Übeln, wählte den scheinbar direkten Ausweg und sah sich stets auf einem Seitenpfad: Seine Wege seien leider immer Umwege, meinte er selbstironisch. »Auf mich ist nicht zu zählen, nur zu hoffen [. . .].«[53]

Aus der für ihn, noch mehr aber für die zwei Frauen aussichtslos scheinenden Lage, in der er nochmals die betrogen liebende Fanny Hertz in Hamburg besucht und einen Abschiedsbrief an Rahel schreibt, sie aber bei einer Visite in Berlin zurückgewinnt, rettet er sich in den Krieg gegen Napoleon. Es wäre verwegen, wenn man diesen plötzlichen Entschluß auf die Wirkung von Fichtes *Reden an die deutsche Nation* zurückführen wollte, zu deren Hörern Varnhagen gehört hatte. Varnhagen war mit Fichte befreundet, hatte dessen anonyme Gedichte auch in seinem Musenalmanach gedruckt und war von den Reden beeindruckt, aber es ist vor allem seine Flucht vor der eigenen Hilflosigkeit, die Varnhagen an die Seite des Siegers treibt.

52 *Briefwechsel mit Rahel*, Bd. 1, S. 131 (10. November 1808); vgl. auch den Brief vom 15. Dezember 1808, ebd., S. 209.
53 Ebd., S. 318 (27. März 1809).

Im Mai 1809 unterlagen die napoleonischen Truppen in der Schlacht von Aspern dem Heer des Erzherzogs Karl von Österreich; von Berlin aus reist Varnhagen eilig dem Sieger hinterher. Er hat das Glück, an einen nur drei Jahre älteren Oberst, den Fürsten Wilhelm von Bentheim, zu geraten, der seine Gewandtheit und Bildung schätzt und in dem frisch ernannten Fähnrich der Infanterie weniger einen Untergebenen sieht, sondern ihn als gleichberechtigten Gesprächspartner achtet. Varnhagens Rolle als aktiver Soldat ist sehr kurz; bereits in der Schlacht von Wagram (5. Juli 1809) erhält er jenen von Clemens Brentano kolportierten »Schuß in die Lende«, in Wahrheit einen Oberschenkeldurchschuß, und kann nach seinem Lazarettaufenthalt im Schloß von Zistersdorf ein durchaus angenehmes und unbehindertes Leben als ein auf den Austausch wartender Kriegsgefangener der Franzosen in Wien führen. Vor allem genießt er den gesellschaftlichen Umgang im Salon Fanny von Arnsteins, dem lange Jahre glänzendsten Treffpunkt Wiens: »Die vornehmesten Fremden, regierende Herren und Prinzen, Gesandte, hohe Militärpersonen, Geistliche, Kaufleute, Künstler, Gelehrte, alle Klassen der Gesellschaft, fanden dort gefälligen Eingang, gebildete Unterhaltung, glänzende Geselligkeit. Nicht geringer war die Zahl derjenigen, welche, minder begünstigt durch ihre Stellung in der Welt, nicht sowohl Genuß, als vielmehr Schutz und Anhalt in diesem Kreise suchten und hier mit großzügiger Teilnahme und Freigebigkeit gefördert wurden.«[54]

Über einen Monat lebt Varnhagen in dieser Atmosphäre; hier endlich tritt er in die Welt, knüpft Beziehungen und lernt, sich auf diplomatischem Parkett zu bewegen. Denn auch der Feind verkehrte in Fanny von Arnsteins Salon, die höchsten französischen Generale aus den vornehmsten Familien, die lächelnd die bitteren Reden der Gastgeberin über Napoleon mit eigener Eleganz kommentierten. Es herrschte

54 Varnhagen (Anm. 46) Abt. 3, Bd. 17: *Vermischte Schriften*, Tl. 1, Leipzig 1875, S. 328.

Waffenstillstand. In dieser Stunde der Diplomaten lernte Varnhagen die taktischen Spielregeln der Konversation: wie man jemanden verdeckt angreift und verletzt, ohne ihn bloßzustellen, und wie man verlorene Positionen ohne Niederlage räumt. Hier, im Haus Fanny von Arnsteins, einer Tochter des Berliner Bankiers Itzig, der ihm Empfehlungen gibt für den Salon ihrer Schwester, Frau von Eskeles, und ihrer Tochter, Frau von Pereira, legt der Vierundzwanzigjährige, in dessen Leben bisher nur Ziellosigkeit und Erfolglosigkeit zueinandergefunden hatten, den Grundstein für seine Karriere. Der folgenden, in grenzenlose Anerkennung sich steigernden Satzperiode, die endlich im »Verdienst einer Vermittlung« gipfelt, kann man über das vordergründig Gemeinte hinaus – das Wirken Fanny von Arnsteins für die geachtete Stellung der Juden in Wien – auch die Bedeutung für Varnhagens eigenes Leben ablesen: »Ein angenehmes, jeden Tag zahlreichen Gästen aus allen Klassen offenes Haus, die geschmackvollste Umgebung, die reichste Bewirtung, der Zusammenfluß ausgezeichneter Fremden, die Verbindung adeliger Ansprüche und Sitte mit bürgerlicher, ja nicht einmal bürgerlicher, sondern ganz ausnahmsartiger Stellung, die unbedingte Herrschaft einer liebenswürdigen, tätigen Frau, die alles um sich her belebt und entzündet: dies alles in einer üppigen Hauptstadt, dem Mittelpunkte vieler Staaten und Völker, wo die höchste Üppigkeit, das behaglichste Wohlleben, mit stolzer Vornehmheit und rohen Vorurteilen, aber auch mit lebensfrischer Einfalt und Gutmütigkeit vereint im Schwange gingen: man denke sich diese beiden Elemente in täglicher Berührung, in unausgesetzter Wechselwirkung, und man wird es nicht zu viel finden, wenn wir behaupten, das Haus der Frau von Arnstein habe die vielen Jahre hindurch wie eine Missionsanstalt gewirkt, und die Vorsteherin habe das Verdienst einer Vermittlung, die ohne sie nicht zustande gekommen wäre [. . .].«[55]

55 Ebd., S. 330.

Der Krieg von 1809 war Varnhagens erste Chance, die folgenlos geblieben wäre ohne einen glücklichen Zufall: Als Arzt kann er dem nach einer Verletzung in der Schlacht von Wagram schwer erkrankten Oberst Bentheim das Leben retten und wird ihn fortan auf dessen diplomatischen Reisen begleiten. In Paris sieht er Napoleon im letzten Glanz seiner Kaiserwürde und wird Augenzeuge der Brandkatastrophe beim Fest des Fürsten Schwarzenberg zu Ehren der Heirat Napoleons. Varnhagens Schilderung des Brandes ist ein Höhepunkt deutscher Prosa; sie wurde bei ihrem Erscheinen 1833 von allen Seiten uneingeschränkt bewundert und gelobt. Er verkehrt mit Metternich, besucht den Grafen Schlabrendorff, dessen sonderbarem Leben er einen großen Aufsatz widmet, und sieht seine Freunde Chamisso und Uhland wieder.

In der Hoffnung auf eine Anstellung im diplomatischen Dienst legt er sich Ende 1810 den ihm nicht gebührenden Adelstitel »von Ense« zu und sieht sich mit einer Rezension 1811 zum erstenmal als »Varnhagen von Ense« gedruckt.[56] Zwar gab es eine in Westfalen ansässige adlige Familie von Ense, gen. Varnhagen, doch keinen Beweis, daß er mit dieser Linie verwandt wäre. Erst 1826 bemerkten die preußischen Behörden diesen Umstand.[57] Vor allem der Liberalenhasser Tzschoppe verwickelte Varnhagen in ein peinliches Verfahren, in dem er sich ausführlich erklären mußte, das aber dank der Fürsprache des Fürsten Wittgenstein am 17. März 1827 mit der tatsächlichen Nobilitierung endete. Die Verleihung des Adelsbriefes blieb auf Varnhagens dringenden Wunsch geheim, denn die Enthüllung, daß der inzwischen berühmte und von Goethe bis Heine hochgeachtete Name anderthalb

56 Vgl. *Briefwechsel mit Rahel*, Bd. 2, S. 172 (24. Oktober 1811).

57 Vgl. Carl Misch, »Varnhagen von Ense und sein Adelsprädikat«, in: *Forschungen zur Brandenburgischen und Preußischen Geschichte*, hrsg. von Melle Klinkenborg und Joh. Schultze, Bd. 38/1, München/Berlin 1925, S. 101 ff.

Jahrzehnte zu Unrecht geführt worden war, hätte einen für Varnhagen vernichtenden Skandal bedeutet. Da man allen seinen Schriften entnehmen kann, daß er grundsätzlich die traditionellen Adelsvorrechte ablehnte, kann man mit Sicherheit sagen, daß er den Titel 1810, vermutlich sogar in gutem Glauben an eine entfernte Verwandtschaft mit der westfälischen Familie, nur deshalb annahm, um seine Chancen auf eine diplomatische Karriere in Österreichs Diensten zu erhöhen. Schon im November 1809 rechnete er dabei auf den Einfluß seines Oberst Bentheim, der ihm, wie er Rahel schrieb, »eine diplomatische Stelle verschaffen« könnte, »die sonst hier schwer zu erlangen wäre«.[58]

Tatsächlich erweist sich die Hoffnung auf eine österreichische Anstellung als verfrüht; Varnhagen läßt sich beurlauben, aber ein ihm vage versprochener Posten in preußischen Diensten entgeht ihm ebenfalls. Er hat kein Geld mehr; seine einzigen Einkünfte bezieht er 1811 durch zwei anonyme Korrespondenzartikel aus Prag für Cottas *Morgenblatt für gebildete Stände*. Für Fouqués neuen Almanach *Die Musen* lieferte er 1812 zwar die Erzählung *Das warnende Gespenst*, aber da der Herausgeber erst ab dem zweiten Heft ein Honorar zahlen konnte, gab sich Varnhagen wenig Mühe und plagiierte kurzerhand Kleists *Bettelweib von Locarno*. Wie weit er sich bereits von dieser Art des Broterwerbs entfernt hatte, ohne freilich eine andere gefunden zu haben, zeigt sein distanzierter Brief an Rahel vom 7. Februar 1812: »Neumann hat mir die Ankündigung eines neuen Journals geschickt, das er mit Fouqué herausgeben wird. Mir scheint nicht das Publikum, sondern die Schriftsteller haben ein Bedürfnis zu Journalen [...]. Nun vollends eine Quartalsschrift! ein wöchentliches, recht ordinäres Klatschblatt wäre mir viel lieber.«[59] Woher er in dieser Situation die Selbstsicherheit nahm, Clemens Brentano in dem oben erwähnten Streit auch dessen

58 *Briefwechsel mit Rahel*, Bd. 2, S. 24 (30. November 1809).
59 Ebd., S. 242.

unsichere Dichterexistenz vorzuwerfen, ist rätselhaft. Im September 1812 kehrt er endlich zu Rahel nach Berlin zurück – mit allen Erwartungen gescheitert und wieder nur mit der ungewissen Aussicht auf eine Karriere als Schriftsteller.

Zum zweiten Male rettet ihn der Krieg. Im Sommer 1810 hatte er in Paris den bei der österreichischen Botschaft als Attaché angestellten Freiherrn von Tettenborn kennengelernt, der nach Napoleons Feldzug gegen Rußland die Seiten gewechselt hat und nun als Oberst in russischen Diensten die geschlagenen, fliehenden Franzosen mit seinen Kosakentruppen verfolgt. Varnhagen sieht ihn in Berlin, folgt ihm nach Hamburg und tritt dort im März 1813 in sein Regiment ein als »Russisch-Kaiserlicher Hauptmann«. Der nur sieben Jahre ältere Tettenborn war ein Hasardeur von hohen Graden, der vor allem am finanziellen Erfolg seiner Feldzüge interessiert war, die er mit persönlichem Mut und dem nötigen Glück recht erfolgreich führte. Hamburg, das die Franzosen in Erwartung starker Truppen verlassen hatten, war ihm und seinem Korps kampflos in die Hände gefallen: Am 18. März 1813 wurden die »Befreier« mit Jubel empfangen, denn die Kontinentalsperre, die Hamburgs Wirtschaft lähmte, war nun endlich durchbrochen. Es entstanden allerdings bald Unstimmigkeiten zwischen dem Senat und Tettenborn, der für seine Befreiungstat von der Stadt Hamburg eine horrende Summe verlangte, und es gab Probleme zwischen der Bevölkerung und den einquartierten russischen Soldaten, die es an der von der französischen Besatzungsarmee gewohnten Eleganz und Höflichkeit durchaus fehlen ließen. Denn Tettenborns Truppe war nichts anderes als ein bunt zusammengewürfelter Haufen von Glücksrittern, eine nur mühsam gebändigte Horde von Kosaken und asiatischen Baschkiren. Die Hamburger Hausfrauen hatten mit ihnen ihre Not: »Wurde ihnen Butter vorgesetzt, so rieben sie sie sofort ins Haar, bis dieses in einzelnen glänzenden Striemen herunterfiel. Aus den Messingleuchtern zogen sie die Talglichter heraus und verzehrten sie, indem sie mit Wohlbehagen in die glatten weißen Stangen hineinbissen. Aber am gefährlichsten war ihre Leidenschaft für Hundefleisch.«[60]

Für Tettenborn war Varnhagen in dieser Situation eine überaus willkommene Bereicherung seines Stabes, wie seine zahlreichen Aufgaben zeigen: Er erfüllte im Hauptquartier die Funktion eines Etappenoffiziers, eines Pressechefs, des Truppenarztes und des Organisators und Inspekteurs des gesamten Sanitäts- und Lazarettwesens. Seine Stellung erlaubte es ihm, Waren in Hamburger Läden zu beschlagnahmen und auf eigene Rechnung zu verkaufen oder besonders erbetene Dinge wie Stoffe und Parfüm an Rahel zu schicken. Zu Tettenborns Stab gehörte als Schreiber und Sekretär Jakob Daevel, den Varnhagen seit seinem Aufenthalt in Wien 1812 kannte. Daevel, der im Briefwechsel Varnhagens mit Rahel meist »Düvel« genannt wird, hatte bei Perthes in Hamburg widerwillig den Buchhandel erlernt und im Streit das Unternehmen verlassen. Auch für ihn bedeutet der Krieg eine Chance: Nun untersteht ihm das gesamte Hamburger Zeitungswesen. Varnhagen benutzt den völlig unerfahrenen, aber bereitwilligen Daevel für eine eigene Unternehmung; er überredet zunächst Tettenborn zur Gründung einer Zeitung, die den russisch-preußischen Befreiungskampf publizistisch unterstützen soll, und installiert dann Daevel als Herausgeber. Am 11. April 1813 erscheint in Hamburg die erste Nummer des *Deutschen Beobachters*, mit dem Varnhagens Karriere als Publizist beginnt und dem er bis 1817 sein Profil gibt. Sein Ziel ist von Beginn an die Verbreitung demokratischer Ideen.

Mit dieser Zeitung hat Varnhagen ein ideales Instrument in der Hand, an dem er alle Kniffe des Metiers lernt und das er schließlich, während des Wiener Kongresses, virtuos beherrscht. Zunächst aber scheinen die Kriegsereignisse dem Unternehmen nur eine kurze Dauer zu gönnen: Die Franzo-

60 Zit. nach: Jürgen Huck, *Das Ende der Franzosenzeit in Hamburg. Quellen und Studien zur Belagerung und Befreiung von Hamburg 1813–1814*, Hamburg 1984, S. 52.

sen bereiten sich auf eine Rückeroberung Hamburgs vor. Da Tettenborns Truppe die Stadt nicht verteidigen kann, wird der Abzug angeordnet, und die Zeitung erscheint mit einer vorerst letzten Nummer am 28. Mai 1813. Einen Tag später verläßt Tettenborn, der nur mit einem Mantelsack eingezogen war, mit einem Troß von 94 Wagen, die seine requirierte Beute tragen, die Stadt. Während Daevel im Hauptquartier Tettenborns bleibt, erlebt Varnhagen an der Seite seines Oberst mehrere Gefechte, deren lyrischer Ertrag die *Gedichte während des Feldzuges 1813* sind. Ebenfalls anonym und mit dem fingierten Druckort London veröffentlicht er 1813 bei Perthes seine *Geschichte der hamburgischen Begebenheiten während des Frühjahrs 1813*, die wegen des überschwenglichen Lobes der Tettenbornschen Heldentaten vor allem in Hamburg auf deutliche Kritik stößt. Währenddessen verfolgt Varnhagen seine Zeitungspläne weiter; er gibt 1813/14 eine nicht selten handgeschriebene *Zeitung aus dem Feldlager* heraus, für die er selbst die wichtigsten Beiträge liefert. Nach der Eroberung Bremens am 15. Oktober 1813 erscheint dort, bis zur Rückkehr nach Hamburg, auch wieder der *Deutsche Beobachter*. Varnhagen entwirft hier in seinem »Fragment über Bonaparte« (in der Ausgabe vom 11. Januar 1814) »das große Bild eines verbrecherischen Herrschers«, und er stellt sich in dem programmatischen Artikel »Blick auf die französische Revolution« (Ausgabe vom 23. Juni 1814) unmißverständlich an die Seite der Revolutionäre, deren Ideen nicht auf Frankreich beschränkt bleiben würden: Varnhagen zitiert Mirabeaus Wort, daß die Revolution die Erde umwandern werde, und er fügt seine Utopie eines liberalen Europa auf der Grundlage von Freiheit und Gleichheit an: »Das europäische Streben ist immer ein gemeinsames Ganzes gewesen [. . .]. Die Enge der Gegenwart läßt den Mitlebenden nicht immer zu, in dem Mannigfaltigen der Ereignisse die Einheit zu erblicken.«

Varnhagen dachte, als Deutschland noch in Fürstentümer zerstückelt war, bereits über die deutsche Einigung hinaus in europäischen Dimensionen, und daran änderte später auch die Erfahrung von 1848 nichts. Wie mancher seiner Freunde hatte er zunächst noch an die Möglichkeit einer konstitutionellen Monarchie geglaubt (*Schlichter Vortrag an die Deutschen über die Aufgabe des Tages*, Berlin 1848), aber nach der Niederschlagung der Revolte von 1848 war er mit Alexander von Humboldt der Meinung, »les rois s'envont de l'histoire«: Die Könige haben sich aus der Geschichte verabschiedet. Im Tagebuch schreibt er 1850: »Ich bin darauf gefaßt, daß die nächste Freiheitserhebung des französischen Volkes mißlingt, daß eine blutige Vertilgung erfolgt, daß eine eiserne Gewaltherrschaft eingesetzt wird. Möglich ist doch alles. Doch wahrscheinlich keineswegs, und ich erwart' es nicht eigentlich. Wenn es aber geschieht, so geschieht auch das zum Vorteil der Freiheitssache. Darum werden nicht weniger in Zukunft nur Republiken sein, ›Vereinigte Staaten von Europa‹. Im Jahr 1848 konnte es noch bei der konstitutionellen Monarchie sein Bewenden haben, die Völker wollten sie, wenn auch die Fürsten sie aufrichtig wollten. Da die Fürsten es *nicht* aufrichtig gewollt, da sie alle wortbrüchig geworden, da sie die Feinde und Schlächter der Völker geworden, so haben sie selbst ihr unwiderrufliches Urteil ausgesprochen.«[61]

Varnhagen hatte seinen »Blick auf die französische Revolution« mit dem Satz eingeleitet: »Die Gedanken und Meinungen der Menschen sind das unsichtbar Beherrschende in jeder Zeit!« Er selbst gehörte zu den wenigen Zeitgenossen, die die Macht der Presse zur Beherrschung der öffentlichen Meinung und zur Verbreitung von Ideen in einer im europäischen Vergleich noch gar nicht ausgeprägten deutschen intellektuellen Öffentlichkeit erkannten. Während Varnhagen im April 1814 an Tettenborns Seite siegreich in Paris einmarschiert und als Berater und Autor des *Deutschen Beobachters* ausfällt, gerät die Zeitung durch Daevels Unerfahrenheit und durch die

61 *Tagebücher*, Bd. 7, Zürich 1865, S. 190 (22. Mai 1850).

Intrigen des konkurrierenden *Hamburgischen Korrespondenten* in eine ernste finanzielle Krise, in der Varnhagen bei Cotta und Perthes vermittelt. Sein Brief an Perthes vom 22. Juni 1814 gibt über sein Engagement deutliche Auskunft: »Sie wissen selbst, wieviel auf die öffentliche Meinung und die auf sie wirkenden Mitteilungen ankommt; ich fühle mich berufen, meine Feder vielfach für die Sache der Wahrheit und des Rechts zu gebrauchen, und bei der freien Sprache, die ich unter allen Umständen behaupten werde, sehe ich mich vergeblich in ganz Deutschland nach einer Zeitung um, deren ich mich versichert halten könnte, vielmehr sind überall Zensuren, Rücksichten, Vorlieben, Anstände, mehr noch bei den Herausgebern als Regierungen, und wenn ich diesen ängstlichen Zustand überblicke, so wird mir der Daevel ganz unschätzbar für mich und meine Freunde, denn der ist durch sein bisheriges Verhältnis und subordinierten Zustand mir blind ergeben in Rücksicht alles dessen, was schriftstellerische Hervorbringung ist, und eine sichere Art zu öffentlicher Mitteilung [...].«[62]

Die relativ zurückhaltende Zensur in Hamburg hatte schon den Verleger Cotta gereizt, seine *Allgemeine Zeitung* dort erscheinen zu lassen; nun bot sich durch Varnhagens Vermittlung die Übernahme des *Deutschen Beobachters*: Von Herbst 1814 bis 1817 wird Cotta die Zeitung finanzieren, die zwar nie mehr als 700 gedruckte Exemplare vorweisen kann, aber durch Varnhagens Mitarbeit einen außerordentlichen politischen Einfluß gewinnt.

Hochdekoriert mit dem schwedischen Schwert-, dem russischen St.-Anna-Orden und dem preußischen Orden Pour le mérite kehrt Varnhagen im Juni 1814 aus Paris zurück mit der festen Absicht, wieder in den preußischen Staatsdienst zu treten. Er bespricht sich in Baden-Baden mit seinem Oberst, der sich dort mit seiner Hamburger Beute fürstlich eingerichtet hat, schreibt die *Geschichte der Kriegszüge des Generals*

62 Zit. nach: Carl Misch, *Varnhagen von Ense in Beruf und Politik*, Gotha/Stuttgart 1925, S. 168.

*Tettenborn* (Stuttgart 1814), die beider Ruhm vermehren sollte, und heiratet endlich in Berlin, materiell gesichert durch die eigene Kriegsbeute aus Bremen, die ihm der Oberst großzügig überlassen hatte, im September 1814 die lang ersehnte Rahel. Unmittelbar darauf reist er im Gefolge des Staatskanzlers Hardenberg zum Wiener Kongreß – zwar im Rang eines Legationssekretärs, aber ohne feste Anstellung, nur mit der Zusicherung einer Übernahme in den diplomatischen Dienst. Sofort nimmt er seine rege publizistische Tätigkeit wieder auf: Im *Deutschen Beobachter* (Nr. 3 und 5 des Jahrgangs 1815) erscheinen unter dem schlichten Titel »Bemerkungen« seine Überlegungen zum deutschen Einheitsstaat und zum Verfassungsproblem: »Viel wird schon gewonnen sein, wenn jedes einzelne deutsche Land genötigt wird, ständische Verfassung bei sich einzuführen. Ist sie gehörig eingerichtet, so werden die Geschäfte öffentlich verhandelt, zergliedert und untersucht, und da notwendig Preßfreiheit in allen Staaten wenigstens in Beziehung auf ihre Nachbarn stattfindet, so dürfte sich am Ende doch wohl eine Nationalmeinung bilden.« Zwar waren solch aufrührerische Sätze von Hardenberg gedeckt, aber es bleibt doch erstaunlich, mit welcher Selbstsicherheit und Hartnäckigkeit der an den Idealen der Französischen Revolution geschulte Varnhagen die Einrichtung liberaler Institutionen vor allem in Preußen forderte, allen voran die verbriefte Freiheit der Presse: »Noch ist die Preßfreiheit in Deutschland nur gelitten. Man gründe sie auf ein Staatsgesetz.«

Das Verfassungsproblem wurde zurückgestellt, als sich die Großmächte über Preußens territorialen Anspruch an Sachsen, die Varnhagen mit seiner anonymen Schrift *Deutsche Ansicht der Vereinigung Preußens mit Sachsen* (Cotta, 1814) unterstützte, nachhaltig zerstritten. Verärgert über die Wiener Langwierigkeiten, erließ am 15. Januar 1815 König Friedrich von Württemberg einen eigenen Verfassungsentwurf, den Varnhagen, der mit dem württembergischen Kronprinzen Wilhelm verkehrte, sofort an den *Deutschen Beobachter* weiterleitete und als ein Beispiel »wahrhaft liberaler Gesinnung« lobte. Den Inhalt der geplanten Verfassungsakte kommentierte er lapidar: »Es wird alles wie vor dem Gesetz so in der Verfassung gleich sein und kein Stand eines Vorrechtes genießen.« Nun beauftragte auch Hardenberg seinen Staatsminister Stägemann mit der Ausarbeitung der seit 1814 für Preußen versprochenen Verfassungsakte und zog Varnhagen als Berater und Mitarbeiter hinzu. Doch gerade während dieser Arbeit, die Varnhagen publizistisch durch Artikel im *Deutschen Beobachter* unterstützte, in denen er sich vehement gegen Adelsvorrechte wandte (»Staat im Staate«, Nr. 33 vom 5. März 1815), erhob sein früherer Mentor, der Reichsritter Freiherr vom Stein, die Forderung nach einer Erneuerung der untergegangenen Kaiserwürde des Hauses Habsburg, die Varnhagen sofort deutlich zurückwies. Als am 7. März 1815 die Meldung von Napoleons Flucht von Elba in Wien eintrifft, stocken die Verfassungsverhandlungen endgültig, und die Großmächte bereiten sich auf einen erneuten Krieg vor. Nur Varnhagen wiederum beharrt gerade in dieser Situation auf einer Klärung, weil, wie er am 26. April im *Deutschen Beobachter* schreibt, dem deutschen Volk eine Verfassung gegeben werden müsse, da ihm nicht zuzumuten sei, in einen neuen Krieg gegen Napoleon zu ziehen, ohne über sein künftiges Schicksal beruhigt zu sein: Es solle wissen, wofür es kämpfe.

Varnhagens publizistische Tätigkeit hat hier ihren vorläufigen Höhepunkt erreicht. Es war ihm gelungen, die gegen Preußen und die liberalen Ideen von Pressefreiheit und Verfassungsedikt gerichtete Pressearbeit Metternichs, die von den ihm persönlich befreundeten Kollegen Friedrich Gentz, Friedrich Schlegel und Adam Müller geleistet wurde, nahezu wirkungslos zu machen. Das in Wahrheit winzige Hamburger Blättchen, das Varnhagen neben der streng zensierten Augsburger *Allgemeinen Zeitung* zur Verfügung stand, war durch seine freisinnigen Artikel in der Wiener Hofburg gefürchtet und galt als Hausblatt des preußischen Hofes.

Sonderbarerweise ist die Geschichte des *Deutschen Beobachters* von der Forschung bislang vernachlässigt worden; es existiert nur eine nationalsozialistisch gefärbte Dissertation zu diesem Thema.[63] Nur wenn man Varnhagens politische Publizistik im *Deutschen Beobachter* kennt, versteht man seinen Karrieresprung vom Söldner zum Diplomaten. Hier auch, im Zusammenspiel von hoher Politik im Rahmen des Wiener Kongresses und der Beeinflussung der öffentlichen Meinung, im Netzwerk persönlicher Beziehungen zu den Mächtigen der Zeit und intimer Kenntnisse fast aller diplomatischen Vorgänge hinter den Kulissen, entsteht bereits jener Mythos der Grauen Eminenz, der Varnhagen für den Rest seines Lebens umgeben wird. Er ist erst 31 Jahre alt, als er im Juli 1816 zum preußischen Geschäftsträger am badischen Hof ernannt wird, aber er gilt bereits als Meister der diplomatischen Finessen. Und es ist dieser Ruf, der dem von allen Seiten mißtrauisch und mißgünstig beobachteten Varnhagen zum Verhängnis wird.

Aus seiner politischen Meinung hatte er nie einen Hehl gemacht, weder in seinen Veröffentlichungen noch in privaten Briefen, die er durch sorgsame Vorkehrungen stets der Postüberwachung zu entziehen wußte. Vor allem die Briefe an Ignaz Troxler aus jener Zeit zeigen, wie intensiv sich Varnhagen mit dem Verfassungsproblem beschäftigt hat; er wünschte vor allem »die Teilnahme der Philosophen«, da den Politikern »das Augenblickliche des Tageszustandes sich vielleicht zu rücksichtslos aufdrängt«. Eindeutig formuliert er seine Erwartungen: »[. . .] solange man nicht auf die Urquelle der Macht im Staate zurückgeht, wird man den mannigfachsten, unseligsten, blutigsten Verwicklungen nicht entgehn, weil dann das Handeln durch die Schwerkraft der Dinge hervorbringen muß, was das Denken durch Aufhellung der Begriffe auf viel kürzerem Wege vermöchte. Für das Prakti-

63 Heinz Bergmann, *Der Deutsche Beobachter und die deutsche Verfassungsbewegung*, Diss. Köln 1940.

sche kenne ich hierin nichts Größeres als Mirabeau, bei dem ohne die souveraineté du peuple kein Heil ist.«[64]

Während er noch im Frühjahr 1816 in Frankfurt auf sein Beglaubigungsschreiben für den diplomatischen Dienst wartet und an der leider nur Fragment gebliebenen *Geschichte des Wiener Kongresses* arbeitet, schreibt er wiederum an Troxler: »Der müßige Diplomatenhauf ist ekelhaft anzusehn; ich werde ganz erbittert davon; die vornehme Hanswursterei, die dumme Lüge, die nichtige Prahlcrei, die geistlose Weltmännigkeit – man möchte einen Stecken ergreifen und sie samt und sonders hinausprügeln! Es wird auch nicht lange ausbleiben: so mit aller Gewalt arbeiten Regierungen und Vornehme an einem völligen Umsturz, der fürchterlich einbrechen wird! Keine Rettung, keine Hülfe; sie wollen es nicht anders, und halten nicht sich, die es machen, sondern uns andre, die wir es ihnen warnend sagen, für die Revolutionärs!«[65] Es kann also keine Rede davon sein, daß Varnhagen sich erst nach seiner Abberufung aus Karlsruhe aus Resignation oder »voller Rachsucht« (Arno Schmidt)[66] zum Demokraten gewandelt hätte; vielmehr war seine politische Position so eindeutig, daß bei ihm Konflikte im Diplomatendienst vorprogrammiert waren. Im Juli 1816 erfolgte seine Ernennung zum preußischen Geschäftsträger am badischen Hof, und bereits im November schreibt er an Troxler: »Ich beklage sehr, hier auf eine Nebenstelle der Politik verschlagen zu stehn, von wo aus ich nur trotz meines Amtes, nicht mit demselben tätig wirken kann. Von diesen Verhältnissen, von diesen Umständen, machen Sie sich sicherlich keinen Begriff; es ist über alle Beschreibung langweilig und ertötend; die Überzeugung, es auf die Dauer nicht auszuhalten, macht es mir beinahe zur

64 *Der Briefwechsel zwischen Ignaz Paul Vital Troxler und Karl August Varnhagen von Ense 1815–1858*, veröff. und eingel. durch Dr. Iduna Belke, Aarau 1953 (im folgenden zit. als: *Briefwechsel mit Troxler*), S. 83 (13. Dezember 1815).

65 Ebd., S. 98 (2. März 1816).

66 Arno Schmidt, *Fouqué und einige seiner Zeitgenossen*, Darmstadt $^2$1958, S. 194.

Gewißheit, daß ich den zweiten Winter nicht hier verleben werde.«[67] Aber er trifft in Karlsruhe den inzwischen im Generalsrang aus der russischen Armee ausgeschiedenen Freiherrn von Tettenborn wieder, der dem badischen Großherzog Karl als Gesellschafter und Adjutant dient. Mit ihm und seiner Frau verbrachte das Ehepaar Varnhagen die Sommermonate in Baden-Baden, wo sie jenes gesellschaftliche Leben vorfanden, das besonders Rahel in Karlsruhe schmerzlich vermißte. Tettenborn, den man wegen seines luxuriösen Lebensstils den »König von Baden« nannte, finanzierte aus seiner unerschöpflichen Kriegsbeute Bälle und Lustreisen, die eine willkommene Abwechslung vom langweiligen politischen Alltag boten. Denn auf direktem Wege, wie er vielleicht gehofft hatte, konnte Varnhagen hier nicht in die Verfassungsdiskussion eingreifen, und das war auch gar nicht seine Aufgabe. Wohl aber versuchte er indirekt, auch über Tettenborn, seine demokratischen Überzeugungen zur Wirkung zu bringen: Er verkehrte mit den Abgeordneten der Opposition in der badischen Zweiten Ständekammer so auffällig, daß der Verdacht aufkam, diese Opposition würde von ihm inspiriert und sogar geleitet. Auf sein Betreiben war bereits ein Minister vom Großherzog entlassen, ein zweiter erkannte die Gefahr frühzeitig und setzte zum Gegenzug an: Eine Unterredung mit Varnhagens direktem Vorgesetzten, der sich von ihm ohnehin ständig übergangen und ins diplomatische Abseits gestellt fühlte, bewirkte eine Reihe von Interventionen, an deren Ende die Abberufung Varnhagens im Juli 1819 stand.[68] Für die preußische Regierung war diese Entwicklung im Jahr der Karlsbader Beschlüsse nicht unwillkommen; der politische Kurswechsel machte einen Mann, der demokratischer Neigungen verdächtigt wurde, im diplomatischen Dienst untragbar. Vor allem die zweite Macht im Deutschen Bund, Österreich, die nun immer mehr die Grundlinien der Politik bestimmte, hielt Varnhagen für so

67 *Briefwechsel mit Troxler*, S. 152f. (26. November 1816).
68 Ausführlich dargest. bei: Misch (Anm. 62).

gefährlich, daß man verlangte, dieses »Individuum« dürfe in Deutschland keine Verwendung mehr finden. Metternich, der in einer Aktennotiz Varnhagen einen »der schlauesten und findigsten Revolutionäre« genannt hatte,[69] legte die Bitte um Nichtverwendung eigens dem Kaiser von Österreich vor, der preußische Staatskanzler versprach deren Einhaltung und bot dem zur Disposition gestellten Varnhagen daraufhin den Posten eines preußischen Gesandten in New York an. Varnhagen lehnte ab und kehrte im Oktober 1819 nach Berlin zurück.

Er war gescheitert, ebenso an seinem Ehrgeiz wie an den Zeitumständen, und es dauerte Jahre, bis er die von ihm als Demütigung und als Unrecht empfundene Zurücksetzung wenigstens oberflächlich verwunden hatte. Es waren bittere Jahre, in denen er sich vor allem und nicht selten unter Verleugnung seiner politischen Grundsätze um seine Rehabilitierung bei der preußischen Regierung bemühte. Man beschäftigte ihn halboffiziell mit der Abfassung von Denkschriften, er entwarf Konzepte für Regierungsvorlagen, aber das konnte ihn nicht befriedigen. So führte er unter größten Vorsichtsmaßnahmen seine publizistische Tätigkeit weiter: Ab 1816 brachte Brockhaus nach dem Vorbild des englischen Sammelwerks *Public Characters* ein enzyklopädisches Werk *Zeitgenossen. Biographien und Charaktere* heraus, für das Varnhagen nicht nur anonym die Artikel über Tettenborn und Mirabeau, sondern vor allem zahlreiche kurze Aufzeichnungen lieferte, die in einer eigens dafür eingerichteten Rubrik »Andeutungen zu Biographien und Charakteristiken von Zeitgenossen« gedruckt wurden. Seit 1820 (bis 1823) war er auch anonymer Mitarbeiter an Brockhaus' *Literarischem Conversations-Blatt* (dem ehemals Kotzebue'schen *Literarischen Wochenblatt*), und er lieferte auch Beiträge für das *Conversations-Lexikon*. Wegen seiner prekären Situation erinnerte er den Verleger mehrfach an sein Versprechen äußerster

69 Notiz Metternichs vom 8. August 1819; zit. nach: K. Glossy, »Politik in Karlsbad«, in: *Österreichische Rundschau* 60 (1919).

Diskretion: »[...] ich bitte auch, meine Blätter nicht in meiner Handschrift dem Zensor vorzulegen. Beim Schlusse des Werks will ich auf keine Weise genannt oder angedeutet sein, und ersuche ich Sie dringend, dies nicht in Vergessenheit kommen zu lassen! Die Verhältnisse erfordern durchaus diese Verschweigung.«[70] Zwar kam es nach einem Gespräch mit König Friedrich Wilhelm III. in Teplitz im Sommer 1822 zu einer äußerlichen Entspannung, die aber für ihn folgenlos blieb. Materiell litt Varnhagen keine Not; er bezog ein jährliches Wartegeld von 3000 Reichstalern, das nach seiner endgültigen Versetzung in den Ruhestand 1824 zwar offiziell halbiert, durch einen laufenden Zuschuß von 1500 Reichstalern aus der Königlichen Legationskasse aber nicht wirklich reduziert wurde. Die Versetzung in den Ruhestand, die im Rahmen einer Verwaltungsreform erfolgte, besaß für Varnhagen keinerlei praktische Bedeutung. Man kündigte seine baldige Reaktivierung an, ließ ihn weiterhin halbamtlich für die Ministerien arbeiten, und er erhielt im Jahr darauf sogar die Ernennung zum Geheimen Legationsrat. Als ihm 1826 der Kabinettsminister Graf Lottum die Leitung der *Staatszeitung* antrug, lehnte Varnhagen ab. Er war entschlossen, als freier Schriftsteller zu leben. Mit überwiegend positivem Echo hatte er 1824 den ersten Band seiner *Biographischen Denkmale* veröffentlicht; bis 1830 werden vier weitere Bände mit Lebensbeschreibungen des Grafen Zinzendorf, des Fürsten Blücher und anderer folgen. Was mit den kleinen Büchern über Tettenborn begonnen hatte, entwickelte sich nun zur eigentlichen Domäne des Schriftstellers Varnhagen: die Kunst der biographischen Geschichtsschreibung, in der er mit den Jahren eine stilistische und psychologische Meisterschaft entfaltete, die ihm den größten Ruhm eintrug. Er hatte sich damit eine literarische Form neu erfunden: Varnhagen »actually introduced biography as a German literary

70 Brief an Brockhaus vom 5. November 1821; in: Heinrich E. Brockhaus, *Friedrich Arnold Brockhaus. Sein Leben und Wirken nach Briefen und anderen Aufzeichnungen*, Tl. 2, Leipzig 1876, S. 215.

genre«.[71] Wenn Goethe ihn bereits nach Erscheinen des ersten Bandes als »deutschen Plutarch« rühmte (in *Kunst und Altertum* V, 1824, Nr. 1), dann wird deutlich, wie einzigartig dieses neue Genre der literarischen Biographie auf die zeitgenössischen Leser wirkte. Er hatte damit erfunden, was uns heute selbstverständlich erscheint: die auf zuverlässige Quellen gestützte Lebensbeschreibung, die methodisch und stilistisch sich aber nicht allein am Anspruch der Wissenschaft orientierte, sondern vor allem für ein breiteres Publikum bestimmt war. Wenn er so versuchte, »die Wissenschaften mit der höhern Gesellschaft zu vermitteln«,[72] so wußte er auch, daß er damit für den deutschen Sprachraum Neuland betrat: »Nach geschichtlichen Denkwürdigkeiten, in welchen das deutsche Leben seine wahrhafte Zeitgestalt an wirklichen Personen und Ereignissen vertraulich abspiegelte, und so durch Gedächtnis und Bild einer beziehungsreichen Vergangenheit auch der Reiz der unmittelbaren Gegenwart sich erhöhte, nach solchen Schriften verlangen wir noch großenteils vergebens.«[73] Varnhagen orientierte sich daher hauptsächlich an französischen und englischen Memoirenwerken, die er ab 1827 regelmäßig in den von ihm mitbegründeten *Jahrbüchern für wissenschaftliche Kritik* ausführlich und stets mit Reflexion auf die eigene Arbeit rezensierte. In den *Jahrbüchern* (Nr. 61–63, Oktober 1838) erschien aus Varnhagens Feder auch die erste deutsche Würdigung des russischen Dichters Puschkin, dessen frühester deutscher Übersetzer er auch gewesen ist. Die von ihm selbst und einigen Freunden wie Carl Gustav Carus und Karl Rosenkranz ins Leben gerufene Zeitschrift *Der Freihafen* druckte ab 1839 mehrere solcher Übersetzungen (u. a. 1841 *Bela* von Michail Lermontow), mit denen Varnhagen zum wichtigsten Vermittler rus-

71 *The Letters of Varnhagen von Ense to Richard Monckton Milnes*, hrsg. von Philip Glander, Heidelberg 1965 (Anglistische Forschungen, 92), S. 6.

72 K. A. Varnhagen von Ense, *Zur Geschichtsschreibung und Litteratur*, Hamburg 1833, S. 76.

73 Ebd., S. 412.

sischer Literatur in Deutschland wurde – ein Verdienst, das von keinem seiner Kritiker auch nur erwähnt worden und heute vollends in Vergessenheit geraten ist. Als er 1833 eine Auswahl seiner Rezensionen zu einem Band zusammenfaßte, nahm er darin auch seine früheren Verteidigungen Heinrich Heines auf, den Rahel und er 1821 als Dichter entdeckt hatten und den er lebenslang freundschaftlich förderte. Von der zeitgenössischen Kritik wurde solche Parteinahme durchaus als politisches Bekenntnis verstanden; so schrieb Gustav Schlesier, der Varnhagen als den bedeutendsten Kritiker seiner Zeit und unvergleichlichen Stilisten lobt, 1834: »Mit manchen Ansichten Varnhagens werden viele nicht einverstanden sein. Man darf aber nie vergessen, daß die demokratische Natur des Mannes hinter Drahtgittern lauert, fein diplomatisch bemäntelt ist und nur zuweilen ihre ursprüngliche Wahrheit hervorsteckt.«[74] Dies trifft besonders auf die Heine-Rezensionen zu. Wenn Varnhagen 1826 bei Erscheinen der *Harzreise* den wegen seiner *Reisebilder* heftig angegriffenen Autor verteidigt, indem er ausgerechnet dessen Humor lobt – »die ganz eigentümliche Mischung von zartestem Gefühl und bitterstem Hohn, die einzige Verbindung von unbarmherzigem, scharf einbohrendem, ja giftigem Witz und von einschmeichelnder Süßigkeit des Vortrags« – dann lobt er berechnend genau das, was das deutsche Gemüt keinesfalls unter Humor verstand. Deshalb äußerte er sich anläßlich der 2. Auflage der *Harzreise* 1830 noch einmal dazu und stellte klar, daß die vielkritisierten angeblichen »Unarten und Ungezogenheiten« Heines nur die Reaktion seien auf »die fade Lauheit und schläfrige Bequemlichkeit unsrer verwahrlosten literarischen und geselligen Zustände«. Spätestens im Jahr 1830, in dem Varnhagen aus dem Nachlaß auch die *Denkwürdigkeiten des Philosophen und Arztes Johann Benjamin Erhard* herausgab, der sein Freund und Arzt gewesen war und der durch seine jakobinische Schrift *Über das*

74 *Zeitung für die elegante Welt* 34 (1834) Nr. 1, S. 3.

*Recht des Volkes zu einer Revolution* (Jena 1795) frühes Aufsehen erregt hatte, legte er seine diplomatische Zurückhaltung ab und fand zu seiner gewohnten Deutlichkeit zurück. Auslösend dafür waren diplomatische Missionen im Jahr 1829 zur Beilegung kurhessischer Familienfehden, die zwar erfolglos blieben, ihm aber den Commandanturstern des hessischen Löwenordens eintrugen. Die Erfahrung dieser noch freiwillig übernommenen Mission, in der er einem kleinen Landesfürsten auf preußischen Befehl seine Mätresse auszureden hatte, ließ ihn schließlich für seine Entlassung geradezu dankbar sein und schuf jene Distanz, die ihm eine unbemäntelte Sprache wieder ermöglichte und ihn zu neuen literarischen Aktivitäten anregte.

In dieser Situation kam Varnhagen praktisch zwangsläufig mit den Autoren des »Jungen Deutschland« in Berührung. Er war mit allen bekannt, mit einigen befreundet. Um ihre Arbeiten gegen staatliche Eingriffe zu schützen, machte er seinen ganzen Einfluß geltend; eigens fuhr er deshalb im Juli 1834 nach Wien, um im Gespräch mit Metternich drohende Zwangsmaßnahmen zu verhindern. Auch seine Denkschrift für Metternich zeigt, mit welcher List er dabei vorging – durchaus auch in eigenem Interesse. Denn bei fast allen Zeitschriften des »Jungen Deutschland«, die wegen der rigiden Zensur oft nur kurzfristig erscheinen konnten, arbeitete er direkt als Autor oder indirekt als Berater und Vermittler; sein Briefwechsel belegt, in welchem Ausmaß Varnhagen für die rebellische junge Literatengeneration zum Mentor und zur geistigen Autorität wurde, obwohl es sich nicht um eine homogene, in ihren Zielen einige Gruppe handelte, sondern im Gegenteil um konkurrierende, sich häufig auch politisch streitende Autoren, die nur in den Augen ihrer Gegner als geschlossene Gruppe erschienen. Als der Redakteur der *Zeitung für die elegante Welt*, Heinrich Laube, im Mai 1834 auf Veranlassung der preußischen Regierung aus Leipzig ausgewiesen wurde, führte ihn sein erster Weg zu Varnhagen nach Berlin, um sich Rat zu holen. Varnhagen kannte bereits seinen Roman *Das junge Europa*, über den er mit seinem republikanisch gesinnten Freund Fürst Pückler korrespondiert hatte, und er erreichte nach der Verhaftung Laubes und dessen Verurteilung zu sieben Jahren Festung, die auf dem Gnadenweg auf anderthalb Jahre reduziert wurden, daß Laube diese Zeit im bequemen Arrest auf Pücklers Schloß Muskau absitzen konnte. Den Schriftsteller Theodor Mundt holte sich Varnhagen 1833 als Mitarbeiter zu den *Jahrbüchern für wissenschaftliche Kritik* und gab ihm den Knebel-Nachlaß zur Bearbeitung, bei dessen Edition (1835/36) Varnhagen nur seinen inzwischen berühmten Namen lieh. Für Mundts Zeitschrift *Der literarische Zodiacus* (1835) knüpfte Varnhagen die Verbindungen zu den Autoren, und Mundt dankte im ersten Band seiner *Dioskuren* (1836) mit der Widmung an Varnhagen, »der durch diese Zueignung sowohl die Verehrung, in der er bei den Älteren wurzelt, als das Verhältnis, dessen die Jüngern sich zu ihm erfreuen dürfen«, ausgedrückt fand. Wie allgemein Varnhagen als integre und integrative Repräsentationsfigur des »Jungen Deutschland« angesehen wurde, belegt Friedrich Lists Antwort auf eine buchhändlerisch kalkulierende Frage des Verlegers Cotta: List war davon überzeugt, daß das »Junge Deutschland« imstande sei, »einem Literaturblatt Glanz zu geben, zumal wenn, wie ich nicht zweifle, Herr v. Varnhagen sich damit vereinigen oder vielmehr sich an die Spitze stellen würde.«[75]

Der einzige Autor des »Jungen Deutschland«, zu dem Varnhagen von Beginn an deutliche Distanz hielt, war Karl Gutzkow. Aber nicht, wie vielfach angenommen wird, weil Gutzkow zur Unzeit und ohne Berechtigung im Prospekt eines Zeitschriftenprojekts Varnhagens Mitarbeit öffentlich angekündigt hatte, sondern aus zwei anderen Gründen: Erstens kannte er die Unsicherheit, die Urteilsschwankungen, die unausgereifte Radikalität des sehr jungen Gutzkow (so schrieb dieser am 18. Mai 1835 an Gustav Schlesier: »Mir

75 *Begegnungen mit Heine. Berichte der Zeitgenossen 1797–1846*, hrsg. von Michael Werner, Hamburg 1973, S. 357.

ist daran gelegen, die Kirche aufzulösen und nebenbei an der Verflüchtigung des Staates zu arbeiten«; dies wußte Varnhagen von Theodor Mundt), und er ahnte nicht nur einen latenten Antisemitismus, wie er bei Gutzkows Lehrmeister Wolfgang Menzel offen zutage trat, sondern zu Recht auch die später erfolgte reaktionäre Wende. Zweitens – und dies ist der entscheidende Grund – hatte Gutzkow private Äußerungen Rahels in seinen Roman *Wally, die Zweiflerin* (1835) aufgenommen und die Quelle preisgegeben, so daß Menzel in seiner Rezension[76] öffentlich darüber schreiben konnte. Wie empört Varnhagen über diese Indiskretion war, läßt sich noch in den Erinnerungen Heinrich Königs (*Ein Stilleben*, 1861) nachlesen.

Rahel war gewiß eine der interessantesten Frauen von Berlin gewesen, in deren bekanntem ersten Dachstuben-Salon über der elterlichen Wohnung in der Jägerstraße zwischen 1795 und 1806 bereits alle Berühmtheiten der Zeit, von den Brüdern Humboldt, Gentz, Schleiermacher bis zum Prinzen Louis Ferdinand verkehrten. Der fesselnde Eindruck, den sie auch später noch durch ihre geistreichen Gespräche auf die Gäste machte, wird in Grillparzers *Selbstbiographie* besonders deutlich. Er berichtet dort von seinem Berlin-Besuch Mitte September 1826: »Varnhagen ging mit mir nach Hause. Als wir an seiner Wohnung vorüberkamen, meinte er, er wolle seiner Frau – jener später bekannten Rahel, von der ich aber damals nichts wußte – meine Bekanntschaft verschaffen. Ich hatte mich den ganzen Tag herumgetrieben und fühlte mich müde bis zum Sterben, war daher herzlich froh, als man uns an der Haustüre sagte, die Frau Legationsrätin sei nicht daheim. Als wir aber die Treppe hinuntergingen, kam uns die Frau entgegen, und ich fügte mich in mein Schicksal. Nun fing aber die alternde, vielleicht nie hübsche, von Krankheit zusammengekrümmte, etwas einer Fee, um nicht zu sagen Hexe ähnliche Frau zu sprechen an, und ich war bezaubert.

76 *Literaturblatt* zum *Morgenblatt für gebildete Stände* 18 (1837) Nr. 21.

Meine Müdigkeit verflog oder machte vielmehr einer Art Trunkenheit Platz. Sie sprach und sprach bis gegen Mitternacht, und ich weiß nicht mehr, haben sie mich fortgetrieben, oder ging ich von selbst fort. Ich habe nie in meinem Leben interessanter und besser reden gehört.«[77]

Wenn Grillparzer hier von »jener später bekannten Rahel« spricht, bezieht er sich auf das Buch, bzw. die Bücher, mit denen die nur in Berlin berühmte Frau postum eine Ikone ihrer Zeit wurde: Nach Rahels Tod am 7. März 1833 begann Varnhagen, ihrem Wunsch entsprechend, bei allen Freunden ihre Briefe zu erbitten, von denen er noch 1833 eine Auswahl »als Handschrift« gedruckt in einem über 600 Seiten dicken Band veröffentlichte. Es hatte schon mehrfach Teilveröffentlichungen aus Rahels originellen Briefen unter Varnhagens Redaktion gegeben, am umfangreichsten in Fouqués Zeitschrift *Berlinische Blätter für deutsche Frauen* die fast 100 Seiten umfassende Reihe »Aus Denkblättern einer Berlinerin«[78], aber auch diese Auswahl war auf ein regionales Publikum beschränkt geblieben, das zudem über die Verfasserin im unklaren gelassen wurde. Erst durch Varnhagens Nachlaßpublikationen aus einem unendlichen Vorrat von Briefen, Tagebüchern, Denkblättern und Aufzeichnungen aller Art wurde Rahel überall im deutschen Sprachraum bekannt und sogar berühmt. Dabei war das erste, in kleiner Auflage als Privatdruck veröffentlichte Buch nicht im Handel erhältlich, sondern wurde von Varnhagen ausschließlich an enge Freunde verschenkt. Er hat diesen privaten Charakter nicht nur im Titel »Ein Buch des Andenkens für ihre Freunde«, sondern auch in seiner Einleitung betont: »Nur Freunden aber ist diese Mitteilung bestimmt.«[79] Um so überraschender kam für ihn der überwältigende Erfolg, die enorme Reso-

77 *Grillparzers Werke*, Wien [o. J.], Bd. 5, S. 227; vgl. auch: K. A. Varnhagen von Ense, *Blätter aus der preußischen Geschichte*, Bd. 4, Leipzig 1869, S. 110.

78 *Berlinische Blätter für deutsche Frauen* 3 (1829) H. 4 und 4 (1830) H. 1.

79 *Rahel. Ein Buch des Andenkens für ihre Freunde*, Berlin 1833, S. 3.

nanz: Man las in Gesellschaft aus Rahels Aufzeichnungen vor und lieh sich in Zirkeln den Band reihum aus. Varnhagens Befürchtung, daß die Sammlung »nur ein schwacher Versuch« wäre, »den Eindruck eines Wesens zu schildern, welches vollkommen vor Augen zu stellen doch jede Schrift und jede Kunst unzulänglich bleibt«,[80] war offensichtlich unbegründet, da die unmittelbare Lebendigkeit der Briefe für sich selbst sprach. Der in grünes Seidenleinen gebundene Band, auf dessen schwarzem Rückenschild einzig der Name »Rahel« stand, gewann als »das Buch Rahel« geradezu kanonisches Ansehen. Das Drängen der Leser und Bewunderer bewog Varnhagen, noch im Dezember 1833 eine Textauswahl von dreifachem Umfang herauszugeben, die nun regulär vom Buchhandel vertrieben wurde. Besonders die Autoren des »Jungen Deutschland« lasen aus Rahels Aufzeichnungen vorformulierte eigene Ideen heraus und stilisierten die Person, die sie nicht gekannt hatten, auf dem ästhetischen Umweg zur Vorkämpferin der Frauenemanzipation. Es war Theodor Mundt, der nicht nur in seiner Rezension der dreibändigen Ausgabe,[81] sondern auch in seinem Roman *Madonna* öffentlich die Verbindung von Rahels Emanzipationsideen zur Lehre des Saint-Simonismus zog,[82] deren Anhänger Varnhagen und Freunde wie Fürst Pückler erklärtermaßen waren. Selbstverständlich mußte eine solche Gedankenverbindung den staatlichen Organen höchst verdächtig erscheinen: Sie vermuteten im Kultus der freien Persönlichkeit den Beginn einer systematischen, von dem ohnehin unliebsamen Varnhagen angeführten Verschwörung. Metternich schrieb in diesem Sinn am 30. November 1835 an den preußischen Minister Wittgenstein: »Herr Varnhagen ist ein Ideolog und mir fällt die Gemeinschaft des Kultus für *Goethe* auf, da ich den hinterlassenen Gatten der Rahel

80 Ebd., S. 4.

81 In: *Jahrbücher für wissenschaftliche Kritik*, 1835, Sp. 905–924.

82 Vgl. Theodor Mundt, *Madonna. Unterhaltungen mit einer Heiligen*, Leipzig 1835, S. 301.

kenne, zu welchem sich die neue Literatur auf jene den alten Dichter vergötternde Weise bekennt. In dem Treiben der jungen Literatoren mit dem St. Simonismus liegt das Gemeinsame, daß beide Sekten sich *einen* Gott zu schaffen bemühen [...].«[83] Wohl hatte das Paar Rahel und Karl August Varnhagen zu den frühesten zeitgenössischen Goethe-Verehrern gehört, ohne deren nachdrückliche und stete Hinweise die Goethe-Rezeption im deutschen Sprachraum anders verlaufen wäre, aber daraus auf eine verschwörerische Sektenbildung zu schließen, zeugt nur von der paranoiden Geistlosigkeit der Regierenden. Besonders die Zensurbehörde des katholischen Österreich sah in der Veröffentlichung den Versuch einer jüdisch-sozialistischen Sektenbildung, die an den Grundfesten des Staates rüttele. Antisemitische Töne kamen aber auch aus Preußen; so schrieb der »Turnvater« Jahn in einem Brief vom 19. Februar 1834: »Aus dem ganzen dickbogigen Buch weht der veilchenartige Leichenduft neuzeitiger fürnehmer Weltbürgerschaft. Es ist die Leichenbühne (Lustrum doloris) des neuen volkstumlosen, jüdelnden und junkernden Weltbürgertums, der geistige böhmische Mädgenkrieg einer vergeistigten brustlosen Mannmacherin, ein geistiges Buhlhaus einer Verschlossenen.«[84] Geradezu mechanisch vereinigt sich hier wiederum, wie bei dem eingangs beschriebenen Beispiel Brentanos, Anti-Intellektualismus unter Hinweis auf die kinderlos gebliebene Ehe mit sexueller Denunziation. Über die wirkliche Person Rahel können indes weder ihre Briefe noch die Angriffe gegen diese eine verläßliche Auskunft geben; sie war weniger eine Literatin als schon zu Lebzeiten eine Gestalt der Literatur, in der sie lebte wie in der Gegenwart. Varnhagen hat jene Szene überliefert, als sie 1823 in schmerzvoller Auflösung sein Zimmer betrat und weinend rief: »August, sie ist tot!« – aber ihre Tränen

83 Zit. nach: *Neue Quellen zur Geschichte Preußens im 19. Jahrhundert*, hrsg. von Hans-Joachim Schoeps, Berlin 1968, S. 194.

84 *Die Briefe Friedrich Ludwig Jahns*, hrsg. von Wolfgang Meyer, Leipzig 1913, S. 362.

galten nicht einer Verwandten oder Freundin, sondern der Madame Sévigné, deren Briefe sie gerade las und die bekanntlich am 18. August 1696 an den Pocken gestorben war.[85] Ihre nervöse Reizbarkeit, die sich durch schlechthin alles, besonders durch das stets am Anfang jedes Briefes vermerkte Wetter irritieren ließ, fand in Varnhagen eine rationale Entsprechung: Auch er lebte, von der Möglichkeit unmittelbarer Wirkung seit seiner Entlassung abgeschnitten, mehr in der Literatur, die er sich zum Lebenskreis verwandelte, auch und vor allem in den meisterhaften biographischen Porträts. »Ich habe immer den Wunsch, daß die, welche mit mir gelebt haben, auch weiter leben«,[86] schrieb er 1846 als schriftstellerisches Programm an seinen Jugendfreund Kerner, der längst den einstigen gemeinsamen politischen Weg verlassen hatte, überdies Antisemit geworden war und gegen Dritte über Varnhagens Engagement für die junge deutsche Literatur nur böse Worte fand: »Es ist lamentabel, daß Varnhagen diese Schweinehunde unterstützt [...]. Das kommt von seiner Judensucht her, durch die er das Christliche verlor.«[87] Der durch weitere Publikationen[88] von Varnhagen geförderte Rahel-Kult, mit dem untrennbar die Emanzipationsideale des Jungen Deutschland verbunden waren, machte den in der Öffentlichkeit sich politisch zurückhaltenden Varnhagen für die Behörden wieder zur oppositionellen Zentralfigur. Tatsächlich sah Varnhagen in der jungen Generation die Hoffnung auf eine Veränderung der politischen Verhältnisse; für die Zukunft erwartete der Bewunderer Mirabeaus eine Revolution nach französischem Vorbild. An Troxler schrieb er: »Für den Weltgang darf uns nicht bange sein; doch darf der

85 Vgl. Feodor Wehl, *Das Junge Deutschland*, Hamburg 1886, S. 55.

86 *Justinus Kerners Briefwechsel mit seinen Freunden*, hrsg. von Theobald Kerner, Bd. 2, Stuttgart/Leipzig 1897, S. 288 f. (5. November 1846).

87 Ebd., S. 129, Anm. 2 (Brief an Sophie Schwab, 30. Juli [?] 1837).

88 *Gallerie von Bildnissen aus Rahel's Umgang und Briefwechsel*, hrsg. von K. A. Varnhagen von Ense, 2 Bde., Leipzig 1836, und *Über Rahel's Religiosität. Von einem ihrer älteren Freunde* [d. i. Wilhelm Neumann], hrsg. von K. A. Varnhagen von Ense, Leipzig 1836.

Mensch persönlich wohl einigen Anspruch machen, sein kurzes Leben nicht ganz in das schlechte Wetter fallen zu sehen. Den Standpunkt, auf den das Geschick mich hinabdrängt, vermag ich nicht zu ändern, doch laß ich mir ihn nicht verkümmern und helfe den Gesinnungsgenossen mit Wort und Tat nach besten Kräften.«[89] Wenige Tage später notierte er im Tagebuch: »Mir ist nicht wohl zu Mut, wenn ich an die künftigen Stürme denke, sie werden vieles umreißen, was mir teuer ist, sie werden den Boden mit Trümmern dessen dekken, was mein Leben war. Schon jetzt ist vieles erschüttert, dem ich Bestand wünsche, schon jetzt liegt manches abgestreift und abgeschlagen auf dem Boden, was ich hoch grünen und blühen gesehn. Mir ist nicht wohl bei der Richtung, die jetzt alles geht. Und dennoch freu' ich mich jedes kräftigen Windstoßes, jeder aufrauschenden Woge, die das Gebäu[de] der Lüge und Schlechtigkeit erschüttern! Ich sehe dem Weltwirrwarr, wie Shakespeare sagt, mit einem weinenden Auge und mit einem lachenden zu. Die Revolution, die mein Gefühl verwirft, erkennt mein Geist als notwendig, und die Einsicht reißt zuletzt auch das Gefühl mit auf ihre Seite fort. [...] Die Regierungen unsrer Zeit sind zu dumm und zu arg, als daß sie dauern könnten, ihre eigne Schlechtigkeit bereitet ihnen ihren Untergang.«[90] Varnhagens Brief an Kerner vom 28. März 1848, geschrieben noch unter dem Eindruck der vom Fenster aus beobachteten Barrikadenkämpfe, belegt nachdrücklich, welche Hoffnungen er auch auf den preußischen König Friedrich Wilhelm IV. setzte, dessen künftig führende Rolle in einem einigen Deutschland ohne den Anschluß Österreichs er mit seiner 15-seitigen Flugschrift *Schlichter Vortrag an die Deutschen über die Aufgabe des Tages* befördern und stärken wollte. Die Anfang September

89 Brief an Troxler vom 17. September 1844, in: *Briefwechsel mit Troxler*, S. 284.

90 *Tagebücher*, Bd. 2, Berlin 1861, S. 378 (5. Oktober 1844); mit kleineren Textabweichungen zuerst in: *Unsere Zeit. Jahrbuch zum Conversations-Lexikon*, Bd. 3, Leipzig 1859, S. 521.

*Karl August Varnhagen von Ense, um 1819*

1848 erschienene Schrift erregte großes Aufsehen, der anonyme Verfasser war alsbald bekannt, und die Berliner Buchhändler hängten im Schaufenster unter dem Heft ein Schild mit dem Namen Varnhagens aus. In seiner Wohnung versammelte sich Tag für Tag ein Schattenkabinett aus Ministern, Abgeordneten und Generälen, aber mit Auflösung der Nationalversammlung und der oktroyierten Verfassung waren schon im November alle demokratischen Hoffnungen auf ein geeintes Deutschland gescheitert. Es herrschten Polizeiwillkür und Zensur; die Reaktion hatte gesiegt.

Es ist bezeichnend, daß Varnhagen in dieser Situation mit der Arbeit an jenem Abschnitt seiner *Denkwürdigkeiten des eignen Lebens* beginnt, der seine Zeit als Ministerialresident in Karlsruhe ab 1816 zum Thema hat. Die Parallelen zum damaligen politischen Engagement und Scheitern liegen auf der Hand. Varnhagen sieht selbst diese Verbindung, wenn er auf seine früheren Zeitungsartikel zu sprechen kommt: »[...] was sich davon bei mir durch Zufall erhalten hat, ist von der Art, daß ich es noch heute in meinem Alter billigen kann, weder des Inhalts, noch des Ausdrucks hab' ich mich zu schämen, und wie sehr ich aus dem tiefsten Sinn und Leben der Nation heraus gesprochen, dafür gilt als bestes Zeugnis, daß dreißig Jahre später, als die Nation erwachte und wirklich frei zu werden begann, meine früheren Worte großenteils ein Ausdruck dessen waren, was die neueste Zeit im Allgemeinen forderte. Meine Artikel sprachen unaufhörlich für das Bürgertum, gegen die Vorrechte des Adels, gegen die Willkür der Behörden [...].«[91] Nur einen Unterschied gebe es: »daß der Bundestag damals eine schwache Hoffnung war, jetzt aber ein Verrat und Hohn ist.«[92]

Diese *Denkwürdigkeiten des eignen Lebens*, die nicht in chronologischer Folge entstanden und zeitliche Lücken aufweisen, auch nur bis 1834, bis zu seiner gescheiterten Verlo-

91 Varnhagen (Anm. 51) Bd. 3: *Denkwürdigkeiten des eignen Lebens* 3, Frankfurt a. M. 1987, S. 104.

92 Ebd., S. 107.

bung mit Marianne Saaling und dem Gespräch mit Metternich über das Junge Deutschland reichen – diese dennoch rund 2000 Seiten umfassenden Memoiren sind unbestritten Varnhagens Meisterwerk. Selbst ein Germanist wie Oskar Walzel urteilte: »Deutschland müßte an Memoirenwerken erst weit reicher werden, ehe es Varnhagens ›Denkwürdigkeiten‹ aus dem Reiche klassischer Schriften des Faches streichen dürfte.«[93] Wenn Theodor Mundt 1853 tadelte, daß Varnhagens Darstellungen »nicht weit über eine gewisse persönliche Atmosphäre hinausgehen« und sein »Talent persönlicher Verbindungen und Anknüpfungen, welches ihn fast mit allen literarischen und geistigen Strömungen seit dem Ende des vorigen Jahrhunderts in Berührung brachte«,[94] das einzige und bestimmende Merkmal aller seiner Leistungen sei, dann dürfen wir solchen Tadel heute durchaus als Lob gelten lassen. Denn gerade durch den Verzicht aufs allgemeine Räsonnement, in der Beschränkung einer Geschichtsschreibung aus eigenem Erleben gewinnen Varnhagens Memoiren heute noch ihre Anschaulichkeit. Er schrieb die Geschichte seiner Zeit als die eigene, er verwandelte sie in seine Lebensgeschichte, kein Panorama der politischen Geschicke entwarf er, sondern eine Galerie von Bildnissen aus seinem näheren Umgang. Die persönliche Kenntnis nahezu aller berühmten Zeitgenossen ermöglichte ihm glanzvolle Charakteristiken, und sein scharfer Blick hinter die Kulissen der Macht erlaubte ihm – erst postum veröffentlichte – Beschreibungen diplomatischer Verwicklungen, die seine Memoiren zu einem unersetzlichen Quellenwerk für die ersten Jahrzehnte des vorigen Jahrhunderts machen. Seinen Stil, diese kühle Eleganz, die dem Deutschen so ungewohnt und unheimlich ist, hat man oft angegriffen: Schon Gustav Schlesier, der wie Mundt nach 1848 zu den Renegaten gehörte und zuletzt als Mitarbeiter des Ministerpräsidenten Manteuf-

93 Oskar Walzel, »Varnhagen«, in: *Allgemeine Deutsche Biographie*, Leipzig 1895, Bd. 39, S. 778.

94 Mundt (Anm. 10) S. 645 f.

fel im berüchtigten Berliner »Preßbureau« Dienst tat, hatte 1834 in einer sonst vehement lobenden Rezension den »unbewegten« Stil Varnhagens bemerkt.[95] Da der Verweis auf das Goethe-Vorbild den jungdeutschen Varnhagen-Verehrern ungern über die Lippen kam, retteten sie sich wie Gustav Kühne in die Definition, daß Varnhagens Stil »jene klassische Simplizität« habe, »die nur den alten Geschichtsschreibern eigen ist«, aber die unbewegte Leichtigkeit irritierte sie dennoch: »Selbst dem Schafott könnte dieser Stil entgegentanzen, ich will sagen, selbst Verzweiflung [...], selbst Todesangst, wenn er sie zum Ausspruch brächte, würden anmutig klingen.«[96] Als Vergleich braucht man nicht, wie Mundt in dem wenig subtilen Denunziationsversuch seiner Literaturgeschichte, die Sprachgebärde der preußischen Diplomatie zu bemühen; es genügt ein Blick auf die noch im hohen Alter gestochen scharfe und dennoch leichthin perlende Handschrift Varnhagens, und sofort wird der Satz des Freundes Pückler einleuchtend: »Es ist seltsam, daß Ihr Stil und Ihre Handschrift eine solche Verwandtschaft haben.«[97] Deutlichkeit und Leichtigkeit sind hier untrennbar verbunden, und es gibt im Deutschen nicht leicht ein zweites Beispiel für eine solch augenfällig elegante Virtuosität des täglichen Schriftgebrauchs. Varnhagens Stil ist stets klar und unmißverständlich; daß er dennoch zuweilen mit einer geradezu flüchtig scheinenden Eleganz kokettiert, die im Deutschen ohne Vorbild war, haben ihm spätere Kritiker in den Vorwurf der sachlichen Unzuverlässigkeit umgedeutet – am simpelsten noch Arno Schmidt: »Varnhagen lügt gern!«[98], obwohl gerade die faktenüberquellende Fouqué-Biographie Schmidts stillschweigend und reichlich von Exzerpten aus Varnhagens

95 *Zeitung für die elegante Welt* 34 (1834) Nr. 6, S. 22.
96 Gustav Kühne, *Portraits und Silhouetten*, Tl. 1, Hannover 1843, S. 180 ff.
97 Brief Pücklers an Varnhagen vom 24. Juli 1833, in: Hermann von Pückler-Muskau, *Briefwechsel und Tagebücher*, hrsg. von Ludmilla Assing, Bd. 3: *Briefwechsel zwischen Pückler und Varnhagen von Ense*, Berlin 1874, S. 163.
98 Schmidt (Anm. 66) S. 164.

Schriften zehrt, deren Seriosität ein zeitgenössischer Kritiker wie Hermann Grimm nicht bezweifelte: »Niemand, glaube ich, wird die Wahrheit der meisten Dinge bestreiten, welche Varnhagen mitteilt.«[99] Er war der unbestechliche Chronist seiner Zeit; keineswegs lebte er, wie sein junger Gast Gottfried Keller 1854 zu bemerken glaubte, »in der Vergangenheit«[100] – wie wenig dies Urteil zutrifft, zeigt auch Varnhagens Rezension von Kellers Erstlingsroman –, sondern er war die wichtigste Anlaufstelle für alle Nachrichten und damit vermutlich die über alle politischen Vorgänge am besten informierte Person. In seinem bureau d'esprit erwarteten aber auch vor allem junge, noch unbekannte Autoren Rat und Vermittlung, wie Gottfried Kellers Satz unmittelbar nach seiner Ankunft in Berlin bezeugt: »Ich hatte nun, wollte ich in Berlin in literarische Kreise kommen, keinen anderen Weg, als zu Varnhagen zu gehen [...].«[101] Wer in diesen letzten Jahren seines Lebens zu ihm kam, erhielt zwar jegliche Hilfe, wurde aber auch sogleich in politische Gespräche verwickelt, in deren Verlauf Varnhagen, wie mehrere Zeitgenossen berichten[102], geradezu Wutanfälle bekam angesichts der politischen Stagnation. Auch in den Tagebuchaufzeichnungen verschärfte sich sein Stil deutlich: »Die Zeitungen abends eine unerquickliche Leserei! Der Ton ist matt, die jeweilige Kühnheit sticht umso mehr ab, und zeigt die vorherrschende Schwäche. Der Landtag, die Volksvertretung sind ein Gaukelspiel, ohne Wahrheit, ohne Wirkung. Die Regierung ist eine unumschränkte, die Rechtspflege abhängig, die Polizei allmächtig. Wie soll und kann aus diesem Preußen wieder etwas werden, ohne gewaltsamen Ausbruch, ohne gänzliche

99 Hermann Grimm, *Neue Essays über Kunst und Literatur*, Berlin 1865, S. 166.

100 Brief an Hermann Hettner, 26. Juni 1854, in: Gottfried Keller, *Sämtliche Werke und ausgewählte Briefe*, hrsg. von Clemens Heselhaus, Bd. 3, München 1958, S. 1140.

101 Brief an Hermann Hettner, 29. Mai 1850, ebd., S. 1094.

102 Vgl. Wehl (Anm. 1) Bd. 2, S. 15 ff., und Gustav Kühne, *Mein Tagebuch in bewegter Zeit*, Leipzig 1863, S. 661.

Umbildung? Ich verzweifle an einem Gedeihen durch allmähliche Entwicklung aus diesem Zustande von Fäulnis!«[103] Ähnliche Gedanken an eine nötige Revolution hatten dem Historiker Gervinus 1853 einen Hochverratsprozeß eingebracht; an Varnhagen, der schon 1850 in »Staats- und Volkssachen, wenn die Dinge auf einen gewissen Punkt gekommen sind, die Berechtigung des rücksichtslosen Terrorismus gelten«[104] lassen wollte, wagten sich die Behörden nicht mehr heran. Man fürchtete nicht allein seine Beziehungen, sondern vor allem seine intimen Kenntnisse, die er im Lauf der Jahrzehnte über fast alle Personen des öffentlichen Lebens zusammengetragen hatte. Er war nicht nur ein fast manischer Autographensammler, er las auch »keine Zeitung, ohne sich Ausschnitte zu machen, kein Buch, ohne sich Stellen daraus abzuschreiben; er hörte keine Anekdote, ohne sie aufzuzeichnen; jedes beschriebene Blättchen hatte Wert für ihn. Alles was ihm zugetragen wurde, ward sorglich in eigenen Schubladen und bereit gehaltenen Kästchen aufbewahrt. Von allem, was sein war, führte er ein genaues Verzeichnis, und da er nichts verschmähte, was ihm zu Händen kam, so tauchte fast niemals ein Name auf, ohne daß er etwas von dessen Träger in Verwahrsam hatte und über ihn mitzuteilen wußte. Er besaß eine eigene Kunst, die Menschen auszuforschen, oder von ihnen geheimgehaltene Schriftstücke in seinen Besitz zu bringen.«[105] Am Ende umfaßte dieses berühmte und gefürchtete Privatarchiv mehr als hunderttausend Blätter, die Auskunft gaben über rund 9000 Personen, vor allem Schriftsteller, Wissenschaftler und Politiker. Karl August Varnhagen von Ense starb am Abend des 10. Oktober 1858, im Alter von 73 Jahren, an einem plötzlich eingetretenen Lungenschlag. Seinem Wunsch gemäß wurde er, obwohl katholisch getauft, auf dem protestantischen Dreifaltigkeits-

103 *Tagebücher*, Bd. 14, Hamburg 1870, S. 263 (30. April 1858).
104 Brief an Amely Bölte vom 4. Februar 1850, in: K. A. Varnhagen von Ense, *Briefe an eine Freundin. Aus den Jahren 1844–1853*, Hamburg 1860, S. 186.
105 Wehl (Anm. 1) Bd. 2, S. 17.

friedhof bestattet. Ebenfalls seiner Verfügung gemäß durfte kein Geistlicher am Grab sprechen oder den Trauerzug begleiten. Es ist jedoch eine Legende, daß er neben seiner Frau Rahel bestattet worden wäre. Sie nämlich hatte sich gewünscht, »dreißig Jahre in kein Grab zu kommen, sondern in einer Totenhalle zu liegen, was denn auch geschehen«.[106] Erst im Juli 1867, nachdem Ludmilla Assing ihre vorgesehene Grabstelle an sie abgetreten hatte, weil sie lieber in Italien beerdigt werden wollte, fand Rahel ihre endgültige Ruhestätte neben ihrem Mann.

Ludmilla Assing, die Tochter einer Schwester Varnhagens, deren Familie Karl Gutzkow 1840/45 zwei liebevolle Aufsätze gewidmet hatte,[107] erbte den gesamten, äußerst umfangreichen Nachlaß, in dessen Geheimnisse sie als einzige seit langem eingeweiht war. Fast zwanzig Jahre lang widmete sie sich nun mit großer Sorgfalt und unbeirrt von Angriffen und Verfolgung den Editionen. Ihr verdanken wir nicht nur die Herausgabe einiger Briefbände und der als historische Quelle unersetzlichen Tagebücher, sondern auch die 1876 mit dem 19. Band abgeschlossene Ausgabe der *Ausgewählten Schriften*. Nach ihrem Tod 1880 ging, nach Varnhagens Testament, der gesamte schriftliche Nachlaß, ebenso wie Varnhagens Bibliothek (2841 Bände), in den Besitz der Preußischen Staatsbibliothek in Berlin über, wo die 307 Kästen in einem besonderen Zimmer der Handschriftenabteilung untergebracht wurden. Dazu gehörte, neben wichtigen Zeugnissen zum Jungen Deutschland, darunter die eigenhändige, bereits zum Druck vorbereitete Abschrift der Briefe Börnes an Henriette Hertz, auch der vollständige Nachlaß des Fürsten Pückler-Muskau, sein umfangreicher Briefwechsel, seine Tagebücher und Manuskripte, aus denen Ludmilla Assing eine achtbändige Auswahl (Hamburg 1873–76) her-

106 Bericht von Ludmilla Assing an F. Wehl (4. Juli 1867), in: Wehl (Anm. 1) Bd. 1, S. 56.

107 Karl Gutzkow, *Ausgewählte Werke in 12 Bänden*, hrsg. von Heinrich Hubert Houben, Bd. 8, Leipzig [o. J.], S. 209 ff.

ausgegeben und durch eine Biographie Pücklers (Hamburg 1873) ergänzt hatte. Ein anderer Schwerpunkt der »Sammlung Varnhagen« waren Briefe und Manuskripte, die ihm von Bettina von Arnim übergeben worden waren, darunter der Briefwechsel Clemens Brentanos mit Sophie Mereau, aber auch zahlreiche Briefe von und an ihren Mann Achim von Arnim. Diese Sammlung mit ihrem über mehr als 50 Jahre sich erstreckenden historischen und biographischen Material gehörte zu den wertvollsten Beständen der Preußischen Staatsbibliothek, die diesen Besitz 1911 in einem eigenen, 923 Seiten umfassenden Katalog dokumentierte.[108]

Seit Kriegsende galt diese Sammlung als verschollen. Man wußte, daß sie 1941, um sie vor den einsetzenden Bombenangriffen zu schützen, zunächst nach Schloß Fürstenstein in Niederschlesien und von dort etwa 1944 in das nahegelegene Kloster Grüssau ausgelagert worden war. Dort aber verlor sich für die folgenden dreißig Jahre ihre Spur, bis langjährige Recherchen ergaben, daß im Sommer 1946 polnische Behörden die Sammlung beschlagnahmt und abtransportiert hatten.[109] Sie befindet sich heute in der Krakauer Biblioteka Jagiellońska. Soweit dies anhand des Varnhagenschen Verzeichnisses festgestellt werden konnte, fehlen aus einigen Kästen mehrere kleinere Konvolute; die Hauptmasse der Handschriften jedoch hat die Kriegs- und Nachkriegswirren ohne nachhaltige Schäden überstanden und kann seit einigen Jahren, wenngleich nicht immer ohne Hindernisse, wieder wissenschaftlich genutzt werden. Es bleibt der weiteren politischen Entwicklung in Europa überlassen, ob Varnhagens Nachlaß, der einen der bedeutendsten der deutschen Literatur- und Geistesgeschichte darstellt, in Krakau bleiben oder im Rahmen eines Kulturaustauschs wieder an seinen angestammten Platz nach Berlin zurückkehren wird. Karl August

108 Ludwig Stern, *Die Varnhagen von Ensesche Sammlung in der Königlichen Bibliothek zu Berlin*, Berlin 1911.

109 *Neue Rundschau* 88 (1977) S. 165 ff.

Varnhagen von Ense war es, der in einem (unveröffentlichten) Brief vom 2. Juni 1849, also in politisch bewegter Zeit, die Hoffnung ausdrückte: »Wer weiß, ob nach dreißig Jahren die geographischen Handbücher nicht von den Vereinigten Freistaaten Deutschlands vielleicht Europa's sprechen ...«

## Daten zu Leben und Werk

1785 Am 21. Februar wird Karl August Varnhagen in Düsseldorf geboren.

1790 Der Vater, von Beruf Arzt, wird wegen seiner Sympathie für die französische Revolution, in deren Geist er auch den Jungen erzieht, aus Düsseldorf ausgewiesen. Umzug nach Straßburg, woher die Mutter stammt.

1793/94 Nach einem mißglückten Niederlassungsversuch in Aachen wieder Rückkehr nach Düsseldorf. Obwohl K. A. Varnhagen katholisch getauft ist, schickt ihn der Vater auf eine lutherische Schule.

1794–1800 Umzug mit dem Vater nach Hamburg. Er wird durch den Vater unterrichtet und auf den Beruf als Arzt vorbereitet.

1800 Nach dem Tod des Vaters (5. Juni 1799) durch Vermittlung eines Mäzens Eintritt in die kriegsmedizinische Lehranstalt Pepinière in Berlin.

1803 Ausschluß aus der Pepinière nach Konflikten mit dem Lehrkörper. Durch eine schwere Krankheit lernt er den Arzt und Philosophen Johann Benjamin Erhard kennen. Er wird Hauslehrer bei dem Fabrikanten Cohen; Bekanntschaft mit Wilhelm Neumann, der in Cohens Büro arbeitet. Es entsteht der Freundeskreis mit Chamisso, Fouqué, Fichte, Koreff und Ludwig Robert, dem dichtenden Bruder von Rahel Levin.

1804 Herausgabe eines *Musenalmanachs* (bis 1806). Nach dem Bankrott Cohens neue Hauslehrerstelle in Hamburg bei dem Bankier Hertz, mit dessen Frau Fanny er ein Verhältnis beginnt und die ihn und seine Freunde während der nächsten Jahre finanziell unterstützt.

1805 Auf Rat Friedrich Heinrich Jacobis vervollständigt Varnhagen seine Bildung durch Teilnahme am Griechischunterricht im Hamburger Johanneum. Im März verläßt er das Hertzsche Haus und bezieht eine gemeinsame Wohnung mit dem Freund Neumann.

1806 Mit Neumann im April Umzug nach Halle und Beginn eines Medizinstudiums. Er veröffentlicht anonym eine Polemik gegen den Goetheverächter Garlieb Merkel: *Testimonia Auctorum Merkelio.* Mit dem Freund Zusammenstellung der den Musenalmanach fortsetzenden *Erzählungen und Spiele*, die 1807 erscheinen. Während der Semesterferien in Berlin, wo er am 27. Oktober den Einmarsch der Franzosen miterlebt.

1807 Rückkehr nach Halle, wo jedoch die Universität von Napoleon geschlossen worden war. Mit Neumann beginnt er den wegen der abwechselnd geschriebenen Kapitel so benannten Doppelroman *Die Versuche und Hindernisse Karl's*, der 1808 erscheint. Besuch bei Fouqué. Reisen zu Fichte nach Berlin und zu Chamisso nach Hamburg.

1808 Rückkehr nach Berlin, wo er Fichtes »Reden an die deutsche Nation« hört. Er beginnt ein Verhältnis mit der 14 Jahre älteren Jüdin Rahel Levin. Im September Abreise nach Tübingen zur Beendigung des Medizinstudiums. Im Oktober Besuch bei Jean Paul. Bekanntschaft mit dem Verleger Cotta, Justinus Kerner und Ludwig Uhland. Fanny Hertz bietet ihm die Ehe und die Möglichkeit einer Niederlassung als Arzt in Hamburg an.

1809 Varnhagen reist im März nach Hamburg, kann sich aber weder zur Ehe noch zur Niederlassung entschließen. Im Mai sieht er Rahel in Berlin wieder, die durch ihn Alexander von der Marwitz kennenlernt. Nach dem Sieg des Erzherzogs Karl über die Franzosen bei Aspern (21./22. Mai) tritt

Varnhagen in österreichische Dienste als Fähnrich in einem Infanterieregiment des Oberst von Bentheim. In der Schlacht von Wagram (5./6. Juni) wird er durch Schuß in den Oberschenkel verletzt. Nach einem Lazarettaufenthalt verbringt er die Wartezeit bis zu seinem Austausch als Kriegsgefangener in Wien, verkehrt in den berühmten Salons der Frauen von Arnstein und von Eskeles. Bekanntschaft mit dem Schweizer Arzt und Politiker Ignaz Paul Troxler. Im September Stationierung in Preßburg. Dem erkrankten Oberst von Bentheim kann er durch eine von Erhard übernommene Therapie das Leben retten.

1810 Nach dem Frieden von Schönbrunn zwischen Österreich und Frankreich (14. Oktober 1809) Rückkehr nach Wien und Reisen nach Kassel und Prag als persönlicher Vertrauter an der Seite Bentheims. Am 25. Juni Ankunft in Paris, Audienz bei Napoleon, Teilnahme am Fest des Fürsten Schwarzenberg anläßlich der Hochzeit Napoleons und Augenzeuge der Brandkatastrophe. Bekanntschaft mit Metternich und dem Attaché der österreichischen Botschaft, Freiherr von Tettenborn. Wiedersehen mit Ludwig Uhland.

1811 In Prag Bekanntschaft mit dem Freiherrn vom Stein. Nach einem Aufenthalt in Wien im Auftrag Bentheims reist Varnhagen nach Berlin, um Rahel nach Teplitz zu begleiten, wo beide den Sommer verleben. Besuch von Clemens Brentano. Bekanntschaft mit Beethoven, der sich von Varnhagen ein Libretto wünscht. Nach der Rückkehr nach Prag erste Veröffentlichungen in Cottas *Morgenblatt für gebildete Stände* unter dem angenommenen Adelsprädikat »von Ense«. In Prag trifft Varnhagen Metternich wieder, lernt den Fürsten von Wittgenstein kennen und knüpft brieflich den ersten Kontakt zu Goethe.

1812 Varnhagen wartet nach seiner Beurlaubung aus österreichischen Diensten vergeblich auf eine Anstellung in Preußen. Er beginnt mit der Arbeit an der Biographie des Grafen Wilhelm zur Lippe-Schaumburg. Anonym läßt er im *Morgenblatt* Rahels Äußerungen »Über Goethe. Bruchstücke aus Briefen« erscheinen. Zerwürfnis mit Brentano. Mitarbeit an Fouqués Zeitschrift *Die Musen* (bis 1814).

1813 Varnhagen erlebt im Februar in Berlin den Einmarsch der russischen Vortrupps, die Napoleons geschlagene Armee verfolgen; zu den Anführern gehört der in russische Dienste gewechselte Tettenborn. Varnhagen berät sich mit dem preußischen Staatskanzler Hardenberg in Breslau, reist dann zu Tettenborn nach Hamburg, in dessen Stab er als Sekretär und Beauftragter für die medizinische Versorgung eintritt. Auf Betreiben Varnhagens Gründung der Zeitung *Der deutsche Beobachter*, deren Inhalt er wesentlich bestimmt. Nach dem Abzug Tettenborns aus Hamburg Überfall auf Bremen; Herausgabe der *Zeitung aus dem Feldlager*. Durch Überlassung des beschlagnahmten Postlagers wird Varnhagen materiell in die Lage gesetzt, Rahel zu heiraten. Er veröffentlicht eine *Geschichte der hamburgischen Begebenheiten während des Frühjahrs 1813*.

1814 Nach der Niederlage Napoleons und seiner offiziellen Abdankung, die Varnhagen in Paris erlebt, kehrt er nach Teplitz zurück, verbringt dort den Sommer mit Rahel. Am 23. September wird sie von Friedrich Schleiermacher evangelisch getauft. Heirat am 27. September in Berlin. Rasche Trennung, da Varnhagen von Oktober 1814 bis Juni 1815 zwar ohne feste Anstellung, aber im Rang eines persönlichen Referenten des Staatskanzlers

Hardenberg am Wiener Kongreß teilnimmt. Durch regelmäßige Beiträge vor allem im *Deutschen Beobachter* und in Cottas *Augsburger Allgemeinen Zeitung* vertritt er publizistisch die Position Preußens; ebenso in seiner Schrift *Deutsche Ansicht der Vereinigung Sachsens mit Preußen*. Es erscheinen ferner seine *Gedichte während des Feldzugs 1813* und die *Geschichte der Kriegszüge des Generals von Tettenborn während der Jahre 1813 und 1814*.

1815 Die Rückkehr Napoleons von Elba beendet den Wiener Kongreß. Im Juni ist Varnhagen wieder in Berlin; im Juli reist er, nach Napoleons Niederlage bei Belle-Alliance, im Gefolge Hardenbergs als dessen Pressebevollmächtigter nach Paris. Zahlreiche meist anonyme Zeitungsbeiträge. Hardenberg verspricht ihm eine Anstellung als Legationssekretär. Er veröffentlicht *Deutsche Erzählungen* und gibt Troxlers Aufsatz *Über die Schweiz* heraus.

1816 Von November 1815 bis Juli 1816 mit Rahel in Frankfurt am Main, wo er auf das Beglaubigungsschreiben für den noch nicht konkret benannten Posten wartet. Arbeit an einer Fragment gebliebenen *Geschichte des Wiener Kongresses*. Er wird zum preußischen Geschäftsträger am badischen Hof ernannt. Der bis Juli 1819 dauernde Aufenthalt in Karlsruhe wird durch zahlreiche Reisen unterbrochen. Er veröffentlicht *Vermischte Gedichte*.

1817 Erste persönliche Begegnung mit Goethe in Weimar. Ernennung zum Ministerial-Residenten.

1819 Im Juli wird Varnhagen auf Betreiben Metternichs seiner demokratischen Einstellung wegen von seinem Posten abberufen und zur Disposition gestellt. Er kehrt nach Berlin zurück. Einen Posten als preußischer Gesandter in New York lehnt er ab.

1820 Varnhagen bemüht sich bei Hardenberg um eine Rückkehr in den aktiven diplomatischen Dienst.

1821 Inoffizielle Weiterbeschäftigung: Ausfertigung von Denkschriften und Regierungsvorlagen. Bekanntschaft mit Heine.

1822 Praktisch folgenlose Rehabilitierung durch König Friedrich Wilhelm III.

1823 Er veröffentlicht als Herausgeber die Sammlung *Goethe in den Zeugnissen der Mitlebenden.*

1824 Varnhagen wird offiziell in den Ruhestand versetzt. Er veröffentlicht den ersten Band der *Biographischen Denkmale*, der die Lebensbeschreibungen des Grafen zur Lippe, des Grafen Matthias von der Schulenburg und des Königs Theodor von Corsica enthält.

1825 Unter Bernstorff halbamtlicher Mitarbeiter des Ministers, Ernennung zum Geheimen Legationsrat. Sommerreise mit Rahel nach Weimar, Baden-Baden, Karlsruhe und Frankfurt a. M.

1826 Der von ihm seit 1811 geführte Adelstitel »von Ense« wird ihm offiziell verliehen.

1827 Reise nach München; Besuch bei Franz von Baader. Mitarbeit an Hegels *Jahrbüchern für wissenschaftliche Kritik*, die regelmäßig seine Rezensionen veröffentlichen.

1828 Mit Rahel Sommeraufenthalt bei Fürstin Lucie von Pückler-Muskau. Er redigiert die Reisebriefe ihres Mannes aus England, die 1830 unter dem Titel *Briefe eines Verstorbenen* erscheinen.

1829 Diplomatische Mission im Auftrag der preußischen Regierung am kurhessischen Hof in Kassel. Sommerreise mit Rahel nach Baden-Baden; Besuch bei Goethe in Weimar.

1830 Als Herausgeber veröffentlicht er die *Denkwür-*

*digkeiten des Philosophen und Arztes Johann Benjamin Erhard.* Für Fouqués Zeitschrift *Berliner Blätter für deutsche Frauen* sammelt er Briefstellen Rahels »Aus Denkblättern einer Berlinerin«.

1831 Er veröffentlicht die historische Novelle *Die Sterner und die Psitticher.*

1832 Goethes Tod. Ludwig Robert und seine Frau Friederike sterben an Typhus.

1833 Er veröffentlicht eine Sammlung seiner Rezensionen: *Zur Geschichtsschreibung und Litteratur. Berichte und Beurteilungen.* Am 7. März stirbt Rahel. Im Juli erscheint die Briefsammlung *Rahel. Ein Buch des Andenkens für ihre Freunde* als Privatdruck in einem Band.

1834 Unstimmigkeiten mit dem Nachfolger Bernstorffs, Ancillon, führen zum Ende der halbamtlichen Tätigkeit Varnhagens für die preußische Regierung. Reise zu Metternich nach Wien: Gespräch über das »Junge Deutschland«, dessen Autoren Varnhagen fördert. Er publiziert in den folgenden Jahren in nahezu allen wichtigen jungdeutschen Zeitschriften. Kurzfristiges Verlöbnis mit Marianne Saaling. Es erscheint die offizielle dreibändige Ausgabe des »Buches Rahel« und die Biographie *Leben des Generals Freiherrn von Seydlitz.*

1835 Unter Varnhagens Namenspatronat erscheint die von Theodor Mundt erstellte dreibändige Sammlung: Karl Ludwig von Knebel, *Literarischer Nachlaß und Briefwechsel.* Er selbst gibt den Nachlaß seines Freundes Wilhelm Neumann heraus und schreibt das Vorwort: Wilhelm Neumann, *Schriften*, 2 Teile. Der zweite Teil enthält einen überarbeiteten Wiederabdruck des gemeinsam verfaßten Romans *Die Versuche und Hindernisse Karl's.*

1836 Bekanntschaft mit Charlotte Wynn; die Beziehung zu ihr verschafft Varnhagen zwar Kontakte zur englischen Politik, scheitert aber am eigenen Status des entlassenen Diplomaten. Er veröffentlicht die Biographie *Leben des Generals Hans Karl von Winterfeldt* und als anonymer Herausgeber Wilhelm Neumanns Aufsatz *Über Rahel's Religiosität*, für dessen Verfasser er lange Zeit gehalten wird.

1837 Veröffentlichung des ersten Bandes der *Denkwürdigkeiten und Vermischte Schriften*, der neben biographischen Aufsätzen zu Achim von Arnim, Alexander von Rußland, Angelus Silesius und Goethe den großen Essay über Graf Schlabrendorf enthält. Bis 1859 werden noch acht Bände folgen. Außerdem erscheint die Biographie *Leben der Königin von Preußen Sophie Charlotte*.

1838 Auf Bitten von Bettina von Arnim übernimmt Varnhagen Redaktion und Herausgabe der *Sämtlichen Werke* ihres Mannes Achim von Arnim, die ab 1839 erscheinen.

1839 Varnhagens Schwester Rosa Maria Assing stirbt.

1840 Herausgabe von August Näkes Schrift *»Wallfahrt nach Sesenheim«*.

1841 Es erscheint die Biographie *Leben des Feldmarschalls Grafen von Schwerin*.

1842 Varnhagens Schwager J. D. Assing stirbt. Er nimmt die Töchter Ottilie und Ludmilla bei sich auf; Ottilie verläßt nach Streitigkeiten das Haus, während Ludmilla die Rolle der Hausfrau und Vertrauten übernimmt.

1844 Es erscheint die Biographie *Leben des Feldmarschalls Jakob Keith*.

1845 Die seit 1839 jährliche Reise ins Bad Kissingen führt ihn zusammen mit Ludmilla über Weimar, Fulda, Heidelberg und Würzburg. Zum letztenmal trifft er Tettenborn, der im Dezember stirbt. Es erscheint *Hans von Held. Ein preußisches Charakterbild.*

1846 Besuch beim Jugendfreund Justinus Kerner.

1847 Herausgabe von *Karl Müller's Leben und Kleine Schriften.*

1848 Vom Fenster seiner Berliner Wohnung aus beobachtet Varnhagen die Straßenkämpfe bei Ausbruch der Revolution. Er veröffentlicht *Schlichter Vortrag an die Deutschen über die Aufgabe des Tages.* Er wird als Abgeordneter zur Nationalversammlung vorgeschlagen und lehnt aus Gesundheitsgründen ab.

1850 Mit Ludmilla Reise nach Hamburg.

1852 Es erscheint die Biographie *Leben des Generals Grafen Bülow von Dennewitz.*

1853 Sommerreise an den Rhein: Düsseldorf, Köln, Straßburg, Schaffhausen. Herausgabe des Nachlasses von Johann Gotthard von Reinhold: *Dichterischer Nachlaß*, 2 Bände.

1856 Auf einer Sommerreise in die Schweiz sieht er Troxler wieder.

1857 Reise nach Teplitz, Dresden und Prag.

1858 Reise nach Weimar und Gotha; im September nach Hamburg. Am 10. Oktober stirbt Karl August Varnhagen von Ense.

1860 Beginn der jahrzehntelangen Veröffentlichungen aus Varnhagens Nachlaß durch Ludmilla Assing mit dem Briefwechsel zwischen Varnhagen und Alexander von Humboldt.

## Literaturhinweise


Arendt, Hannah: Rahel Varnhagen. München 1959.

Arndt, Ernst Moritz: Briefe. 3 Bde. Hrsg. von Albrecht Dühr. Darmstadt 1975.

Bergmann, Heinz: Der Deutsche Beobachter und die deutsche Verfassungsbewegung. Diss. Köln 1940.

Berl, Heinrich: Baden-Baden im Zeitalter der Romantik. Baden-Baden [o. J.].

Bobeth, Johannes: Die Zeitschriften der Romantik. Leipzig 1911.

Breysach, Barbara: Hannah Arendts Rahel-Biographie. In: B. B.: Die Persönlichkeit ist uns nur geliehen. Zu Briefwechseln Rahel Levin Varnhagens. Würzburg 1989, S. 65 ff.

Brockhaus, Heinrich E.: Friedrich Arnold Brockhaus. Sein Leben und Wirken nach Briefen und anderen Aufzeichnungen. 3 Bde. Leipzig 1872–81.

Czygan, Paul: Zur Geschichte der Tagesliteratur während der Befreiungskriege. 3 Bde. Leipzig 1909–11.

Feilchenfeldt, Konrad: Varnhagen von Ense als Historiker. Amsterdam 1970.

Fischer, Walther: Charlotte Williams Wynn in ihren Beziehungen zu Varnhagen von Ense und Richard Monckton Milnes. In: Germanisch-Romanische Monatsschrift 9 (1921) S. 292 ff.

– Die Briefe Richard Monckton Milnes' an Varnhagen von Ense. In: Anglistische Forschungen. Jg. 1922. H. 57. Reprogr. Nachdruck Amsterdam 1967.

– Ferdinand Freiligrath und Amely Bölte. In: Archiv für das Studium der neuern Sprachen und Literaturen. Bd. 140. Braunschweig/Berlin 1920. S. 25 ff.

Fischer, Walther / Behrens, Antje: Amely Böltes Briefe aus England an Varnhagen von Ense. Düsseldorf 1955.

Geiger, Ludwig: Aus Chamissos Frühzeit. Ungedruckte Briefe nebst Studien. Berlin 1905.

Geiger, Ludwig: Bettina von Arnim und Friedrich Wilhelm IV. Ungedruckte Briefe und Aktenstücke. Frankfurt a. M. 1902.

– Varnhagens Denkschrift an den Fürsten Metternich über das Junge Deutschland 1836. In: L. G.: Das junge Deutschland. Berlin 1907. S. 146 ff.

Glander, Philip (Hrsg.): The Letters of Varnhagen von Ense to Richard Monckton Milnes. Heidelberg 1965.

Grimm, Hermann: Herrn von Varnhagens Tagebücher. In: H. G.: Neue Essays über Kunst und Literatur. Berlin 1865. S. 164 ff.

Haym, Rudolf: Tagebücher von K. A. Varnhagen von Ense. In: Preußische Jahrbücher 11 (1863) S. 445 ff. Wiederabgedr. in: R. H.: Zur deutschen Philosophie und Literatur. Ausgew., eingel. und erl. von Ernst Howald. Zürich/Stuttgart 1963. S. 74 ff.

Houben, Heinrich Hubert: Zeitschriften der Romantik. Berlin 1904.

– Verbotene Literatur. Dessau $^{2}$1925.

– Zeitschriften des Jungen Deutschlands. Berlin 1906.

– Varnhagen von Ense. Literarische Diplomatie. In: H. H. H.: Jungdeutscher Sturm und Drang. Leipzig 1911. S. 549 ff.

Huck, Jürgen: Das Ende der Franzosenzeit in Hamburg. Quellen und Studien zur Belagerung und Befreiung von Hamburg 1813–1814. Hamburg 1984.

Jahn, Friedrich Ludwig: Die Briefe. Hrsg. von Wolfgang Meyer, Leipzig 1913.

Jenal, Emil: Der Kampf gegen die jungdeutsche Literatur. In: Zeitschrift für deutsche Philologie 58 (1933) S. 165 ff.

Kerner, Justinus: Briefwechsel mit seinen Freunden. 2 Bde. Hrsg. von Theobald Kerner. Leipzig/Stuttgart 1897.

Kühne, Gustav: Varnhagen von Ense. In: G. K.: Portraits und Silhouetten. Tl. 1. Hannover 1843. S. 180 ff.

– Mein Tagebuch in bewegter Zeit (1847–1850). Leipzig 1863.

Landesmann, Heinrich: Varnhagen. In: H. L.: Philosophisch-kritische Streifzüge. Berlin 1873. S. 98 ff.

Lange, Walter: Heinrich Laubes Aufstieg. Leipzig 1923.

Lewald, Fanny: Meine Lebensgeschichte. Abt. 3: Befreiung und Wanderleben. Tl. 2 Berlin 1862.

Lorm, Hieronymus (d. i. Heinrich Landesmann): Ausgewählte Briefe. Eingel. und hrsg. von Ernst Friedegg. Berlin 1912.

Luck, Rätus: Gottfried Keller als Literaturkritiker. Diss. Bern/München 1970.

Misch, Carl: Varnhagen von Ense und sein Adelsprädikat. In: Forschungen zur Brandenburgischen und Preußischen Geschichte. Bd. 38. München/Berlin 1926. S. 101 ff.

– Varnhagen von Ense in Beruf und Politik. Gotha/Stuttgart 1925.

Mundt, Theodor: Geschichte der Literatur der Gegenwart. 2., neubearb. Aufl. Leipzig 1853.

Pickett, Terry H.: The Unseasonable Democrat: K. A. Varnhagen von Ense. Bonn 1985. (Modern German Studies. 14.)

Pietsch, Ludwig: Wie ich Schriftsteller geworden bin. Erinnerungen aus den Fünfziger Jahren. Bd. 1. 2., verm. und verb. Aufl. Berlin 1898.

Rogge, Helmuth (Hrsg.): Der Doppelroman der Berliner Romantik. 2 Bde. Leipzig 1926.

Schmidt, Arno: Fouqué und einige seiner Zeitgenossen. Darmstadt $^{2}$1958.

Schultze, Christa: Ein Briefwechsel zwischen Theodor Fontane und Karl August Varnhagen von Ense aus dem Jahr 1852. In: Fontane-Blätter 6 (1985) H. 1. S. 3 ff.

– Theodor Fontane und K. A. Varnhagen von Ense im Jahr 1848 (mit einem Brief Varnhagens an Fontane vom 11. Februar 1852). In: Fontane-Blätter 1 (1967) H. 4. S. 139 ff.

Spiel, Hilde: Fanny von Arnstein oder Die Emanzipation. Frankfurt a. M. 1962.

Stern, Ludwig: Die Varnhagen von Ensesche Sammlung in der Königlichen Bibliothek zu Berlin. Berlin 1911.

Sternberg, Alexander von: Erinnerungsblätter aus der Biedermeierzeit. Hrsg. und eingel. von Joachim Kühn. Potsdam/Berlin 1919.
Uhland, Ludwig: Briefwechsel. Hrsg. von Julius Hartmann, 4 Bde. Stuttgart/Berlin 1911–16.
Walzel, Oskar: Varnhagen. In: Allgemeine Deutsche Biographie. Bd. 39. Leipzig 1895. S. 769 ff.
Wehl, Feodor: Zeit und Menschen. Tagebuch-Aufzeichnungen aus den Jahren von 1863–1884. 2 Bde. Altona 1889.
– Das Junge Deutschland. Hamburg 1886.

# Publizist und Zeitzeuge

# Das Fest des Fürsten von Schwarzenberg

Paris, 1810

In raschem Fluge hatten wir die reichen Länderstrecken von Wien bis Straßburg und von da nach Paris zurückgelegt. Der Juni strahlte versengend in seiner ganzen Kraft, und nachdem Staub und Hitze der Sonnengluten uns im grünenden Freien fast verzehrt hatten, tauchten wir nachmittags in die dumpfe Schwüle und düstre Straßenenge der unermeßlichen, volkbewegten Stadt. Im Hotel de l'Empire der Rue Cérutti, deren Namen seitdem gewechselt haben, fanden wir bestellte Zimmer und jede erwünschte Erquickung, und konnten von den Mühen und Wallungen der Reise fast ohne Ausruhen sofort in den Wirbel dieser geschäftigen und genießenden Welt übergehen.

Wir sahen von allen Seiten bestätigt, was uns schon unterwegs überall war verkündet worden, daß in Paris jetzt kein größeres Ansehen, keine wirksamere Empfehlung gelte, als die des österreichischen Namens. Auch war derselbe, abgesehen von dem überragenden, jedem Franzosen ehrfurchtgebietenden Dastehen der Kaiserin Maria Luise, für welches die Geschichte nichts Vergleichbares zu haben schien, in einer Weise repräsentiert, mit der schwerlich von irgendeiner Seite gewetteifert werden konnte. Der österreichische Botschafter, Fürst Karl von Schwarzenberg, ein schöner stattlicher Mann voll Würde und Heiterkeit, als Kriegsmann und Diplomat seiner selbst ruhig bewußt, stellte ein entsprechendes Bild der Hoheit seines Gebieters und zugleich des gutmütigen Biedersinns jener deutschen Landsleute dar, die dem einst allgemeinen Oberhaupte noch in seiner Besonderheit angehörig verblieben waren. Der leutseligen Freundlichkeit des Fürsten stimmte die geistvolle Güte und regsame Teilnahme seiner Gemahlin, gebornen Gräfin von Hohenfeld, trefflich zu, die heranwachsenden, wohlgebildeten Söhne, von einem wakkern Führer geleitet, zeigten sich in gleichem Sinne belebt, und so die sämtlichen Hausgenossen. Die Ehren- und Geschäftsverhältnisse der Botschaft waren durchaus günstig und angenehm gestellt, sie waren in Paris die einzigen, welche von französischer Seite mit Wohlwollen und Auszeichnung behandelt wurden, und nichts von der geängsteten und hülflosen Aufmerksamkeit, von der peinlichen Spannung zu haben brauchten, welche den andern politischen Beziehungen am Hofe Napoleons, selbst die seiner Brüder nicht ausgenommen, höchst widrig aufgezwungen blieben. So vermochten denn auch die verschiedenen Diplomaten und Militärpersonen, welche dem Botschafter beigegeben waren, in ihrer Tätigkeit und ihrem Benehmen die Gunst solcher Umstände äußerst vorteilhaft geltend zu machen. Der Hofrat von Floret, ein feiner, stillfleißiger und undurchdringlicher Geschäftsmann, der Major von Tettenborn, durch die glänzendsten ritterlichen Eigenschaften ausgezeichnet, der Major Graf von Wratislaw, der Rittmeister von Böhm und andere höhere Angestellte, alle lebten und wirkten in dem vergönnten Element, und inmitten der üppigen Pracht und feierlichen Würde, die der äußeren Erscheinung im Ganzen überschwenglich verliehen war, atmete das Schwarzenbergische Haus ein allgemeines, vertrauliches Wohlbehagen, ein fast unterschiedloses Zusammengehören, woran auch Fremde, welche diesen Kreis betraten, nach Sinn und Lust Teil nahmen. Wir Österreicher aber wurden sämtlich als Mitglieder des Hauses gerechnet, fanden zu jeder Stunde freundliche Aufnahme, günstigen Rat, wirksame Förderung, und waren für immer, wie groß auch die Zahl sein mochte, zu Mittag wie zu Abend eingeladen.

Der Kreis der Österreicher aber war damals in Paris nicht klein. Der ältere Bruder des Botschafters, Fürst Joseph von Schwarzenberg, hatte nebst seiner Gemahlin und übrigen zahlreichen Familie seinen Aufenthalt für einige Zeit in Paris genommen; ebenso der Fürst von Esterhazy. Die Generale Graf von Wallmoden und Graf von Neipperg hatten besondere Aufträge des österreichischen Hofes mit den französischen Behörden zu verhandeln. Der Oberst Graf von Bentheim, als Überbringer eines Schreibens des Kaisers an seine Tochter, die Kaiserin, der Graf Kaspar von Sternberg, der Graf von Paar, zwei Grafen von Sickingen, der Graf von Coudenhoven, und noch mehrere andre Österreicher von Rang und Bedeutung waren teils durch Geschäfte und Verbindungen, teils durch die Anziehung der großen Welt und der Schauwürdigkeiten dort festgehalten. Politische Verhandlungen von größter Wichtigkeit hatten sogar dem Minister der auswärtigen Angelegenheiten, Grafen von Metternich, den Anlaß gegeben, auf erhaltene Einladung des Kaisers Napoleon, sich persönlich nach Paris zu verfügen, wohin Gemahlin, Kinder und Bruder, nebst seinen diplomatischen Angehörigen, unter welchen der Ritter von Lebzeltern hervorragte, ihn begleitet hatten. Die wohlgebildete Persönlichkeit des im kräftigsten Mannesalter stehenden Ministers war höchst einnehmend und bedeutend, bei gemessener Haltung vollkommen frei, in heiterer Gelassenheit lebhaft, und gleicherweise fähig erscheinend, sowohl den schwierigsten Staatsgeschäften als den flüchtigen Bewegungen liebenswürdiger Geselligkeit die entschiedensten Erfolge abzugewinnen. Ihm als dem Gaste des französischen Kaisers war das Hotel des Marschalls Ney, welches die herrlichste Aussicht auf den Kai der Seine hatte, zur Wohnung angewiesen, und alle Pracht und Üppigkeit kaiserlicher Bewirtung und Dienerschaft zu Gebote gestellt. Auch hier war jeder Österreicher täglich eingeladen und willkommen, sowie auch Fremde nicht fehlten; der Kreis aber, der sich hier besonders gern an den Vormittagen bildete, ging zuletzt doch wieder in den Schwarzenbergischen über.

War auf diese Weise ein großer Lebensraum auf beiden Seiten der Seine für uns heimatlich bezeichnet und erfüllt, so erweiterte solcher sich doch noch ins Unbestimmte durch den eigentümlichen Umstand, daß in jener Zeit nicht bloß die Österreicher, sondern fast alle Deutschen in Paris, die Gesandten der Staaten des Rheinbundes, die Mitglieder der souverän gewordenen wie der mediatisierten deutschen Häuser, alle Vornehmen, welche in Paris Huldigung oder Reklamation anzubringen hatten, und ebenso die deutschen Gelehrten und Künstler, sich eifrig und beharrlich zu der österreichischen Botschaft hielten, an deren Annehmlichkeiten und Vorzügen Teil zu nehmen suchten, und persönliches wie geschäftliches Vertrauen ihr zuwandten, so daß vielleicht niemals vor- und nachher auf diesem Punkte die sämtlichen deutschen Interessen eine so wahrhaft vereinigende Mitte gehabt haben.

Dieser zugleich glänzenden und angenehmen Welt als österreichischer Offizier schon vollkommen angehörig, noch besonders aber durch günstige Bezüge und Umstände ihrem Innern vertraut geworden, durfte ich bald die glückliche Entdeckung machen, daß, ungeachtet der mit den Franzosen befreundeten Außenseite, in diesem ganzen Kreise durchgängig eine wahrhaft deutsche Gesinnung lebe, ein unzweideutiger Widerwille gegen die neugeknüpften Bande, ein festes Halten an dem Vaterländischen, daß man den Kaiser Napoleon noch immer als verhaßten Feind ansehe, und sich in dem Andenken an die vergangenen Waffentaten mehr als in diesem Friedensglanze gefalle, ja im voraus an der Aussicht auf künftig zu erneuernden Krieg schon jetzt sich labe. Diese Empfindungen nach Erfordern des politischen Verhältnisses zu verbergen, konnte nicht schwer fallen, da hier bloß Formen zu erfüllen waren, an deren leichten Austausch, sowie an die Unsicherheit ihres Inhalts, die Hof- und Staatswelt längst gewöhnt war, und Napoleon nährte jenen Sinn fast gewaltsam, indem sein Verfahren es nicht hehl hatte, daß er auf die österreichische Verbindung zwar den höchsten Wert lege, sofern sie ihm schmeichele und ihn in den Augen der Welt auf dem Gipfel der Größe zeige, daß er selbst aber dadurch in nichts gebunden, noch zu irgend einer Rücksicht bewogen sein wolle; und wirklich war er nur in den Formen minder schroff, in den Sachen aber nach wie vor hart und feindlich. Aus den herkömmlichen und als solchen ausdrücklich vorgeschriebenen und demnach nichts weiteres besagenden Redensarten und Bezeigungen durfte die abgeneigte Gesinnung um so freier zu Zeiten hervorblicken, als auch ein großer Teil der Franzosen selbst, und zwar der angesehensten und einflußreichsten, ihr zustimmte, und nicht bloß die Altadeligen und heimlichen Royalisten, die sich zahlreich am neuen Hofe eingefunden hatten, sondern sogar Männer, die ganz der Revolution oder auch allein dem Glücke Napoleons anzugehören schienen; sie suchten ihrem durch des letztern Handlungsweise oft erregten Unwillen, ihrer durch vielfache Umstände gesteigerten Opposition, gern einen auswärtigen Anhalt, um so mehr, als ihnen jeder Eifer in dieser Richtung jetzt nur günstig auszulegen, ja gleichsam als Schmeichelei für den Kaiser geboten war, und sie dabei, wenn ihr Vertrauen und Bemühen weiter ging, in jedem Falle sich auf dem Gebiete des unverbrüchlichsten Geheimnisses sicher wußten. So schwach war die Herrschaft Napoleons in der Zuneigung der Gemüter gegründet, daß man in der großen Zahl seiner höheren Vertrauten, Diener, Günstlinge und sonstigen Angehörigen, die er alle mächtig und reich gemacht, schon damals kaum drei oder vier, namentlich Duroc, Rapp und Savary, bezeichnete, auf deren wahrhafte und unbedingte Hingebung er persönlich rechnen dürfte.

Aber mehr als Politik und große Welt erfüllten mich die Gemüts- und Geistesneigungen, welche mir an diesem Orte schon beschieden waren, oder noch werden sollten. Gleich am ersten Abende suchte und fand ich glücklichst meinen Freund Chamisso, der nicht wenig überrascht war, mich hier und so wiederzusehen. Auch Immanuel Bekker, der hallische Freund und Gefährte, ließ sich auf der kaiserlichen Bibliothek, dem täglichen Felde seines staunenswerten Fleißes, leicht erfragen. Schwerer war Koreff anzutreffen, der, als geistreicher und glücklicher Arzt von der vornehmen Welt gewaltig in Anspruch genommen, im eleganten Cabriolet fast immer unterwegs war. Ganz unerwartet fand ich in der Galerie des Louvre die lieben Tübinger, Ludwig Uhland und Pregitzer, und bald auch zeigte sich aus Hamburg Karl Sieveking anwesend. Diesen ältern Freunden reihten sich schnell neue deutsche Bekanntschaften an, die an Reiz und Herzlichkeit mit jenen zum Teil wetteifern konnten. Ich nenne zuerst den alten ehrwürdigen Grafen von Schlabrendorf, dann den trefflichen Bibliothekar Doktor Hase, ferner einen jüngern Harscher aus Basel, Olivier aus Dessau, den lebensfrohen von Pilat, damals Privatsekretär des Grafen von Metternich; späterhin wird auch noch Doktor Gall und endlich Alexander von Humboldt, hier zufällig zuletzt, immer aber wesentlich als ein erster, zu erwähnen sein.

Wir Jüngeren lebten fast jeden Tag gemeinsam, und unsre Beschäftigungen, die jedem sehr verschieden und zum Teil sehr ernstlich und dringend oblagen, wovon späterhin manches bedeutende Zeugnis kund geworden, wußten wir mit unsern Vergnügungen, worin wir ganz übereinstimmten, auf das schönste zu verflechten. In dem Musée Napoleon hatten wir unsern zuverlässigen Sammelort, nahmen von hieraus unsre Gänge zu andern Merkwürdigkeiten und Gesellschaften, wo wir auf eigene Hand, abgezogen von der großen Welt, ein idyllisches, von geistigen und gemütlichen Interessen erfülltes Leben führten, für welches ich mir von dem glänzenden Kreise, dem ich nicht ganz fehlen durfte noch wollte, jeden möglichen Urlaub nahm. Unsre stillen Abende in dem damals ganz verlassenen, aber noch stets dem wetterwendischen Publikum zum Trotz regelmäßig eröffneten und glänzend erleuchteten Frascati, wo wir oft ganz allein die leeren Säle durchschritten und der zahlreichen Dienerschaft zu einiger Bewegung Anlaß gaben, der ebenso stille Aufenthalt in einem schönen Garten der Rue Richer, wo Friedrich von Schlegels Schwägerin, Henriette Mendelssohn, wohnte, die mancherlei deutsche und französische Beziehungen um sich her vereinigte, konnten wohl zu den erfreulichsten und seltsamsten Gebilden zu rechnen sein, die aus dem gewöhnlichen Lebensgewühl von Paris sich als demselben ungleichartig absonderten und forterhielten.

Das Interesse des Tages drang inzwischen überall durch, und so hörten wir denn auch von allen Seiten sowohl die Festlichkeiten rühmen, welche bereits vorüber und von uns versäumt waren, als auch besonders das eine letzte Fest hochpreisend ankündigen, durch das unser Botschafter die ganze Reihe der bisherigen glänzend abschließen und, wie jedermann voraussehe, überbieten werde. Wirklich sah man in dem Botschaftshotel, und hauptsächlich in dem weiten Gartenraume desselben, die umfassendsten Anstalten täglich fortschreiten, und bekam nach und nach einen Begriff von den verschiedenen Teilen, aus welchen das Ganze zu einem wahren Wunderwerke sinnreicher und üppiger Pracht sich aufgliedern sollte. Man betrat mit ungläubigem Zweifel wiederholt die Stätte, wo noch der Zimmermann geschäftig war, und in wenigen Tagen schon seine rohe Arbeit unter dem kostbarsten Prunke verschwunden sein mußte. Der 1. Juli war, nach manchem Verschieben, als der Tag des Festes endlich angesetzt, der Kaiser und die Kaiserin hatten die Einladung angenommen, und so stand dies Ziel unwiderruflich fest. Der Eifer und die Hülfsmittel mußten nun verdoppelt werden, man arbeitete die Nächte hindurch, deren Frische den Werkleuten sogar zur Erleichterung wurde, denn viel härter war es, daß auch die brennende Mittagshitze des seit Wochen unabgekühlten Himmels keine Rast bringen durfte. Heiß waren Balken und Bretter anzufühlen, noch heißer die Steine, welche täglich von der Sonne geglüht wurden; das Laub der Bäume und Sträucher verdorrte rings, und Rasen und Zweige, die grünend dem Feste dienen sollten, mußten künstlich erhalten werden. Über das Örtliche müssen wir noch einiges Bestimmtere angeben.

Der Botschafter bewohnte das ehemalige Hotel de Montesson in der Rue de Montblanc, ein ansehnliches, zwischen Hof und Garten gelegenes Gebäude, das jedoch für die außerordentliche Feierlichkeit nicht genügend schien; man hatte auch das nebenliegende Hotel für diese Zeit gemietet, und überall die nötige Verbindung angebracht. Diese weitläufigen Räume waren mit geschickter Anordnung eingeteilt und den verschiedenen Szenerien und Momenten des Festes zugewiesen. Zunächst den Prachtsälen des ersten Hotels hatte man seitwärts einen Gartenraum, der über Gras und Blumen gegen die vertiefte Mitte hin zu einer mäßigen Wasserstelle führte, mit großen Balken überlegt, und auf diesen, nach damals in Paris üblicher und auch bei allen vorigen Festen angewandter Sitte, den ungeheuern Hauptsaal von starkem Zimmerwerk aufgeschlagen. Die für solchen Fall schon bewährten und empfohlenen Baumeister hatten diesen Aufbau, gleich den früheren, so geschickt als geschmackvoll ausgeführt, und in dieser Hinsicht war alles nur in der hergebrachten Ordnung geschehen. Die Decke und die Seitenwände, nach außen mit Wachsleinwand überhangen, wurden inwendig mit den prächtigsten Tapeten bekleidet, mit großen Spiegeln, Wandleuchtern, farbigen Lampen und glänzendem Zierrat ausgestattet, die Säulenbalken, welche den mittlern Raum von einer galerieartigen Umfassung absonderten, mit den kostbarsten Stoffen reich umhüllt, und durch zahllose Gewinde gemachter Blumen und durch Gehänge von Musselin, Gaze und andern zarten Geweben schön verbunden; mächtige Kronleuchter von Kristall schwebten im Innern, luftig getragen von gold- und silberdurchzogenen Blumenketten, durch Draperien und Bänderschleifen mit den übrigen Verzierungen in gedrängter Fülle zusammenfließend. Im Hintergrunde des Saales, auf einer mäßig erhöhten, mit golddurchwirkten Teppichen belegten Bühnenstufe, waren zwei prachtvolle Thronsitze aufgestellt, vor diesen gab der schön zusammengesetzte und sorgsam geglättete Fußboden dem Tanze freien Raum. Der Saal hatte drei Ausgänge; einer derselben, im Hintergrunde, zunächst den Thronsitzen, führte in das Innere des Hotels, und sollte nur den nötigen Verkehr der Hausgenossen erleichtern; im Vorgrunde, nach der Gartenseite hin, ging zuerst links eine breite und lange Galerie ab, welche, gleicherweise wie der Saal gebaut und verziert, sich längs des Hotels hinzog, und dessen Gemächern wie dem

Garten sich in vielfacher Verbindung unmittelbar anfügte; rechts, dieser Galerie gegenüber, in halber Höhe des Saales, befand sich eine Bühne für die Musiker, zu der aber nur mittelst einer äußern Treppe zu gelangen war; der Hauptausgang des Saales, ein prächtiges Portal, eröffnete sich in der Mitte des Vorgrundes, und führte über mehrere breit- und wohlgelegte Stufen in den Garten hinab, dessen nächster Raum hier auch für das Aus- und Einströmen einer großen Menschenmenge gehörig erweitert und eingerichtet war.

Für Pracht und Bequemlichkeit, für Ordnung und Angemessenheit war von allen Seiten bestens Sorge getragen, und nichts versäumt, was dem Feste zur Auszeichnung dienen konnte. Im Gefühle jedoch, daß hier einmal, mitten in Paris und vor den Augen Napoleons, auch die Deutschheit sich in voller Gültigkeit dürfe sehen lassen, hatte jemand den Einfall gehabt, da doch über dem Portal des Saales billig eine Inschrift Platz finde, so müsse der Nationalstolz darauf bestehen, daß sie in deutscher Sprache verfaßt sei, und wenn sich die Franzosen darüber wundern und ärgern wollten, so möchten sie es tun, denn sie dürften es doch nicht allzu laut werden lassen, da es die Sprache der Kaiserin sei, die man anwende, und die österreichische Botschaft gewiß das Recht habe, bei einem jener zu Ehren gegebenen Feste ihr, wie die Bilder, so auch die Sprache der Heimat zu vergegenwärtigen. Dies fand allseitige Zustimmung, und noch am letzten Tage wurde die Hand ans Werk gelegt. Für zwei Zeilen war der Raum leicht ermittelt, aber auch nur zwei Zeilen nicht sogleich schicklich ausgesonnen. Die es vielleicht besser gemacht hätten, z. B. ich selbst, lehnten die Aufforderung klüglich ab, und so drang freiwilliger Eifer um so leichter vor, und lieferte die beiden zwar nicht von bestem Korn, aber doch von gehörigem Schrot befundenen und durch den Reim wohlgelöteten Alexandriner:

Mit sanfter Schönheit Reiz strahlt Heldenkraft verbunden,
Heil! Heil! die goldne Zeit ist wieder uns gefunden!

Von Lapidarstil eben kein Muster, aber in Pappe für transparentes Ölpapier ausgeschnitten von guter Wirkung; die Hauptsache waren die deutschen Lettern, und diese prangten in bedeutender Größe an ihrer hohen Stelle stolz genug.

Der große Tag war endlich angebrochen, und unter letzten raschen Nachhülfen schon großenteils dahingeschwunden, die Anstalten waren vollendet, und auch die Letztbeschäftigten konnten sich nun eilig und ganz der Sorge für die persönliche Erscheinung widmen. Nichts war versäumt, diese prächtig und geschmackvoll auszustatten. Der Reichtum und die Schönheit der österreichischen Uniformen überstrahlte alles, was die Franzosen in dieser Art aufbieten konnten. Die Dienerschaft, schon immer zahlreich und prächtig, war auf mehrere Hundert verstärkt, deren ein Teil in französischer Staatskleidung prangte.

Bei guter Zeit erschien eine Abteilung Grenadiere der kaiserlichen Garde und bezog als Ehren- und Sicherheitswache die angewiesenen Posten. Noch war es heller Tag, als schon das ganze Hotel mit Angebäuden und Garten in tausendfacher Beleuchtung schimmerte und zwischen dem zu beiden Seiten der Straßen gehäuften Volksgedränge bereits die Wagen der Gäste heranrollten. Sämtliche Österreicher hielten sich zum Empfange der Aussteigenden bereit, die Damen wurden mit schönen Blumensträußen beschenkt und zu dem großen Saale hinbegleitet.

Schon füllten sich die ringsgestellten Sitze desselben, und schon flutete in seinem mittleren Raume die Bewegung enger. Die Schönheit, der Reiz, die Erlauchtheit und Bedeutung der Personen wetteiferten steigend mit jedem Augenblicke. Schon waren Könige und Königinnen eingeführt, aber diese selbst harrten noch der höchsten Erscheinung. Endlich verkündigte der kriegerische Befehlsruf und das Anschlagen der Waffen, dann das Wirbeln der Trommeln und das Schmettern der Kriegsmusik die Ankunft des Kaisers und der Kaiserin, deren Prachtwagen unter zahlreicher Begleitung zwischen den aufgestellten Truppenreihen glänzend einfuhr. An den

Stufen des Eingangs empfingen die Familien Schwarzenberg und Metternich diese erhabenen Gäste, der Botschafter hielt eine kurze Anrede, und die fürstlichen Frauen überreichten auserlesene frische Blumen, welche der Kaiser annahm und seiner Gemahlin einhändigte, darauf ihr den Arm gab und sie in das Innere führte, geleitet von dem Botschafter, und gefolgt von nachdringenden dichten Scharen. Ich sah den Kaiser hier ganz nahe, und blickte ihn fest an; zum erstenmale war ich von der Schönheit seiner Gesichtszüge getroffen, aber auch von der Macht seines eisernen Aussehens. Seine Miene war streng, unbiegsam, fast böse, sein Blick vor sich hingeworfen, von Freundlichkeit keine Spur, aus diesem Munde konnten jeden Augenblick furchtbare Befehlsworte hervorgehen. Ich suchte diesem Eindrucke, der mich befangen wollte, Trotz zu bieten, und es gelang mir, ihn soweit zu bemeistern, daß ich Gedanken verfolgen konnte, deren sich zu rühmen damals nicht ratsam gewesen wäre.

Unter schmetternden Fanfaren schritt der Kaiser durch die Vorsäle und die erwähnte Galerie bis in den Hauptsaal, wo er einige Minuten verweilte, den Ort und die Menschenmenge mit scharfen Blicken flüchtig überschaute, die dargebotenen Erfrischungen zurückwies, und mit wenigen abgerissenen Worten einige nächststehende Personen nachlässig anredete. Auf die Einladung des Botschafters zu einem Gange durch den Garten folgte er nebst der Kaiserin dem vortretenden Führer durch das Portal, und die ganze Versammlung zog gedrängt nach. In den kunstreich erleuchteten Gängen und Gebüschen waren an gewählten Punkten Sänger- und Musikchöre verteilt, die bei Annäherung des Kaisers ihre Lieder und Harmonien begannen und solchergestalt dem Fortschreitenden eine ununterbrochene Triumphbegleitung bildeten. Andere schmeichelhafte Überraschungen, Sinnbilder und Anspielungen waren gleichzeitig für das Auge vorbereitet.

Vor einem großen, sorgfältig geebneten Rasenplatze wurde Halt gemacht, für das kaiserliche Paar und einige andere höchste Personen waren Sitze geordnet und die Aussicht von da geradehin auf das Schloß Laxenburg gerichtet, das in glücklicher Nachbildung täuschend dastand. Um den heimatlichen Erinnerungen der Kaiserin noch lebendiger zu schmeicheln, erschienen aus den Gebüschen, welche eine ländliche Bühne begrenzten, in österreichischer Tracht Tänzer und Tänzerinnen, es waren die der großen Oper, und sie führten mit unübertrefflicher Kunst österreichische Volkstänze und eine artige Pantomime auf, welche für diesen Anlaß eigends ausgesonnen war; Krieg und Frieden spielten darin die Hauptrollen, von jenem blieben nach allen Schrecknissen nur glorreiche Siegesehren zurück, und dieser vereinte mit ihnen seine gabenreichen Segnungen.

Dieses Schauspiel endete kaum, als die Aufmerksamkeit schon durch einen neuen Gegenstand angezogen war. Wiederholtes Peitschenknallen und andringendes Pferdegestampf verkündigte einen Kurier, der bestäubt mitten aus der glänzenden und geschmückten Versammlung hervordrang, sich achtlos bis zu dem Kaiser Bahn machte, und ihm beeifert seine Depeschen überreichte. Ein freudiges Gemurmel von großen Siegesnachrichten aus Spanien durchlief einen Augenblick die gespannte Menge, allein der Kaiser, der im Geheimnis war, sagte sogleich mit Lächeln, es seien Briefschaften aus Wien, und stellte der Kaiserin ein wirkliches Schreiben ihres Vaters zu, welches für den Gebrauch eines solchen Augenblicks eigends abgefaßt und aufbewahrt worden war.

Nach dieser Szene, die nicht ohne heitre Teilnahme der Zuschauer vorüberging, wurden die Sinne wieder in vollen Anspruch genommen durch ein plötzlich aufblitzendes Feuerwerk, bei welchem die Kunst alle ihre Erfindung angestrengt und keine Verschwendung gescheut hatte. Mitten im feuersprühenden Getöse drangen jedoch plötzlich zwischen den kunstgerechten auch wilde Flammen hervor, durch einen Zufall war eines der Gerüste in Brand geraten, und der Anblick erregte Besorgnis und Unruhe; allein mit größter Schnelligkeit rückten die schon bereitgestandenen Spritzenleute aus ihrem Hinterhalte zum Löschen heran, und sogleich war auch der Brand erstickt. Man freute sich des raschen Erfolgs, belobte die Anstalten und den Eifer der Leute, und niemand dachte, daß schon im nächsten Augenblicke ihre Hülfe noch dringender nötig, und, wo nicht gänzlich vermißt, doch durchaus unzureichend sein würde!

Der glänzende Zug hatte sich schon wieder in Bewegung gesetzt und war durch mannigfach geschmückte Wege allmählich zu dem großen Saale zurückgelangt. Hier brannte die deutsche Inschrift über dem Portal den Kommenden hell entgegen, und wurde gelesen, buchstabiert, gedolmetscht. Der Kaiser soll anfangs über die fremde Sprache gestutzt, dann aber schnöde gelächelt haben, und manche französische Anmerkung glossierte den deutschen Text. Von abermaligen Fanfaren begrüßt, traten der Kaiser und die Kaiserin in den Saal, nahmen die im Grunde desselben bereiteten Sitze ein, und die Musik für den Tanz hob unverzüglich an. Die Zeit neigte sich schon zur Mitternacht. Der glänzendste und schwierigste Teil des Festes war zurückgelegt, der noch übrige bestens im Gange, und Ball und Bankett verhießen ihm in rauschenden Freuden und üppigen Genüssen die prunkvollste Dauer bis zum andern Morgen. Die Königin von Neapel hatte den Ball mit dem Fürsten von Esterhazy und der Vizekönig Eugen von Italien mit der Fürstin von Schwarzenberg, der Schwägerin des Botschafters, eröffnet.

Nach den Quadrillen wurde eine Ecossaise getanzt. Während dieses Tanzes war der Kaiser und die Kaiserin aufgestanden und nach entgegengesetzten Seiten längs den Reihen der Zuschauenden vorgetreten, wandten das Wort an mehrere Personen, und ließen sich einige zum erstenmal Erscheinende vorstellen. Die Kaiserin beendigte ihren Umgang sehr bald und war bereits zu ihrem Sessel zurückgekehrt, der Kaiser aber weilte noch am andern Ende des Saales, wo ihm soeben durch die Fürstin Pauline von Schwarzenberg, geborene Prinzessin von Aremberg und Schwägerin des Botschafters, ihre Töchter waren vorgestellt worden, und er setzte hin und wieder einiges Gespräch fort, als unversehens nahebei, in der hinter den Säulen umlaufenden Galerie unfern des Ausgangs zu der großen Galerie, welche den Saal mit dem Hotel verband, eine der tausend Kerzen und Lampen ihre Flamme, von einem zufälligen Luftstrome bewegt, gegen eine leichte Gaze züngeln ließ, welche kaum berührt sogleich aufflackerte und einen augenblicklichen hellen Schein gab, der indes gleich wieder verschwand, und nur noch schwach in ein paar geteilten Flocken nachschimmerte. So gering war die Sache anfangs anzusehn, daß der Graf von Bentheim durch Anwerfen seines Hutes eines der Flämmchen glücklich ersticken konnte, der Graf Dumanoir aber, Kammerherr des Kaisers, an einem der Säulenbalken emporkletternd einen Teil des schon im Fallen erlöschenden zarten Gewebes herabriß und auf dem Boden völlig austrat. Einige Flocken jedoch hatten sich schon aufwärts mitgeteilt, höhere Gehänge, den Händen nicht mehr erreichbar, nahmen das Feuer an, und augenblicklich schlugen in verschiedenen Richtungen rasche Flammen auf, die überall in nährende Stoffe fielen, über dem Sims der Säulen hin unaufhaltsam in den höheren Mittelraum des Saales übersprangen und schnell die ganze Decke des Saales durchkreuzten. Die Musik verstummte, und erschreckt verließen die Musiker ihre zunächst bedrohte Bühne, die zu einer äußern Treppe führende Türe ließ eine stürmische Gewitterluft eindringen, welche mit aller Wut in die Flammen stürzte und sie noch wilder anfachte. Der Tanz war schon aufgelöst, man drängte verworren durcheinander, doch suchte man nur erst zu fassen, was geschah, was geschehen könne.

Napoleon hatte den Ursprung der Sache mit angesehen und wurde daher durch kein falsches Urteil gestört, er war zu der Kaiserin getreten und stand kalt und ruhig, den weiteren Verlauf beobachtend, während mehrere seiner Getreuen, die im ersten Taumel Verrat und schwarze Verbrechen fürchteten, sich ungestüm zu ihm durchdrängten und zu seinem Schutze die Degen zogen. Der österreichische Botschafter jedoch, voll Ruhe und Würde, war dem Kaiser unverrückt zur Seite geblieben, und als er die Flammen mit erschreckender Eile weitergreifen sah, forderte er ihn dringend auf, den Saal, der nicht zu retten sein würde, augenblicklich zu verlassen. Napoleon, ohne zu antworten, gab der Kaiserin sogleich den Arm und folgte dem Botschafter gemeßnen Schrittes zu dem Gartenportale, indem er die rechts und links raumgebende Menge mit kurzen Worten zur Ordnung und Besonnenheit ermahnte. Auch hielt sich alles in leidlicher Fassung, bis der Kaiser hinausgetreten war, dann aber hörte jede Rücksicht auf, und angstvoll und gewaltsam drängte sich die tobende Masse dem Ausgange zu.

Der Botschafter hatte kaum vernommen, daß der Kaiser sogleich wegfahren wolle, als er auch schon mit klugem Vorbedachte von unterwegs einen seiner Adjutanten abschickte, um die kaiserlichen Wagen von dem Hofe des Hotels, wo sie hielten und wo jetzt die größte Verwirrung und Gefahr zu befürchten stand, nach einer stilleren Seitenstraße beordern zu lassen, die den Garten begrenzte, und wo der Kaiser an einer kleinen Pforte ungestört einsteigen und unbemerkt abfahren, dadurch aber jedem Anschlage, wenn ein solcher mit diesem unglücklichen Zufalle sich verbinden möchte, am sichersten entgehen konnte. Allein Napoleon, bei dem weiteren Gange durch den Garten sogleich der veränderten Richtung inne, stand plötzlich still, fragte, wohin man ihn führe, und den erhaltenen Bescheid des Botschafters nicht gutheißend sagte er kurz und bestimmt: »Nein, nach der Hauptpforte will ich«, kehrte stracks um und hieß die Wagen, welche schon in die Seitenstraße eingelenkt hatten, an die erste Stelle zurückfahren, wodurch ein großer Zeitverlust entstand, welchen der Botschafter in qualvoller Unruhe, doch äußerlich gelassen, Napoleon aber mit vieler Geduld abwartete, indem er einen feindlichen Streich dort viel eher als hier für möglich zu halten schien. Die Angabe des »Moniteurs«, daß der Kaiser bei der Gartenpforte eingestiegen sei, ist, wie manche andre jener Schilderungen des Vorgangs, eine irrtümliche.

Späterhin erst wurden diese Umstände mir aus dem Munde der unmittelbaren Zeugen so genau bekannt. Wie mich selbst aber das Ereignis zunächst traf und in Anspruch nahm, will ich kürzlich angeben.

Ich war aus der ungeheuern Hitze, welche durch das Gewühl der Menschen im Saale auf einen unerträglichen Grad gesteigert wurde, einen Augenblick zurückgewichen und suchte in der freieren Galerie frische Luft zu atmen, als das Geschwirr und Geräusch des Festes unerwartet in einen anderartigen Lärm überging; ich höre hinter mir einzelne Schreie, aufbrausende verwirrte Stimmen, ich wende mich um und will neugierig zu dem Saale zurückkehren, mein erster Blick sieht helle Flammen zucken, die sich rasch ausbreiten; aber weder Zeit zum Erkennen noch Raum zum Vordringen ist mehr frei, eine wogende Menschenflut strömt auf mich ein und reißt mich ungestüm in ihrer Bahn fort; einige starkbeleibte Generale, die voll Entsetzen schrien: »O mein Gott, der Kaiser, der Kaiser ist nicht gerettet«, und andre, die ebenso nach Wasser riefen, hatten mich so in ihre Flucht verwickelt, daß ich mich erst im dritten Zimmer von ihnen losmachen und nach dem Schauplatze des Unheils zurückeilen konnte. Hier hatte die Galerie ihre Flüchtenden schon größtenteils in den Garten entlassen, der Zugang war durch Menschen nicht mehr versperrt, allein der ganze Saal stand in heller Glut, während an dem Portale noch ein furchtbares Fluchtgedränge wogte, das unter entsetzlichem Weh- und Angstgeschrei mit gewaltsamer Eile in den Garten abstürzte, während von innen die Flammen jeden Moment in verstärkter Wut nach ihrer Beute griffen, glühende Rauchwolken wirbelnd aufstiegen, schwere Kronleuchter prasselnd niederfielen, Latten, Bretter und Balken brennend übereinander stürzten, und der ganze Raum nur Glut und Zerstörung zeigte. Das in der Sommerhitze viele Tage hindurch ausgedörrte Holz, die feuerfangenden Stoffe aller Art, die Farbenfirnisse, die Bekleidungen, alles brannte wie vorbereitet zum Lustfeuer, die Eimer Wassers, die man hineingoß, zerstiebten augenblicklich in Dämpfe, und überall fand die Glut Nahrung, nirgends Einhalt. Kein Gedanke an Hülfe, an Rettung konnte hier aufkommen. Schneller, als hier es sich lesen läßt, war alles geschehen, und in ein paar Augenblicken, die ich zum Heraneilen und Hineinschauen im Fluge verwendete, liefen auch über mir selbst die Flammen an der Decke der Galerie schon weit hinaus, fielen in meinem Rücken schon brennende Draperien, Lampen und Leuchter herab, und ich durfte nicht säumen, ehe der Weg versperrt wurde, in den Garten zu entkommen.

Hier zeigte sich nun das gräßlichste, bewegteste Schauspiel! Wer vermöchte es zu beschreiben! Das ganze Festbauwerk loderte in Flammensäulen empor, die noch eben in diesen geschmückten Räumen versammelte Welt, an Pracht, Schönheit, Auszeichnung und Bedeutung jeder Art ein Inbegriff der Herrlichkeiten Europas, brauste aufgelöst durcheinander; allgemeiner Schrecken, persönliche Gefahr, Angst und Sorge für die Nächsten waren an die Stelle des freudigen Reizes, der ehrgeizigen Spannung getreten. Man suchte und rief die Seinigen, man durchbrach rücksichtslos das Gedränge, jeder hatte nur sein persönliches Ziel im Auge, stieß hinweg, was ihn hemmte, trat ohne Wahrnehmung darüber hin. Männer suchten ihre Frauen, Mütter waren von ihren Töchtern getrennt, hatten sie zuletzt nur in den Reihen des Tanzes noch gesehen, oder dort glücklich fortgezogen, ohne sie an der Hand behalten zu können. Keiner wußte das Schicksal des andern, man hörte Jammernde und heftig Tobende, man erblickte andre, die sich mit leidenschaftlicher Freude den wiedergefundenen Lieben in die Arme warfen, man sah Ohnmächtige, Verwundete. Die Stufen des Portals waren unter der Last der Rettungsuchenden eingebrochen, viele Personen gestürzt, von Nachdringenden zertreten, von fallenden Bränden schwer verletzt, von den Flammen ereilt worden. Die Königin von Neapel war zu Boden gesunken, der Großherzog von Würzburg wurde ihr Retter. Die Königin von Westfalen dankte ihrem Gemahl und dem Grafen von

Metternich die Rettung aus größter Gefahr. Der russische Botschafter, Fürst Kurakin, wurde brennend und ohnmächtig durch den Dr. Koreff mit Hülfe österreichischer und französischer Offiziere aus dem Gewühl hervorgezogen, und von andern hülfreichen Händen mit Pfützenwasser gelöscht, während noch andre ihm die diamantnen Knöpfe vom Rock schnitten. Besonders hatten viele Frauen das Unglück, durch das Feuer an ihren leicht brennbaren Kleidern erfaßt und lebensgefährlich verwundet zu werden.

Zwischen dieses Gewühl drängten sich die Diener und Arbeiter aller Art, die teils für die Aufwartung, teils für andre Bedürfnisse der Festlichkeit zahlreich vorhanden waren, und jeder Unterschied des Standes schien aufgehoben, nie wurde Stern und Ordensband gleichgültiger behandelt, die Hoheit und Majestät weniger angesehen. Auch die vom Trinken abgerufenen Spritzenleute machten sich für ihre späte Hülfleistung gewalttätig Raum, und die von festlicher Bewirtung aufgeschreckten Tänzer und Tänzerinnen drängten sich in ihren flitterhaften Kostümen und mit noch geschminkten Gesichtern neugierig zwischen dem reichen Prunk und Staat der stolzen Hofwelt umher, die in solcher Zerrüttung jede Gleichheit unbeachtet walten ließ.

Mit leidenschaftlicher Innigkeit hatte der Fürst Joseph von Schwarzenberg im Garten seine gerettete, doch schwer verletzte Tochter umarmt, aber um so verzweiflungsvoller suchte er nun die noch vermißte Gattin. Die Tochter war an ihrer Seite gewesen, aber durch brennendes Gebälk, das zwischen beide niederstürzte, von ihr getrennt worden, und sie hatte darauf die Mutter aus den Augen verloren. Wir schalten hier am besten die Worte ein, mit welchen der Major von Prokesch, in seinen lesenswerten Denkwürdigkeiten Schwarzenbergs, die folgenden Umstände wiedergibt: »Der Fürst Joseph hatte, als der Brand ausbrach, unfern der Kaiserin im Gespräche gestanden. Er wandte sich auf den ersten Ruf der Gefahr hin nach dem Raume, wo die Reihen der Tanzenden soeben zerstoben, und wies noch, da ihm die Gemahlin des

Prinzen Eugen entgegenkam, dieser und dem Vizekönige selbst eine nahe Seitentür, durch welche beide entkamen. Im Saale kämpften bereits Flammen und Dampf um die Herrschaft. Er eilte hinauf, hinab; er fand seine Gemahlin nicht. Er gelangte glücklich über die Treppe in den Garten; er fragte diesen, jenen; man wollte sie gesehen haben; man versicherte endlich mit Gewißheit, sie sei bereits im Garten. ›Dort ist sie!‹ rief eine Stimme ihm zu. Er stürzte nach dem Orte hin, und – es ist eine Dame, die ihr ähnlich sah. Da faßte seine Seele unnennbares Grauen. Die Folter der Ahndung, die ihn ergriffen hatte, war alle Grade durchgelaufen, und die Gewißheit leuchtete, ein schrecklicherer Brand, vor ihm auf. Er kehrte zurück zum Saale. Die Treppe ist gestürzt. Übereinander wälzt sich die fallende Menge. Man bringt sein Kind halb verbrannt in schonender Verhüllung vorbei. Man schleppt die Gemahlin seines Bruders, der aller Schmuck vom Haupte getreten war, an ihm vorüber. Sein Blick fällt, in der fürchterlichen Beleuchtung des Brandes, auf eine winselnde Gestalt, der das Kleid am Leibe verzehrt und das ganze Diadem tief in die Stirne geglüht war. Es ist die Fürstin von der Leyen. Ein schwedischer Offizier, der diese soeben aus dem Saale getragen hatte, versichert, mitten in den Flammen eine Gestalt wandeln gesehen zu haben, wunderbar zugleich und entsetzlich! Fürst Joseph kommt an den Eingang. Er will hinaufklettern über die brennenden Stufen. Da stürzt mit dumpfem Gerassel die ganze Fußdecke des Saales ein, und wie aus hohler Esse wallt Rauch und Glut aus den Trümmern empor. Alles ist verloren.«

So weit dieser Bericht. Seit dem Ausbruche des Feuers bis zu diesem bezeichneten Augenblicke war kaum eine Viertelstunde verflossen, und ich fortwährend auf dem Schauplatze des Ereignisses zugegen. Die mannigfachste Hülfstätigkeit für die Beschädigten, Suchenden, Auffordernden, und die stürmende Eile aller Vorgänge ließen den flüchtig aufgedrungenen Eindrücken keine sorgsame Prüfung zu. Allein für manche Angaben durften sowohl die Wahrnehmungen des einzelnen Beobachters, als auch die allseitigen damit verglichenen Aussagen aller andern Augenzeugen ein ziemlich festes Ergebnis liefern. Wenn der Moniteur die Fürstin von Schwarzenberg schon außerhalb des Saales, im Garten, mit dem Könige von Westfalen, dem Fürsten Borghese und dem Grafen Regnauld sprechen läßt, so ist dies zuverlässig unbegründet, die Verwechslung des Namens war so leicht, auch konnte gutgemeinte Absicht solche Versicherung im Augenblicke hervorrufen. Wenn aber gar der ehemalige Palastpräfekt von Beausset in seinen Denkwürdigkeiten erzählt: »On vit s'élancer une femme jeune, belle, d'une taille élégante, ... poussant des cris douloureux, des cris de mère ...«, und in dieser Weise fortfährt, die »désolante apparition« zu beschreiben, so folgt er lediglich einer dichterischen Einbildung. Niemand hat die unglückliche Fürstin als schon gerettet außerhalb des Saales gesehen oder gesprochen, niemand sie in denselben zurückkehren sehen. Eine solche Rückkehr wäre sogar eine völlige Unmöglichkeit gewesen. In der ersten Zeit würde der entgegenstürzende Menschenstrom es verhindert haben, und gleich nachher, ehe dieser noch ganz versiegt war, die ungeheure Glut selber, welche ihn jagte und schon ereilte, und unmittelbar seine Stelle einnahm. Diese Glut wurde in wenigen Minuten so heftig, daß man den brennenden Eingang, wie ich als Augenzeuge, der selber das Äußerste hierin versucht, beteuern darf, auf zehn Schritte nicht ohne die Gefahr nahen konnte, in dem versengenden Anhauche des tödlichen Qualms niederzustürzen, ja selbst der Blick vermochte in dieses Meer von Flammen und Rauch nicht mehr einzudringen, und die erwähnten Darstellungen, so wie jede künftige, sind nach diesen verbürgten Angaben zu berichtigen. Von dem Schicksale der Fürstin hatte man anfangs noch keine so schlimme Vermutung, man durfte sie gerettet hoffen, sie konnte mit andern Personen weggefahren, sie konnte ohnmächtig irgendwo im Garten hingesunken, oder unerkannt in einem der Nachbarhäuser aufgenommen sein; man hörte nicht auf, sie zu suchen, zu erforschen, und der unglückliche Fürst Joseph erschöpfte sich in tätiger Nachfrage, in Sendungen und Versprechungen.

Mittlerweile waren Saal und Galerie völlig niedergebrannt, und ungeachtet die Feuerspritzen schon eine Weile tätig wirkten, hatte die Flamme doch das Hotel selbst ergriffen, und drohte auch dieses in Asche zu legen. Das Archiv geriet zuerst in Gefahr, es zu retten war die größte Anstrengung nötig; alle Österreicher legten Hand an, Wasser zu tragen, Geräte fortzuschaffen, Haken und Äxte, wo es nötig, anzuwenden. Man warf Hut und Degen ab, selbst die Uniform, die in der Hitze nur lästig, und wie die ganze Bekleidung, durch Brand, Wasser und Arbeit schon vielfach beschädigt war.

Die Fremden hatten sich größtenteils verzogen; nur noch die näheren Angehörigen und einige vertraute Bekannte des Hauses sowie mehrere französische amtliche Personen arbeiteten und forschten noch immer auf dem Schauplatze so großen Unheils und Jammers. Anstatt der geschmückten und frohen Gäste füllten kaiserliche Gardesoldaten, durch herbeigeeilte Verstärkung wohl gegen tausend Mann betragend, den Hof, die Säle und den Garten, und dieser neue, ernst-prächtige Anblick ergriff das Gemüt durch den Kontrast mit eigentümlicher Macht. Ein noch stärkerer Eindruck stand bevor.

Der Kaiser hatte die Kaiserin nur bis zu ihrem Wagengefolge gebracht, das zur Rückfahrt nach St.-Cloud in den elysäischen Feldern ihrer harrte, und war dann nebst einem Adjutanten stracks zurückgekehrt. Unvermutet trat er hervor im grauen Überrock, und sein Erscheinen verbreitete Ernst und Schweigen. Er hieß alle vorhandenen Fremden sogleich den Platz räumen, befahl die Zugänge überall zu besetzen, und ordnete selbst die Anstalten gegen das noch nicht völlig bezwungene Feuer; der Wasserstrahl einer Spritze soll ihn hiebei unversehens getroffen und fast umgeworfen haben, ohne daß er sich dadurch stören ließ. Die Erkundigungen über die Beschädigten brachten nunmehr bald eine zuverlässige Übersicht zuwege, die Nachforschungen wegen der noch stets vermißten Fürstin wurden mit durchgreifender Macht betrieben. Zugleich ging ein furchtbares Gericht über die Anstalten und die dabei beteiligten Behörden. Der Polizeipräfekt von Paris, Graf Dubois, hatte einen harten Stand, er sollte alles wissen, allem vorgesehen haben, von allem Rechenschaft geben; die rauhe Strenge Napoleons beeiferte den geschmeidigen Diener nur zu erhöhter Tätigkeit, er entschuldigte sich nur leise, wandte sich nach allen Seiten, ordnend, bittend, fragend, jeden Augenblick zu dem Kaiser zurückeilend, und ihm die inzwischen angehäuften neuen Vorwürfe und anfahrenden Worte demütig abnehmend. Am schlimmsten erging es dem Anführer der Spritzenleute. Der General, Graf Hulin, der seinen Eifer zeigen und auch wohl zu eigenem Besten den Zornausbrüchen des Kaisers einen Gegenstand anweisen wollte, stürmte mit brutaler Gewalt auf den armen Mann los, stieß ihn mit der Faust mehrmals vor die Brust und trat mit dem Fuße nach dem Zurücktaumelnden, unter heftigen Vorwürfen und Schimpfreden; Napoleon sah streng und blitzend in einiger Entfernung zu. Der Auftritt endete mit Verhaftung und Hinwegführung des Spritzenmeisters, der nach langer Gefängnisstrafe schimpflich aus dem Dienst entlassen wurde. Von einiger Schuld der Fahrlässigkeit mag er, wie der Herzog von Rovigo behauptet, nicht freizusprechen gewesen sein, die Hülfe war nicht schlagfertig, nicht im ersten Augenblicke wirksam; allein es gab damals viele Stimmen, die ihn entschuldigten, und allgemein war die Überzeugung, daß schon bei dem Austritte des Kaisers aus dem Saale – und vorher konnte keine Spritze auf dem Platze, ja kaum gerufen sein – keine Macht der Löschanstalten das brennende Gebäude könnte gerettet haben.

Indessen wurden die Bemühungen, über das Geschick der vermißten Fürstin Auskunft zu erlangen, heftig und angstvoll fortgesetzt. Die vornehmen Hof- und Staatsdiener Napoleons flogen hin und her, die Boten eilten nach allen Richtungen und kamen wieder, immer fruchtlos, nirgends war eine Spur der Geretteten so wenig als der Verunglückten zu finden. Alle Wohnungen der Freunde und Bekannten waren beschickt, die ganze Nachbarschaft, jeder Winkel des Gartens, und auch die noch sprühende Brandstätte so viel als möglich durchsucht; alles umsonst. Ein Bild des trostlosesten Jammers, irrte der unglückliche Fürst umher, bald in den Gartengängen, bald in den Sälen erscheinend, die körperliche Erschöpfung ließ ihn fast schon zusammensinken, während die Qual des Gemüts ihn zu immer neuen Anstrengungen aufregte. Man suchte ihn fortzubringen, zu beruhigen, aber nichts wirkte auf ihn, auch die Gegenwart und Anrede des Kaisers glitten stumpf an dieser starren Verzweiflung ab.

Napoleon, des fruchtlosen Dastehens überdrüssig, und, nachdem das Feuer bis auf einzelne Glutstellen bezwungen worden, schon ohne Gegenstand persönlicher Tätigkeit, kehrte nach St.-Cloud zurück. Die Grenadiere seiner Garde aber richteten sich zum Übernachten ein, und selten mag ein Biwak so glänzende und köstliche Bewirtung gefunden haben. Die für das Gastmahl des Hofes bestimmten Speisen und Weine wurden ohne vielen Unterschied ausgeteilt.

Auch wir andern, nach so vielfacher Arbeit und Erregung endlich müßig und matt, von den auf einander gefolgten heftigen Eindrücken verstört und überwältigt, mußten zuletzt Erholung und Stärkung suchen, setzten uns zu den ersten den besten der reichgedeckten Tische, und genossen der vorhandnen Labung. Begierig tauschten wir jetzt unsre einzelnen Wahrnehmungen und Vermutungen aus, hier erläuterten sich die mannigfachen Umstände, ergänzten sich die geteilten Anschauungen, stellte sich allmählich einiger Zusammenhang auf; man hatte so vieles zu fragen, so vieles zu berichten, allein Schrecken und Besorgnis wogten noch immer auf und nieder, und bei so vielem Unglück, das man wußte, blieben noch unruhige Zweifel und bange Ahndungen genug.

Das Gewitter, welches schon lange am Himmel gestanden, brach jetzt als ein grausenvolles Zwischenspiel hervor, gräßliche Blitze entzündeten den Himmel, furchtbare Donner folgten Schlag auf Schlag, die Gebäude erzitterten, der Regen rauschte in Strömen nieder, und die letzten Gluten des Brandes wurden erst durch ihn gelöscht.

Als nach kurzem Austoben die Gewitternacht sich wieder zerteilte, sah zwischen den schweren Wolken schon die Tageshelle durch, und die Unruhe trieb uns neuerdings auf, die soeben durchlebten Ereignisse, welche, wie ein verworrener Traum, nicht faßbar noch verscheuchbar auf der Seele lagen, in ihren daliegenden Überbleibseln zu untersuchen, zu betrachten. Wir waren nur noch wenige Männer, und vereinzelten uns bald in schweigendem Umherwandeln. Ich betrat die Brandstätte, ein düstres Angehäuf von Schutt und Wust; verkohlte Balken, zertrümmerte Mauersteine, Gerät und Scherben durcheinander geworfen, in den zufälligen Tieflükken schmutzige Wasserpfuhle zusammengestockt. Man fand Teile von Kronleuchtern, zerkrümmte Degen, Armbänder und andern Schmuck, den die Glut fast unkenntlich gemacht. Nicht weit von mir stiegen Graf Hulin und Doktor Gall forschend über die Trümmer hin. Auf einmal bleibt Hulin stehen, sieht starr vor sich hinab, und ich höre die halblaut gerufenen Worte: »Doktor Gall, kommen Sie hierher, hier ist ein menschlicher Körper!« Ich gedenke noch mit Schauder des furchtbar eindringenden Tones, den diese Worte hatten; jeder Nerv wurde erschüttert, die Brust mit Angst erfüllt. Gall trat hinzu, ich war der Dritte, wir mieden jedes Geräusch und suchten uns im Stillen des gefundenen Anblicks zu vergewissern; erst nach und nach wurde er unsern Augen deutlich. Von Balken und Kohlen halb verdeckt lag in der Tiefe ein schwarzgebrannter, eingeschrumpfter Leichnam, ganz unkenntlich, die menschliche Gestalt in dieser Zerrüttung nur mit Hülfe der Einbildungskraft herauszufinden. Die eine Brust nur, welche zufällig im angesammelten Wasser zu liegen gekommen war, hatte sich erhalten, und ihre frische Weiße stach gräßlich gegen die übrigen mumienschwarzen Körperteile ab. Von Jugend auf nicht ungewohnt solcher Zerstörungsanblicke, stieß doch dieser mein Auge unwillkürlich zurück. Gall stieg in die Vertiefung hinab und glaubte die Fürstin von Schwarzenberg zu erkennen; ein paar Ringe und ein Halsband fanden sich an dem Körper, sie wurden dem Botschafter gebracht, der unfern im Garten mit einigen Begleitern umherging, und es blieb kein Zweifel mehr, das Halsband führte die Namenszüge ihrer Kinder; sie hatte deren acht, ein neuntes, noch nicht geboren, teilte ihren Tod. In diesem Augenblicke der sich entfaltenden Gewißheit entsank allen der Mut, tiefe Trauer senkte jedes Haupt, Tränen entquollen dem Auge. Ein paar starke Gewitterschläge, die letzten, erschütterten gleichzeitig die Atmosphäre, und ein betäubender Donner hallte lange nach.

Jetzt war die Sorge, dem Fürsten Joseph von Schwarzenberg sein Unglück beizubringen und zu gleicher Zeit die nötige Vorkehr in Betreff der Leiche gehörig anzuordnen. Der Ort und die Umstände ihrer Lage gaben wenigstens die tröstliche Vermutung, daß die Unglückliche nicht lebendig verbrannt sei. Wahrscheinlich hatte sie, abgeschnitten von dem Hauptausgange oder das dort stockende Gedränge zu meiden wünschend, den Nebenausgang in das Innere des Hotels zu gewinnen gesucht, war unterwegs gefallen, durch Rauch erstickt und erst nachher durch die Flammen selbst ergriffen worden, mit dem einstürzenden Bretterboden aber in jene Wassertiefung hinabgesunken.

Wir verließen nunmehr den Ort der Zerstörung und des Jammers; doch an Schlaf und Ruhe war nirgends zu denken, die furchtbarsten Traumbilder schreckten das hinsinkende Haupt schnell wieder zum wachen Anschauen der Wirklichkeit auf, und in den Straßen, welche durch das Ereignis der Nacht nur um so volkreicher belebt waren, zeigte der Morgen schon seine volle Tätigkeit.

Ganz Paris war durch Schrecken und Neugier in unruhige Bewegung versetzt. Die Nachricht von dem Brande, durch den Glutschein unmittelbar verkündet, hatte sich mit Schnelligkeit weithin ausgebreitet. Man vermutete Anschläge gegen das Leben des Kaisers, den Ausbruch irgendeiner großen Verschwörung, Ungewißheit jeder Art spannte die Gemüter. Der Verdacht, daß das Feuer angelegt gewesen sei, daß die Feinde des Kaisers, innere und äußere, durch einen kühnen Streich sich des verhaßten Herrschers, seiner Familie und seiner anhänglichsten Diener entledigen gewollt, bestand einen Augenblick allgemein, streifte wenigstens die Vorstellung der meisten Franzosen, und war bei manchen auch späterhin nicht leicht auszutilgen, die dawiderlaufenden Berichte und Zeugnisse wurden zweifelnd angehört; erst am dritten Tage erschien der ausführliche Bericht im »Moniteur«, dessen absichtsvolle Fassung wiederum nicht ganz befriedigte. Doch konnte gegen die Übereinstimmung so vieler Augenzeugen und gegen den starken Beweis, welcher in Napoleons fortgesetztem Benehmen lag, kein grundloser Wahn sich halten, und zuletzt mußte in Frankreich wie im Auslande die verbürgte Wahrheit doch den Sieg behaupten.

Nun folgte eine Reihe trauriger Tage, in denen man fast nur in dem Rückblick auf die allbesprochene Begebenheit und in den düstern Nachwirkungen derselben fortlebte. Die Bestattung der Fürstin Pauline von Schwarzenberg wurde mit herkömmlichem Trauerprunke feierlich vollbracht. Dann kamen hintereinander die Leichenbegängnisse der Fürstin von der Leyen, der Generalin Touzard und noch mehrerer andern Frauen hohen Standes, die nach schrecklichen Leiden im Verlaufe der nächsten Tage oder Wochen an ihren Brandwunden starben; im Ganzen waren über zwanzig Personen verunglückt, mehr oder minder beschädigt über sechzig. Die junge Fürstin von Schwarzenberg, der Mutter gleichnamig, und nur kaum dem Los entrissen, das der unglücklichen geworden, lag an den empfangenen Verletzungen viele Wochen darnieder, während deren man für ihr Leben besorgt war; auch das Wiederaufkommen des russischen Botschafters Fürsten Kurakin blieb noch lange zweifelhaft. Sehr bedeutend war von allen Seiten der Verlust an Kostbarkeiten; man schätzte ihn auf ein paar Millionen; der österreichische Botschafter trug neben seiner eignen großen Einbuße auch die vieler andern Personen, denen er das Verlorne oder Beschädigte ersetzte.

Ein tiefer und unheilvoller Eindruck des ganzen Ereignisses war unverkennbar. Er setzte sich unwiderstehlich in Gemüt und Einbildungskraft fest, und wiewohl man von obenher alles anwandte, um ihn herabzustimmen und auszulöschen, so erhob er sich doch in düstren Weissagungen, welche auf die Unglücksfälle bei Vermählung der österreichischen Erzherzogin Maria Antoinette und des französischen Dauphins, nachherigen Königs Ludwigs des Sechzehnten, zurückgingen, solche mit dem späteren jammervollen Ausgange des königlichen Ehepaares in Bezug setzten und den neuesten Vorfall nur zur Bestätigung dienen ließen, daß über den Verbindungen Frankreichs nach dieser Seite ein warnendes Verhängnis schwebe. Die Folge der Begebenheiten aber wollte dem abergläubischen Wahne auch diesmal zum Teil ein wenigstens scheinbares Recht nicht fehlen lassen!

# Clemens Brentano

Ich hatte schon früh und von verschiedenen Seiten so mancherlei Lustiges und Sonderbares über Clemens Brentano gehört, daß ich auf seine Bekanntschaft sehr begierig war; Reichardt, Steffens, Schleiermacher, Neumann, Chamisso, zuletzt auch Rahel, alle wußten von ihm Wunderliches und Anziehendes zu erzählen, und zum Teil so Widersprechendes, daß alles in Eine Vorstellung zu bringen oft unmöglich schien. Seine Schriften, »Godwi«, »Die lustigen Musikanten«, »Ponce de Leon«, zeigten schönes Talent und reichen Witz, aber auch große Unordnung und Willkür, sollten indes seiner persönlichen Erscheinung in jedem Betracht weit nachstehen. Sich zur romantischen Schule haltend, war er doch ein so undiszipliniertes Mitglied derselben, daß er immerfort in Verwarnung oder Strafe fiel. Das Honorar für den Roman »Godwi« hatte er Friedrich Schlegeln, der in Not war, überlassen, zugleich aber solche Widrigkeiten und Spöttereien unter die Leute gebracht, daß dieser ihm nicht das Geld, aber das Buch zurücksandte, mit den eingeschriebenen Worten: der Autor verdiene hundert Stockprügel; und hiemit war die Sache von beiden Seiten aus. Mit Steffens ergab sich eine andere Geschichte; Brentano hatte den Einfall, sich mit einigem Anschein von Laster schmücken zu wollen, er meinte sich vortrefflich auszunehmen, wenn ihn die Leute mit etwas Schauder ansähen, und gab daher zu verstehen, er triebe gar sittenlose Dinge, und als er nun auch sagen sollte, wer seine unsaubern Genossen wären, nannte er in der Verlegenheit auf gut Glück Steffens, der aber, als ihm das schmähliche Vorgeben zu Ohren kam, dem tollen Erfinder eine tätliche Zurechtweisung zudachte, die nur dadurch unterblieb, daß der Bedrohte sich längere Zeit nicht sehen ließ. Auf ein ähnliches Äußerste hatte Brentano es mit Görres gebracht, der sich ihm jedoch in der Folge als Freund verbinden mochte. Dergleichen Geschichten erzwang er mit fast unwiderstehlicher

Beflissenheit immerfort, und jedesmal ließ er sie ein so erbärmliches Ende nehmen. Er hatte die gräßlichste Furcht und Angst vor jeder Tätlichkeit, ruhte aber nicht, bis er sie erlitten hatte; mit unermüdlicher Steigerung reizte er jeden Umgang, jedes Verhältnis auf, und nachdem er verführerisch durch Anteil, Schmerz, Vertrauen und Neigung dies alles hervorgelockt, mißachtete und zerstörte er freventlich alles wieder, verletzte in willkürlicher Laune sich und andere schonungslos, und wenn die Folgen seiner Ungebühr dann hart ihn selber getroffen, erweckte er wieder neues Erstaunen und oft neue Teilnahme durch die Qualen und den Jammer, die er hierauf mit dichterischer Meisterschaft aus sich herausspann, doch immer lauernd bereit, das Erhabene und Rührende, bei erstem Schimmer der Gefahrlosigkeit, durch Schalkheit und Tücke zu unterbrechen.

So hatte man mir Brentanon geschildert, und ich war darauf vorbereitet, eine solche Natur, wenn sie mir einmal begegnete, mit großer Nachsicht und ohne sonderliche Besorgnis aufzunehmen. Die nähere Bekanntschaft entging mir aber lange Zeit. Endlich im Sommer 1811, zu Teplitz, trat unerwartet Clemens zu mir ins Zimmer, nannte seinen Namen und sagte, er wolle mich kennenlernen, da er die nächste Zeit in Böhmen und vorzüglich in Prag zu leben denke. Ich empfing ihn aufs beste, er benahm sich äußerst liebenswürdig, seine gute Laune, der Witz und die Schärfe seiner Bemerkungen erhöhten jeden Augenblick mein Wohlgefallen. Als er dessen nun völlig sicher war, regte sich sogleich der Schalk, er wurde spöttisch, bemühte sich empfindliche Stellen zu berühren, drückte diese dann geflissentlich, und da er immer dreister wurde und endlich von einem meiner Freunde Unwürdiges vorbringen wollte – daß er Prügel bekommen zum Beispiel –, mußte ich unwillig gegen ihn auffahren, und wiewohl er gleich wieder einlenkte und das Gesagte zurücknahm, so blieb doch das gute Vernehmen zwischen uns aufgehoben, und ich entließ ihn mit Worten, nach denen ich glauben mußte ihn nicht wiederzusehen. Er reiste auch noch desselbigen Tages ab.

Aber nicht lange war ich in Prag zurück, als auch Brentano sich wieder einfand und aufs neue seine Liebenswürdigkeit entfaltete. Sein muntrer Geist, sein eindringender Sinn und seine großartige Einbildungskraft wurden mir in meiner Stimmung und Lage unendlich wert, ich konnte wieder Gespräche führen, wie ich sie in Berlin gewohnt gewesen, in Prag aber stets entbehrt hatte. Brentanos Freundlichkeit wurde bald inniges Zutrauen und herzliches Anschließen, er erzählte mir nach und nach all seine Schicksale und Verhältnisse, mit rückhaltloser Offenheit und lebendiger Darstellung, in trüber Wehmut und oft leidenschaftlichem Schmerz. Ich glaubte schon, ihn doch verkannt zu haben, und um des innern Kernes willen ihm die wunderliche, verletzende Außenseite verzeihen zu müssen. Meine Teilnahme war ihm der größte Trost, mein Wohlgefallen an seiner Poesie die wirksamste Aufmunterung. Er besuchte mich jeden Tag, las mir seine neusten Sachen vor, besprach die Erscheinungen des Lebens und der Literatur mit Laune, mit Einsicht, mit oft großartigen Bemerkungen. Ich machte ihn mit dem Grafen von Bentheim, dem Major von Nostitz und dem Hauptmann von Pfuel bekannt, führte ihn zur Gräfin Pachta und zu Mad. Brede, und da er sich bald in die letztere heftig verliebte, so belebte sich unser Umgang noch mehr, und ich hatte als Vertrauter seines Herzens allen glänzenden Aufwand mitzugenießen, mit dem seine unerschöpfliche Phantasie die neuen Regungen und Begegnisse seiner Neigung ausstattete.

Was ich sonst von ihm vernahm, war freilich oft von schlimmer Art. Die Erzählungen aus seinem Ehstandleben setzten oft alle Scham beiseit, und das Vertrauen erschien ganz reizlos, nur müßig und ungeziemend. Seine erste Frau, früher Mad. Sophie Mereau, und unter diesem Namen schon als liebliche Dichterin bekannt, hatte er mit Eifersüchteleien, ohne allen Grund und Anlaß, bloß aus willkürlicher Erfindung, fürchterlich gequält und bestrafte sich nun dafür, indem er seine Reue darüber ebenso willkürlich als nutzlos aufreizte. Von der zweiten Frau, die sich mit irrer Heftigkeit ihm an den Hals geworfen, war er glücklicherweise wieder geschieden, aber, was die Hölle sei, meinte er durch sie recht vollständig zu wissen. Von seinem letzten Aufenthalt in Berlin erwähnte er zweier leidenschaftlichen Verhältnisse, die er in so reichen und abenteuerlichen Schilderungen darlegte, daß ich oft in Zweifel stand, ob nicht alles ein bloß dichterisches Spiel gewesen. Eine heiße Liebe, die er zu einem unwürdigen Mädchen gefaßt, wurde nicht erwidert, und das täglich vor seinen Augen sich erneuernde Unwürdige floß mit seiner Liebe und deren Verschmähung in ein so gräßliches Gemisch zusammen, daß man glaubte eine Hexenlauge überkochen zu sehen, wenn er davon erzählte oder vorlas; denn er hatte angefangen, diesen Greuel in einem Roman darzustellen, dessen Titel schon ein Ärgernis war und hier verschwiegen bleiben muß. In dieser Geschichte quälte er nur sich selbst, dagegen die andere, fast gleichzeitige, ein strafbares Eingreifen in fremdes Gemüt und Geschick offenbarte. Er hatte durch anhaltende Beeiferung die Neigung eines jungen schönen Mädchens gewonnen, dem er in der traurigen Zurückgezogenheit der herabgekommenen Familie eine glänzende Erscheinung war; er teilte die Neigung gar nicht, allein durch sie geschmeichelt, fachte er sie aus allen Kräften nur immer stärker an, hielt aber zugleich dem armen Kinde nur um so grausamer die Überzeugung vor, sie müsse doch ewig von ihm getrennt bleiben, weil sie nicht seines Glaubens, nicht katholisch sei. Nicht das Geringste, so gestand er nun selbst, war ihm an der Sache gelegen, aber er wollte doch sehen, was er mit diesem Motiv ausrichten könnte, und so spielte er eifrig den Bekehrer mit so gutem Erfolge, daß das Mädchen wirklich katholisch wurde, und dem frevelhaften Scheineiferer, der sich durch die vorgeschobene Glaubensverschiedenheit auch den Rückzug zu erleichtern gemeint, nun erst recht, und auf lange Zeit, zu schaffen machte.

Von den Personen, die wir gemeinschaftlich kannten, sprach Brentano meist ungünstig, aber mit außerordentlichem Scharfsinn, der jedesmal unfehlbar eine wunde Stelle traf. Die tiefsten und geheimsten Gebrechen der Gemüter zog er ans Licht, die Schwächen der äußern Erscheinung bezeichnete er mit brennenden Farben, und seine Darstellungen waren zugleich lehrreich und komisch. Ein Wort, das er über irgendeinen Menschen spöttisch ausließ, wurde gewiß vielmals wiederholt und lebte lange fort, weil nicht leicht ein bezeichnenderes zu finden war. Auch die würdigsten und höchsten Personen schonte er nicht, wenn er auch anfangs einige Ehrfurcht bewies, so warf er diese doch nach kurzer Zeit ab, und ehe man sich's versah, hatte er Lächerliches und Beschämendes angebracht. So bezeigte er große Achtung für den Professor Meinert und hielt ihm große Lobreden; doch als ich zu sehr beistimmte, wurde er verdrießlich und meinte, aber das könne ich doch nicht leugnen, daß der vortreffliche Mann trocken sei; trocken, sehr trocken, so ohne alle Feuchtigkeit trocken, daß er ohne Zweifel Pulver schwitze! Nur seine Geschwister und nächsten Freunde machten eine Ausnahme, die Schwester Bettine, Achim von Arnim, Savigny, der Bruder Christian, und noch einige andre, die er nicht nur pries und rühmte, sondern als Wesen höherer Art aufstellte, vor denen wir andern Sterblichen uns zu beugen hätten. So sollte z. B. nicht nur Tieck, sondern auch sogar Goethe in der Poesie gegen Arnim kaum noch bestehen, so der Bruder Christian in allen mutigen Übungen die Meisterschaft Pfuels weit überbieten. Und dennoch tat ihm auch hier, wenn man sein Lob nicht bestritt, sondern daran glaubte, die Wirkung fast wieder leid, und er suchte sie zu bedingen und einzuschränken. Aus diesen Erörterungen entstanden gleich anfangs einige harte Auftritte, die er aber mit weicher und ernster Empfindsamkeit wieder zu begütigen wußte. So schrieb er mir einen Brief, der mich wirklich einen Augenblick glauben machte, ich sei zu hart gewesen. Auch ließ ich ihm seine Heroen gern gelten, ich war durch ein Wort von Rahel über Bettinen für diese schon mit günstigstem Vorurteil erfüllt, von Arnim aber persönlich sehr eingenommen, und statt zu widersprechen, suchte ich nur auch meine besten und höchsten Menschen in ihrem wahren Werte zu zeigen, wobei denn natürlich Rahel obenan stand. Brentano unterwarf sich ungern, tat es aber doch und gestand gerührt, so großen Vorzügen müsse er unbedingt huldigen. Meinen Eifer, weit entfernt, ihn als leere Übertreibung und frevelnde Vergötterung zu tadeln – die er selber auch weit mehr sich hatte zu Schulden kommen lassen –, wollte er gerade als das entschiedenste Zeugnis annehmen, und auf dieses hin nun auch selbst an Rahel schreiben.

Er schrieb wirklich, aber im Schreiben bezwang ihn die Schalkheit wieder, er konnte sich nicht darein finden, einfach und schlicht ein Gutes zu bekennen; in den Ausdruck der Verehrung mischte er tolle Fratzen, aus denen bald unziemlicher Hohn und verletzende Tücke wurden. Als er mir den Brief vorlas, mit dem Ansinnen, ihn ganz vortrefflich zu finden, ergriff mich abwechselnd Wehmut und Empörung, und als er geendet hatte, überströmten beide in schmerzliche Rede, die ihm seine Verkehrtheit und Unbill vorhielt, und auch wirklich mehr, als ich erwartet hatte, sein Innerstes bewegte. Er schlug den Brief zusammen, sagte, er wolle nun einen andern schreiben, gut und ordentlich, ohne die schlechten Späße, die auch ihm nicht recht wären, obwohl er sie nicht für bös erkennen wollte. Wir blieben lange beisammen, und schieden endlich unter herzlicher Umarmung, als wie er meinte nur um so bessere Freunde.

Aber solche Koboldsart duldet keine Rührung noch gute Vorsätze, und hat nichts Eiligeres zu tun, als deren Anwandlungen durch neue dreistere Streiche zu überflügeln. Brentano schrieb einen zweiten Brief, aber einen, der schlimmer war als der erste; wahre Kränkungen und Beleidigungen sprach er mit dem größten Aufwande verführerischen Witzes und unterhaltender Schilderungen aus. Er las mir nur Einzelnes vor und überging gewiß das Ärgste. Ich war außer Fassung. Warum überhaupt schrieb er? was sollte bezweckt werden? wozu so viel unnütze Mühe? Er sollte den Brief nicht abschicken, verlangte ich; dem Eigensinn der schlechten

Laune frönend, tat er es doch und tat hiemit den ersten Schritt auf einer Bahn, die für ihn unseligen Verdruß und auch mir die peinlichsten Empfindungen bringen sollte.

Inzwischen erfuhr Brentano mancherlei Mißvergnügen und verfehlte nicht, mir dasselbe getreulich zu bekennen, oft bis zu Tränen erweicht, oft in aufgereiztem Zorn. Seine Bewerbungen bei der schönen Frau dienten derselben zum angenehmen Zeitvertreib, aber Gunst erlangten sie nicht, und ein ganzer Stoß von Briefen, Gedichten, humoristischen Schilderungen, die in der Tat durch ihre Außerordentlichkeit für jede Empfängerin schmeichelhaft sein konnten, war umsonst verschwendet. Er wünschte die frühern Papiere zurückzuerhalten und setzte sein Schreiben zwar fort, aber schon nicht mehr im huldigenden, sondern im höhnenden Sinne, und zuletzt wurden die giftigsten Schmähreden daraus, die durch nichts in der Welt veranlaßt sein konnten. Ich sah verwundert diese Verwandlung vorgehen und fing an zu erkennen, mit was für einem unsichern Menschen ich mich eingelassen hatte!

Ein Vorfall, der sich an der Wirtstafel eines Gasthofes ereignete, wo viele Offiziere zu speisen pflegten, fügte neue Unlust zu der schon vorhandenen. Brentano hatte von einem Stabsoffizier öffentlich einen Verweis empfangen, weil er in Ausdrücken, welche sogar den rauhen Kriegsmännern bis zur Empörung unanständig geschienen, von seiner geschiedenen Frau zu erzählen angefangen, und wieder ohne Anlaß und Zweck, ganz vom Zaun gebrochen, wie zur Verhöhnung der Anwesenden. Schon seit einiger Zeit hatte ich gemerkt, daß ich sein rückhaltloses Vertrauen mir persönlich nicht allzu hoch anschlagen durfte, allein, daß er seine Geheimnisse öffentlich jedem fremden Hörer aufdringen mochte, war mir doch eine neue widrige Erfahrung.

Die Ankunft seines Bruders Christian in Prag ergab noch schlimmeres Ärgernis. Bei gleichem Übermut hatte er weniger Witz als Clemens, und seine Dreistigkeit war deshalb plumper und mißfälliger. Eines Abends in dem erwähnten

Gasthofe erlaubte er sich spöttische Erzählungen, welche für die anwesenden Offiziere, deren keinen er näher kannte, höchst beleidigend wurden. Das Erstaunen war allgemein, es mußte darauf etwas erfolgen, und erfolgte nur allzu schnell. Ein Major, jetziger Feldmarschall-Lieutenant von Mengen erhob sich, sagte dem Frevler, solch ein Unverschämter müsse hinaus, packte ihn und warf ihn unter wiederholten Stößen auf die Straße. Am andern Morgen kam Clemens ganz verstört zu mir, beklagte, welche Kameraden ich hätte, und als ich nicht wußte, was er meinte, erzählte er mir den ganzen Hergang. »Und was wird Ihr Bruder nun tun?« fragte ich nach einer Pause. »Tun? was kann er tun?« erwiderte Clemens. Ich versetzte, wer ein so guter Fechter und Schütze sei, werde doch wohl bei dieser Gelegenheit es zeigen, und sich mit dem Gegner hauen oder schießen. »Schieße?« wiederholte Clemens verwundert, und gleich im schönsten Frankfurtisch, in das er aus seinem würdigen Hochdeutsch immer zurückfiel, sowie er lebhaft wurde, »aber ich bitte Sie warum? Fünfmalhunderttausend Franzose sind expreß dazu angestellt, auf den Mann zu schieße, die werde schon ihre Schuldigkeit tun, was soll denn da noch mei Bruder auf den schieße?« So wurde freilich dessen gerühmtes Heldentum völlig zu Wasser, und Clemens suchte auch hier über Beschämung und Verlegenheit durch irgendeine wirksame Lächerlichkeit so gut als möglich hinauszukommen. Mir aber blieb das alles sehr widerlich, und die Folgen mußten in manchem Betracht störend sein; der Kreis, in welchem ich lebte, hatte für dergleichen Vorgänge eine ganz feste Regel und stieß jeden, der sich ihr nicht fügte, unerbittlich aus.

In dem Mißbehagen, zu welchem beide Brüder sich verurteilt sahen, wuchs ihre Bitterkeit und Schalkheit, und Clemens setzte meine persönliche Geduld durch böse Neckereien und Anzüglichkeiten auf harte Proben. Ich verzieh indes leicht, was er mir unmittelbar antat. Bald aber vernahm ich Possen und Tücken, die er hinter meinem Rücken verübte, Mißbrauch des früheren Vertrauens, Verrätereien, die meine teuersten Bezüge dem Spott preisgaben. Dies war nicht zu dulden, und ich mußte erschrecken, wenn ich überdachte, wie vielerlei Ärgernis und Entweihung ich allzu leichtsinnig oder gutmütig in seine Hand gelegt hatte! Ihn hierin zu zügeln, war eine Pflicht in Betreff meiner selbst und meiner Freunde, aber dazu kein andres Mittel als das der leiblichen Furcht, jede andere Einschüchterung war ihm nur lächerlich.

Es vergingen düstre Wochen, voll Zweifel und Kampf. Brentano benahm sich mit jedem Tage unangenehmer, und da die Wirkung hievon auch ihn selber traf, so besuchte er mich bald seltener. Auch zog er mich für seine Schriften nicht mehr zu Rat. Er hatte in Prag zwei Schauspiele zu dichten angefangen, deren Entstehen ich schrittweise mit Anteil gefolgt war, wie denn diese Arbeiten unserm Umgang ein hauptsächliches Band geworden waren; eines dieser Stücke, Aloys und Imelde, lag bei mir verwahrt, ich sollte es durchsehen und etwanige Besserungen vorschlagen. Nach längerem Wegbleiben, während dessen der Kobold in ihm aber nicht geruht, sondern gegen mich die ärgsten Frevel verübt hatte, kam Brentano eines Morgens und forderte ungestüm sein Manuskript. Er kam mir eben recht, das Maß war voll, ich hielt ihm sein Betragen vor und warnte ihn, dasselbe nicht fortzusetzen; aber das war ihm nur zum Lachen. »Ich sehe«, rief ich endlich ergrimmt, »mit Ihnen muß man anders verfahren, damit Sie Respekt haben«, und legte Hand an ihn. Erschrokken fuhr er zusammen: »Warum schlage Sie mich?« rief er, und als er sah, daß die Handlung mehr symbolisch als materiell sei und mit der bloßen Andeutung schon aufhörte, fügte er mit schon beinahe lustigem Eifer hinzu »Sie werde mei bester Freund, wie Görres; grad wie Sie hat der mir ins Gesicht geschlage!« Mir war unaussprechlich weh, ich fand mich und ihn häßlich in der Geschichte, ich fühlte Scham und Reue. Doch eben in diesem Gefühl trat ich zurück und wich der angebotenen Umarmung aus. »Nein, Brentano«, versetzte ich, »das bleibt ein ewiger Unterschied zwischen Görres und mir, Ihr bester Freund werde ich nunmehr nicht; aber ich meine es doch nicht schlecht mit Ihnen. Mir tut es entsetzlich leid, daß dergleichen zwischen uns vorfallen mußte, aber es mußte; Sie müssen die Versicherung haben, daß es dahin kommen kann zwischen uns, und die haben Sie nur, wenn wirklich es dahin gekommen ist. Nun werden Sie sich besinnen, wenn Sie von mir und von Personen reden, die mir wert sind. Übrigens braucht kein Dritter es zu wissen, ich sage es niemandem, schon weil ich mich, glauben Sie es, für mich zu sehr schäme.« Diese Worte beruhigten ihn vollends, und er forderte nun sein Manuskript. »Das sollen Sie wiederhaben«, sagte ich, »aber erst übers Jahr, bis dahin dient es mir zum Pfand Ihrer guten Aufführung.« Jetzt wieder auf einem Boden, wo er sich nicht fürchtete, nahm er alle sonstige Lebhaftigkeit wieder an, und wollte sein Manuskript erbitten, ertrotzen, erscherzen. Unter andern stellte er die lächerlichste Besorgnis für mich auf: »Es wird Krieg, Sie gehn ins Feld, Sie sinn e toller Kerl und gehn in alles 'nein, da werde Sie totgeschosse – wo krieg ich mei Manuskript widder?« Wie sollte man ernsthaft bleiben bei solchen Possen? »Fürchten Sie nichts«, sagte ich, »Sie halten mich für allzu tapfer, ich werde mich nicht so wild in jede Gefahr stürzen, ich werde um Ihres Manuskripts willen am Leben bleiben!«

Nachdem er zwischen Lachen und Weinen von mir gegangen, war mir, ich gesteh es, so erbärmlich wie je in meinem Leben, ich hätte ihn gern zurückgerufen, ihn um Verzeihung gebeten, ihm seine Blätter überliefert. In dieser Stimmung fand mich noch nach mehreren Stunden ein Bekannter, der vom Kaffeehause kam. »Was haben Sie denn mit dem tollen Brentano gehabt?« sprach er mich an. Ich wollte nichts sagen, aber mit Staunen vernahm ich, daß Brentano schon selbst an jenem Orte die Geschichte erzählt, und sich dabei auf das abenteuerlichste gebärdet, alles Einzelne höchst lächerlich, aber dann doch das Ganze als ein furchtbares Schrecknis dargestellt habe, das ihn in Verzweiflung stürze. Auch dem Professor Meinert erzählte er alles gleich an demselben Tage, und gar nicht zu eignem Vorteil. Mein Schweigen war nun nutzlos, aber ich konnte nie ohne Pein von der Sache reden, und auch das Ergötzen und Rechtgeben der andern tat mir weh. Brentano im Gegenteil mochte sich des neuen Stoffes lyrischer Ergießungen nicht ersättigen, er bearbeitete ihn auch schriftlich, und sogar gedruckt in einer Prager Zeitschrift ließ er späterhin Andeutungen darüber in die Welt gehen.

Die Brüder mieden nach einer Weile die ihnen unheilbringende Stadt und zogen auf das Familiengut Bukowan. Ich verlor sie aus den Augen, um so mehr, als auch ich Prag bald verließ und nach Berlin reiste. Hier war ebenfalls meine unglückliche Geschichte schon bekannt, durch Brentano selbst, der davon geschrieben hatte. Seine Schwester Bettine, die ich zuerst in einer Gesellschaft bei Stägemann sah, erinnerte mich so sehr an den Bruder, als daß ich ihr gern auswich; doch mußte ich gleich darauf hören, sie hätte sich beklagt, daß ich mich ihr so aufgedrängt! Sie bestätigte hiedurch nur jene Ähnlichkeit mit Clemens, der auch frischweg alles für wahr ausgab, was ihm für den Augenblick beliebte.

Während der Kriegszeiten wurde Rahel nach Prag verschlagen, und wider alles Erwarten suchte Brentano sie auf. Er hatte das größte Bedürfnis, diese verworrenen Fäden wieder aufzunehmen, fortzuspinnen, hin und her zu ziehen. Auch mit Rahel besprach er umständlich das zwischen ihm und mir Vorgefallene, beteuerte seine Unschuld und bot alles auf, bald sie gegen mich zu stimmen, bald ihre sühnende Vermittlung zu erlangen. Dem schmerzlichen Andrange seines unglücklichen Wesens konnte Rahels Güte nicht widerstehen, sie verzieh ihm, tröstete ihn und wurde ihm, wie so vielen andern, ein wohltätiger Anhalt, wiewohl er noch oft wieder in tückische Launen verfiel. Erst recht aber schien er ihren Wert zu empfinden, als er wieder von ihr getrennt war und in Wien lebte, von wo er ihr mit größter Herzensbewegung die innigste Freundschaft antrug. Der Brief, worin dies geschah, kommt mir nach langem Vermissen eben wieder vor

Augen, fast gleichzeitig mit Rahels Antwort, die mir nach fünfundzwanzig Jahren glücklicherweise durch Bettinen jetzt zugestellt worden. Die hierauf von Clemens wieder geschriebenen Briefe sind merkwürdig. Als ob ihn verdrösse, daß seine Hinneigung so liebevoll und verständig aufgenommen worden, als sei ihm der Erfolg unerträglich, bei dem er sich kein Übergewicht mehr zuschreiben konnte, suchte er sogleich den guten Eindruck zu vernichten und ließ alle gewohnten Tollheiten springen, indem er unter der Hülle von hohem Ernst oder launigem Scherz die frechsten Eingriffe in das innerste Heiligtum der Persönlichkeit wagte, sie mit dem gehässigsten Gift bespritzte und diesem eine fromme Salbung beimischte, die er ohne innere Wahrheit nur als ein Werkzeug dazu mißbrauchte, der eignen Hoffart durch Demütigung der andern zu schmeicheln. Ist auch in der Tat die nichtsachtende Willkür und Bosheit hier noch mit einer Art Unschuld vermischt, welche ihren eigenen Schmerzensschrei dem den andern bereiteten Weh reichlich zugesellt, und läßt sich auch nicht verkennen, daß bei diesen grausamen Versuchspielen die tatsächliche Wirkung ärger ausfällt, als die ursprüngliche Absicht und Meinung ist: so wird doch immer ein solcher Zustand, wo jedes sittliche Maß verloren ist und das Edelste und Beste im Menschen dem aberwitzigen Dünkel des Augenblicks unterworfen wird – ein solcher Zustand wird in seinen Folgen kaum günstiger zu betrachten sein als der des völligen Wahnsinns, gegen den wir durch Zucht und Gewalt uns schützen.

Wenn ich gesagt, Brentano habe die Formen und Sprache der Religion, ohne selber davon durchdrungen zu sein, zu spielenden Versuchen mißbraucht, wiefern sie wohl auf andre wirken möchten, so war dies nicht leichtsinnig und unbedacht gesprochen. Für die Zeit meines Umgangs mit ihm kann ich meine tägliche Erfahrung einsetzen; aber auch in späterer Zeit, als er ganz der Religion, ja dem Aberglauben hingegeben war und andere mit Schrecken und Ehrfurcht für seine Heiligensachen zu erfüllen strebte, unterließ er nicht, sich selber durch allerlei Schnippchen darüber lustig zu machen. Nachdem er bei der wunderbaren Nonne von Dülmen mehrere Jahre zugebracht, alle ihre Gesichte und Aussagen umständlich aufgeschrieben und zuletzt ihre zum Teil ekelhaften Reliquien sorgfältig gesammelt, kam er mit diesen Schätzen an den Rhein, tat äußerst heilig geheimnisvoll damit und rechnete es seiner Schwester Bettina als eine besondere Gunst an, daß er dies alles vor ihr entfaltete. Unter andern hatte er auch Zeichnungen nach den Gesichten der Nonne verfertigt, und diese sollten das echte, genaue, durch Offenbarung überkommene Bild solcher Zustände und Vorgänge sein, von welchen die Evangelien gar keinen oder doch nur allgemeinen Bericht geben. So beteuerte er, in einer dieser Zeichnungen sei die Kleidung und überhaupt das ganze Aussehn der Apostel mit unwidersprechlicher Treue abgebildet, ganz wie die Nonne in der Verzückung sie anzuschauen begnadigt worden, und es dürfe daher auch nicht an dem kleinsten Einzelnen irgendein Zweifel haften. Nun hatte Brentano in früherer Zeit einmal einen sonderbaren und lächerlichen Tabaksbeutel gehabt, einen Tabaksbeutel, von dem alle seine Bekannten gewußt und oft gesprochen hatten, und mit dem allerlei lustige Geschichten begegnet waren – auch Bettine hatte den Tabaksbeutel wohlgekannt, aber seit langer Zeit vergessen. Plötzlich erhebt sie ein helles Gelächter, und als Clemens unwillig ihr die Unheiligkeit verweisen will, ruft sie lachend: »Aber Clemens! da hat ja der Apostel Petrus deinen Tabaksbeutel als Reisetasche umhängen!« So hatte er seine Possen unter die Heiligkeiten gemischt und lachte nun, als er sich ertappt sah, ganz munter mit! Dies eine Stück möge statt aller andern dienen, die er in ähnlicher Weise gemacht und die sehr für seine Laune, aber wenig für seine Frömmigkeit zeugen.

Daß Brentano sein Manuskript nach dem Frieden wiederbekam, ergibt sich aus seinen letzten Briefen an Rahel; daß wir uns in späterer Zeit freundlich wiedergesehen, ist auch seines Ortes zu ersehen.

*Karl August Varnhagen von Ense*
*Bleistiftzeichnung von Wilhelm Hensel, 1822*

# Friedrich von Gentz

Bei dem Namen gleich, den die Überschrift gibt, wird in allen, die den Mann gekannt haben, eine lebhafte Bewegung, ein Reiz, eine Lust, ein Lächeln und Staunen der Erinnerung, ein Gefühl geistiger Gegenwart und hinreißenden Wirkens entstehn, die Fülle der großen Welt und der Ernst der Geschichtsereignisse wird sich dem Sinn darstellen, und neben allem diesen eine Unruhe und Sorge sich aufdrängen, wer es doch wagen dürfe, den wogenden Grund eines so vielfachen Eindrucks, den nur das Leben selbst vollständig erklären konnte, durch hingeworfene Umrisse zu einem festen Bilde zu gestalten? Sie werden recht haben, die so fragen. So reichen Inhalt weckt jener Name bei den Vertrauten und Unterrichteten, daß diejenigen, die es nicht sind, kaum ahnden können, was ihnen mangelt und entgeht!

Wenn jeder Mensch mit eigentümlichen Anlagen geboren ist, die sich aber nur in seltenem Fall entwickeln, sondern meist im Keim zerdrückt werden, oder in schwachen Regungen doch nur verkümmern, so muß das Hervortreten schon als eine Gunst des Geschickes gelten, wodurch eine Klasse höherer Menschen ausgezeichnet wird, welche man die wahrhaft geschichtliche nennen dürfte. Aber auch diese sind es in mannigfacher Abstufung. Viele Hochbegabte, von großer Kraft und Wirkung, bringen es nicht zu einem neuen Typus, sondern sind am Ende doch nur Wiederholungen, und militärische wie diplomatische Berühmtheiten in Menge schwinden auf diese Art wieder ein, wenn ihre Zeit vorüber; andre können nur im Widerspruche mit ihrem Zeitalter und ihren Verhältnissen sich fortmühen; manchen ist nur ein Augenblick des höhern Berufes gegönnt, und das übrige Leben geht leer voran oder nach. Treten aber bedeutende Eigenschaften unter äußeren Bedingungen auf, die ihnen durchaus entsprechen, halten die Umstände und das Talent miteinander Schritt, findet dieses seine volle Entfaltung und behauptet sich in ihr, so sehen wir das reiche Schauspiel einer gelungenen Menschenblüte, wie sie selten erscheint; und hat sich das Talent erst seinen Lebenskreis erringen müssen, war es nicht gleich anfangs in ihn gestellt, und zeigt es noch überdem mit den tiefsten und eigensten Gemütskräften sich verschwistert, so ergeben sich Erscheinungen, die in ihrer Art schlechthin als einzige dastehn und der Welt nicht leicht ein zweitesmal vorkommen.

Eine solche Erscheinung ist Gentz; es gab eine solche Gestalt, sie war einmal möglich, sie leuchtete auf und traf glücklich die Weltumstände, in denen sie gedeihen konnte; sie kann aber nicht wiederkehren, es müßten denn mit derselben Persönlichkeit dieselben Zeitläufte aufs neue zusammentreffen. Die Übereinstimmung dieser Bezüge, ihr wechselseitiges Eingreifen ineinander, sind die Bedingung eines solchen Daseins. Gentz ist ein Meteor am politischen Himmel unserer Zeit und auf dem deutschen Schriftstellerboden. Eine Stellung wie er hat noch niemals jemand gehabt und wird niemand wiedererlangen. Ein bürgerlicher Autor, schwang er sich zu fürstengleichem Leben und Ansehn, ein untergeordneter Beamter, zu europäischer Wirksamkeit empor. Niemals ist der deutsche Schulstaub zu größerem Glanz aufgewirbelt, nie die pedantische Kraft in üppigere Fülle ausgeschlagen. Denn aller Trieb und Schwung in Gentz ist zuletzt doch einzig seine Schreibfeder, deren beredte Meisterschaft er zuerst in Druckschriften dargetan. Zu seiner Feder aber gehörte wieder der ganze Mensch, sein wundervolles Sprechen, seine Gaben des Geistes, seine Kenntnisse, seine Leidenschaften und sogar seine Schwächen. Er hätte nicht schreiben können, was er geschrieben, hätte er nicht auch gelebt, was er gelebt hat. In ihm wirkte alles zu dem gleichen Ziel, einträchtig die entgegengesetztesten Richtungen, Arbeit und Genuß, Strenge und Lässigkeit, Mut und Furcht. Das Talent ist in ihm von dem Menschen nicht zu trennen, dieser nicht von jenem. Auch hierin war ihm die glücklichste Übereinstimmung zuteil geworden. Er sah seine Tätigkeit wie seine Befriedigung unabänderlich in derselben Laufbahn vorgezeichnet, er konnte in ihr nicht wanken noch zweifeln, ihm war das Glück beschieden, keinen Teil seines Lebens an einen Irrtum setzen zu dürfen, keine unsichre Wahl vor sich zu sehen. Und so war er einer der wenigen Sterblichen, die man, im Ganzen und nach der großen Mehrheit der Tage und Jahre, glückliche nennen kann! Suchen wir diesen merkwürdigen Mann in seinen eigentümlichen Zügen näher zu betrachten.

Gentz wurde geboren zu Breslau im Jahre 1764. Diese Stadt war in jenem Zeitlaufe von seltner Fruchtbarkeit für die Kunst deutscher Rede. Sie gab der Welt drei große Talente, in welchen derselbe Funke nach sehr verschiedenen Lebensrichtungen leuchtete; Fleck betrat die Schaubühne, Schleiermacher bestieg die Kanzel und den Lehrstuhl, Gentz eröffnete sich die Säle der großen Welt und der Staatsverhandlungen. Die Laufbahn des Letztern war ohne Vergleich die glänzendste und außerordentlichste; sie begann von geringen Anfängen. Sein Vater war bei der Königlichen Münze angestellt, hatte eine Ancillon aus Berlin zur Frau, und mit ihr vier Kinder. Friedrich war von den beiden Söhnen der jüngere. Die Erziehung entsprach den Anforderungen und Mitteln eines rechtlichen Bürgerhauses; für den Unterricht war durch die Stadtschule gesorgt. Friedrich aber zeichnete sich durch keine sichtbaren Anlagen aus, im Gegenteil schien seine Fassungskraft beschränkt, sein Sinn war träge, und in ihm weder Fleiß noch Eifer zu erwecken. Der Vater hatte sich zu den geringsten Erwartungen herabgestimmt und war schon gewohnt, daß der Sohn wegen schlechten Lernens getadelt wurde und bei den Schulprüfungen wenig Ehre einlegte.

Eines Tages jedoch, da wieder eine öffentliche Prüfung stattfand und der Vater den zehnjährigen Sohn hinbegleitete, war dieser ungemein munter und zuversichtlich, der Vater aber nur desto mehr besorgt und auf einen schlechten Ausgang gefaßt. Die Aufgabe war der Vortrag eines größeren Redestückes. »Aber Junge«, fragte der Vater unterwegs zu wiederholten Malen, »wirst du deine Sache denn können? getraust du dich auch recht, sie durchzubringen?« – »O ja«, versetzte dieser, »damit will ich wohl fertig werden«, und war sorglos guter Dinge, der Vater aber höchst verwundert; so hatte er den Knaben noch nie gesehen; allein die Gewißheit und Freude, welche derselbe über das unfehlbare Gelingen im voraus bezeigte, schienen nur auf Leichtsinn und Torheit gegründet, und die beschämendste Demütigung schien nicht ausbleiben zu können. Wie groß war daher nicht die Überraschung und das Erstaunen, als nach dem siebzehnjährigen Fleck, der eben in ähnlicher Übung den einstimmigsten Beifall errungen hatte, nun der junge Gentz seine Rede mit klarer fester Stimme begann, mit Wärme fortsetzte, durch lebendigen Eifer und Nachdruck den ganzen Vortrag beseelte und sogar mit dreister Kühnheit dem Schluß eine unvorbereitete Abänderung gab! Er und Fleck gewannen den ersten Preis, die Zuhörer waren entzückt und beglückwünschten den Vater wegen des so herrlich begabten Knaben. Doch jener schüttelte den Kopf und meinte, der unerwartete einzelne Erfolg beweise nicht viel, es stehe doch nur schlecht mit dem Jungen, der leider gar wenig Anlagen habe und aus dem schwerlich etwas werde zu machen sein.

Diese Meinung mußte auch noch viele Jahre bestehn. Das erste Auftauchen einer seltnen Gabe wiederholte sich nicht, und es blieb in der nächsten Zeit keine Spur davon. Auch wie Gentz in der Folge zu Berlin, wohin sein Vater als Münzdirektor versetzt worden war, das Joachimsthalsche Gymnasium besuchte, dann auf der Universität zu Frankfurt an der Oder die Rechte studierte, hatte er nach keiner Seite die geringste Auszeichnung, und in der Familie galt er für äußerst schwach an Geist, so daß er es in nichts über das Mittelmäßige bringen würde. Dagegen war seine lässige Sinnesart freundlich und gefällig genug, sein Gemüt nahm nichts Widriges auf, und seine Gutmütigkeit hatte keine Grenzen; nichts behielt er für sich, seinen Schwestern schenkte er alles, was sie von ihm nur brauchen konnten; Geld besonders hatte gar keinen Wert für ihn, er gab dessen immer bereitwillig, solange er hatte, und oft mehr, als er durfte und vermochte; dafür schien er auch wenig zu achten, wenn ihm jemand aushalf.

Erst in Königsberg, wo er seine Universitätsstudien fortsetzte und die Vorträge von Kant hörte, widerfuhr seinem Wesen eine gänzliche Umwandlung. Die Klarheit und Stärke des kritischen Philosophen weckten ihn plötzlich aus seiner Dumpfheit, sein Verstand kam zum Durchbruch, mit dem Geiste wurden zugleich alle Lebensansprüche in ihm aufgeregt, und ein völlig veränderter Mensch, geistreich, lebhaft, kühn und gewandt, trat er im Jahre 1785 von Königsberg zurückkehrend in Berlin wieder auf, zum Erstaunen aller, die ihn vorher gekannt, und zur Freude der Seinigen, denen schon seine Briefe diese Veränderung einigermaßen angedeutet hatten.

Er begann nun seine praktische Laufbahn in gewöhnlicher Weise, wurde als ein guter Kopf anerkannt und schon im Jahre 1786 bei dem Königlichen Generaldirektorium als Geheimer Sekretär angestellt, wo er in Geschäftsarbeiten sich durch Fleiß und Umsicht auszeichnete und bald als Kriegsrat eine höhere Stufe betrat. Eine in Königsberg angeknüpfte, den Wünschen des Herzens entsprechende und auch in weltlichen Aussichten vorteilhafte Verbindung hatte Hindernisse gefunden. Seine bald nachher in Berlin bewirkte Verheiratung mit einer gebornen Gilly sollte ihn bürgerlich noch mehr befestigen; allein der Versuch einer Häuslichkeit, welche seinem ganzen Wesen widersprach, mißglückte völlig, und das Band wurde in der Folge gelöst. Daneben reizte ihn die gesellige Welt mit allen ihren geistigen und sinnlichen Genüssen; er huldigte den Frauen, besuchte die Schauspiele und war überall zu finden, wo Geist und Gemüt sich in behaglicher Lebensfülle darboten. Seine Einführung in die angenehmsten Kreise der höheren Gesellschaft geschah durch Herrn von Schack, einen der glänzendsten und tüchtigsten Kavaliere damaliger Zeit, Rittmeister im Regimente Gendarmen, der den Mangel an Schulbildung durch natürlichen Verstand, Klugheit, Witz und Gewandtheit reichlich ersetzte und recht wohl wußte, wen er in seinem Schützlinge empfahl und förderte. Das eigentliche Element desselben war das Gespräch in aller Beweglichkeit der mannigfachsten Form: zu erörtern, zu untersuchen, zu begründen, zu überführen, in allem Wechsel des Tons und der Dialektik, mit heitrer Laune, mit scharfem Unwillen, mit kurzen Schlagreden, mit wallender Ausführung, immer angeregt, leicht begeistert und entzückt! Diese Lust zu diskutieren wurde durch den Wohlklang seiner Stimme, die Wärme seines Ausdrucks und die Eleganz seines Benehmens durchaus liebenswürdig. Auch die Frauen hörten ihn gern, denn seine Beredsamkeit verschmähte keinen Gegenstand, ergriff mit Vorliebe die persönlichsten Bezüge. Wenn er, der wohlgebaute, rüstige und lebhafte junge Mann, mit sanft und weich blickenden Augen, mit einer edlen Dreistigkeit, die doch wieder von einer Art vornehmer Scheu begleitet war, für eignes Anliegen zu sprechen oder die eigne Neigung auszudrücken hatte, so war seinen strömenden Worten kaum zu widerstehen, und Männer und Frauen ließen sich von seiner schmeichelnden Rede hinreißen und betören. Sein Umgang war ein Genuß, seine Liebe ein Reiz, dem viele Gunst werden konnte, hätte er diese nicht doch meist als die auserlesenste gewollt, die schwer, vielleicht unmöglich zu erlangen war.

Diesen Anlagen und Tätigkeiten ihren höheren Stoff zu liefern, eine würdige Bahn aufzuschließen, mußte ein Welterеignis sorgen. Die französische Revolution begann im Jahre 1789, überall erwachte die regste Teilnahme, und Gentz begrüßte die vielversprechende Erscheinung mit leidenschaftlichem Interesse. Jetzt wurden die wichtigsten Angelegenheiten des Staats, der Kirche, der menschlichen Gesellschaft überhaupt, die französischen Verhandlungen darüber und aller Widerstreit der Meinungen und Urteile, der sich daran entzündete, für Gentz der unerschöpfliche Gegenstand seiner Diskussionen, Erörterungen, Debatten, denen fürerst noch kein anderes Feld eröffnet war als das Gespräch, dies aber in aller Freiheit und Sicherheit, die nur gewünscht werden konnten. Merkwürdig ist es, daß er, der späterhin die Revolution und ihre Folgen mit der größten Hartnäckigkeit und mit den stärksten Waffen bekämpft, anfänglich ihr größter Lobredner war, und selbst nachher, als er sich schon von ihr losgesagt und auf die Gegenseite gewendet hatte, noch lange Zeit einen Teil ihrer Richtungen und Grundsätze festhielt und bis zum Ende seiner Lebenstage, bei erklärtestem Widerwillen, bei Drang und Gefährde jeder Art, die ihm die Erneuerung der Revolution brachte, immer noch in der Seele tiefe Verbindungsfäden hegte, die ihm zu dem Befeindeten einen Bezug ließen, wie ihn kein andrer haben konnte. Einem gewissen Freiheitssinne, einem Anspruch auf Selbstständigkeit, einem Bedürfnisse der Untersuchung und Prüfung, einem höchsten Rechte der Vernunft und der Wahrheit hat Gentz niemals abgesagt, und wer ihn für einen Verteidiger knechtischer Unterwürfigkeit und schnöder Willkür halten konnte, hat ihn nie gekannt oder verstanden.

Sein durchdringender Scharfsinn erkannte sehr bald die Wendungen, wo sein von idealen Vorstellungen nicht verführter, sondern auf positivem Staatsboden beharrender Geist von dem Gange der Revolution sich ablösen, einer gegnerischen Richtung beitreten mußte. Hiefür lieferte England ihm das Beispiel und den Anhalt. Wunderbar hatten sich in Gentz die Kenntnisse und Fähigkeiten seines künftigen Berufes eingefunden und ausgebildet. Das unerläßliche Werkzeug alles Verkehrs in der großen Welt, die französische Sprache, hatte er sich vollkommen angeeignet; er sprach und schrieb sie mit Leichtigkeit; aber auch des Englischen war er in gleichem Grade mächtig. Wie und wann er dies erworben, ist unbekannt. Ebenso besaß er die Kenntnis der Staatsverfassung Großbritanniens, der Verwaltung, der Finanzen und sonstigen Bedingungen dieses Reiches wie damals vielleicht niemand auf dem Festlande. Aus der Mitte dieses seltenen Besitzes erhob sich für ihn ein neuer Standpunkt, und als

Vorbild und Leiter Burke. Die Schrift dieses großen Redners über die französische Revolution machte den größten Eindruck auf Gentz, verwandelte seine ganze Denkart. Durch die Übersetzung, welche er davon lieferte, wirkte er mächtig auf seine Zeitgenossen. Burke erhielt durch Gentz einen neuen Schwung, und beide Namen sahen sich auf lange Zeit zu gleichem Ruhme vereint. Jetzt warf sich Gentz mit fruchtbarer Tätigkeit völlig in das Fach der politischen Schriftstellerei. Er gab eigne Schriften und Abhandlungen, er übersetzte aus dem Französischen und Englischen, er übernahm die Leitung einer Zeitschrift, gründete später eine eigne. Seine literarische Tätigkeit wurde schon damals, durch den Staatsminister Grafen von der Schulenburg-Kehnert mit ansehnlicher Geldhülfe unterstützt. Er prüfte und bekämpfte mit siegreichem Scharfsinn, mit warmer Beredsamkeit die neuen Grundsätze; zum Teil freilich, indem er sie dem Gegner entriß, und auf eignem Boden aufpflanzte! Denn er hegte noch immer starke Freiheitsgesinnungen, und stellte ihre Ansprüche kühn genug auf. Er schrieb gegen den damals mächtigen Minister Grafen von Hoym die schärfsten Denkschriften, worin dessen Verwaltung Schlesiens schonungslos angeklagt wurde. Er ließ an den König Friedrich Wilhelm den Dritten bei dessen Thronbesteigung ein Schreiben drucken, worin er dem jungen Könige politischen Rat zu geben wagte und ihm besonders die Freiheit der Presse dringend empfahl; eine Kühnheit, zu welcher ihm der Graf Mirabeau durch ein ähnliches Schreiben an Friedrich Wilhelm den Zweiten das Beispiel gegeben hatte, die aber in dem Untertan und Diener nur stärker auffallen mußte.

Sein persönliches Benehmen war in gleichem Grade dreist. In Erörterungen und Debatten galt ihm kein Ansehn der Person, er bewies Ministern und Generalen ihre Schwäche und stieß manche gefährliche Eitelkeit an. Er fühlte sich den Ersten und Größten in Staatssachen gleich und war empört, wenn leeres Amts- und Rangwesen ihn untergeordnet behandelte. Einem Minister, der ihn ungebührlich hatte warten und dann doch abweisen lassen, nahm er einen prächtigen Band aus der im Vorzimmer aufgestellten Büchersammlung mit, warf ihn auf die Erde und trat mit Füßen darauf, und als sein Freund Wiesel ihn so fand, erzählte er mit Unwillen sein Mißgeschick, indem er ausrief: »In diesem Augenblicke kann ich gegen den Menschen ja nur diese elende Rache haben!« Doch als der Freund auflachte, und dies neue »jus gentium« höchst lustig fand, war auch der Grimm leicht wieder in gute Laune versetzt.

Durch seine schriftstellerische Tätigkeit, seinen politischen Geist und Gehalt war inzwischen Gentz persönlich zu großer Bedeutung aufgestiegen, ohne daß seine äußere Stellung sich merklich verändert hätte. Zwar unter den Gelehrten und politischen Wortführern des Tages sah er sich durch seinen Abfall von der Revolution vielfach angefeindet, und die Wirkung dieses gegen ihn erhobenen Parteihasses hat er lebenslang fühlen müssen; aber in den höheren Kreisen der Gesellschaft, in der Hof- und Staatswelt, war ihm dafür ein schmeichelhafter Ersatz geboten. Mit Wilhelm und Alexander von Humboldt, mit Gustav von Brinckmann, Friedrich Schlegel und andern vornehmen Geistern solcher Art war er schon lange in vertrauter Nähe; jetzt aber suchten insonderheit die Staatsmänner seinen Umgang, die fremden Gesandten bewarben sich um ihn; ein solcher Wortführer war ein unschätzbarer Gewinn für eine Sache, die mit den Waffen täglich schlechter verfochten wurde; man schmeichelte ihm, man pries ihn, und in der höchsten Klasse der Gesellschaft wußte er gleicherweise die Frauen und die Männer durch seine beredten Gespräche einzunehmen, durch seine eigentümliche Geistesüberlegenheit zu fesseln. Die hellern Köpfe unter den Emigrierten suchten ihre Hoffnungen an ihm zu beleben, der Prinz Louis Ferdinand sah ihn mit aller Vertraulichkeit, der geniale Major von Gualtieri stellte ihn der schönen Königin vor, aus deren Munde er anmutige Worte vernahm, der russische Gesandte, damals der ältere Alopeus, zeichnete ihn aus, besonders aber versäumten die Gesandten von England und Österreich keine Gelegenheit, den Mann zu ehren und zu ermuntern, der ihrer gemeinsamen Sache so erwünscht und einzig die Kraft seines mächtigen Talentes lieh.

Der Wirbel eines solchen Lebens brachte genug Zerstreuungen und Genüsse; Gentz gab sich diesen in vollem Maße hin. In ihm war es längst entschieden, daß er den Mächtigen und Vornehmen nicht als ein demütiger Sachwalter, den man abfindet, dienen wollte, sondern als einer, der durch sein Anschließen ihnen gleich würde, an ihren Vorteilen, Genüssen, Begünstigungen teilhätte, und nur um diesen Preis konnte er sich ihnen hingeben. Wozu schon sein Naturell ihn unwiderstehlich hinzog, zu Genuß und Üppigkeit jeder Art, zu leichtsinnigem Verbrauch der eignen Mittel und sorglosem Rechnen auf fremde oder künftige, dahin vervielfachte sein neuer Lebenskreis ihm nun die Lockungen und Antriebe. Er machte Aufwand, scheute keinerlei Ausgabe, machte Liebschaften, gab Geschenke, besonders aber vertat und vergeudete er mit ihm selbst unbegreiflicher Leichtigkeit. Die geringe Besoldung, das mäßige Honorar seiner Schriften, die Hülfe des Vaters, alles dies reichte bei weitem nicht aus, um ein solches Leben zu tragen. Er machte Schulden, und die unausbleibliche Unordnung, die sich mit einer Lebensart verknüpft, deren Verlegenheiten nur auf Kosten größerer augenblicklich gehoben werden und deren Ansprüche sich immerfort steigern, ließ ihn bald in ein Labyrinth geraten, aus welchem kein Ausweg möglich schien. Die Last, anfänglich noch manchmal abzuweisen, legte sich endlich drückend auf, die Hülfsmittel waren erschöpft, die heftigsten Mahnungen ließen keine Ruhe, und die Not des Augenblicks brachte zur Verzweiflung. Seine Scheu vor äußerer Gewalt, vor leidenschaftlich roher Ansprache, denen er sich ausgesetzt wußte, bildeten sich zur ängstlichsten Furchtsamkeit aus. Die ganze Lage war unleidlich. In den preußischen Verhältnissen, in den knappen, auf Ordnung und Sparsamkeit gegründeten Vermögenszuständen, die er um sich sah, war keine Rettung.

Auch die politische Richtung ließ keine außerordentliche Glücksfälle hoffen, durch welche ein Beruf und Talent wie die seinen, aus der schmerzlich empfundenen Stockung befreit werden könnten.

Gentz beschloß unter diesen Umständen, seine preußische Laufbahn aufzugeben und Berlin zu verlassen. Der österreichische Gesandte Graf Philipp von Stadion hatte ihm günstige Aussichten in Österreich eröffnet. In diese vorteilhafter einzugehen, suchte er noch ein andres Verhältnis zu befestigen, das mit jenen wohl verknüpft werden konnte. Sein Namen war in England sehr gepriesen, seine Schriften hatten dort großes Aufsehen gemacht. Die herrschende Partei sah in ihm eines der trefflichsten Werkzeuge ihres Einflusses auf dem Festlande. Ein Aufsatz über die englischen Finanzen, englisch von Gentz geschrieben, hatte den Minister Pitt mit Bewunderung erfüllt. Von dem englischen Gesandten Elliot in Dresden eingeladen, machte Gentz mit diesem eine Reise nach London.

Er hielt hier eine reiche Ernte; sein Ruhm, seine Fähigkeiten und sein Eifer trugen goldne Früchte. Die Minister Pitt und Grenville nahmen ihn mit schmeichelhaften Ehren auf, sie erkannten in ihm den außerordentlichen Geist, das staunenswerte Talent, recht eigentlich geboren für die Krisis, in welche Europa sich immer tiefer versinken sah, vor allen geeignet, die Interessen Großbritanniens, die er wie kein andrer begriff, mit denen des Festlandes zusammenzuschlingen und gemeinsam zu fördern. Die glücklichen Wochen, die er hier in der glänzendsten Gastfreundschaft verlebte, waren erfüllt mit großartigen Eindrücken, schmeichelhaften Bekanntschaften, wichtigen Vertrauungen, berauschenden Genüssen. Es fanden hier Anknüpfungen statt, welche sein ganzes folgendes Leben hindurch fortdauerten. Die englischen Gewalthaber ließen es bei ehrenvoller Anerkennung nicht bewenden, sie taten mehr für ihn. Sie gaben ihm, was ihm fehlte, und er bedurfte: Gold. Erst eine runde Summe, für den Anfang im allgemeinen; dann auch die Zusicherung eines bestimmten Jahrgeldes. Er beschleunigte nun seine Rückreise, um in Österreich die Aussichten zu verfolgen, welche mit seinen hier empfangenen Antrieben zusammenstimmten. Als er zuerst wieder auf dem Festlande seine englische Barschaft in deutschen Währungen überschlug, dünkte ihn die Summe so unermeßlich, daß er sie nicht verbrauchen zu können glaubte, und so verschwendete er mit vollen Händen, rief jeden flüchtigen Genuß, jede spielende Üppigkeit herbei, nur um sich der neuen Macht, die ihm gegeben war, bis zum Mißbrauche zu ersättigen!

So lebensfroh kam er im Jahre 1803 nach Wien. Hier nahm ihn eine großartige Welt, ein reiches und kräftiges Treiben auf, und er zeigte sich den anspruchsvollen Verhältnissen, in die er eintrat und von denen er umgeben war, durchaus gewachsen. Seine Anstellung hatte zwar nur mäßigen Schein, aber Titel und Rang, auch der ansehnliche eines Kaiserlichen Hofrats und die Erhebung in den Adelsstand, konnten nie den Maßstab seiner Bedeutung und Wirksamkeit geben. Durchaus eigentümlich mußte seine ganze Lage sich gestalten; seine Persönlichkeit, seine Verbindungen, und die Art und Größe seines Talentes brachten es mit sich, daß er nie zu untergeordneten Leistungen gebraucht wurde, sondern nur zu den höchsten und außerordentlichsten. Er fand ganze Zeiträume, wo er unbeschäftigt in völliger Muße lebte und teils als Schriftsteller seine Aufgaben selber wählte, teils durch bloßes Mitleben und Mitsprechen in den höheren Kreisen erwies, wie nützlich und wertvoll ein guter Kopf und heller Geist schon durch jenes ihnen wird. In den besondern Verhältnissen, die sich für ihn ergaben, wurde es möglich und sogar schicklich, daß er längere Zeit gar nicht in Wien, sondern in Prag lebte, wo seine Lebensart und seine Tätigkeit ihr Element kaum verändert zu finden hatten. Die Verbündungen und Kriegsabsichten gegen Frankreich, die Bewachung der englischen und nordischen Verhältnisse und die Beleuchtung der politischen Rechte und Interessen der Staaten, sowie die Aufdeckung der Gefahren, welche die gebieterische Willkür revolutionärer Gewaltherrschaft für Europa drohte, waren überall und immer der bleibende Gegenstand seiner beharrlichen Aufmerksamkeit, seines unermüdeten Fleißes. Es war ein Kampf der Selbstständigkeit und Freiheit, den er auf diese Art fortführte, mit großem Geistesmute, verkannt und verunglimpft auf der eignen Seite, als namhafter Feind gehaßt und geschmäht von dem Gegner, der im Siege nur stets furchtbarer wurde. Gentz hat Meisterwerke geliefert in dieser Epoche, Schriften, die auch in ganz veränderten Zeiten immer wiedergelesen zu werden verdienen, gleich denen der großen Redner des Altertums. Nicht nur ein hoher Geist atmet darin, sondern auch ein warmes, von edler Leidenschaft ergriffenes Herz, ein großer Charakter, der auch in den Jahren tiefsten Unglücks, 1805 und 1806, unter Bedrängnissen und Gefahren nie wankte, sondern mit Entschlossenheit ausharrte und seiner klaren Einsicht stets neue Quellen des Lichtes, der Stärke und der Hoffnung entströmen ließ.

Die Waffenerfolge Napoleons beugten endlich das ganze Festland, und als die kräftigen Anstrengungen Österreichs im Jahre 1809 unterlegen waren, schien wirklich die Sache, welche für Gentz der Inhalt seines Lebens geworden war, weithinaus aufzugeben. Der Minister Graf von Stadion trat ab, unter dessen Leitung Gentz das letzte Manifest geschrieben und gleichsam die letzten Atemzüge deutscher Selbstständigkeit und Freiheit darin verhaucht hatte; die Verbindung mit England wurde völlig zerrissen, die Insel durch scharfe Gewaltmaßregeln wirklich abgetrennt von Europa. Schwer lastete dieser Zustand auf Gentz, dem nicht nur in Betreff der allgemeinen Angelegenheiten, sondern auch in seiner persönlichen die Einwirkung Englands ein unentbehrliches Moment war. Das Versiegen der Geldmittel, welche ihm von dort noch immer, wenn auch minder regelmäßig, zugeflossen, ließ sich um so weniger verschmerzen, als die Einnahmen in Österreich durch täglich verringerten Wert des Papiergeldes litten und zu dieser Bedrängnis für Gentz noch die seiner früheren und neueren Schuldenverwirrung kam, so daß seine nun schon zur unerläßlichen Gewöhnung gewordene Lebensart von allen Seiten bedroht wurde. Ein früher Versuch, die dringendsten seiner Schulden in Berlin zu tilgen, wofür er die Summe von sechstausend Talern eingesandt hatte, war durch den Bankerott seines Beauftragten verunglückt und diese Summe verloren. Dieses Mißgeschick sah er als eine Weisung an, sich der Sorge um die Vergangenheit und die Zukunft so viel als möglich zu entschlagen und sich nur um die Gegenwart zu bekümmern, diese so reich auszustatten und zu genießen, als die Umstände es erlaubten. Allein die Sorglosigkeit rächte sich schnell an der Gegenwart, und er sah sich wiederholt allen Greueln ausgesetzt, die aus der Doppelnot hervorgehen: nicht zahlen und nicht borgen zu können. Daß er gleichwohl immer Rat zu schaffen wußte und seine Lebensgewöhnung, seine Üppigkeit und Verschwendung, wenigstens einigermaßen fortsetzte, dem Tage seinen Wunsch und seine Freude nie versagte, stets im Wirbel des reichen und vornehmen Lebens sich behauptete, darin ist nicht minder die Kraft seiner Persönlichkeit und das fortwirkende Gewicht seines Talents als die Gunst des Glückes und der Umstände anzuerkennen.

In dieser Zeit übernahm der Graf von Metternich die Leitung der politischen Angelegenheiten Österreichs, und an dieses Ereignis knüpfte sich für Gentz eine neue Lebensepoche, in welcher seine Stellung eine feste Grundlage, seine Tätigkeit neuen Aufschwung gewann, sein Talent zu dem höchsten Glanz und Erfolg aufstieg und sein ganzes Wesen, man kann sagen, zur Erfüllung kam. Wohl hatte er früh mit geübtem Scharfblicke die seltnen Eigenschaften dieses Staatsmannes erkannt und die künftige Größe desselben geahndet. In mancher Erinnerung lebt noch der Ausdruck der Bewunderung, mit dem er dessen Gesandtschaftsberichte aus Paris als eine Reihe meisterhafter Darstellungen pries, denen an Geist, an Klarheit und Ruhe in diesem Gebiete wenig zu vergleichen sei. Seine Anerkennung betraf zum Teil auch solche Eigenschaften, die er in sich selber vermißte, denn Gentz, ohne Zweifel der gründlichste und beredteste Publizist, konnte sich als eigentlicher Diplomat nicht gleicherweise rühmen. In Metternich zum erstenmale fand er, was er bedurfte und bisher immer entbehrt hatte, einen Obern, durch dessen Leitung seine Tätigkeit sich zu einem Ganzen und Steten ordnete, einen Vorgesetzten, dem er sich unbedingt anschließen und überlassen konnte.

Noch während Napoleons Übermacht erhob Österreich sich zu neuer Selbstständigkeit, und die Art selber, wie man sich mit der fremden Gewalt abfand und stellte, war eine Schwächung dieser. Auch Gentz konnte diesen einstweiligen Zuständen, der aufgedrungenen Wirklichkeit nachgiebig, in gewissem Sinne zustimmen. Erst jetzt wurde sein Standpunkt ganz österreichisch, das Interesse dieses bestimmten Staates sein ausschließliches Augenmerk, und Wohl und Wehe desselben zu dem seinen. Auch hatte sich bereits eine erwünschte Verbesserung seiner persönlichen Verhältnisse ergeben. Anstatt der englischen Hülfsquellen eröffneten sich andre, nicht minder ergiebige; die Hospodare der Moldau und Walachei nahmen Gentz, auf gültige Fürsprache, zum diplomatischen Beauftragten in Wien, ein Verhältnis, welches die größten und mannigfachsten Vorteile gewährte.

Die Geschichtsereignisse wälzten sich hierauf allmählich einer Wendung zu, deren Umfang im Jahre 1813 völlig sichtbar wurde. Das Manifest Österreichs, die Kriegserklärung gegen Napoleon, ist von Gentz verfaßt und ein bleibendes Denkmal seiner Meisterschaft. Die Siege der Verbündeten waren Triumphe für Gentz; in der Sache, für die er gestrebt und gewirkt, sah er alle Mächte des Festlandes und diese mit England vereint, dem wieder aufgeschlossenen und wirksamen; von allen Seiten berührten ihn die Erfolge, die günstigen Entwickelungen und Früchte des großen Zusammenwirkens, das in seiner Person schon lange vorher ein gemeinsames Organ gehabt und noch jetzt in ganzer Stärke fand. Den hohen Namen, welche in jenen Begebenheiten durch Kriegs-

und Friedenstaten in erster Reihe glänzen, schließt der von Gentz billig als einer der ersten nachfolgenden sich an.

Nach kurzem Genusse der Siegesfreude und des Wohlbehagens – für Gentz fast schon in Überdruß gesteigert – taten sich die Arbeiten des Wiener Kongresses auf, bei welchem der Fürst von Metternich den Vorsitz führte, Gentz aber die Ergebnisse der Verhandlungen niederschrieb. Als Napoleon darauf wiedergekehrt und abermals überwältigt worden war und ein zweiter Friedensvertrag in Paris verhandelt wurde, nahm auch Gentz an diesem Aufenthalte teil, zum erstenmal die Scheu vor dem so lange feindlichen Lande und den dort noch möglichen Gefahren überwindend. Die folgenden Kongresse von Aachen, Karlsbad, Wien, Troppau, Laybach und Verona, welchen eine Reihe von Jahren hindurch die wichtigsten Angelegenheiten Europas zur Beratung und Entscheidung anheimfielen, sahen gleichfalls Gentz in der gewohnten, eingeübten, fast nur einzig ihm zustehenden Tätigkeit.

Daß mit Napoleons Besiegung der frühere Zustand der Welt nicht herzustellen war, daß die Wirkungen der Revolution in dauernde Gestalten übergegangen und noch immer tätig waren, hatte sich bald genug offenbart, und derselbe Kampf, in welchem Gentz bisher unermüdet alle Wechsel durchgemacht, mußte ferner aufgenommen werden, als ein Kampf des Bestehenden, der berechtigten Macht, gegen den Andrang gärender Meinungen und falscher Ansprüche. Hier zeigte sich Gentz abermals in seiner Meisterschaft und Rüstigkeit; frischen Mutes war er stets bereit, jede Herausforderung, die seiner würdig schien, anzunehmen. Auch in diesem Kampfe suchte er sich stets die Häupter aus, seinem Grundsatze getreu, jede Partei nur in ihren höchsten Vertretern anzuerkennen. Das Volk, die Menge und ihre unmittelbaren Interessen ließ er von jeher unbeachtet; er leugnete sie nicht, aber er sagte, jeder Mensch müsse sich bescheiden, auf ganze Richtungen verzichten, und so habe er von jeher Volk und Volkstum außerhalb seines Faches und Berufes gestellt; er warte bei jeder Meinung, bis ein Anführer an ihre Spitze trete, mit dem es sich verlohne anzubinden, und gewöhnlich trete das schnell genug ein. Mit den Franzosen, denen bisweilen eine Abfertigung zu geben war, hatte er leichtes Spiel, ihre Ungründlichkeit gab stets Blößen, und ihre Stimme fand auch sonst Widerspruch; andre Gegner, unterrichtetere, nähere, traten unter den Deutschen auf. Grade den mächtigsten und ihm gefahrvollsten stellte er sich entgegen, dem von ihm bewunderten, hochfahrenden Görres, dem gewandten, nachdruckvollen Lindner. Doch wie frei und würdig, mit welch edler Sprache und gutem Anstande, wußte er diese Streitigkeiten zu führen! Wie zu einem Ritterkampfe, und die Waffen anfangs zum Ehrengruße senkend, schritt er heran, und wo der Ausgang unentschieden bleiben mußte, behielt er wenigstens den guten Anschein auf seiner Seite, welchen der geschickte Vortrag und das feine Benehmen so leicht erwerben. Nicht immer in derselben Weise wurde ihm erwidert; es erhoben sich wütende Pöbelstimmen gegen ihn. Doch diese, gleich der Verkennung, welche ihn so häufig auch von seiten der Bessern traf, die rohen Anschuldigungen feiger und knechtischer Denkart, feilen und heuchlerischen Sinnes, konnten ihn tief schmerzen und kränken, aber nie irre machen noch entmutigen.

Übrigens begehrte er nicht, furchtlos und tadelfrei zu scheinen; er gab sich willig als der, der er wirklich war, mit allen Schwächen und Fehlern. Mit dem Vorteile der Sache, der er diente, glaubte er den seinen stets verbinden zu dürfen, und dies in einem Maße, das er aus der ihn umgebenden Welt nicht klein nehmen konnte. Er ließ sich seine Dienste bezahlen, und ungeheuer bezahlen; aber käuflich war er nicht, und gegen seine Pflicht hat er nie gehandelt. Er war so überzeugt von dem Egoismus der andern, daß er den seinen nur für eine Notwehr, für eine Bedingung des Bestehens hielt, und den Mangel dieser Waffe wohl gar beseufzte, wo er sie an sonst wackern Leuten zu sehr vermißte, denen er Teilnahme und Wohlwollen gewidmet hatte. Dem Vorwurfe der Feigheit beugte er sich am meisten, willig bekannte er sich zu der unüberwindlichen Furcht und Angst, denen er von vielen Seiten immer offen war. In seinem Berufe hat er nie des Mutes, noch der Kühnheit entbehrt, vielmehr zu allen Zeiten das Äußerste gewagt. Aber er fürchtete Gewitter, See- und Bergfahrten, Waffengeklirr, Volksgeschrei, kurz alles und jedes, mit dem sich nicht reden ließ und wo keine Argumente galten. Die Furcht vor dem Tode verbitterte ihm oft den höchsten Lebensgenuß, und er suchte jeden Gedanken an Altwerden und Sterben möglichst von sich abzuhalten. Ihn erschreckte jedes laute barsche Auftreten, jedes wilde trotzige Aussehen, ein Schnurrbart schon war ihm unheimlich, ein finstrer unwilliger Blick, den er nicht gleich deuten konnte, selbst bei seinen besten Freunden, machte ihn unruhig; ein schwarzes düstres Gesicht neben ihm, mit starkem Schnurr- und Backenbart, konnte ihm eine ganze Mahlzeit verderben, seine scheuen Seitenblicke peinlichst beschäftigen. Als Kotzebue durch Sand erdolcht worden war, erhielt Gentz einen fürchterlichen Drohbrief, er sei der Ehre, durch den Dolch zu sterben, gar nicht wert, ihm sei Gift bestimmt und schon bereitet, denn verurteilt sei er längst als ein Verräter, der die Freiheit des Vaterlandes untergraben helfe. Der wohlfeile und so nach jenem Schreckensereignisse gewiß frevelhafte Scherz machte auf Gentz entsetzlichen Eindruck; er sollte bei einem fremden Gesandten, seinem bewährten Freunde, zu Mittag speisen, er ließ absagen, wagte acht Tage sich nicht aus dem Hause und kaum zu essen, jeder Bissen, den er genoß, erregte ihm Schauder und Angst. Seine Empfänglichkeit machte ihn gar leicht zum Gegenstande von Mystifikationen, doch meist nur Freunde, die ihn liebten und würdigten, durften ein solches Spiel unternehmen, das denn fein und anmutig blieb und eine heitere Wendung nahm. So wenn man ihn ein albernes Buch, mit eingeklebtem falschen Zueignungsblatt an ihn, entdecken ließ, da sich dann sein Verdruß und seine Beschämung in scharfsinnigen und rednerischen Beweisen ergoß, wie dergleichen ohne sein Wissen geschehen sei und ihm nicht zugerechnet werden könne; oder wenn ihm eine mißfällige Meinung, die er nicht hatte, angedichtet wurde, und er darauf seine wahre mit strömender Beredsamkeit darlegte.

Seine Furcht, seine Eitelkeit, seine Sinnlichkeit und was man sonst an ihm tadeln mochte, kannte und gestand er selbst mit liebenswürdiger Offenheit, seine Fehler und sein Verhalten gegen sie hatten etwas Kindliches und sogar Kindisches, man konnte sie wohl strafbar finden, aber zugleich mußte man die Erbstücke der Menschennatur darin erkennen und entschuldigen; man durfte sie lieben und nötigenfalls beschützen. Er selbst hielt mit der Überlegenheit seiner geistigen Erscheinung die Fremden und Unvertrauten in scheuer Ferne; jeder Vorschnelle, der ihm zu nah getreten wäre, hätte aber auch von andrer Seite sich bald eingehalten gefühlt, denn die höchsten und tapfersten Männer, die herbsten und trotzigsten Sinnesarten, waren mit Gentz innigst befreundet und standen für ihn ein.

Seine Schwächen ihm abzumerken war nicht schwer. Wo er nicht im voraus fest entschlossen war zu schweigen, was er dann vollkommen konnte, überließ er sich gern der freisten Aufrichtigkeit und sprach mit liebenswürdiger Offenheit Ansichten und Urteile aus, die man von ihm in solcher Art niemals erwartet hätte. Sich zu verstellen, war ihm nicht gegeben; versuchte er bisweilen, mit Schlauheit jemandem etwas einzureden oder zu entlocken, so mißglückte es in den meisten Fällen. Ein englischer Gesandter behauptete, jedesmal zu wissen, wenn Gentz ihm etwas vorzuspiegeln oder ihn zu bearbeiten meine; dann nämlich blicke derselbe ihn gleich darauf verstohlen seitwärts an, um zu erforschen, ob er Glauben finde. Zuweilen gab er mit naiver Heiterkeit jeden Rückhalt auf. So richtete er einst an einen jungen Diplomaten, der ihm sehr ergeben war, dessen wiederholte Erfolge ihn aber verwunderten und fast neidisch machten, ganz vertraulich die Frage: »Sagen Sie mir, mein Lieber, was machen Sie den Leuten denn eigentlich weis?« Ei! dachte dieser, hältst du, alter

Grauer, das für die letzte Kunst? Da muß sie ja wohl auch deine gewesen sein!

Ergraut war er freilich schon durch Zunahme der in Arbeiten und Weltleben hingebrachten Jahre. Sein Ehrgeiz, dem in einer gewöhnlichen Laufbahn viel zu wünschen geblieben wäre, hatte in Verhältnissen, die als einzig dastanden, die außerordentlichsten Befriedigungen erfahren. Ruhm, Einfluß, Ehrenzeichen, Geld, Wohlleben fehlten ihm nicht. War es ihm schmeichelhaft, daß ihn, den aus unterem Stande Emporgekommenen, die vornehmsten und reizendsten Gunstbezeigungen anlockten, so gefiel er sich nicht weniger in dem Gelüst, den Reiz des Absonderlichen und Fremdartigen auch in unteren Regionen, und selbst in strafbaren, zu verfolgen, um einer doch meist nur kindischen Neugier schauerliche Eindrücke zu gewähren. Den durch die mannigfachsten Genüsse verweichlichten Sinnen durfte keine Behaglichkeit fehlen. Er umgab sich mit kleinen Annehmlichkeiten, er verschwendete Tausende für geringfügige Leistungen. Kindisch freute er sich seiner Fußdecken, Polster, Geräte, Blumenarten, Papiersorten. Seine Üppigkeit ging nie auf große Gegenstände und bedeutende Einrichtungen, war aber unmäßig in kleinen Dingen. Schneller, als es in seiner ursprünglich starken und heitern Natur begründet schien, überschlich bei solchem Hinschweifen des Lebens ihn Abspannung und Überdruß. Er fühlte Kränklichkeit und Verfall, er sah die Jugend entflohn, das düstre Alter nah; der Luxus körperlicher Sorgfalt mußte sich in notgedrungene Fürsorge verwandeln, mit Seufzen bequemte er sich zu falschem Haar! In seiner Verstimmung mied er dann die Gesellschaft, die Geschäfte wurden ihm zuwider; kam irgendein Übel hinzu, das ihn persönlich berührte, ein Mißverständnis, eine Verlegenheit, eine Bedrohung, verdüsterte sich der politische Himmel, oder stockten die außerordentlichen Einkünfte, deren er nie genug haben konnte, so war seine Schwermut grenzenlos, und er verzweifelte am Leben.

Aber jeder Sonnenschein von Gesundheit und Gedeihen rief auch wieder seine ganze Kraft, seinen Mut und Leichtsinn zurück. Gleich vergessen hatte er alle Klagen und Geständnisse, er leugnete in der nächsten Stunde die der vorigen ab. Kaum der Not frei, worin er eben noch gezittert hatte, spottete er ihrer, verneinte sie denen, die sie noch fühlten. Die Hülfe, die er angesprochen, der Trost, den er empfangen, durften sein Gedächtnis nicht beschweren; sie zu erwidern fiel ihm niemals ein. Er war den Gedanken und dem Sinne nach ein treuer Freund; wen er einmal geachtet, wen er geliebt, der blieb ihm für immer ein Gegenstand der Teilnahme und Neigung; aber zur Tat bedurfte er der persönlichen Anregung, sie mußte einen Reiz für ihn, für ihn einen Genuß haben. Der gegenwärtige Augenblick war ihm alles, er lebte ganz in dessen Macht und Gunst.

Ihm wurde das Glück zuteil, durch eine wunderbare Wiederbelebung, wozu die Bäder von Gastein und Ischel besonders wohltätig gewirkt, zu neuer Gesundheit und Kraft zu erstarken, und nach frühem Vorschmacke trauriger Altererschlaffung neue Jahre eines kräftigen und mutigen Mannesalters zu erleben; was für jeden Menschen ein seltenes und außerordentliches Glück gewesen wäre, mußte von Gentz als ein hundertfaches begrüßt werden. Sein Geist erhob sich zu neuer Tatkraft, die Welt erweckte ihm frischen Anteil. Er hatte nie aufgehört, mit Wissenschaft und Literatur in Verbindung zu sein, und überhaupt seine Nebenzeit, während er außer den Geschäften alles nur lässig zu nehmen und sich trägem Nichtstun zu ergeben schien, fruchtbar auszubeuten verstanden. Auch zum Schreiben war er stets eifrig geblieben, und als er längst aufgehört hatte Schriftsteller sein zu wollen, auch die Anlässe zu politischen Aufsätzen seltner wurden, trieb ihn sein angebornes Talent beinahe täglich zu schriftlicher Mitteilung an, und es war ihm Bedürfnis, wenigstens Briefe zu schreiben. Jetzt aber, in dem Bereiche seiner nächsten Tagesbezüge, sah man nicht nur ihn selbst mit Heiterkeit wieder erscheinen und der alten geselligen Vorzüge genießen, sondern auch seinen literarischen Anteil einen neuen Aufschwung nehmen; bei jedem persönlichen Anlasse griff er mit Lust und Fülle zur Feder; ja man wollte seine Schreibseligkeit bald sogar übermäßig und fast beschwerlich finden!

Aber seinem solchergestalt erfrischten Alter waren noch gewaltige Schickungen zugedacht, sein Wesen gleichsam nur gestärkt worden, um den Gipfel aller seiner Lebensbeziehungen noch zuletzt als höchstes Dasein in Glück und Unglück zu erfahren. Gentz hatte das seltne Glück, seine letzten Lebenszeiten durch Liebe verherrlicht zu sehen; nicht durch eine gefällige Neigung, ein wohlwollendes Anschließen, eine reizende Betörung, sondern durch eine echte, volle, beglükkende Leidenschaft. Mit seiner erneuten Gesundheit und seinem wiederbelebten Geiste war auch die ganze Kraft seines Herzens wiedergekehrt. Die Schönheit, die Anmut und Liebenswürdigkeit eines holden Geschöpfes hatten ihn zauberisch berührt, und die erregte Flamme beleuchtete so glücklich seine eigne Liebenswürdigkeit, stellte so reich den unvertilgten Schatz seines Gemüts hervor, daß die schönbegabte Jugend freudig den ganzen Wert des Greises anerkannte und seine Liebe erwiderte. Solch ein Begegnis in seinem ganzen Umfange zu würdigen, seine Schickungsmacht zu empfinden, sein Glück auszusprechen, war niemand so fähig und berufen als Gentz, dessen vertrauliche, diesen Gegenstand behandelnde Briefe wohl ebenso anzusehen und in gleicher Weise zu lesen und zu ehren sein dürfen wie Goethes römische Elegien, denn von solchem Inhalt emporgehoben steht die Prosa in gleichem Range mit dem Gedicht.

In diese Zeit fällt seine höchste Empfänglichkeit für die Poesie, seine Freude an alten und neuen Dichtern, seine wunderbare Neigung für den ihm scheinbar widerstreitendsten, für Heine. Sein Geist sieht über die Zufälligkeiten des Tages, über die Richtung, welche der Weltlauf diesem Talente zugewiesen, erhaben hinweg, um nur dieses zu sehen, und läßt Licht und Wärme des dichterischen Schaffens auch von sonst feindlicher Seite bei sich ein. Und wahrlich vergebens hat man ihm den großartigen Sinn durch herabsetzende Bezeichnung zu mißdeuten, dem Dichter den ihm gewordenen Lobpreis zu verkümmern gesucht; es wird für Gentz immer ein günstiges Zeugnis sein, daß er Heines Gedichte lieben konnte, und für Heine ein edles Blatt seines Lorbeerzweiges bleiben, einem Geiste dieser Art gefallen zu haben.

Im Glück und Stolze seines neuen Lebens, im Vollgefühle der Kraft, welche seinen Geist und sein Herz emportrug, fühlte Gentz anfangs die Gewitterschläge wenig, mit welchen eine neue Revolution in Frankreich plötzlich ausbrach. Sie mußten in starken und nahen Wiederholungen, in furchtbarer Aufzeigung ihrer unwiderstehlichen Folgen, in persönlichen Verlusten und Gefahren ihn treffen, um in sein Gemüt mit allen ihren Schrecknissen einzudringen. Jetzt aber fühlte er die ganze Gewalt derselben, er sah die Welt aufs neue einer Richtung überliefert, welche ein vierzigjähriger Kampf und fünfzehnjährige Siegesmacht nicht hatte bezwingen können, er sah die Aufgabe und Frucht seines Lebens zertrümmert und am Schlusse desselben sich wieder in den Anfang einer Laufbahn versetzt, die zum zweitenmale zurückzulegen der Greis weder Mut noch Hoffnung haben konnte. Alle Stützen seiner Stellung schienen umgerissen, und eine öde bedrängte Zukunft ihm, nebst allem übrigen Entbehren, auch das des einzigen Glückes aufzuerlegen, das gerettet ein Ersatz für jedes andre hätte sein können, aber für sich allein kaum zu retten war. Lebhaft ergossen sich seine Bekümmernisse in beredten Klagen. Er forderte Trost und Rat, den aufzunehmen er kaum noch fähig schien.

Jedoch Beispiel, Zuspruch und die nähere Betrachtung der Verhältnisse selbst, welche schon wieder zu festerer Gestalt übergingen, erhoben bald seinen Mut auf die Höhe, wo er sich vormals behauptet hatte. Zum zweitenmale sah Gentz die Revolution zu einer Wendung gebracht, bei welcher noch nicht alles verloren schien; und so wie schon früher einmal sogar der Sieg vielfache Wirkungen des Überwundenen als Bestehendes aufgenommen und bestätigt hatte, so glaubte

Gentz auch jetzt, daß mit der Revolution ein Stillstand nicht unmöglich sei, der einigen ihrer Wirkungen gleichfalls die Rechte von Bestehendem vorläufig einräumte. In diesem Sinne schrieb er einen denkwürdigen Aufsatz, den Inbegriff seiner letzten politischen Überzeugung, das Vermächtnis seiner Ansichten. Ob er darin recht gehabt, ob seine Richtung oder seine Äußerungsweise Tadel verdiene, mag hier unerörtert bleiben; die Tatsache nur sei ausgesprochen, daß Gentz durch jenen Aufsatz im wesentlichen die Grundzüge der Staatsklugheit bezeichnet hat, welchen die gesamte europäische Politik seit Jahren wirklich gefolgt ist und denen sie auch ferner folgen zu wollen scheint. Doch in mancherlei Widerspruch mit Ansichten und Meinungen verwickelt, die dem tieferen Sinne nach wohl auch die seinigen waren, deren jetzige Anwendbarkeit er aber durchaus bezweifelte und daher mit aller Lebhaftigkeit, ja wohl mit gesuchter und sophistischer Entgegensetzung bestritt, sah er zuletzt auch gegen sich noch die Beschuldigung auftreten, die so häufig ungerecht stattfindet, und von welcher Gentz gewiß vor vielen andern freizusprechen ist, daß er seinen früheren Grundsätzen abtrünnig geworden sei und die Farbe gewechselt habe.

Gefaßt und gestärkt lebte Gentz wieder den Geschäftsarbeiten, die oft einen großen Teil seines Tages hinnahmen. Seine Muße widmete er ganz der Liebesneigung, welche ihn zu beglücken fortfuhr. Ein üppig ausgestattetes Gartenhaus mit reichem Blumenflor gewährte den lieblichsten Aufenthalt. Auch seine Einnahmen hatten sich wieder mit seinen während der letzten Zeiten nur gestiegenen Bedürfnissen im Verhältnis gestellt, und aus wechselnden Hülfsquellen, zum Teil aus der unmittelbaren Freigebigkeit des Kaisers, welche für ihn nicht vergebens angesprochen wurde, zog er ebenso große und größere Summen, als früher so manche andre Fundgrube geliefert hatte. Sein Leben konnte auf diese Weise in ebner Bahn noch geraume Zeit fortgehen. Er hoffte es und gestand, daß er auf ein hohes Alter rechnete.

Indessen hatte er bereits das achtundsechzigste Jahr angetreten und eine Bahn zurückgelegt, welche als eine vollständige, als eine an die Grenzen ihrer Aufgaben, Wünsche und Hoffnungen durch reiche und wiederholte Erfüllung glücklich hingelangte erscheinen durfte. Größeres schien er nicht mehr erfahren, Schöneres ihm nicht mehr begegnen zu können, als bis hieher geschehen war. In den Staatsgeschäften konnte die volle Gunst früherer Umstände schwerlich wiederkehren; seine Liebe hingegen wurde mehrmals durch längere Trennung und durch die Aussicht getrübt, daß die Zukunft solche nur stets entschiedener herbeiführen müsse. Allein noch genoß er einer guten Gesundheit, und ihn ängstete keine Furcht nahen Sterbens. Da erscholl unerwartet aus Weimar die Nachricht, Goethe sei gestorben. Goethe war dreiundachtzig Jahr alt geworden; Gentz hatte ihn niemals eigentlich geliebt, immer nur wider Willen ihn bewundert und verehrt; man hätte glauben sollen, dieser Tod würde sein Gemüt am wenigsten berühren. Grade dieser jedoch erschütterte ihn durchaus. Er konnte nicht aufhören davon zu sprechen, und daß auch ein Goethe, einer der größten Männer aller Zeiten, sterben müsse, wirkte auf ihn wie ein Wunder und ein Entsetzen. Völlig außer Fassung brachte es ihn, daß dieser Tod nicht größere Wirkung hervorbringe, daß alles so weitergehe; mehrmals rief er aus, dies sei ja ein Weltereignis, eine ungeheure Veränderung, daß Goethe nicht mehr da sei und daß dieses Bewußtsein, diese Lebensgenossenschaft aufgehört habe. Seitdem faßte er den Tod näher ins Auge, und er selbst glaubte sich sterblicher. Vieles ordnete er jetzt in seinen Angelegenheiten, verbrannte den größten Teil seiner Papiere, unter welchen in eigner und fremder Handschrift die kostbarsten Schätze zu vermuten waren.

Noch einige Zeit verstrich in erneuten Anreizungen des Lebens, noch mancher Tag warf einen lieblichen Schein; aber die Flamme selbst, indem sie heller leuchtete, nahte nur um so rascher dem Erlöschen. Ein allgemeines Sinken der Kräfte trat plötzlich ein. Gentz fühlte, daß er aus diesem Zusammenfallen sich nicht wieder aufrichten würde, er war gewiß, daß es mit ihm zu Ende ginge. Und der Schwache, der Mutlose, der sein ganzes Leben hindurch vor dem Tode gebebt, den die zufällige Mahnung an dies gemeinsame Geschick oft ganze Tage verstimmt hatte, der sah jetzt mit Entschlossenheit und Kraft dessen wirkliches Herannahen! Unverzagt blickte er ihm ins Auge und fand die Schrecknisse nicht, die er gefürchtet. Mit starkem Geiste sprach er von seinem Zustande, der bald enden würde, bis dahin sollte man Geduld haben. Er sah den Fürsten von Metternich in gerührter Teilnahme an seinem Krankenlager; die treuste Pflege liebevoller Hände blieb ihm bis zum letzten Augenblick. Am 9. Juni 1832, ohne Schmerzen und fast ohne Leid, entschlief er sanft, denn in dem Maße wie seine Kräfte hatte auch seine Empfindung abgenommen. Wunder und Preis erweckte sein mutvolles Sterben, sein ruhiges Entschlafen; und die Gunst des Himmels, die ihm so vieles verliehen, schien ihr größtes Geschenk ihm bis zuletzt aufgespart zu haben.

Gentz war in der evangelischen Kirche geboren und lebenslang in ihr verblieben; nie hatte er daran gedacht, katholisch zu werden. In seiner religiösen Denkart stand unerschütterlich der Geist der Aufklärung und des Vernunftglaubens fest, der im achtzehnten Jahrhundert allgemein vorherrschte. Das Sittengebot nahm er in einem weiteren und schlafferen Sinne, als die strenge Lehre Kants, dem sein Geist beharrlich anhing, es vorschreibt; aber sein Gefühl blieb stets dem Menschlichen, dem Wohltun und der Güte zugewendet; seine Nächsten zu erfreuen war ihm ein Bedürfnis; besonders liebte er zärtlich seine beiden ihn überlebenden Schwestern, sandte ihnen nach Berlin Geschenke und schrieb ihnen oft. Er haßte niemanden, und wer ihn zu hassen schien, den suchte er zu begütigen; Ungerechtigkeit und Härte auszuüben war er nicht fähig, außer wo Vergessen und Unterlassen, Leichtsinn und Zerstreuung zu solcher Wirkung übergingen. Bemerkenswert ist, daß alle vielfachen Schulden, welche Gentz in Berlin zurückgelassen, nach und nach vollständig abgetragen worden und schon im Jahre 1815 getilgt waren. Zur Berichtigung aber seiner seitdem in Wien durch verschwenderische Sorglosigkeit wieder angehäuften Schulden reichte seine Hinterlassenschaft nicht aus. Noch ist merkwürdig, daß Gentz, der wiederholt auch in Finanzsachen gearbeitet und alle neuen Entwürfe sowie jede wichtige Nachricht immer früh wußte, auf Benutzung des Börsenspieles kaum Bedacht nahm. Er zog es vor, klare, runde Summen aus freier Hand, ohne viele Rechnung und Überschlag, zu empfangen, niemals zum Mehren und Anhäufen, sondern stets nur zum eiligen Verbrauch.

Sein Tod machte allgemeinen Eindruck. Wohl strömten die Tagesfluten, wie bei Goethes Tod, ihre großen und kleinen Wogen darüber hin; aber die Welt, in welcher Gentz gelebt, wußte, was sie an ihm verloren hatte. Dieser Verstand, diese Kenntnisse, dieses Talent mußten überall, wo sie gewirkt, vermißt werden. Die Staatsmänner, die Gesellschaft und vor allem die Freunde widmeten ihm dauernde Erinnerung. Auch aus andern Kreisen hallten ihm aufrichtige Klagen nach. Ihm hatte sich durch Vermittlung eines großen Geschäftshauses ein Briefwechsel mit einer hohen Person in Paris eröffnet, der zu dem vielen Seltnen und Wunderbaren gehörte, wodurch Gentzens Leben und Stellung immer als ganz einzig erscheinen mußten. Eines der Häupter jenes Geschäftshauses sagte nachher, als Gentz gestorben war, von ihm bedauernd: »Das war ein Freund! solchen bekomme ich nie wieder! Er hat mich große Summen gekostet, man glaubt es nicht, wie große Summen, denn er schrieb nur auf einen Zettel, was er haben wollte, und bekam es gleich: aber seit er nicht mehr da ist, seh ich erst, was uns fehlt, und dreimal so viel möcht' ich geben, könnt' ich ihn ins Leben zurückrufen!«

Was er im Ganzen gewirkt und geleistet, läßt sich mit äußerlichen Tatsachen nicht immer darlegen, sondern muß geistig angeschaut und erwogen werden; hier ist der Ausspruch der Wissenden allein gültig und sein Inhalt nicht zweifelhaft. Gentz war der erste und lange Zeit der einzige wahrhaft staatskundige Schriftsteller, der mit Talent und Nachdruck die Sache der Regierungen und der herkömmlichen Ordnung gegen die Revolution und deren Nachfolger verteidigte. Unaufhörlich brachte er neue und schlagende Gründe, gedrängte Schlußfolgerungen, unwiderstehliche Beweisführungen in den Kampf, um den schwierigsten Stand gegen öffentliche Meinung wie gegen herrscherliche Gewalt mit beharrlicher Ausdauer zu behaupten. Nur er, ein gewesener Bürgerlicher und früherer Anhänger der Revolution, nur ein solcher, stark noch gegen den Feind durch den Geist und die Waffen, die er von ihm herübergebracht, konnte mit solchem Vorteil in diesem Streit auftreten. Und auch als Mitstrebende genug in seiner schriftstellerischen Bahn nachfolgten, blieb er stets der Erste, durch Kraft und Sicherheit die einen, durch Vornehmheit und Weltkunde die andern weit überragend. Seine Gedanken und seine Beredsamkeit liehen den Verbündungen der Mächte einen Glanz und Schimmer, deren Mangel oft nachteilig war empfunden worden; seine wundervolle Prosa erhob den Ausdruck der Kabinette zu der Höhe britischer Rednerbühne. Sein Geist wußte die mannigfachsten Werkzeuge zu beseelen; in dem Organismus desselben fehlten vielleicht nur zwei äußerste Glieder: strenger Tiefsinn und rascher Witz; alles, was zwischen diesen Endpunkten einzureihen ist, besaß er in reichster Ausbildung und Brauchbarkeit.

Gentz hat keinen Nachfolger gehabt und konnte keinen haben. Die Stellung, welche er genommen, war die seinige allein, das Erzeugnis seiner Zeit, seiner Eigenschaften, seiner Persönlichkeit. Sein jüngerer Freund Adam von Müller, der schon in Berlin sich ihm eifrigst angeschlossen hatte und später nach Österreich gefolgt war, wäre fähig gewesen, ihn nach einigen Seiten zu ersetzen, nach allen keineswegs; er wirkte aus andren Gesichtspunkten und strebte mit schwächeren Schwingen zu vielleicht höherem Ziel.

Wir schließen hier unsre flüchtigen Umrisse; sie können das Bild nur andeuten, zu dessen vollständiger Ausführung der Zeichner stets noch andre Gaben wünschen dürfte als die seinigen; die reichen Lebensfarben eines Diderot, die scharfen Lichter eines Heine müßten hier behülflich sein, und doch möchte zuletzt noch immer ein Zusatz fehlen, den nur Gentz selber dem Bilde geben kann. Dieser aber wird nicht immer fehlen. Seine meisterhaften Schriften und Aufsätze werden gesammelt werden, seine herrlichen Briefe nicht verschlossen bleiben, und aus diesen selbsteigenen Zeugnissen wird alles über ihn Gesagte erst in sein wahres Licht und Verständnis treten.

# Politische Kommentare des preußischen Gesandten 1816–1819

## Artikel in der Augsburger »Allgemeinen Zeitung«

Vom Main, 24. März 1816

Die Verordnung des Großherzogs von Baden, durch welche dem Lande eine ständische Verfassung verkündigt und die Versammlung der Stände auf den 1. Aug. festgesetzt wird, erregt die freudigste Hoffnung in allen Gemütern. Schon wieder geht also ein deutscher Staat mit edelm Beispiel in derjenigen Bahn vorwärts, welche der Geist der Zeit und das Bedürfnis der Völker überall unabänderlich vorzeichnen! Wie vor kurzem Weimar, so tritt jetzt Baden, ohne äußerliche Notwendigkeit, durch kein Beispiel der großen Mächte erinnert, ohne Einwirkung der Obhut eines Bundestages, sondern aus eigenem, freiem Antrieb der Regierung, in die Reihe konstitutioneller Länder, wo Fürst und Volk durch feste gesetzliche Bande aneinandergeknüpft und in ihren Rechten gegenseitig bestätigt werden. Die Worte der dieserhalb erlassenen Verordnung sind höchst merkwürdig. Das durch sie angekündigte Werk wird nicht ohne Einfluß auf die übrigen, bereits begonnenen Werke dieser Art in Deutschland bleiben. Selbst Preußen, das große, selbstständige Preußen, kann bei seinem bevorstehenden schwierigen Konstitutionswerke die von so vielen umliegenden Ländern gegebenen Beispiele, Erfahrungen und Vorgänge seiner dankbaren Aufmerksamkeit nicht unwürdig halten. – In den preußischen Rheinprovinzen sind nun ebenfalls, wie früher in Berlin, mehrere angesehene Beamte zusammengetreten und haben eine Schrift unterzeichnet, worin sie den König bitten, eine strenge Untersuchung wegen der angeblichen geheimen Bünde anzuordnen, damit nicht der geringste Zweifel über die Ehre und Rechtschaffenheit solcher Männer bleiben könne, denen der Staat sein öffentliches Vertrauen schenkte und die nun der Denunziation jedes Unbesonnenen ausgesetzt sind. – Der preußische Gesandte bei der schweizerischen Eidgenossenschaft, geheime Staatsrat v. Gruner, hat in Frankfurt einen zehntägigen Aufenthalt gemacht. Der General Graf v. Gneisenau war von Koblenz dahin gekommen, um sich mit ihm zu besprechen. Es ist ohne Grund, daß dieser tapfere Krieger seinen Abschied begehrt habe.

Berlin, 30. Juni 1816

Was wir den Franzosen früherhin so häufig als ungerecht vorgeworfen haben, das Schreien und Drängen nach einer Konstitution – Urgesetz, Verfassungsurkunde wäre in jedem Fall ein besseres Wort, obgleich es noch nicht das ganze Wesen der Sache umfaßt –, ist nun bei uns ziemlich rege und laut geworden, und wir müssen entweder jenen Tadel von den Franzosen jetzt abnehmen oder auch unsern eigenen Bestrebungen auflegen; dies letztere aber um so mehr, als bei dem allgemeinen Untersuchen und Besprechen eines so allgemeinen Gegenstandes unvermeidlich die Eigensucht, der Unverstand und die Anmaßung sich der Vaterlandsliebe, der Einsicht und der Bescheidenheit gewöhnlich vordrängen. Daß in acht Tagen, ja in 24 Stunden eine neue Konstitution fertig sein kann, gereicht einem Volke, das durch eine Revolution von 25 Jahren verarbeitet und gerieben worden, nicht zum Vorwurf; es zeigt vielmehr, daß gewisse Grundlagen in dem Volksgeiste ein für allemal gewonnen sind, indem bei jedem Wechsel der echte, rechte Wunsch des Wahren und Guten wieder laut wird und jene Grundlagen bestätigt; weder die Jakobiner, noch das Direktorium, noch Bonaparte, noch die Bourbons haben zum Beispiel die Unabhängigkeit der Gerechtigkeitspflege angetastet, noch die Religionsfreiheit und Preßfreiheit förmlich für abgeschafft erklärt, wenn sie gleichwohl gegen letztere beide stark gefrevelt. Bei uns gibt es eine langsamere Konstitutionsarbeit, aber auch noch keine solche Grundlagen, die man in den Gemütern und Geistern als das, wohin alle zusammenkommen, annehmen und für die conditio sine qua non des künftigen Bestehens einer Konstitution halten könnte. Was unsre Schriftsteller bis jetzt geschrieben, ist noch gar zu roh und dunkel. Der einzige, der aus Prinzipien zu reden versucht hat, wie weit ist er von dem Gelingen entfernt geblieben! Wie seicht sind seine Räsonnements, wie blind sind seine geschichtlichen Ansichten, nicht besser, als ob er die Augen fest zudrückte, um am Tage zu sagen, es sei Nacht! Wie gefährlich aber die Anwendung seiner aufgestellten Sätze werden muß, hat ein gescheuter Rezensent in der Literaturzeitung gut angemerkt. Dieselbe Schwäche, worin jenes Gefährliche seinen Hauptsitz hat, findet sich in allen Schriften, die in einer Herstellung oder Neuschöpfung *des* oder *eines* Adels das konstitutionelle Heil suchen und mit dem verführerischen Schmeichelbilde einer Pairskammer, eines Oberhauses, des unveräußerlichen Grundbesitzes, erblicher Familienwürde etc. etc., der fremden und eigenen Eitelkeit und dünkelhaften Vornehmheit frönen. Solche aristokratische Einrichtungen sind in Deutschland gefährlicher als irgendeine andere; denn das untere Volk und selbst der mittlere Bürgerstand haben bei uns nirgends einen weitgreifenden Zusammenhang, nicht nur jeder Staat, sondern jede Provinz, jeder Kreis, jeder Bezirk schließt die Bürger gleichsam in der eignen Grenze ab, während die Vornehmen, und besonders die Familien des hohen Adels, durch ganz Deutschland zusammenhängen und in Gemeinschaft stehn. Nun wäre es zwar recht gut, wenn Deutschland in seiner Zerstückelung durch etwas Einigendes, das überall durchgeschlungen ist, inniger in ein Ganzes zusammengehalten schiene; aber da wäre doch jedes Band besser als das eines vornehmen Kastengeistes, der auf nichts Wesentlichem beruht und in Deutschland ja Jahrhunderte hindurch lange genug bestanden hat, als das er noch über seinen vermeintlichen Nutzen täuschen könnte. Der Aristokratismus windet unfehlbar den Herrschern die Macht und dem Volke das Recht aus den Händen, und selbst seine glimpflichste Gestalt bringt vielfache Übel mit sich. Unserm Könige muß aber die größte Macht bleiben, das fühlen alle wohldenkenden Preußen; und wenn er selbst in seiner Weisheit dieselbe zu beschränken für gut findet, so möge diese Beschränkung – die in der Ausübung schon seit langen Jahren, nur freilich durch bloße Verwilligung und noch nicht verfassungsmäßig garantiert, wirklich besteht – doch nicht ein unbedingtes Veto ausschließen und keinen Teil der hemmenden und haltenden Kraft von der königlichen Gewalt wegnehmen, um sie einem Pairshause beizulegen! Wenn Preußen auch einer Konstitution bedarf, so bedarf es ihrer doch nicht unter jeder Bedingung; und gewiß würde die Mehrheit der Preußen lieber vorderhand noch ohne eine Konstitution bleiben als das monarchische Prinzip seines Staats durch ein aristokratisches in einer Konstitution gefährdet sehn wollen. In dieser Rücksicht hat Grävell sehr richtige Gedanken vorgetragen. Auch die geistreiche Schrift eines Ungenannten, »Einige entferntere Gründe für ständische Verfassung«, geht von großen Wahrheiten und richtigen Ansichten aus, aber nichtsdestoweniger fällt sie dann zuletzt wieder in eine, wie es scheint, nicht zu überwindende Schwäche alter Lieblingsvorstellungen, indem sie von den freisten Gedanken ohne Not wieder auf einen Unterschied zurückkehrt, der als fließend und relativ wechselnd dargestellt, dennoch den Grund zu einer stetigen Ständeabteilung liefern soll! – –

Vom Rhein, 5. April 1819

Man verabscheut mit Recht die Greuel der Französischen Revolution, man hält deren schreckliche Ausartung den Regenten und Völkern mit Recht als Bild der Lehre und Warnung vor; allein beim Lichte besehn, und Greuel gegen Greuel gehalten, sind die des sogenannten Mittelalters bei weitem die schrecklichsten und abscheulichsten! Die Verwüstungen und Schrecknisse der Guillotine, was sind sie gegen die Scheiterhaufen des Fanatismus und gegen die Dolche der

Feme! Und doch sind die größten Feinde der Französischen Revolution, denen ihre Ausartung zum willkommenen Vorwande dient, auch ihr Schönes und Gutes hassen zu dürfen, die hartnäckigsten Lobpreiser und Vergötterer des Mittelalters, seiner kirchlichen wie seiner feudalen Institutionen. Das schreckliche Ereignis von Mannheim* ist eine furchtbare Strafrede gegen die unvernünftigen, oft von der notdürftigsten Kenntnis der wahren Geschichtsverhältnisse entblößten Anpreisungen eines Zeitalters, in welchem jede dunkle Verwirrung der Gedanken, jede verruchte Handlungsweise eine fertige Bahn geheiligt fand! Die Poesie freilich mag sich von den Stoffen des Verkehrten und Gewaltsamen reichliche Nahrung nehmen, aber wehe uns, wenn unser Lebenszustand dem Bedürfnisse armseliger Poeten, deren rohen Sinnen und Händen die Poesie der neuern Zeit sich verbirgt, zum Opfer werden müßte! So zu Spott wird in dieser Behandlung Religion und Vaterlandsphilosophie, daß ein unglücklicher Jüngling, dessen früherer Wandel von allen Seiten die besten Zeugnisse erhält, von dem grausamen Wahn erfüllt werden kann, eine herrliche Tat zu begehn, wenn er den Andersdenkenden mit dem Dolche anfällt! Daß er durch die unverzeihlichste Irrung sich zum Femrichter und Vollstrecker der im nächtigen Dunkel beschlossenen Todesurteile berufen glauben und dem törichten Wahn auch das eigene Leben zum Opfer bringen mag! Dies ist eine Szene desjenigen Mittelalters, das die Obskuranten aller Art nicht aufhören uns zu rühmen und zu preisen, uns zum Vorbilde hinzustellen und zur Nachahmung zu empfehlen, dieses Mittelalters, dessen Feudalverfassung noch der Krebsschaden unsers heutigen Lebens ist und die neue Gestaltung vergiftet und entstellt! Nach der gräßlichen Probeszene wird niemand ferner das Ganze begehren wollen. Mag man über die Tat des unseligen Sands urteilen, wie man wolle, mag man seine Triebfedern

* Die Ermordung des Schriftstellers und russischen Staatsrats August Friedrich Ferdinand Kotzebue durch den Jenaer Theologiestudenten Karl Ludwig Sand am 23. März 1819.

psychologisch nicht in gleicher Art wie politisch verdammen; darüber wird man einstimmig sein, daß seine Handlung mehr jenen Träumen der Vergangenheit als dem Zeitgeiste der Gegenwart angehört. Die bloße Kühnheit, der persönliche Mut und Entschluß, die rohe Tapferkeit an und für sich, ohne sittlichen Zweck und vernünftige Leitung, sind uns bei weitem nicht mehr die bewundernswürdigen Eigenschaften, die sie ehemals waren, und das Heldentum muß von Vernunft und Recht jetzt seine Beglaubigung erhalten! Es ist schrecklich, daß Sand auf solchem *Abwege* die *rechte* Bahn zu wandeln meinen konnte! Seine Tat hat ihresgleichen in der Geschichte nicht; möge sie als isolierte Unbegreiflichkeit in derselben ein warnendes Denkzeichen bleiben, wie gefährlich es ist, mit den heiligsten Vorstellungen und Worten ein jammervolles Geschwätz zu treiben!

Vom Main, 14. Juni 1819

Das neue Verfassungsleben im südlichen Deutschland hat kaum recht begonnen, und schon ist es die merkwürdigste Erscheinung für die ganze Nation geworden, ein Gemeingut für alle, an dem auch diejenigen, denen es unmittelbar noch nicht gegeben ist, Mitfreude und Mitgenuß haben. Auf den festen Boden des Repräsentativsystems gegründet, sind die süddeutschen Ständeverfassungen heimische Vorbilder geworden, nach denen sich die norddeutschen Verfassungen, deren Grundlage leider noch die traurige Feudalität ist, umwandeln können; denn daß die letztern nicht mehr halten und genügen, ist wohl endlich klar am Tage, außer *dem* Verdammungsurteil, welches Vernunft und Recht und jede Konvenienz der Gegenwart darüber sprechen, liegt ein vollgültiges schon in der scharfsinnigen *politischen* Ansicht, die neulich in der bayerischen Ständeversammlung Baron v. Aretin so schön als mutig aufgestellt, daß nämlich die Feudalverfassung, schwach und kraftlos, gegenüber der starken und wirksamen Volksvertretung nicht lange bestehn kann, eine Lehre,

*Karl August Varnhagen von Ense*
*Bleistiftzeichnung von Adolf Jebens, um 1825*

die man vielleicht erst der Erfahrung allzu spät glauben würde! Hannover, Sachsen usw. dürfen es schwerlich auf diese Erfahrung ankommen lassen. Was Preußen betrifft, so könnte dieser Staat noch am längsten das Repräsentativsystem zurückweisen, nicht weil dessen Einführung dort weniger notwendig wäre, sondern weil man sich über die Notwendigkeit dort leichter *blenden* mag. Die Blendwerke aber sind vorzüglich: 1. Daß man von jeher in Preußen gewohnt ist, ein großes Militärwesen als die Hauptsache anzusehn und sich dabei zu beruhigen; 2. daß die Begriffe über freies Staatsleben und echte Verfassungsformen in Preußen noch so sehr zurück sind, verdunkelt von unklarem Hange zum Mittelalter, zu mystischen Träumereien und eingebildeter Volkstümlichkeit. Die literarische Periode der Romantik und der zum System erhobene blinde Franzosenhaß (der als *Kriegsstimmung*, aber auch sonst als nichts, richtig in seinen Gründen und schön in seinen Folgen war) haben die Entwickelung der politischen Ansichten und Begriffe, deren Darstellung und Belebung wir doch vorzugsweise dem *Verstande der neuen Zeit* und dem *Vorangehn der Franzosen* danken, in Berlin und in Preußen überhaupt sehr zurückgehalten. Die Rheinlande sind zwar als ein lehrreiches Übungsstück glücklicherweise dem preußischen Staat einverleibt, aber ihr Einfluß auf die alten Länder hat wegen der Entfernung noch nicht groß werden können. Wie weit man in diesen noch zurück ist, gibt jede Schrift, die von da kömmt, zu erkennen; statt lebendiger Regsamkeit in den Köpfen und Gemütern zu *bestimmten praktischem Ziel* ist höchstens ein unsicheres Getreibe der Einbildungskraft, um sogenannte *historische Grundlagen* herum, mit denen von gewissen Seiten her ein ähnliches Götzenwesen gemacht wird wie in Frankreich mit der Legitimität! Bei so bewandten Umständen kann es begreiflich werden, daß bald an weiten Aufschub der repräsentativen Verfassung, bald an Errichtung bloßer Provinzialstände gedacht wird. Aber noch begreiflicher ist für uns, daß der Drang der Weltverhältnisse doch noch wirksamer sein wird als jene

Umstände. Das ganze nördliche Deutschland wird dem Anstoße, der seit 1789 in der Welt fortwirkt, so gut folgen müssen wie das südliche, und jenem sind die Anforderungen nun um so viel *näher gerückt*, als sie in diesem schon *erfüllt worden*. Preußen wird nach und nach die Einwirkungen empfangen, die seine Patrioten lieber von ihm ausgehn sehn wollten, es wird aus dem Gemeingut nach und nach aufnehmen, was durch andre Tätigkeit schon zu größerer Reife gekommen und aus seinem Schoße so früh nicht hervorbrechen wollte. Man wird nach und nach erkennen, daß das konstitutionelle Leben so verwickelt nicht ist, die örtliche Anwendung der Grundsätze so schwierig nicht, die Formen der Volksvertretung so bedenklich nicht, daß vielmehr in allen diesen Dingen etwas *allgemein Gültiges* leicht wahrzunehmen ist, von dem man *nirgends* abgehn darf und das *überall hinpaßt*, eben weil es im allgemeinen Stande der europäischen Kultur gegründet ist. Das Repräsentativsystem kann nicht abgewiesen werden, da es sich in der Natur der Verhältnisse unwiderstehlich aufdringt; und wir können nicht glauben, daß sein Erscheinen mit dem der Reformation neben andrer Ähnlichkeit auch gerade diese habe, *daß die Hälfte von Europa noch feudal bleiben könnte, während die andere konstitutionell wäre*, und daß auch wieder Deutschland, wie früher, das traurige Bild des unglückseligen Zustands geben sollte, in dem beide Gegensätze hemmend nebeneinander fortbestünden!

## Die deutsche Revolution 1848

### *Auszüge aus Varnhagens Tagebüchern*

Sonnabend, den 18. März 1848

Ich fuhr zu Humboldt, den ich nicht traf, und zurück, ging über die Linden, alles hatte den friedlichsten Anschein. Unerwartet hörte man von acht Kanonen statt der bisherigen vier für das Schloß, auch von neuen Angriffsgelüsten der Menge. Da erschien ein Maueranschlag des Magistrats, daß der König ein Preßfreiheitsgesetz unterschrieben und den Landtag auf den 4. April berufen habe. Großer Jubel, aber es gab noch bedenkliche Besorgnisse. – Nachmittags kam Dr.*** und brachte üble Vermutungen, der Sturm würde heute heftiger losbrechen als gestern. Gerücht von Abdankung Thiles, Eichhorns, Savignys und Ernennung Schwerins, Camphausens, Beckeraths.

Gegen 4 Uhr plötzlicher Lärm, in den Straßen der Ruf: »Waffen! Waffen! Man haut und schießt die Schutzbürger vor dem Schlosse zusammen!« Frau von Maltzahn kam daher; der König sollte eine Deputation von tausend Bürgern empfangen, er kam auf den Balkon, konnte aber nicht sprechen, dankte tief bewegt, empfing tausendfachen Leberuf (um drei Uhr). Inzwischen drängte man die Bürger gegen das Portal, man wehrte den Eintritt, durch Mißverstand* hieb Reiterei ein und wurde geschossen. Neuer Kampf, höchste Wut!

Ich ging mit Ludmilla (um vier Uhr) nach den Linden, ein Schutzbeamter (Blesson war's) hielt uns auf, Graf von Bismarck sagte, bei Kranzler sei eine Barrikade, Ulanen ritten vorbei, sie anzugreifen. Wir eilten nach Hause. Gleich wurden nach allen Seiten bei uns Barrikaden errichtet, langsam, behaglich, feine Leute die Anführer, Jungen und Gesellen aller Art. Steine ausgerissen, auf die Dächer gebracht, die

* Nicht durch Mißverstand! [Spätere Anm. von Varnhagen.]

Häuser nach Waffen durchsucht, die Häuser mußten offen bleiben. Noch bei Tage, dann aber heftiger bei Nacht (im hellen Mondschein) von allen Seiten Kampf, Gewehr- und Geschützfeuer, eingedrungene Truppen mußten unter Steinhagel nach der Behrenstraße zurück. Auftritte im Hause, nichts geplündert oder zerschlagen, außer Fensterscheiben. Der Kampf dauerte die ganze Nacht, bis nach fünf Uhr. Auf den Dächern die jungen Leute mit Steinen. Nicht schlafen gegangen.

Den 18. März 1848

Auch in meiner Wohngegend regte sich schnell der Eifer zum Barrikadenbau; von den Linden heimgehend, sah ich schon alles an der Arbeit, und um nicht ausgesperrt zu werden, mußt' ich eilen nach Hause zu gelangen, wo die Türe schon verschlossen war. Rechts nach der Jägerstraße, links nach der Behrenstraße, vorwärts in der Französischen Straße, deren ganze Länge man von meinen Fenstern gradaus übersehen konnte, stiegen rasch die Schutzwehren empor, hinter denen wir uns bald wie in einer Festung abgeschieden fanden. Einige wohlgekleidete junge Leute, dem Ansehen nach Studenten, gaben Anleitung und Befehl, eine gemischte Menge, Hausknechte, Bürger, Alt und Jung, waren eifrig am Werk, Droschken und Wagen wurden angehalten und umgestürzt, die Rinnsteinbrücken und das Pflaster aufgerissen, Fässer und Kasten herbeigeholt, ein im Bau begriffenes Haus lieferte Balken, Bretter und Ziegel; auf die Dächer der Eckhäuser häufte man einen großen Vorrat von Pflastersteinen, auch Kloben wurden hinaufgeschleppt, um sie von der Höhe auf die Angreifenden herabzuschmettern. Noch wäre das Unternehmen leicht zu hindern gewesen; hätte eine Bürgerwehr schon bestanden, sie würde die Barrikaden nicht gestattet haben; doch jetzt half jeder dabei, die ehrbarsten Männer und Frauen. Alles wurde ohne vieles Geräusch, mit großer Ordnung und Folgsamkeit ausgeführt. Inzwischen erklangen vom Gendarmenmarkt her Trommeln, und bald erschienen auch zahlreiche Truppen, die sich grade vor uns in der Französischen Straße bei der Charlottenstraße aufstellten, dann zur Friedrichsstraße vorgingen und eine hier kaum begonnene Barrikade zerstörten, aber gegen die an der Kanonierstraße nicht anrückten, sondern vielmehr wieder bis zur Charlottenstraße sich zurückzogen. Im Angesichte der Truppen ging die Arbeit ungestört fort, und die entschlossene Haltung der Führer, welche mit einsichtiger Gelassenheit das Zweckmäßigste anordneten und auch selbst Hand anlegten, flößte Bewunderung und Vertrauen ein. Ihre Zahl war eigentlich gering, vielleicht kaum zwanzig, um sie aber scharten sich etwa zweihundert, auf die sie rechnen konnten. Doch die meisten waren noch ohne Waffen, und in allen Häusern suchte man nach solchen. Ein Arbeitsmann zeigte das Königsmarcksche Haus; hier wohnten drei Offiziere, sagte er, hier müßten Waffen zu finden sein. Als die Haustüre auf wiederholtes Anrufen nicht geöffnet wurde, so traf man Anstalten, sie durch Balkenstöße zu sprengen; da erfolgte der Einlaß und die erbitterte Menge ergoß sich tobend durch das Haus. Aber die Führer hielten strenge Ordnung, nur nach Waffen durfte gesucht werden, niemand wurde beleidigt, keine Scheibe zerschlagen, kein Schimpfwort ausgestoßen und ungeachtet des Mißvergnügens, daß sich keine Waffen fanden – welche von der Dienerschaft eiligst im Garten versteckt worden waren –, ging alles mit Höflichkeit zu und die Damen rühmten, wie artig die Herren mit ihnen gesprochen, ihnen allen Schutz zugesagt und ihnen sogar ihre Namen angegeben hätten, was als sehr ritterlich gepriesen wurde. Das Dach des Hauses war nicht geeignet zur Verteidigung befunden und das Haus wurde bald wieder verlassen, nur bei Todesstrafe anbefohlen, dasselbe die ganze Nacht offen zu lassen, wie alle Häuser dieser Gegend.

Unterdessen war der Kampf anderwärts in vollem Gange, die Sturmglocken ertönten, Gewehrfeuer und bald auch Kanonenschüsse erschollen aus der Ferne, die Französische

Straße hinab bei der Friedrichsstraße sahen wir beides auch in unserer Nähe blitzen. Die Truppenmasse stand dort fest und durfte nicht so weit vorgehen, um die Barrikade an der Kanonierstraße anzugreifen. Nur von den Seitenstraßen her geschah dies ein paarmal, durch einzelne Scharen von Fußvolk und Reiterei, die jedoch durch Steinwürfe, durch Büchsen- und Pistolenschüsse zurückgewiesen wurden. Während die Kämpfer hier sich zusammendrängten, war die Barrikade an der Behrenstraße nicht gehörig besetzt geblieben, und einer Abteilung Fußvolk gelang es, in die Mauerstraße einzudringen, sie kam bis an das Königsmarcksche Haus, hier aber nahmen die inzwischen von der Kanonierstraße herbeigeeilten Kämpfer sie mit einem Steinhagel von dem gegenüberliegenden Dach in Empfang, furchtbar prasselten die Steine nieder, von Schüssen aus den Fenstern begleitet, das Feuer der Soldaten aufwärts hatte keine Wirkung; um nicht ganz zugrunde gerichtet zu werden, mußten die Truppen eiligst abziehen und brachten zwei Tote und mehrere Verwundete mit zurück.

Die Kämpfer von gegenüber hatten gesehen, daß während des Gefechts auch aus dem Kellerfenster des Königsmarckschen Hauses auf sie geschossen worden, und stürmten nun wütend in das Haus, um den doppelten Verrat zu rächen, denn man hatte die Waffen erst verleugnet und nun gegen sie gebraucht. Ein Diener, der Tat schuldig, hatte kaum Zeit, über die Gartenmauer zu flüchten, ihn und die verheimlichten Waffen suchte man nun mit wildem Eifer und tobendem Geschrei, die Frauen wurden hart bedroht und sollten schwören, daß sie keine Waffen wüßten, aber zerschlagen wurde auch diesmal nichts, nichts gefordert noch genommen.

Als der Abend eintrat und es dunkelte, wurde der allgemeine Kampf nur um so heftiger und furchtbarer. Das Geschütz donnerte jetzt in geregelter Folge, immerfort das Krachen des stärksten Gewehrfeuers, das Übergewicht der Truppen schien kaum noch zu bezweifeln. Doch unsre Gegend wurde nicht ernstlich mehr angegriffen und außer einigem Geplänkel fiel bei unsren Barrikaden nichts vor. Wir hörten, daß einige Kämpfer sie verlassen hatten, um sich an andre Orte zu begeben, wo das Gefecht am hitzigsten war; da nichts weiter vorfiel, so zogen sich beim Zunehmen der empfindlichen Nachtkälte noch viele zurück; eine kleine Schar jedoch unter den bewährten Führern hielt standhaft aus und verdoppelte bei geschwächter Zahl ihre Wachsamkeit. Nach längerer Stille bei noch völliger Dunkelheit, aber schon gegen den Morgen hin hörte man plötzliches Trommeln, als rückten Truppen heran; augenblicklich waren die Kämpfer bereit, man hörte sie flüstern, und auf das Gebot einer jugendlichen, wohltönenden Stimme: »Meine Herren, auf die Dächer!« ging jeder auf seinen Posten. Dieser Ruf, ruhig und fest und mit edler Einfachheit gesprochen, klang schauerlich durch die Finsternis und wirkte mit erhebender Macht, besonders in der Vorstellung, welche Gefahr die auf sich nahmen, die ihm gehorchten; denn der allgemeine Kampf hatte schon, so schien es, nachgelassen, keine Volksmasse umgab und ermutigte die auserlesenen Kämpfer, denen nach vergeblichem Widerstande keine Rettung, sondern nur der schmachvollste Tod übrig war, durch Herabsturz von den Dächern, durch die Bajonette der Soldaten, oder gar durch Henkershand. Gewiß, der Heldenmut und die Todesentschlossenheit dieser kühnen Jünglinge waren der größten Bewunderung wert.

Allein die Gefahr ging vorüber, es erfolgte kein Angriff; der Kampf erneuerte sich aber mit dem frühen Morgen in anderen Stadtteilen, man hörte Kanonendonner, ein anfangs nahes Gewehrfeuer entfernte sich bald, unsre Gegend schien verlassen, die Truppen, welche die Französische Straße bei der Charlottenstraße besetzt gehalten, waren verschwunden. Unter diesen Umständen zogen auch die Barrikadenmänner allmählich ab und eilten den andern Kampfplätzen zu, wo die Entscheidung noch schwebte und wo Verstärkung dringend nötig war. Bei eingetretener Tageshelle standen die Barrikaden unberührt, auf ihnen wehten schwarzrotgoldene Fähnlein, Zeichen der deutschen Freiheit, die den ganzen Tag stehen blieben; erst gegen Abend wurden sie mit den nun überflüssigen Barrikaden weggeräumt, indem jeder Eigentümer seine dazu verwendeten Sachen wieder an sich nahm. Die Fähnlein aber waren schnell durch Fahnen ersetzt, die nun zahlreich aus den Fenstern und auf Dächern wehten.

Zum 18. März 1848

Als vor dem Schlosse durch die hervorstürmenden Soldaten die ersten Gefangenen in den Schloßhof gebracht wurden, meist armselige Leute, Krüppel, die nicht schnell genug hatten fliehen können, schwächliche Alte und unreife Jungen, die darauf in den Schloßkeller gebracht und arg behandelt wurden, da trat der Prinz von Preußen vor und redete die Soldaten heftig an: »Grenadiere, warum habt ihr die Hunde nicht auf der Stelle niedergemacht?« Der Major *** stand dabei und hörte es, auch der General Fürst ***.

Der Prinz von Preußen, der gar keine Befehlführung hatte, nahm sich heraus, sowohl dem General von Pfuel, als später dem General von Prittwitz Weisungen zu erteilen, auch ohne deren Wissen über die Truppen zu verfügen. Daß von ihm oder seiner Umgebung, jedenfalls nach seinem Sinn und Willen der unerwartete Angriff auf das friedliche Volk ausging, weil man ein Gemetzel haben und Schrecken einflößen wollte, war die entschiedne Meinung aller Zeugen, die damals den Dingen nahe standen. Auch der König war so berichtet und aufgebracht über das Benehmen seines Bruders, um so mehr aufgebracht, als die Sache eine so greuliche Wendung nahm. Deshalb riet er auch so ungestüm zur Flucht seines Bruders, da er diesen von der Wut des Volkes nicht mit Unrecht bedroht wußte.

Zum 18. März 1848

Daß am 18. März bei dem Kampfe gegen das Volk einzelne Truppenabteilungen zum Volk übergegangen seien, hat sich nicht bestätigt, obschon dies allgemein verbreitet war und auch von sonst wohlunterrichteten Männern, zum Beispiel General von Pfuel, Minister von Canitz, als wahr angenommen wurde. Mehrere Tage nach dem Kampfe nannte Canitz gegen mich die Neuchateller Schützen, denen jenes Übergehen hauptsächlich vorgeworfen wurde, »die schändlichen, verfluchten Jungen!« Gewiß aber ist es, daß einzelne Soldaten übergingen und nachher in Bürgerkleidung auf den Barrikaden mitfochten. Entschiedene Tatsache ist es auch, daß ganze Trupps von Soldaten an mehreren Stellen sich dem Kampf *entzogen*, in die Häuser gingen und nicht wieder herauskamen, ja dem Ruf ihrer Offiziere nicht folgten, wenn diese sie wieder auffanden. Das haben mir Offiziere mit bitterer Klage erzählt. Pfuel war entschieden der Meinung, bei fortgesetztem Kampfe würden die Truppen scharenweise ermattet und übergegangen sein.

Zum 18. März 1848

Ein Schlosser, der hier jetzt im Hause arbeitet, erzählt ganz behaglich, wie er am 18. März mitgekämpft, und zwar unter Anführung des Herrn Eichler, der auf dem Dönhofsplatz ein Feuer angezündet hatte, wo gleichsam sein Hauptquartier war, und von wo aus er den Kampf an allen nächsten Barrikaden durch seine Befehle leitete. Bald war er bei der einen, bald bei der andern, am meisten doch bei seinem Feuer, wo die Kugeln häufig einschlugen, er aber unausgesetzt seine Anordnungen traf, die Streitkräfte verteilte, den Kampf nach eingehenden Meldungen bald verstärkte, bald beschränkte, auch hatte er sich mit entfernteren Kampfstellen in Verbindung gesetzt. Pünktlich wurde seinen Befehlen gehorcht, jedermann folgte seinen Anordnungen, nur in Einem Stücke nicht ganz, im Genusse geistiger Getränke! Die Einwohner brachten den Kämpfern Speise und Wein und Branntwein und Kaffee. Eichler beschwor sie, nur Kaffee zu trinken, aber keinen Branntwein, durch den sie bald des Streites unfähig würden. Eine zeitlang ging es, aber als die Nacht kalt wurde, die Stunden langsamer verflossen, da griffen die Leute auch zum Branntwein, und am frühen Morgen lagen ihrer einige Dutzend betäubt umher, die Truppen drangen vor, stachen mehrere der Schlafenden nieder, und Eichler mußte vom Dönhofsplatze weichen und zog in die nächste Barrikade, wo er sich wieder behauptete. Er hatte seine Stimme mit solcher Anstrengung gebraucht, daß er zuletzt gar keinen Ton mehr hatte, sondern nur leise flüstern konnte.

(Geschrieben am 24. September 1848.)

Zum 18. März 1848

Der Umstand, daß die Reiterei, die von der Stechbahn her unvermutet auf den Schloßplatz und das unbewaffnete Volk einritt, nicht mit eingesteckter Waffe und im Schritt, wie die Königliche Proklamation sagt, sondern mit gehobenem Säbel und im Galopp vordrang, ist durch zahllose Augenzeugen, durch unverdächtige und auch durch solche, die der Hofpartei angehören, als unzweifelhafte Tatsache erwiesen. Ich habe das Thema gewiß mit fünfzig Personen durchgesprochen. Diejenigen, welche die Sache leugnen, müssen sich zuletzt dahinter flüchten, daß die Reiterei von dem Platze, wo sie stand, in jener Verfassung aufgebrochen, geben aber zu, daß sie in der andern auf den Schloßplatz hervorgebrochen sein könne, eine Unterscheidung, die grade beweist, was sie leugnen soll! Sogar der Graf von Königsmarck, den man beschuldigt, den Befehl zum Vordringen mit eigenmächtiger Schärfung überbracht zu haben, lächelte behaglich über den Zweifel und meinte, man habe wohl mit dem Gesindel noch erst viel Umstände machen sollen?

Zum 19. März 1848

Zuerst wurden sechs bis sieben Leichen von der Breiten Straße her nach dem Schloß angefahren, die blutigen Wunden aufgedeckt, bekränzt mit Blumen und Laub. Die begleitende

Volksmenge sang Lieder und schrie; der König soll die Leichen sehen, hieß es. Auf den gebieterischen Ruf erschien der König auf dem Altan, der nach dem Schloßplatz hinaus führt. (Er hatte erst gezweifelt, auf Pfuels Zureden trat er vor. Der Prinz von Preußen wollte folgen, Pfuel hielt ihn zurück, der Prinz sah sich um, zu sehen wer ihn hielt, und blieb zurück.) Alles hatte den Kopf entblößt, nur der König die Mütze auf; da hieß es gebieterisch: »Die Mütze herab!«, und er nahm sie ab. Die Leichen wurden dann durch das Schloß durch nach dem Dom gefahren. Alle folgenden ebenso; diese aber machten auf dem innern Schloßhof Halt, und hier mußte der König ebenfalls wiederholt auf der Galerie erscheinen, die Leichen grüßen und vieles anhören. Endlich wurde ein geistliches Lied angestimmt – »Jesus meine Zuversicht«, und damit beschloß der furchtbare Auftritt, die ganze Volksmenge sang mit und schien versöhnt. Der König durfte sich erschöpft und vernichtet zurückziehen. Die Örtlichkeit nach den sorgfältigst erfragten Angaben festgestellt.

(14. März 1852.)

Am 19. März 1848

Das Volk im Schloßhofe schrie heftig um Loslassung der Gefangenen, sowohl der noch in den Schloßkellern aufbewahrten als der nach Spandau schon abgeführten. Der König mußte vortreten und das Verlangen gewähren. Er rief: »Nun, die sollt Ihr haben!« Und fügte den schlechten Spaß hinzu: »Ich weiß aber nicht, ob sie Euch noch gefallen werden!« Man wußte schon, daß sie furchtbar zerschlagen, geschändet und gebunden waren, man geriet in Wut über diesen Scherz des Königs; nun erst wurden die Leichen gebracht, er solle sehen, ob ihm die gefielen, rief man laut, und nun erfolgte der schauderhafte lange Vorgang dieser Leichenschau, die der König (die Königin wollte ihn nicht verlassen) bestehen mußte; »Mütze herunter!« rief man ihm gebieterisch zu und er mußte die ganze Zeit barhaupt bleiben.

(Aus zuverlässiger Quelle von Augenzeugen.)

## *Artikel in der Augsburger »Allgemeinen Zeitung«*

Berlin, 16. April 1848

Der von uns mit Ungeduld erwartete *neue Bundestag*, hauptsächlich die *Volksvertretung* bei demselben, wird ohne Säumen die Wehrverfassung und die äußere Politik Deutschlands ins Auge fassen müssen; denn es liegt am Tage, daß beide völlig umgeschaffen werden müssen im Sinne des neuen Geistes, in welchem das Vaterland wiedergeboren ist. In diesen beiden Fächern, im Militärwesen und in der Diplomatie, hat sich am tiefsten der Kasten- und Zunftgeist der untergegangenen Staatsmächte eingenistet, der Schlendrian alter Gewohnheiten und nichtsnutziger Formen, von denen auch die helleren Köpfe, wenn sie einmal hineingeraten sind, nur mit Mühe sich losmachen; über den eingeführten Formen, deren Erhaltung und Ausübung zum Hauptgeschäft geworden, vergißt man zuletzt ganz deren Zweck und Inhalt. Es ist so weit gekommen, daß pedantische Rechner im Truppenwesen und gewandte Depeschenschreiber in der Diplomatie als die Meister ihres Faches gelten, während sie von der höheren Kriegs- und Staatskunst auch nicht das geringste wissen. Unsre Geschichte der letzten fünfzig oder sechzig Jahre ist voll von beklagenswerten Beispielen, wir nennen statt aller andern nur Mack und Lucchesini! Dies muß in dem neuen Zustande der Dinge sich durchaus ändern; wir müssen lernen, auf das Wesen der Dinge [zu] sehen, wobei es gar nicht nötig ist, die gebräuchlichen Formen wegzuwerfen, nur darf die armselige Gewandtheit in ihnen, die bei glänzenden Höfen wichtig war, im Dienste der wahrhaften Nationalsache nicht mehr vorherrschen wollen. Wir wünschen, daß der neue Bundestag gleich nach seinem Zusammentritt zwei Ausschüsse niedersetze, die sich mit diesen Gegenständen beschäftigen, und nicht von den Regierungen abgeordnete Sachverständige, sondern freie, die sich gewiß anbieten, zu Rate ziehe. Wenn Preußen in beiden Stücken kräftig voranginge, so wäre viel gewonnen, so könnte ein großer Teil der Sorge fallen. Allein wir sehen bis jetzt keine Anstalten dazu. Wir haben einen Minister der auswärtigen Angelegenheiten, von dem jedermann sagt, daß er nicht bleiben könne, weil höchstens die Sache ihn, er aber nicht die Sache trägt. Wir haben einen interimistischen Kriegsminister, der ein guter Verwalter, aber kein politischer Mann ist, einen Chef des Generalstabs, der schon vor einem halben Jahre wegen Alter und Krankheit den Abschied nehmen wollte, aber noch im Amte steht und in diesen bedenklichen Zeiten keine Spur seiner Tätigkeit zeigt. Die Behandlung der – verhältnismäßig kleinen – schleswigholsteinischen Sache ist ein sprechendes Beispiel dessen, was wir gewärtigen müßten, wenn es in drangvollen Umständen gälte, gegen hereinbrechende Gefahren die *gesamte Kraft* aufzubieten! Hat bei dem gefaßten Entschluß, Schleswig-Holstein zu unterstützen, wohl eine Einheit der Auffassung, ein fester Plan, eine zweckmäßige Ausführung stattgehabt? Niemals war es nötiger als bei dieser Sache, rasch und kräftig einen entscheidenden Schlag zu führen, unbeirrt und nachdrücklich das Beschlossene zu vollziehen. Uneingedenk der guten Lehre, die wir aus der Hinterlassenschaft des Fürsten Metternich uns wohl aneignen dürfen, wie stark und berechtigt ein fait accompli sich der Welt darstellt, wurde der schon kriegerisch gestaltete Anlauf wieder in diplomatische Wege verschleppt, und die rasch beförderte erste Infanterie, kriegsmutig und kriegsungeduldig, und von der befreundeten Bevölkerung mit Begeisterung aufgenommen, mußte in ihrer Schwäche und ihrer langen Entblößung von Kavallerie und Artillerie sich untätig begaffen lassen, während der Feind ungehindert losbrach, das zu schützende Land überzog und den bewaffneten Eingebornen arge Schlappen brachte! Dies ist keine Art, die Sachen zu führen. Eine andre Leitung muß eintreten. Wenn es zu einem ernsten Kriege käme, sei es nach Osten oder nach Westen, so würden die Versäumnisse von *heute* und *morgen* in den *künftigen Ereignissen* schwer *mitzählen*. Möge beizeiten die richtige Vorkehr getroffen werden! In der nächsten preußischen Volksvertretung wird hoffentlich zur Sprache kommen, was zunächst *uns* betrifft, in der großen deutschen das *Gemeinsame* des ganzen Vaterlandes.

Berlin, 29. April 1848

»*In* Frankfurt wollen wir stark sein, nicht *gegen* Frankfurt«, sagte neulich eine preußische Stimme, und wir halten sie für ebenso echt preußisch als sie echt deutsch ist. Die Worte des Königs, »Preußen geht fortan in Deutschland auf«, sind keine bloße Redensart, sie haben einen tiefen Inhalt, eine tatsächliche Wahrheit, die niemand ungestraft verkennen wird, ein Preuße aber, auch ein solcher Preuße, der vorderhand nur das Wohl des alten Staats ins Auge faßt, sich auf das stärkste einprägen muß! Wir können uns nicht verleugnen, daß Preußen sich in einer bedenklichen Krisis befindet, die vielleicht nur in Österreich noch schlimmer ist, daß die andern deutschen Staaten, nämlich die von mittlerer Größe und von geographischer und nationaler Einheit, gegen uns sehr im Vorteil stehen. Die alten Bande hielten auch das zusammen, was nicht innerlich geeint war; dies Zusammenhalten war dem Ganzen und den Teilen wohltätig – kein Billiger wird es leugnen –, und deshalb müssen wir alles aufbieten, das Fortbestehen zu sichern und, wenn die alten Bande nachlassen, dafür die neuen desto straffer anzuziehen. Diese neuen Bande sind die der deutschen Freiheit, des engen Anschlusses an deren allgemeinen Gang, an die Formen, welche ihre freigewählten, aus allen Gauen zusammenkommenden Vertreter ihr geben werden. Hierin können wir die alte Kraft Preußens am ersprießlichsten dartun, hierdurch die ruhmvolle Selbständigkeit des preußischen Namens am sichersten retten. Auf dem entgegengesetzten Weg, dem der stolzen Absonderung und des mürrischen Halbwillens, liegt unsre größte Gefahr. Wer jetzt – und wie viele Preußen tun es aus falsch verstandenem Vaterlandseifer, aus übelangebrachtem Stolz! –

wer jetzt der von dem König so richtig und notwendig eingeschlagenen Richtung entgegen ist, der tue doch die Augen auf und sehe, wohin das führt; könnte ihm gefallen, dies heldenreiche geliebte Preußen auf die Grenzen zurückgeführt zu sehen, die der Tilsiter Frieden ihm gab? Ob unsre Minister, wie brave tüchtige Männer auch unter ihnen seien, diese Lage des Staats gehörig einsehen, bei allen ihren Handlungen genugsam beachten, dessen sind wir keineswegs versichert. Wie könnten sie sonst so manches Höchstwichtige und Dringende unterlassen, was der Augenblick gebieterisch fordert und wozu sie alle Macht haben oder jeden Augenblick nehmen können? Wir zielen hiebei wiederholt auf das schon öfters angeregte Thema, auf die notwendige *Reinigung* unsrer höchsten und mittlern Behörden, vor allem in der Verwaltung, aber auch in der Diplomatie und im Kriegswesen! *Vertrauen*, entschiedenes Vertrauen ist jetzt die Hauptsache, Vertrauen im Lande selbst und nach außen; wie kann man aber Vertrauen haben zu den Personen, die tief in dem alten System befangen, ja teilweise von ihm befleckt sind, und die durch eine schmiegsame Umkehr nicht reingewaschen werden? Man sagt, sie seien schwer zu ersetzen, und das mag wahr sein, denn es ist der Fluch des alten Systems, daß es keine Staatsmänner erzog, sie nicht einmal duldete, sondern nur unterwürfige Geschäftsknechte wollte, die es denn auch mit den höchsten Ämtern belohnte! So weiß man jetzt keinen Kriegsminister, keinen Handelsminister, keinen Minister der auswärtigen Angelegenheiten zu finden! Aber man suche nur, und sie *werden* sich finden; wenn nicht unter den Präsidenten, Geheimräten und Generalen, gewiß einige Stufen tiefer, und wenn die Befähigten nicht ganz in den Geschäftsgang eingeweiht sind – desto besser! Dieses Geschlepp und Geschmier muß abgeschafft werden, und mit ihm fällt der letzte Schimmer von Befähigung, den so viele jetzt Hochgestellte noch übrig haben! Wenn man unsre wichtigsten Staatsämter, die militärischen wie die bürgerlichen, näher betrachtet, *wie* sie besetzt sind und *was* daraus für Schaden erwächst, so schaudert einem die Haut! Der König selbst muß dies längst einsehen, warum dringen die Minister nicht auf durchgängige Reform? Man gehe den Weg des Freisinns mit *starken, festen* Schritten, man trete hart auf und nicht mit leisen Fußspitzen!

## Schlichter Vortrag an die Deutschen über die Aufgabe des Tages

Im Staatswesen kommt es nicht darauf an, neue und glänzende Einfälle zu haben; wäre dies erforderlich, so würden die folgenden Worte nicht ans Licht treten. Haben schon andre vor uns dasselbe gesagt, desto besser! wir rufen nicht: »Pereant qui ante nos nostra dixerunt!« Neue Schöpfungen, im Reiche der Philosophie und Poesie so hauptsächlich und willkommen, sind in der politischen Welt nicht ohne Vorsicht aufzunehmen, hier ist weit mehr die richtige Erkenntnis und geschickte Anwendung zweckmäßiger Wahrheit am Platz, sollte diese auch allbekannt sein. Der Abt Sieyes hat weit mehr Verdienst und Ruhm von seiner einfachen Aufzeigung und Hervorhebung des Bürger- und Bauernstandes als von seiner künstlichen Staatsverfassung, die ohne Lebensfähigkeit gleich am Beginn erstickte. Die politische Aufgabe bedarf keines Adlerfluges, ihr genügt ein freies und nahes Schweben über den vorhandenen Tatsachen, ein gewissenhaftes Zusammenfassen der zerstreut umher liegenden Wahrheiten. In diesem Sinne gibt sich unser Vortrag.

---

Verwirrung und Ratlosigkeit steigen in Deutschland mit jedem Tage, der Zustand der öffentlichen Angelegenheiten wird je länger desto bedenklicher. Während viele Verhältnisse in fortwährender Auflösung begriffen sind, manche in neue Verbindungen treten, spannen sich andre gefahrvoll und drohen zu zerreißen. Es handelt sich jetzt schon weniger um das Maß der Freiheit und um die Formen der Verfassung, durch welche der künftige Zustand geordnet und gesichert werden soll, sondern ein weit höherer Gegenstand steht in Frage, das politische Dasein der Deutschen als einer Gesamtheit, die Bundeseinheit, von der zuletzt auch jene Freiheit und Verfassung ihre beste Kraft und Gewähr zu empfangen hat.

Vereinigung der Deutschen, Einheit von Deutschland – wie süß klingen seit Jahren diese Worte dem Vaterlandsfreund ins Ohr! Leider jedoch sah es von jeher bei uns mit der Sache mißlich aus, und es scheint, daß wir auch heute nicht so schnell damit aufs reine kommen. Die Nationalität ist im allgemeinen bei uns schwer festzuhalten; sie war von den frühesten Zeiten in stetem Flusse und von der Nation selbst oft gar nicht beachtet. Franken und Angelsachsen zogen aus der Heimat fort, mischten sich mit andern Völkern und wurden groß und frei, während Longobarden und Vandalen auf gleichen Wegen sich in der Fremde verloren. Die Schweiz fiel von Deutschland ab, das slawische Böhmen und das gallische Belgien schlossen sich an, Elsaß und Lothringen wurden hingegeben: wo sollen wir anfangen zu rechnen, zu fordern? Eine reine Lösung aus dieser Völkermischung herauszufinden ist nicht möglich; wenn sie nur annähernd gelingt, können wir zufrieden sein. Aber die Nationalität ist auch keineswegs die alleinige Grundlage des Staates, nicht die alleinige und nicht die wesentlichste. Gesetzgenossenschaft und Freiheitsgenossenschaft sind unstreitig höherer Geltung als Stammesverwandtschaft, besonders wenn diese noch vielfach gebrochen und verdunkelt ist. Hieraus erklärt sich zum Teil, daß wir die Stammeseinheit ganze Zeiträume hindurch so vernachlässigt haben. Indes, wie wenig von jeher unsre Einheit grundsätzlich festgestellt und staatlich durchgeführt worden, ganz aufgegeben haben wir sie doch niemals; das römische Kaisertum war ein weiter Rahmen für sie, in Zeiten der größten Zerrissenheit wurden immer auch Triebe der Einigung wach, unter dem Drucke der Fremdherrschaft fehlten sie nicht, mit deren Sturze wollte die Nation, ihre Fürsten an der Spitze, mehr als früher in festem Bündnisse vereinigt sein, nach innen und nach außen sich als Gesamtheit wissen.

Diese Gesamtheit war dreiunddreißig Jahre durch den deutschen Bundestag sehr unvollkommen vorgestellt. Wir waren niemals Lobredner dieser hohen Behörde und ihres Wirkens; sie hat ihrer Aufgabe schlecht entsprochen; sie hat die vaterländischen Angelegenheiten unverantwortlich vernachlässigt, die Freiheit der Deutschen, anstatt sie zu vertreten und zu entwickeln, schmählich gehemmt und zerstört; wir wissen das alles, und die harten und gehäuften Anklagen sollen von uns nicht geleugnet werden. Aber der Bundestag war gleichwohl, wir sagen es laut, ein politisches Band von fester Bestimmtheit und Geltung, und das bleibt, wenn auch kein eben großes Verdienst der Leitung, doch ein nicht zu verkennender Wert der Sache; die von diesem Band umschlungenen Staaten und Völker mögen nach innen lose nebeneinander gelegen haben, nach außen war der Zusammenhang streng gezogen, und die Einheit klar. Diesen Bundestag hat man früher nur schlecht verwaltet und gebraucht, in neuster Zeit aber unbedacht und fahrlässig fallen lassen, grade in dem Augenblicke, wo er recht nützlich sein konnte und zum Guten zu verwenden war. Mit rechtzeitiger Tätigkeit, mit ehrlichen und richtigen Maßnahmen, war er sehr wohl zu retten, und unsres Erachtens bleibt es ein starker Vorwurf, der die deutschen Regierungen trifft, daß sie so voreilig und unnötig diesen Untergang bewirkt haben. Wie nützlich wäre jetzt jene Behörde zur Verarbeitung und Ausgleichung all der Schwierigkeiten, die zwischen dem Allgemeinen und den Besonderheiten unaufhörlich und immer mißlicher sich erheben, und die jetzt durch vereinzeltes diplomatisches Bemühen weniger gelöst als hingehalten und dadurch vergrößert werden! –

An die Stelle des Bundestages setzte die Nationalversammlung einen provisorischen Reichsverweser mit verantwortlichen Ministern. Die getroffene Wahl erfreute sich, was die Person betrifft, gerechten Beifalls; die Vergangenheit gab volles Vertrauen in die Gesinnung des Mannes, seine Ehrenhaftigkeit und Selbstwürde fanden auch auf gegnerischer Seite, wo man ein solches Amt überhaupt nicht wollte, bereitwilliges Anerkenntnis.

Doch in Staatssachen sind guter Wille und Redlichkeit, wenn auch unerläßliche Erfordernisse, doch nicht alleinentscheidende Mächte. In den allgemeinen Zuständen, in der bestimmten Lage der Dinge macht sich eine Gewalt geltend, die von dem Willen und Talent der Menschen unabhängig nach eignen Gesetzen verfährt. Nicht der Reichsverweser mit seinen Ministern noch die Nationalversammlung, nicht die Fürsten noch die Völker vermögen die tatsächlichen Verhältnisse zu leugnen oder zu beseitigen, die der Gegenwart aus der Geschichte überkommen sind, und auf deren Grund und aus deren Stoff das neue Volks- und Staatsleben der Deutschen zu errichten ist.

Wir stoßen hier sogleich auf einen Widerspruch, der im Beginn vielleicht klein dünken konnte, mit jedem Vorschritt aber zunehmen und schwieriger werden muß. Der Reichsverweser hat seine namentliche Macht durch den Beschluß der Nationalversammlung, seine wirkliche dagegen empfängt er von der immerfort erneuerten Zustimmung und Willfährigkeit der einzelnen Staaten, – wir wollen sagen Fürsten, obschon auch freie Städte dabei sind. Da ihm diese letztere Macht nicht wie jene gleich im Ganzen zugesprochen und überliefert werden kann, so ist er in der üblen Lage, für jeden einzelnen Fall sie anzusprechen und gleichsam zu borgen, ungewiß bis zum Augenblicke des Vollzuges, ob sein Ansehn bewilligt wird und bis zu welchem Grade. Denn das Dasein und die Selbständigkeit deutscher Staaten ist eine tiefwurzelnde Tatsache, die sich weder durch Wünsche noch durch Beschlüsse fortschaffen läßt, so wenig wie die große Ungleichheit des Umfanges und der Macht dieser Staaten, aus der sich Folgerungen ergeben, von denen selbst die Träger dieser Macht nicht abstrahieren können, denn selbst das undenkbare freiwillige Aufgeben würde doch nur ein persönliches sein, und ein anderer Träger, in Ermangelung eines Fürsten sogar das Volk, würde sogleich eintreten, um die Selbständigkeit so lange zu behaupten, bis sie etwan auf dem natürlichen Wege der Geschichte, durch Übermacht von außen oder innern Verfall, wirklich zugrunde geht. Daß der Schwache dem Gebote des Starken folgt, besonders wenn dieser eine höhere Berechtigung mit der Stärke verbindet, wird überall und immer als ein richtiges Verhältnis anerkannt, und ein Widerstreben dagegen kann eben nur als ein Versuch gelten, ob die vorausgesetzte Stärke nicht doch vielleicht eine bloß vermeintliche sei. Friedrich der Große hat dies mit Erfolg dem halben Europa gegenüber ausgeführt. Daß aber die über allen Zweifel erhobene Stärke sich dem ausgemacht Schwächern füge und sich ihm gleichsam darleihe gegen den eignen Vorteil, oder in solchen Fällen, wo die richtige Anwendung des Darlehns noch nicht verbürgt oder schon zweifelhaft ist – dies Unerhörte dürfen wir von unsrem Zeitalter, wenn auch sonst fruchtbar an wunderlichen Ausgeburten, doch vernünftigerweise nicht erwarten. Die Macht des Reichsverwesers steht also völlig in der Luft, gleich der so mancher früheren Kaiser, die, ohne eigne Hausmacht von der Hülfe des Reiches abhängig, für dieses wenig Heilsames auszurichten vermochten.

Der Fall, daß die Verwaltung der Reichsmacht nicht unbedingtes Zutrauen einflößt, daß die Maßnahmen der Reichsminister mißbilligt oder bedingt und beaufsichtigt werden, liegt schon jetzt vor Augen; er wird häufiger eintreten und immer größer, je mehr sich die Wirksamkeit der Reichsmacht ausbildet, er selbständiger und kräftiger die äußern Verhältnisse gegen fremde Staaten oder die innern gegen die eignen Bundesglieder zu ordnen unternimmt. Der Reichsverweser *muß* dies unternehmen, es liegt in seiner Aufgabe, er kann es nicht ändern, er muß daher immer neuen Widerstreit erregen. Die Folgen aber sind unausbleiblich. Auf diesem Wege wird in unsre Angelegenheiten mehr Uneinigkeit und Stockung, Mißtrauen und Befehdung gebracht, als je vorher darin gewesen. Aus Vaterlandsliebe stehen wir an, das Gemälde der nächstkünftigen Ereignisse, in denen jenes Unheil sich lagern und ausbreiten wird, hier näher aufzustellen; dem einsichtigen Berufenen werden die einzelnen Bilder von selbst vor

Augen treten, der Menge und dem Auslande wollen wir sie lieber noch verhüllen! –

Was wird der Reichsverweser gegen solche Übelstände vermögen? Soll er das Versagte oder Verzögerte dadurch erzwingen, daß er anderweitige Aufgebote versucht, die ebensogut verneint werden können? Und wie, wenn er es mit solchen Staaten zu tun hat, die es mit der Gesamtheit der andern aufnehmen dürfen? Die Truppen, mit denen er seine Vorsätze ausführen will, sind erborgt und können zurückgezogen werden, die Gelder, mit denen er wirtschaftet, bestehen in Bewilligungen abhängig von jedem Tage, die Minister selbst und alle Beamte, durch die er seine Anordnungen verfügt, sind ihm nur zeitweise geliehen und würden ihre ursprünglichen Verhältnisse schwerlich aufgeben, um sich unbedingt den neuen zu widmen. Wer soll diese Lücke ausfüllen, wer das Band zwischen den Einzelstaaten und der Einheitsvertretung so knüpfen, daß es fest und tauglich und ohne zu beschädigen das Gesonderte zusammenhalte? Die Nationalversammlung? Fragt sie, ob sie sich dessen getraue! Sie könnte es vielleicht, aber unter Bedingungen, die sie in ihrer jetzigen Zusammensetzung nie wollen wird. –

Der Mangel der Macht in der deutschen Einheit ist aber ein Unglück nicht nur für diese selbst, er wird mittelbar auch eines für jeden deutschen Staat. Wir haben es nicht mit willenlosen Stoffen, mit willkürlich einzuteilenden Größen, sondern mit dem lebendigen Volksgeiste zu tun, mit den Gedanken und Bestrebungen erregter Menschen, die in ihrem begonnenen Zuge nicht stillstehen, die um jeden Preis ihre Forderungen verfolgen. Die allgemeine Stimmung der Deutschen verlangt gebieterisch deutsche Vereinigung, sie will diese nicht weniger, als sie die freie Verfassung der Einzelstaaten will. In beidem ihr zu genügen, ist unerläßlich. Die Arbeit des erregten Volksgeistes geht unaufhaltsam fort, wo sie nicht schaffen kann, da zersetzt sie. Das Bilden und Gestalten zum Großen und Ganzen ist uns um so nötiger, als die Nichtbefriedigung der dahin gerichteten Bestrebungen überall zum Verderben führt. Unser Handel und unsre Schiffahrt, unser Zollwesen, die Kirchen- und Schulverhältnisse, ja selbst der scheinbar so feste Kriegsstand, alles steht inmitten der allgemeinen Gährung, verlangt größere Verbindung, läßt sich innerhalb der bisherigen Schranken nicht beruhigen, hegt Keime der Zersetzung, der Verwandlung in sich. Wir können nicht mehr damit ausreichen, freie und selbständige Hessen, Badener, Mecklenburger, Bayern und Preußen zu sein, wir fühlen tief und mächtig das nicht mehr abzuweisende Bedürfnis, auch als Deutsche eine staatliche Bedeutung, eine große Gemeinschaft des Seins und Wirkens zu haben. Vielleicht möchten einige dies in Betreff Preußens nicht völlig gelten lassen, aber von den westlichen Landesteilen gilt es gewiß, und das Ganze wird, wenn es dies bleiben will, auch dem Teile gerecht sein müssen.

Die Nationalversammlung in Frankfurt, an und für sich ein Wunder unsrer Zeit und einzig in unsrer Geschichte, hat jenem mächtigen Drange ihre Entstehung zu danken, und ihm hinwieder ihre ganze Tätigkeit gewidmet. Bis jetzt leider nicht glücklich. Die Ernennung eines Reichsverwesers hat den Wirrsal und Zerfall unserer Angelegenheiten nicht geheilt, sondern nur offenbarer gemacht. Die deutsche Einheit ist nicht angenähert, vielmehr entfernt worden, die Einzelstaaten – und nicht nur Preußen, sondern auch Baden, Sachsen, Bremen – sind auf ihre Eigenständigkeit zurückgeworfen, der Sondergeist ist erwacht und hat erwachen müssen. Die neugeschaffene Reichsmacht ohne Boden ist vom Zweifel schon erschüttert, das erste Beispiel entschieden verweigerter Folgeleistung müßte vernichtend wirken.

Was kann hier geschehen, was bleibt übrig zu tun? da wir unsre Sache, auch wenn wir wollten, nicht aufgeben können, da wir vorwärts *müssen*? – Wir sehen nur Einen Ausweg, den von Anfang richtigen und leider versäumten; dieser ist, daß Preußen als Haupt der deutschen Sache erscheine, daß die Leitung der Einheit in seine Hand gelegt werde. – Alles was bisher schief und unhaltbar stand, wird dann gerade und fest, alle Schwierigkeiten ebnen sich von selbst, alle Unstatten hören auf, verwandeln sich in Vorteile; die Macht ist dann bei der Macht, sie gibt und leiht anstatt zu borgen, das natürliche Verhältnis reizt den Widerspruch weniger, hat ihn wenigstens nicht als notwendige Folgerung immerwährend bei sich. –

Preußen? hören wir fragen, und warum denn nicht ebensogut und lieber Österreich? – Wir gestehen, diese Frage könnte zu großer und vielleicht in Betreff des Entscheides zweifelhafter Erörterung Anlaß geben, stünde dieser Staat noch in seiner alten Macht und Herrlichkeit da, als ein wo nicht rein, doch vorzugsweise deutscher, wären nicht Slawen und andre nichtdeutsche Völker die Mehrzahl seiner Einwohner, hätten nicht sogar die entschieden zu Deutschland gehörigen Länder eine sehr gemischte Bevölkerung, die auch in dieser Mischung noch kaum die Hälfte der Seelenzahl bilden, welche Preußen darbietet. Die gegenwärtige Zerrissenheit Österreichs, die schweren Kriege, in denen seine nichtdeutschen Länder befangen sind, die weitern Verwicklungen, welche ihm bevorstehen, und noch andres nicht zu Nennendes fallen schwer in Betracht. Genug, Österreich kann für jetzt in keiner Weise als deutsche Macht mit Preußen wetteifern wollen; ihm selbst würden im Gegenteil alle Vorteile mit zugute kommen, welche für jedes deutsche Land aus der Oberwaltung Preußens folgen müssen.

Wir kennen alle Einwendungen, welche, besonders im südlichen Deutschland, so eifrig gegen Preußen bereit sind, wir wissen, wie abgeneigt, wie mißtrauisch viele unsrer Landsleute von alters her, und auch aus neusten Anlässen wieder, gegen Preußen gestimmt sind. Wir kennen der Vorwürfe genug, denen auch wir beitreten, wir kennen der Übel genug, die auch wir von jeher getadelt und beklagt haben. Fern liegt uns jede Absicht des Beschönigens, des Vertuschens, wir wollen vor nichts die Augen schließen, und jeder Anklage gerecht sein. Aber wir sagen mit Überzeugung, jene Abneigung und jene Vorwürfe treffen mehr die zufälligen

Umstände als den Kern des Wesens, mehr die abgeworfene Vergangenheit als die waltende Gegenwart, sie müssen in der nahen Zukunft, die sich stark entfaltet, völlig schwinden. Und so behaupten wir nochmals und mit allem Nachdruck: nur in Preußens Voranstehen sehen wir Heil und Halt für die Einheit Deutschlands! Unsre Zuversicht ist auf innere Notwendigkeit gegründet, auf tatsächlich Bestehendes, auf wesentliche Verhältnisse, die durch Willkür nicht geändert werden.

Man gehe der Reihe nach alle Beziehungen durch, welche das einheitliche Deutschland haben soll, verfolgen und verarbeiten muß, die der Vertretung und des Schutzes gegen das Ausland, die der gemeinsamen Einrichtung und Gesetzgebung im Innern, überall steigen fast unbezwingliche Schwierigkeiten auf, wenn Preußen nicht an der Spitze steht; alle Schwierigkeiten hingegen lösen sich leicht und verschwinden, sobald ihm die Führung zugesprochen wird; seinem Gange folgen von selbst fünzehn Millionen Deutsche, wie leicht schließen sich da die andern an! Je mehr aber sie sich anschließen, desto mehr werden auch sie den Gang selber mitbestimmen. Wir könnten noch andere wichtige Gründe, die für Preußen sprechen, hier beibringen, allein wir übergehen sie, weil zwar die erleuchtete Mehrheit unsrer Landsleute uns beistimmen, eine achtbare Minderheit aber vielleicht verletzt sein würde. –

Der jetzige Reichsverweser ist nur für einstweilen ernannt, seine Würde und sein Amt werden mit der Weiterentwicklung der deutschen Verfassung in gesetzlicher Weise aufhören oder durch neuen Beschluß zu dauernder Geltung erhoben werden. Veränderung und Aushülfe bieten sich daher ohne Schwierigkeit dar. Die Nationalversammlung hat es noch jederzeit in der Hand, den alleinigen Weg einzuschlagen, auf dem ihre Aufgabe wahrhaft zum Heile der Nation zu lösen ist. Wird Sie es tun, oder ein unsichres Ziel auf gefahrvoller Bahn in dunkle Weiten hinaus zu verfolgen vorziehen?! –

Zwei Bemerkungen fügen wir noch hier an. Die erste ist, daß Preußen, bisher zurückgeblieben in volkstümlichen Formen, fortan einer der freiesten Staaten in Deutschland sein wird. Allen Anzeichen nach erhält Preußen die freisinnigste Verfassung, ja die Grundlagen einer solchen sind ihm schon ein zugesicherter Besitz. Die Gabe wird um so reicher und vollständiger sein, als sie die Verzugszinsen einer dreißigjährigen Wartezeit in sich trägt, während die früher entstandenen deutschen Verfassungen meist nur den knappen Betrag des damals Unversagbaren und auch diesen nicht ohne starke Abzüge geliefert haben. Preußen bringt daher dem großen Gemeinwesen nicht nur den Beitrag der Macht, sondern auch den der Freiheit.

Die zweite Bemerkung betrifft den König. Wie auch die Meinungen, oft leider unkundig und befangen, oft verführt durch falsche Angaben und böse Deutungen, über diesen Fürsten sich mögen gestellt haben, im allgemeinen wird jede ehrliche, von Einsicht geleitete Stimme ihm reines Wohlmeinen, hochherzigen Sinn und große Geistesgaben zusprechen; er hat den seltenen Vorzug einer freien und frischen, ja wir dürfen sagen einer liebevollen und daher liebenswürdigen Persönlichkeit, die sich in Glück und Widerwärtigkeiten gleich geblieben ist, und den vollen Ausdruck ihrer Geltung vielleicht noch erwartet. Für den König sprechen beredsamer, als alle Worte es können, die Zuneigung und das Vertrauen, welche sein Volk trotz aller Stürme ihm unverbrüchlich bewahrt und bei wiederholten Anlässen offen dargelegt hat. Das Herz des Volkes hat ihm nie gewankt und wird ihm in der Zukunft nur fester verbunden sein. Er war es auch, der gleich zuerst nach seiner Thronbesteigung den Anfang machte, freiwillig die Bande zu lösen, welche den Volksgeist niederhielten, er gab die ersten Anregungen zu der Entwicklung, die wir dann reißend fortschreiten sahen, und ohne sein Zutun, wir können es dreist behaupten, wäre der Geist der Freiheit bei uns nicht auf der Stufe, auf der wir ihn jetzt sehen. Er zuerst hat auch die deutsche Sache tatkräftig aufgenommen, ohne Selbstsucht und Vorteil, mit der offnen Erklärung, daß er die Oberstelle nicht anspreche. Blickt umher, und sagt, welcher Fürst mehr für Deutschland getan hat, zeigt uns den, der ihn an menschlich schönen Eigenschaften überragt, ihm an fürstlichen Erfordernissen der Stellung und Macht gleich kommt! –

Der Schreiber dieser Zeilen, sei es zum Überflusse noch gesagt, ist so frei von persönlicher Rücksicht, als schriebe er in Nordamerika; er darf mit Wahrheit sagen, daß der Fürst, den er aus aufrichtigem Herzen preist, nichts von ihm weiß, ihm weder durch Gunst noch Ungunst Anlaß gegeben hat, das Wort zu nehmen. –

Wir schließen mit dem Ausdruck unsrer innigen Überzeugung, daß Deutschlands Heil auf Preußen beruht, auf der Führerschaft des Königs. Mögen andre sehnsüchtig weiter hinaus dem Bilde einer Freiheit zublicken, die einen Verein der Völker ohne Fürsten bewirken und verwalten will – wir unsrerseits sehen den Zustand der Welt als keine leere Tafel an, in die wir nach Willkür was uns beliebt zeichnen können, wir sehen kein Ländergebiet mit verwischten Grenzen vor uns, das in hundert gleichmäßige Gauen zu zerschneiden wäre. Möge die Zukunft bringen, was sie noch zur Zeit in ihrem Schoße verhüllt; wir werden keiner notwendigen Gestaltung im voraus widerstreben. Doch was wir selber zu tun und zu wählen haben, das hat die Gegenwart uns klar hingestellt; je näher wir dem Vorhandenen uns halten, desto leichter und sicherer ist der Erfolg, je mehr wir von jenem ins Weite uns entfernen, desto schwerer und ungewisser wird das zu Erlangende. Ein prophetischer Dichter hat uns vorlängst verkündet: »Es wird eine Zeit kommen, wo man allgemein überzeugt sein wird, daß kein König ohne Republik, und keine Republik ohne König bestehen könne, Republik und Monarchie werden durch eine Unionsakte vereinigt.« Mögen in dieser Aussicht die noch Andersdenkenden, denen wir brüderlich die Hand bieten, uns die ihre nicht versagen!

# Rezensionen

## »Reisebilder« von H. Heine. Erster Teil.
(Hamburg, bei Hoffmann und Campe, 1826.)

Will ich aufrichtig sein, so muß ich, bei mancher Mißempfindung, die mir der Verfasser bereitet, doch bekennen, daß mir sein Buch von Anfang bis zu Ende Unterhaltung gewährt, mich in Spannung und Eifer versetzt, überrascht, zuweilen besänftigt und gerührt, und sehr oft, was vielleicht nicht das Schlimmste ist, laut lachen gemacht hat. Der Humor unseres Autors hat in Wahrheit viel Eignes und Einziges; wenn die Tiefe und das Licht seiner Gedankenbilder oft an die Vorzüge Jean Pauls erinnern, manches Dunkel und manche Verwilderung seiner Gefühlsart an die glänzenden Fehler Byrons, so gehört dagegen anderes Ausgezeichnete nur ihm allein und läßt sich nur mit dem, was er selbst früher in solcher Art gegeben, in Vergleich stellen; dahin rechnen wir die ganze eigentümliche Mischung von zartestem Gefühl und bitterstem Hohn, die einzige Verbindung von unbarmherzigem, scharf einbohrendem, ja giftigem Witz und von einschmeichelnder Süßigkeit des Vortrags, lebhaftem zugleich und mildem Redefluß, der durch nichts gehemmt, durch nichts getrieben scheint, und gleichmütig über alles, was ihm in die Quere kommt, leicht dahinwallt. Auch dürfen wir als eine Eigenheit unseres Autors nicht übersehen, daß er mit gleicher Natürlichkeit – oder Fertigkeit, wenn man will – sich in beiden Formen, in Prosa und in Versen, bewegt, was bisher noch von keinem Geisteskinde seiner Art gesagt werden konnte. Er ist in der Tat nicht bloß ein Dichter, wie jeder Humorist im allgemeinen es heißen kann, sondern auch in dem engeren Wortsinne, in welchem die meisten Humoristen es nicht sind. Dies ist ein Vorzug, der noch sehr weit führen kann. Aber wo viel Licht ist, ist auch viel Schatten, pflegt man zu sagen, will man vom Lobe zum Tadel übergehen, und so möchten auch wir gern das Sprüchwort uns zur Brücke machen, wenn sie uns nicht gleich unhaltbar würde! Denn das ist eben das Eigne, die Kunst, das Glück, oder auch der Nachteil jedes

Autors dieser Art, daß die Elemente seiner Darstellungsweise nicht nebeneinander zum Sortieren, Auswählen und Absondern daliegen, sondern untereinander verflochten und verwachsen, ineinander gemischt und gebunden sind, und ihre Scheidung nicht ohne Zerstörung des Vorhandenen geschehen kann. Der Schatten, welchen wir nachweisen möchten, steht hier ganz im Lichte, das Licht, von dem wir geredet, ganz im Schatten, wenn wir so reden dürfen! Ohne Frage, die Wagnisse des Verfassers gehen bis zum Frevelhaften, seine Freiheiten bis zur Frechheit – die zwar selbst schon längst in unserer Literatur die göttliche heißt, seit Friedrich Schlegel in der »Lucinde« und im »Athenaeum« sie so getauft und geweiht!! – sein Mutwille wird Ausgelassenheit, seine Willkür verschmäht auch das Gemeine nicht, wenn sie unerwartet damit die Erwartung necken, durch einen Satz dorthin die gespannte Einbildungskraft plötzlich kann abschnappen lassen. Allein gerade in diese Wendungen und Sprünge windet sich der Gedanke mit ein, springt der Witz mit, und wir müssen – gleich dem Indier, der in dem unreinsten Getier, das vom geweihten Tempelbrote genascht, nun den Behälter des Geweihten verehrt – noch in der unangenehmsten Gestalt den darin verkörperten Geist anerkennen. Dies gilt jedoch einzig nur dann, wenn wirklich die Vereinigung eine wahre ist; zeigt sie sich als eine scheinbare, treffen wir die Frevelhaftigkeit und Frechheit, die im Geleit der höheren Macht höchstens unser Achselzucken erfahren dürfen, einmal für sich allein, ohne jenes Geleit, dann kennen wir auch keine Schonung, sondern fallen darüber grimmig her und reißen die Ungebühr in Stücken. Einige der Gebilde unseres Autors können durchaus kein besseres Schicksal erwarten, sie überschreiten jedes Maß, und ohne alle Not; er wird selbst am besten wissen, was er sich selber zu Ehren und seinem Buche zum Frommen aus demselben hätte weglassen sollen. – Die »Reisebilder« bestehen aus vielerlei Mitteilungen. Die »Heimkehr« in 88 Liedern – die Lieder Heines, hat man bemerkt, dividieren sich immer durch die schlimme Zahl Elf – macht den Anfang. Hier ist noch ganz die alte trübsinnig-bittere, schmerzlich-höhnische Stimmung, die wir aus den Tragödien und dem lyrischen Intermezzo unseres Dichters kennen, aber weil es mit diesem Eingebrockten doch endlich zu Ende kommen muß, so ist hier gleichsam die Grundsuppe vorgesetzt, in der die schwersten und schlimmsten Brocken liegen. Da zeigt sich denn mancherlei, was man bedenklich ansieht, wobei man den Kopf schüttelt, was man auf keine Weise rechtfertigen kann; die Beispiele überlassen wir andern anzuführen. Dann folgen einige Gedichte, welche einen etwas größeren Schwung nehmen, und mannigfaltigere Welt behandeln. Die Romanze vom Sohne des schriftgelehrten Rabbi Israel von Saragossa, im schönsten spanischen Tone, dürfte auch im Treiben der heutigen Welt für manches Alkalden-Fräulein recht wohl passen; den drei stark mahometanischen Romanzen »Almansor« hält die echt christlich-katholische »Wallfahrt nach Kevlaar« die Waage, und der Verfasser, der unseres Wissens selber Katholik ist, hätte nicht nötig gehabt, sich wegen der Deutung zu rechtfertigen, die aus dem Stoffe dieser Romanzen irrig auf seine Denkweise gemacht werden könnte. Die dritte Abteilung enthält die »Harzreise«, welche, wie mehrere der Gedichte, zum Teil schon im »Gesellschafter« abgedruckt erschienen ist; sie hat aber Zusätze und Ergänzungen erhalten. Der Verfasser geht von Göttingen aus und besucht den Harz, hat aber dabei beständig auch *Berlin* vor der Seele. Diesen Zusammenhang von reichen, treffenden Naturbildern, feinen Beobachtungen, schalkhaften, witzigen, beißenden Scherzen, persönlichen Feindseligkeiten, weichen Gefühlen, reizenden Liedern, tollen Fratzen, unglaublichen Verwegenheiten u.s.w. können wir hier nicht zergliedern; wir überlassen dem Leser selbst, daran sich ärgerlich und liebevoll, wie er kann, zu ergötzen; nur bemerken wir, daß das Vernunftgespenst ein wahres Meisterstück tiefsinniger Laune, und daß die Ehrenrettung eines im Text irrig verunglimpften Schauspielers in ihrer Art einzig ist. – Den Beschluß des Buches machen Seebilder, »die Nordsee« überschrieben. Diese Abteilung dünkt uns die gehaltvollste, und, nach Ausscheidung einiges Frevels, die würdigste. Hier beurkundet sich noch mehr als in der »Harzreise« das bis zum Genie gesteigerte Talent des Autors. Welche Naturschilderungen in wenigen, aber markigen, für immer bezeichnenden Worten! Welche tiefgeschaute Eigentümlichkeiten, reiche Beziehungen, leichtbewegte Gestalten! Hier zeigt der Dichter seine echte Verbindung mit dem Ursprünglichen, der Natur sowohl als des Geistes; sein wahres Dichter-Talent zu *sehen, zu bezeichnen!* Wir empfehlen besonders Nr. 1, 3, 4, 5, 9, 10, und würden auch Nr. 12 empfehlen, wenn dieses nicht durch völlig unstatthafte, tadelnswerte, schwer zu rügende Beimischung entstellt wäre. Diese Dichtungsart, des *kolossalen Epigramms* möchten wir sie nennen, eignet ganz besonders dem Genius unseres Autors, und daß er aus dem epigrammatischen Liede zu ihr übergegangen, kann uns ein entscheidendes Zeichen seines innern und äußern Fortschrittes sein. – Ein zweiter Teil des pikanten Buches soll nächstens nachfolgen. Unsere Neugier kann nur mit Verlangen dessen Erscheinung entgegen sehen.

## »Reisebilder« von H. Heine. Zweiter Teil.

(Hamburg, bei Hoffmann und Campe, 1827.)

Was ich in diesen Blättern im vorigen Jahr von dem ersten Teile der Heine'schen »Reisebilder« preisend und tadelnd gesagt, gilt in vollen, ja noch erhöhten Maßen auch von diesem zweiten. Der Leser findet stets seine Rechnung, sei es nun im angenehmen Erstaunen, in heiterer Befriedigung, in großartiger Erhebung, in unwiderstehlichem Lachen, oder in heimlichem Ärger, in heftiger Ungeduld, in empörtem Unwillen; denn zu allem diesen ist reichlich Anlaß, nur nicht zur Langeweile, für welche, bei dem Reichtum und Wechsel der Gegenstände, dem raschen Witz, den beweglichen Gedanken und Bildern, der Leser keine Zeit behält. Was zuerst auffällt, ist die Überdreistigkeit, mit der das Buch alles Persönliche des Lebens nach Belieben hervorzieht, das Persönliche des Dichters selbst, seiner Umgebung in Freunden und Feinden, in Örtlichkeiten ganzer Städte und Länder; diese Dreistigkeit steigt bis zum Wagnis, ist in Deutschland kaum jemals in dieser Art vorgekommen, und um ihr ein Gleichnis aufzufinden, müßte man fast an die berühmten Junius-Briefe* in England erinnern, mit dem Unterschiede, den die politische Richtung und der englische Maßstab für diese letztern bedingt. Aber neben und mit dieser Dreistigkeit und Ungebühr, die in ihren oft rohen und geradezu frechen Äußerungen auch der beste Freund des Dichters durchaus nicht zu entschuldigen unternehmen kann, entfaltet sich eine Innigkeit, Kraft und Zartheit der Empfindung, eine Schärfe und Größe der Anschauung, eine Fülle und Macht der Phantasie, welche auch der erklärteste Feind nicht wegzuleugnen vermag! In diesem zweiten Teile seines Buches hat der Verfasser zugleich einen ganz neuen Schwung genommen. Seine poetische Welt, anhebend von der Betrachtung seiner individuellen Zustände, breitet sich mehr und mehr aus, sie ergreift Allgemeineres, wird endlich universell; und dies nicht nur in den Stoffen, die notwendig so erscheinen müssen, sondern auch in denjenigen, welche sich recht gut in einer gewissen Besonderheit behandeln lassen, und fast immer nur so behandelt werden, in allem nämlich, was die Gefühlsstimmung überhaupt und alles Gesellschaftsverhältnis im Allgemeinen betrifft. Es ist, als ob nach einem großen Sturme, der den Ozean aufgewühlt, die Sonne mit ihren glänzenden Strahlen die Küsten beleuchtete, wo die Trümmer der jüngsten Schiffbrüche umherliegen, Kostbares mit Unwertem vermischt, des Dichters eigener ehemaliger Besitz und die Güter eines geistigen Gemeinwesens, dem er selber angehört, alles unter-

* 1769–72 erschienen unter dem Decknamen »Junius« 69 Briefe im Londoner *Public Advertiser*, in denen die führenden Staatsmänner Englands scharf angegriffen wurden. Diese Briefe gelten als Meisterstücke politischer Polemik. Ihr Verfasser wurde nie mit letzter Sicherheit festgestellt.

einander. Das Talent unsres Dichters ist wirklich ein beleuchtendes; die Gegenstände, mögen sie noch so dunkel liegen, weiß er mit seinen Strahlen plötzlich zu treffen, und sie, wenigstens im Fluge, wenigstens von *einer* Seite, hell glänzen zu lassen. Der Lebensgehalt europäischer Menschen, wie er sich als Wunsch, als Seufzer, als Verfehltes, Unerreichtes, als Genuß und Besitz, als Treiben und Richtung aller Art darstellt, ist hier in gediegenen Auszügen ans Licht gebracht. Die Ironie, die Satire, die Grausamkeit und Rohheit, mit welchen jener Lebensgehalt behandelt wird, sind selbst ein Teil desselben, so gut wie die Süßigkeit, die Feinheit und Anmut, welche sich dazwischen durchwinden, und so haben jene Härten, die man dem Dichter so gern wegwünscht, in ihm dennoch zuletzt eine größere Notwendigkeit, als man ihnen anfangs zugesteht. – Das Buch hat verschiedene Abteilungen. In der ersten werden die Bilder des See- und Küstenlebens fortgesetzt, welche schon im ersten Bande unter der Überschrift »die Nordsee« begonnen haben; zwölf Gedichte, kolossale Epigramme, wie schon die früheren genannt worden, stehen voran, reich an überraschenden, witzigen, aber auch an erhabenen, tiefergreifenden Wendungen; von hinreißendem, melodischen Zauber sind besonders zwei, »der Phönix« und »Echo«, in welchen der gemeinsame Refrain: »Sie liebt ihn! sie liebt ihn!« jeden Musiker von Gefühl zur Tonsetzung auffordert; »die Götter Griechenlands« und »der Gesang der Okeaniden« sind in andrer Art außerordentlich; sodann folgt in Prosa eine Schilderung des Seebades Norderney, voll beißender, scherzhafter und zum Teil auch sehr ernster Laune, in welcher eine tiefe Gesinnung sich nicht verkennen läßt; vor allem anziehend und geistreich sind einige Blätter über Napoleon und seine Geschichtschreiber. Den Beschluß dieser Abteilung machen Xenien von Immermann und Heine; sie zu loben wäre hier unangemessen, sie werden ohnehin schon von selbst sich durchbeißen, denn scharfe Zähne haben sie, mit denen sie auch zuweilen den Unrechten fassen mögen! Die zweite Abteilung ist der eigentliche Kern des Buches, sie ist überschrieben »Ideen. Das Buch Le Grand«. Davon eine Vorstellung in der Kürze zu geben, ist ganz unmöglich. Bei vielen und sehr großen Ungezogenheiten enthält dieser Aufsatz die tiefsten und wahrhaftesten Geschichtsbilder, und Napoleon ist darin mit den seltsamsten Mitteln, so rührenden und erhabenen als possenhaften und polemischen, höchst originell vor Augen und Seele geführt. Durch die Zuschrift dieses Buches an eine Dame, und die zwischen den Vortrag unaufhörlich sich durchdrängende Anrede: »Madame!« erhält das Ganze, in welchem sich Liebesgeschichte und Volks- und Weltgeschichte und wissenschaftliches und bürgerliches Treiben mit unerschöpflicher Wunderlichkeit der Formen und Übergänge verschränkt, eine noch seltsamere Farbe. Man muß das selbst lesen, um einen Begriff davon zu haben. Die dritte Abteilung gibt »Briefe aus Berlin« vom Jahre 1822, welche gleichfalls im Scherz manchen Ernst andeuten, im Ganzen jedoch milder und sanfter sind als die vorangegangenen Aufsätze. Wollte man aus dem Buche einige Proben mitteilen, so müßte man sich bald in Verlegenheit befinden, denn fast jedes Blatt bietet die außerordentlichsten Züge, deren gedrängte Fülle gerade den Charakter des Buches ausmacht; dasselbe ist gleichsam eine Sammlung von Einfällen, deren jeder, wie in einem Pandämonium, sich auf den kleinsten Raum zu beschränken sucht, um dem Nachbar, der sich aber ebenso wenig breit macht, Raum zu lassen. Mögen die Kritiker des Tages immerhin vorzugsweise die skurrile Außenseite beschreien und anklagen, dem sinnigen Leser kann nicht verborgen bleiben, welch heller, echter Geisteseinblick, welch starke, schmerzliche Gefühlsglut, mit *einem* Worte, welch edle und tiefe Menschlichkeit hier in Wahrheit zum Grunde liegt! – Die Ausstattung des Buches in Druck und Papier ist von der Art, daß auch von dieser Seite dasselbe sich mit Behagen lesen läßt.

## »Reisebilder« von H. Heine. Dritter Teil.

(Hamburg, bei Hoffmann und Campe. 1830. 8. 2 Tlr.)

Der Graf v. Maistre, berühmter Verf. der »Soirées de St.-Pétersbourg«, behauptet, der Schlußstein aller Staatsverfassung sei der Scharfrichter, ohne welchen das Gewölbe derselben sogleich einstürzen würde. Ob sein Satz auch für den Freistaat der Literatur gelten soll, wissen wir nicht; indessen würde Graf Maistre schon der Analogie wegen an dem vorliegenden Buch und an dessen Autor seine Freude haben, denn er fände hier Scharfrichter und Hinrichtung ganz auserlesen vor sich. Hr. Heine, den wir schon auf manchen Reisen begleitet hatten, führt uns diesmal nach Italien, dessen Luft, Früchte, Landschaft, Denkmäler, Lebensart und Sitten er uns in gedrängten, sowohl launigen als launenhaften Zügen darstellt. Der Humor, so schneidend er bisweilen durchfährt, läßt uns aber im Anfang nicht ahnden, daß wir in das herrliche, reiche Land jetzt nur geführt werden, nicht um seine Schätze zu genießen oder seine Lustbarkeiten anzusehen, sondern um einer aus dem nördlichen Deutschland auf diesen Schauplatz verlegten Exekution beizuwohnen! Der arme Sünder ist der Dichter Graf v. Platen, überwiesen großer Frevel gegen die neuesten deutschen Dichter und Kritiker, in anderweitige Verwickelungen gefährlichst umsponnen und von hochnotpeinlichem Halsgericht verurteilt, den Kopf zu verlieren. Auf den Gang des Prozesses können wir uns hier nicht einlassen; die Beschaffenheit der Gesetze und die Richtigkeit ihrer Anwendung lassen wir dahingestellt, über Schuld oder Unschuld des Verurteilten wollen wir keine Meinung äußern: nur Das wollen wir aussprechen, was wir als Tatsache bezeugen können, die Hinrichtung ist vollzogen, der Scharfrichter hat sein Amt als Meister ausgeübt, *der* Kopf ist herunter! – –

Es liegt in der menschlichen Natur ein grausames Vergnügen an fremden außerordentlichen Leiden; wackere Männer und zarte Frauen drängen sich zum Anblick von Martern, von Operationen und Exekutionen, das Volk strömt in hellen Haufen herbei, Scherz und Lust gehen neben dem Schrecklichen ohne Störung ihren Weg. Hr. Heine darf schon aus diesem Grunde auf ein außerordentlich zahlreiches Publikum rechnen, dessen Stimmung er übrigens zu teilen scheint. Unter Liebesglück, unter Scherz und Lachen, im Verlauf der unvergleichlichsten komischen Szenen, mit ununterbrochenem Witzgeträufel führt er uns zu der tragischen Entwickelung, ja diese selbst liegt ganz und gar in jener Vorbereitung. Wir haben in frühern Zeiten arge Geschichten dieser Art erlebt: Lessing, Voß, Wolf, die »Xenien«, die Schlegel, Tieck haben in solcher Weise nachdenkliche Dinge ausgeübt; aber in *so* heitern und lachenerregenden Zerstreuungen haben wir noch keinen literarischen Sünder zu *so* grausamem Ende wandern sehen! Gewiß, wie man auch über den Grund der Sache urteilen mag, die Erfindung und Ausführung all dieser Umstände ist meisterhaft, die beiden Juden Gumpelino und Hyacinth sind ganz neugeschaffene Masken, besonders der Letztere, dessen Erzählungen und Beziehungen auf Hamburg niemand ohne Lachen vernehmen kann. Der ganze Hergang mit diesen beiden Juden, wiewohl nur in schlichter (doch in äußerst gebildeter und wohltönender) Prosa, dünkt uns, wenn denn doch einmal von Aristophanes die Rede sein soll, *Aristophanischer* als alles, was Graf Platen bisher in gekünstelten schweren und doch leeren Versen nach solchem Muster zu arbeiten versucht hat. Und nicht sowohl durch die materielle Belastung, durch die Ersäufung in Satire und Hohn, sondern vielmehr *dadurch* hat Hr. Heine den Gegner völlig abgetötet, daß er ihn in *dem* Fache, auf das derselbe sich am meisten zugute tun wollte, in seiner Blöße gezeigt, und ihn nicht nur an Grimm und Spott, sondern auch an *Kunst*, und gerade an *Aristophanischer Kunst*, unendlich überboten hat! Wollt ihr aristophanisieren, so müßt Ihr es *so* machen; habt ihr *dazu* nicht Mut und Geschick, nun so bleibt in Gottesnamen dabei, daß ihr kotzebuisiert, oder müllnerisiert! –

Wenn von Aristophanes die Rede ist, so kann man nicht umhin, sich auf Frechheit einzulassen. Frech allerdings ist dieses Buch, wie eine schnöde Verteidigung auf schnöden Angriff nur sein kann; frech auch in Nebendingen, in willkürlicher Feindschaft, in allgemeinem Spotte. Wir würden aber doch dem Buche und dem Verf. sehr Unrecht tun, wenn wir verkennen wollten, daß neben der Frechheit auch wahrhaft edler Mut, neben der bittern Satire auch ernste Gesinnung vorhanden ist, und daß die Rohheit des Stoffes meist durch die graziöseste Behandlung gemildert wird, welche nicht selten eine tiefere Innigkeit durchblicken läßt, zu der uns der Verf. eigentlich mehr noch als zum gehässigen Streite berufen scheint. Wir machen noch besonders aufmerksam in dieser Beziehung auf die geistvollen und sinnigen Äußerungen des Verfs. über Rossinis Musik und Cornelius' Gemälde.

## »Nachträge zu den Reisebildern« von H. Heine

(Hamburg, bei Hoffmann und Campe. 1831. 8. 1 Tlr. 16 Gr.)

Heines Art und Weise ist bekannt. Freunde und Feinde haben für und gegen ihn längst Partei genommen, die gesamte Lesewelt ist in seinem Betreff scharf nach zwei Seiten gespalten; und selbst die Unsichern und Wankelmütigen, welche, geschreckt, seine Seite verlassen, oder, angezogen, zu ihr übergehen, verändern in dem Ganzen dieser zwiefachen Stellung nichts.

Schonungslose und oft unnötige Schärfe, unerhörte Dreistigkeit, äußerste Wagnisse sowohl hinsichtlich der Sachen als auch des Wortausdrucks haben auch die Freunde Heines ihm bisher nicht ungerügt gelassen; eigentümlicher Sinn, ungemeiner Geist und außerordentlicher Witz, dabei große Empfindung und süße Anmut der Sprache sind ihm auch von seinen Feinden nicht abgestritten worden.

Alles dies findet sich auch in dem vorliegenden Bändchen wieder, das, wie uns scheint, als ein Abschluß für diese Reihe von Darstellungen gelten soll. Die beiden sehr verschiedenen Hälften: »Die Stadt Lucca« und »Englische Fragmente«, sind durch eine »Nachschrift vom November 1830« verbunden; und wenn man finden muß, daß in jener Abteilung die sinnliche, ja man darf sagen weltlich und geistlich frevelhafte Keckheit eines italienischen Genußlebens atmet, in der zweiten Abteilung hingegen die gebildete Grobheit und barbarische Gehässigkeit eines englischen Parteisinnes herrscht, so läßt sich in der verbindenden Nachschrift der Hauch und die Farbe des französischen Geistes nicht verkennen, wie er sich in der bezeichneten Epoche kundgetan hat.

Bei solchem Inhalte fodert indes das Buch um so mehr unsere Schonung, als demselben, wie wir hören, gleich nach seinem Erscheinen ein widriges Geschick begegnet ist. Wer mit den Behörden verunfriedet ist, wer gleichsam schon vor Gericht gezogen steht, den darf kein unbefangener Zuschauer noch mehr bedrücken und anklagen, sondern hält lieber zurück, was er etwa schon Hartes gegen den Leidenden auf der Zunge hatte.

Man findet das Buch irreligiös und revolutionär. Wir geben zu, daß die Worte darin nur allzu oft diese beiden Färbungen haben. Doch möchte vieles fehlen, das auch der *Sinn* durchaus einer solchen Richtung angehörte. Denn abgesehen, daß mehr als andere Gegenstände gerade Religion und Staat, wenn sie die rechten sind, auch etwas müssen vertragen können und gar nicht bei jedem scheinbaren Angriffe so leicht gefährdet werden, so sind hier in der Tat manche Angriffe nur scheinbar und gehen aus der besten Gesinnung hervor, welche die Religion von der Heuchelei, den Staat von den philisterhaften und burschikosen Zerrbildern, die sich immer für das Wahre und Echte ausgeben wollen, sorgfältig trennt, und das Heilige nur um so reiner verehrt.

Überhaupt aber möchten wir ein Buch, welches, wie dieses, weder in der Sprache des Volks geschrieben ist, noch zu den Volksleidenschaften spricht, das ohne sentimentale Wärme und gleisnerische Süßigkeit nur immer in Witz und

Bitterkeit verkehrt, das seiner Natur nach nur auf gebildete und vornehme Leser berechnet ist, ein solches Buch möchten wir niemals ein gefährliches nennen. Die vornehme Welt ist es ja, die mit dergleichen Stoffen und Gestaltungen ohnehin stets erfüllt ist, dergleichen Gift immerfort erzeugt und verzehrt, sich damit unterhält und vergnügt, ja ihr Geschäft daran hat, und welche doch die ihr selbst damit zumeist gedrohte Schädlichkeit am wenigsten darin finden will. In der höchsten Sphäre der Gesellschaft sind Spott und Witz über die höchsten Gegenstände am meisten gäng und gäbe, man zerreißt dort am schonungslosesten den Nimbus, der sie umgibt, und man sucht und verschafft sich, wo der nächste Kreis nicht genug Stoff oder Freiheit für diesen Trieb darbietet, aus den entlegensten die anstößige Ware; die schlüpfrigen Romane, die verleumderischen Pamphlets, die giftigen Lieder und Blätter, die erschrecklichsten und bedenklichsten Karikaturen, läßt man aus Frankreich und England kommen und hat dabei sein größtes und, wir wollen es dreist behaupten, in den meisten Fällen wirklich sein harmloses Ergötzen und Behagen. Was soll daher in diesem Kreise, der mit solcherlei schon von jeher sicher und vergnügt umgeht, für den das Arge sich neutralisiert, das Verbotene fast wieder erlaubt wird, was soll da Heines Buch schaden?

Es ist aber nicht bloß vermutende Voraussetzung, es ist bestimmte Tatsache, die wir vielfältig erfahren haben, daß Heine gerade in der vornehmen Welt am meisten gelesen, geschätzt und gepriesen wird, wo doch ein großer Teil seiner Sätze unstreitig dem stärksten Widerspruch bloßstehen muß! Wenn, wie behauptet wird, das große, treffende und zu verdienter Zelebrität gekommene Witzwort vom *Hofdemagogen* ursprünglich Heinen angehört, so dürfte die Spitze dieses eindringlichen Wortes rückwärtsgebogen nun fast ihn selbst verwunden, indem man ihn, seiner Art und seiner Wirkung nach, allenfalls einen Salonrevolutionär nennen könnte, der das Spiel – aber nur das Spiel, witzig und beißig – der revolutionär genannten Ansichten und Ausdrücke zur Unterhaltung der vornehmen Welt darstellt. Ihn selbst deshalb revolutionärer Gesinnungen und Absichten zu beschuldigen, wäre ebenso ungerecht, als jemanden, der Berangers Lieder übersetzt oder singt, für deren Inhalt verantwortlich zu machen, oder den berühmten Publizisten, der uns den Gipfel der englischen Preßfreiheit in den übersetzten Junius-Briefen durch die Wiener »Jahrbücher« vorgelegt hat, für einen Teilhaber der darin ausgedrückten Schmähreden zu erklären!

Aber man wehklagt über das Ärgernis in der deutschen Literatur! Es ist wahr, das Ärgernis kann nicht geleugnet werden. Aber wieviel sind wir dessen nicht schon gewohnt, über wie vieles glücklich hinausgekommen! Man gedenke der »Xenien«, der »Ehrenpforte«, der »Lucinde«, des »Athenaeum«; das Geschrei war entsetzlich, aber es ist verhallt und das Tüchtige in jenen Schriften besteht. So auch wird das Geistige und Gediegene in Heines Arbeiten trotz ihrer zufälligen Unarten bestehen, und wir halten uns schon jetzt an jenes, nicht an diese!

## »Reisebilder« von H. Heine. Erster Teil. Zweite Auflage

(Hamburg, bei Hoffmann und Campe, 1830.)

Eine seltne Begünstigung für einen neueren deutschen Dichter, daß seine Werke binnen so kurzer Frist zur zweiten Auflage kommen! Indes war bei Heine diese Gunst wohl vorauszusetzen, da er seine Leser durch mancherlei wirksamen Reiz leicht gewinnt und sie durch wirkliches Verdienst, durch Geist und Tiefe, noch festhält, wenn die scharfe Würze schon verdunstet oder der Witz veraltet ist, nämlich derjenige, der veralten kann, denn er hat unleugbar auch solchen, der immer jung bleibt. Das große Talent dieses Dichters ist wohl allgemein anerkannt, auch von denen sogar, die mit der Art, wie er selbiges gebraucht, nicht ganz zufrieden sind. Wirklich wüßten wir unter den jüngern Schriftstellern dieser Gattung keinen, der neben ihn, geschweige denn über ihn zu stellen wäre. Auch versteht er seine Zeit, kennt ihren Gehalt und ihre Gebrechen, und gibt ihr die Süßigkeiten und Bitterkeiten, deren sie bedarf, ohne viel zu achten, was sie dafür in manchen Individuen ihm für Gesichter schneidet. In dieser Hinsicht bekommen selbst seine Unarten und Ungezogenheiten eine andere Bedeutung, als wenn man sie an und für sich als abgesonderte Ungebühr betrachtet; sie sind ihm aufgedrungen, er muß sie anbringen, die fade Lauheit und schläfrige Bequemlichkeit unsrer verwahrlosten literarischen und geselligen Zustände machen es notwendig, daß auch ein feiner Mann bisweilen einige Hiebe führt, wo das ernste Wort nichts mehr verfängt. – Unsre Neigung zu dem Dichter hat bei diesem neuaufgelegten Büchlein sich nur gesteigert, zugleich aber unsre Achtung. Er zeigt, daß er fortschreitet, daß nicht jeder Mutwill und jede Dreistigkeit, die er einmal ausgeübt, ihm nun für immer bestehen soll; er nimmt auf billige Forderungen Rücksicht und ändert mit Takt und Klugheit. So sind von den Liedern der Heimkehr, welche diesen Teil eröffnen, einige allzu anstößige (wenn auch sonst ganz tüchtige und gute) weggefallen und durch andre ersetzt worden. Wir geben eines der letztern zur Probe, und man wird bekennen, daß die Sammlung durch solche nur gewonnen haben kann:

Sapphire sind die Augen dein,
Die lieblichen, die süßen; –
O dreimal glücklich ist der Mann,
Den sie mit Liebe grüßen.

Dein Herz, es ist ein Diamant,
Der edle Lichter sprühet; –
O dreimal glücklich ist der Mann,
Für den es liebend glühet.

Rubinen sind die Lippen dein,
Man kann nicht schönre sehen; –

*Scherenschnitt von Varnhagen*

O dreimal glücklich ist der Mann,
Dem sie die Liebe gestehen.

O kennt' ich nur den glücklichen Mann,
O daß ich ihn nur fände,
So recht allein im grünen Wald,
Sein Glück hätt' bald ein Ende.

Auch eine Anzahl andrer Gedichte sind weggeblieben und dafür die zweite Abteilung der herrlichen, großhumoristischen Seebilder eingerückt worden. Warum aber die unvergleichliche Romanze »Donna Clara« nicht wieder aufgenommen worden, sehen wir nicht ein; wie sie auch sei, diese Donna, sie – und den Sohn des vielbelobten schriftgelehrten Rabbi Israel von Saragossa lassen wir uns nicht rauben, und reklamieren sie für den nächsten Teil aus allen Kräften. – Übrigens glaube man ja nicht, daß der Dichter in Nachgiebigkeit und Schonung zu weit gegangen sei und seines Charakters dabei zu sehr vergessen habe; o nein! keine Gefahr! Er ist schon der geblieben, der er einmal sein muß, und wer ihm deshalb in der ersten Auflage gewogen war, der kann es auch bei der zweiten ganz gehörig bleiben. In der »Harzreise« z. B. ist nichts wesentliches verändert worden, und sogar in einigen neu hinzugekommenen Liedern sind Stellen, die einigen weggelassenen alten wenig nachgeben. Die empfindsame, auf ihre Weiblichkeit sich viel einbildende Dame mag auch fernerhin das Buch ihren Töchtern nicht vorlesen; der blöde keusche Jüngling, der jedes Buch verabscheut, was er nicht in seinem Teezirkel vorlesen oder auf die Toilette seiner süßen Angebeteten legen darf, lasse nach wie vor von diesen Reisebildern ab. Ein frischer klarer Sinn aber, eine gesunde und starke Unschuld, ein heitres und gefühlvolles Herz, gleichviel ob sie dem einen oder dem andern Geschlecht angehören, werden sich, das behaupten wir, getrost und wohlgemut noch oft und weiterhin an diesen Blättern ergötzen und zugleich manchen ernsten Gewinn daraus ernten! – Daß nicht eines sich für alle schickt, ist längst gesagt, und das Thema durch

Friedrich Schlegel – den, der die »Lucinde« geschrieben – reich glossiert worden. Es gibt Leute, denen man nur immer wieder Gellerts Fabeln und Erzählungen zu lesen geben möchte, wären nicht auch darin leider einige, an denen sie Ärgernis nehmen könnten! –

Hier ist es wohl gelegen, daß wir auch eines andern Büchleins mit Ehren gedenken, das in Poesie und Prosa sich den Heine'schen Produktionen als nah verwandt anschließt. Wir meinen das artige Bändchen: »Erato. Von Franz Freiherrn von Gaudy.« (Glogau, 1830.) Dasselbe ist sehr in der Geistesstimmung und Ausdrucksweise von Heine, ohne daß man sagen könnte, es sei eine Nachahmung. In der Tat scheint diese Stimmung und Richtung sehr verbreitet in den Gemütern unsrer Zeitgenossen zu liegen, und nur des Rufes zu bedürfen, der sie aufweckt. Wenn auch durch eine Zueignung an Heine sich Hr. v. Gaudy willig dazu bekennt, durch die Schriften dieses Dichters lebhaft angeregt worden zu sein, so hat er doch ein selbständiges, schönes Talent, das nur hauptsächlich aller vorgefaßten Meinungen sich freien Geistes zu entschlagen hat, um gewiß seine rühmliche Bahn mit Erfolg zu durchwandeln.

# Goethe

## Im Sinne der Wanderer

[Zu: »Wilhelm Meisters Wanderjahre oder Die Entsagenden«, 2. Fassung, 1829]

Als vor beinahe dreißig Jahren, im Gedränge so vieler Urteile, Betrachtungen, Studien und Deutungen, zu welchen Wilhelm Meisters Lehrjahre damals in der deutschen gebildeten Welt den unerschöpflichen Stoff boten, auch zuerst der Spruch verlautete: Das ganze Buch sei gleichsam eine Frucht, reich und schön um den Kern herumgewachsen, der in ihm durch Textstellen gebildet werde, von denen die eine bedeutungsvoll ausdrückt, wie die Erde in der alten Welt überall schon in Besitz genommen sei, und die andere schmerzlich beklagt, daß dem Menschen nicht allein so manches Unmögliche, sondern auch so manches Mögliche versagt worden; – als dieser Spruch zuerst vernommen wurde, konnte er fast nur befremden: denn der leichte Sinn der meisten Leser wird im Genusse des Einzelnen durch jede Hindeutung auf ein inneres Ganze fast immer unangenehm gestört, und selbst der tiefere scheut gar oft vor dem Gedanken zurück, der ihm als ungewohnte Gestalt und auf noch unbetretenem Pfade erscheint. So wurde denn jene Äußerung, obwohl von einer Seite her kommend, der man sonst gern ursprüngliche und lichte Wahrheit, einfaches und geradedurchgehendes Erschauen anzuerkennen gewohnt war, von den meisten als ein seltsames, nicht zu verstehendes Paradoxon mit bloßem Verwundern angehört, oder als ein willkürlicher, nicht begründbarer Einfall mit Kopfschütteln beseitigt.

Doch hätte schon damals ein weiteres Entfalten der hier zum Grunde liegenden Gedankenverbindung sehr gut geschehen und der Eingang zu allgemeinerem Verständnisse sich leicht eröffnen lassen, wenn jemand des Sinnes gewesen wäre, auf den *Gehalt* jenes Werkes ebenso kritisch Augenmerk und Fleiß zu richten, als bis dahin vorzugsweise nur dem *Stoffe* und der *Gestalt* desselben zuteil geworden war. In dem Buche selbst lagen noch Elemente und Beziehungen genug aufzufinden und zu vereinigen, welche jenen Gedanken tragen und haben mußten, und die beiden Textstellen konnten in mehr oder minder verhüllten Variationen dem leisen Aufmerken noch oft vernehmbar durchklingen. Wessen Sinn auf inneren Zusammenhang und tiefere Bedeutung gerichtet war, mußte wohl dunkel fühlen, daß es mit den merkwürdigen Bekenntnissen und Ausbrüchen, welchen die Alte bei Erzählung von Marianens Tod über deren und ihre eignen Verhältnisse sich überläßt, und worin der Zustand der Proletarier, der Verwahrlosten und Bedrückten, in erschütternder Nacktheit gezeigt wird, noch etwas ganz anderes auf sich hat, als durch ein groteskes Nachtstück die dichterische Wirkung wechselvoll zu erhöhen.

Auffallend und bedeutend mußte es auch erscheinen, als unvermutet nachgewiesen wurde, was einer neuen Entdekkung gleichkam, daß jene beiden Texte, auf welche ein so großer Wert gelegt werden sollte, von Goethen selbst im Stillen schon mit einem besonderen Nachdruck versehen waren, indem er solche bei anderem Anlasse wiederholt und beide an verschiedenem Orte nochmals der Betrachtung ausgestellt hatte, den einen nämlich in den »Unterhaltungen deutscher Ausgewanderten«, und den anderen in den Beilagen zu Cellini's Lebensbeschreibung. Vieler nicht so unmittelbaren Hindeutungen oder Anklänge zu geschweigen, die sich in seinen Schriften auch sonst für dieses Thema zahlreich finden ließen.

Eine starke Sammlung würde es geben, wollte man alles vereinigen, was über »Wilhelm Meisters Lehrjahre« seit der ersten Erscheinung dieses Romans geschrieben und vorgetragen, mit einsichtiger Würdigung gedacht und belehrend ausgesprochen, oder auch mit unzugänglichem Vermögen gefabelt und vernünftelt worden. Der Dichter hat alles dieses, den Tadel wie das Lob, den guten wie den bösen Willen, schweigend vorübergehen lassen, und sich niemals über ein Urteil, wiefern er ihm beistimme oder nicht, erklärt. Die richtige Deutung und das hellere Verständnis seines Werkes bereitete er auf die sicherste und bündigste Weise durch dessen Fortsetzung, die denn auch endlich, nach mehr denn zwanzigjährigem Zwischenraume, als Wilhelm Meisters Wanderjahre an das Licht trat.

Hier fand sich unvermutet, zum Wunder und Staunen derer, welche jener Textstellen eingedenk waren, die eine derselben, die Betrachtung über den schon genommenen Besitz alles Bodens, in neuer Wendung wiederholt, und die Bestätigung, welche dadurch für die Wichtigkeit jener Stelle ausgedrückt wurde, mußte um so größer sein, als Goethen nicht unbekannt geblieben war, zu welchem Werte man sie hatte erheben wollen. Als nach abermaligem Verlauf einer Reihe von Jahren das ganze Werk in veränderter und vollerer Gestalt nochmals erschien, kam jene Wiederholung darin sogar doppelt vor.

Mehr aber als dieses buchstäbliche Zeugnis sprach nunmehr der gesamte Gang und Inhalt des Werkes, wie solche nun jedem Auge sichtbar werden konnten, für das Dasein eines tief eingreifenden, aus dem Zustande der Welt geschöpften und in das Leben zurückwirkenden Gedankens, wie er in jenen Textworten allerdings nach beiden Hauptseiten, nach der materialen und nach der idealen hin, ausgedrückt worden.

Und auch auf die Lehrjahre fiel jetzt eine neüe Beleuchtung zurück; ein bisher wenig vortretender, ein oft ganz übersehener Inhalt erschien inmitten der zarten Herzens- und Geistesangelegenheiten wirksam und zeigte sich in unmittelbarer, strenger Beziehung mit den deutlicher herausgearbeiteten derartigen Bestandteilen der Wanderjahre. Wir haben dies schon vor längerer Zeit ausgesprochen und die Meinung aufgestellt: die zwei letzten Bücher der Lehrjahre sonderten sich bereits merklich von den früheren ab, und reiheten sich fast schon den Wanderjahren zu.

Bevor wir nun weiterschreiten, lassen wir einige allgemeine Betrachtungen, die sich aufdrängen, hier vorangehen, da sie unseren Weg auf diese Art nur erleichtern.

Was man von Shakespeare gesagt hat, daß er auf den Scheidewegen und Übergängen zweier Zeitalter stehe, gilt im Grunde von jedem Dichter, dem dieser Name im großen Sinne des Wortes zukommt, und diese Stellung gehört recht eigentlich zu den Bedingungen, welche sein Erscheinen tragen, seiner Ausbildung und Wirksamkeit die Mittel darbieten und ihm die reife widerstrebende Welt, so wie die unreife harrende, gleichsam als die Stoffe seiner Kunst in die Hände liefern.

Goethes Leben und Dichten gehört ohne Frage einem der Zeitabschnitte an, die im Gegensatze des Erbauens und Vereinens mit Recht vom Zerfallen und Zersetzen den Namen erhalten können, und die letzte Hälfte des achtzehnten nebst dem Anfange des neunzehnten Jahrhunderts sind unstreitig als ein Gipfel solcher weither vorbereiteten Epoche anzusehen. Man glaubte die Reformation des sechzehnten Jahrhunderts längst abgeschlossen, ihrem Weiterwirken feste Schranken gestellt, als dieses gerade mit Riesenschritten sich fort und fort ausbreitete. Dasselbe hatte den kirchlichen Boden, den es der früher allgemeinen Kirche glücklich abgekämpft, nur verlassen, um sich mit voller Kraft in alle weltlichen Gebiete zu ergießen und dort gleicherweise aufzuräumen. Von dem in jener Bewegung empfangenen Anstoße lassen sich in strenger Folge alle fernere Bewegungen ableiten, welche die Mitte des europäischen Lebens seitdem ergriffen und gegen Ende des vorigen Jahrhunderts in einen allgemeinen Kampf gedrängt haben, der noch keineswegs geschlichtet ist, sondern seinen Zwiespalt nur stets in höhere Grundsätze und Interessen überleitet. Es darf uns nicht irren, daß der Gegensatz zweier Zeitalter, eines weichenden und eines andringenden, selber zu einer hohen Bildung gedient hat, indem der Geist der Wissenschaft und der Dichtung sich des Kampfes bemeisterte und sich über ihn erhob; das wirkliche Leben mußte darum nicht weniger die tiefsten Leiden überstehen, mußte vom Sturm hart ergriffen und vielfältig zerschellt werden.

Das Bild dieses Lebens konnte deshalb nur um so reicher ausfallen, die Poesie vor allem erfüllte den Auftrag, dasselbe zu erfassen und in ihren ewigen Gestalten veredelt aufzubewahren, so redlich als glänzend.

Goethes ganze Dichtung ist fast nur das Bild der Zerrüttungen einer mit sich selber in Zwiespalt geratenen Welt, und wenn er auf der einen Seite die Gestaltungen dieses Zwiespalts durch den Zauber und die Anmut seines künstlerischen Genius mildert, jedes Vorhandene durch die ihm inwohnende Wahrheit in seiner Berechtigung zum Dasein darstellt und somit gleichsam versöhnt und harmonisiert, so wird ihm von anderer Seite nicht erlassen, kraft eben derselben Kunst und Wahrheit auch manchen noch im Verborgenen ruhenden Widerstreit aus dem geheimen Dunkel hervorzuziehen und grell und scharf an das Tageslicht zu bringen. In dieser Stellung und Aufgabe des Dichters liegt vollständig der Schlüssel zu allen verkehrten Anforderungen und Vorwürfen, welche ein beschränkter und von allem Unverstandenen beunruhigter Sinn von jeher dem Dichter in Betreff der Sittlichkeit machen will, die doch seinen Werken im höchsten Grade inwohnt, auch wo er sie für blöde Augen zu verletzen scheint.

Denn gerade die Zerrüttung und Auflösung der alten Lebensformen, welche längst krank und schadhaft das frische Leben an ihren Tod fesseln möchten, und dieses neue Werdende, welches noch keine Sanktion hat, die unerkennbar gewordene Verwickelung der ewigen Legitimität mit deren zeitlicher Usurpation, gerade dies ist ja der Stoff, den die Poesie einer solchen Epoche aufnehmen und verarbeiten muß, wenn sie selber nicht auf das Leben verzichten will. Die Masse der Zeitgenossen vermag daher den Dichter wohl zu bewundern, aber nicht vollständig zu verstehen; sie wird seine Berichte wie seine Intentionen tadeln; doch eine spätere Zeit stellt unfehlbar auch in dieser Hinsicht die Gerechtigkeit her und erkennt an, wie in allen Wagnissen des Herzens und Freveln des Geistes der Künstler unschuldig und fromm, in aller Sinnlichkeit keusch und rein bleibt, gleich dem geistlichen Lehrer, der ohne Scheu jedem Übertritt und Irrtum nachgeht, ihre Namen und Eigenschaften nennt und selbst in die Abgründe der Nacht sich versenkt, um mit dem ihnen entrissenen Leben bereichert zu dem Lichte wieder aufzutauchen. Nicht anders tut der Dichter, insofern er es wahrhaft ist; er kann nur aufhören sittlich zu sein, wo er aufhört Dichter zu sein.

Frühzeitig empfand Goethe die Verwickelungen einer in sich selbst uneinigen Welt, in deren Mitte sein eignes Leben erwacht war und emporstieg. Die ersten Werke seines Genius, »Werther«, »Götz«, »Faust«, »Stella«, enthalten den Drang eines inneren Lebens, das mit den ihm von der äußeren Welt angebotenen Formen unruhig kämpft, sie nicht mehr erfüllen noch von ihnen umfaßt werden kann, und doch der neuen Formen noch durchaus entbehrt, in welchen es sich frei entfalten und befriedigen dürfte. Dieser Kampf, ein unaufhörlich wiederkehrendes Grundthema, setzt sich durch alle folgenden Goetheschen Werke in den mannigfachsten und höchsten Gestalten fort; »Egmont«, »Tasso«, »Hermann und Dorothea«, »Die natürliche Tochter«, ja sogar »Iphigenia« – durch dasjenige, was in diesem schönen Aufruf antiker Welt doch als geheimer Lebensatem der Gegenwart weht und wirkt –, »Die Wahlverwandtschaften« und besonders »Wilhelm Meister« sind in solchem Betracht nur engverbundene Glieder einer und derselben Reihe.

Daß der Mensch unseres Zeitalters nicht in ein naturfreies Leben, sondern in eine künftige Welt hineingeboren wird, die, überall von Schranken durchschnitten und abgeteilt, zum voraus längst in Besitz genommen und durch Anhäufung toter Stoffe beengt, den Ansprüchen der Entwickelung und des Berufs taub oder gar feindlich ist, daß das neueintretende Dasein ohne Boden in künstlich schwebende, vielfach verworrene Gewebe abgesetzt wird, worin dessen bester Teil nur allzuoft untergeht oder traurig dahinsiecht, diese Einsicht war schon dem Verfasser des »Werther« eigen. Hier aber stehet die Verzweiflung noch ohne anderen Ausweg, als den die gewaltsame Selbstzerstörung ihr bietet. In späteren Werken gesellt sich ihr schon eine Beigabe von Trost und Heil. In »Faust« und »Wilhelm Meister« arbeitet sich diese Richtung vollständig zu Tage. Dort wird im Geistigen der Sieg bis zur Rückführung und Versöhnung des zuerst Abtrünnigen gesteigert; hier werden dem Irdischen neue Formeln eines nach innen und nach außen gleichmäßig befriedigten Daseins angedeutet.

Der Dichter, in dessen mittlere Lebenshöhe das ungeheure Ereignis der französischen Revolution fällt, die mit ihm in gleichem Stoffe, jedoch mit den gewaltsamsten und furchtbarsten Werkzeugen, arbeitet und wühlt, nimmt im steten Gegensatze derselben nur die Bildung, die Einsicht und das Wohlwollen in Anspruch, um die große Aufgabe zu lösen, welche der Welt vorliegt, und wenn er Waffen führt, so ist es nur gegen die revolutionären Gewalten selbst, die ihm unter jeder Form verhaßt sind, weil sie die eigne Sache nur zerstörend fördern. Aber das Fortschreiten in lebendiger Entwickelung, die Veredlung und Erhebung alles dessen, was besteht, die Reinigung und Harmonisierung der Welt beseelen seinen Eifer unausgesetzt, und das Vorwärtsschauen in eine reiche Zukunft trennt ihn für immer von den Wahnvollen, welche einer verschwindenden Vergangenheit als einem wiederzugewinnenden Heile nachstarren. Die Lichtstrahlen, welche schon in den »Lehrjahren« auf den Unterschied der Stände, auf die Verhältnisse des Grundbesitzes und auf die Übereinstimmung der Fähigkeiten und Berufswahlen hingeworfen sind, haben selten gehörige Beachtung, oft völlige Mißdeutung erfahren. Der Dichter will nicht das Veraltete dem Gange der Natur zum Trotz festhalten, nicht die Forderungen eines neuen Aufstrebens abweisen, aber er will das Vorhandene ergreifen, das Neue ihm sicher verknüpfen und beides auf sein wahres Ziel richten. Er schätzt und preist das

Dauernde und gönnt ihm Ausdehnung, nur weiß er dasselbe auch im Wechsel zu finden und erkennt als das eigentliche Element der Menschheit das Bewegliche, worin ihre höchsten Güter schweben, wie das ganze Weltsystem ja selber nur auf ununterbrochenes allgemeines Umschwingen und Kreisen gegründet ist.

In den »Wanderjahren« wird dies klar ausgesprochen, und überhaupt ein umfassendes Gebild neuer Lebensordnungen in festen, doch nicht ängstlichen Umrissen und dichterischer Freiheit aufgezeigt. Hier liegen fruchtbare Keime für eine *Zukunft* ausgestreut, welche den Dichter, nach Maßgabe, daß jene aufgehen, noch weithinaus ebenso für den *ihrigen* halten wird, als er *uns* durch die schon entfalteten Blüten der Gegenwart angehört. Die eindringliche und erläuternde Übersicht, welche Hotho in den »Berliner Jahrbüchern für wissenschaftliche Kritik« von dem Inhalt und der Gestalt dieses Werkes so glücklich gegeben hat, überhebt uns des Versuchs einer neuen Analyse, da wir auf jene als auf eine durchaus gelungene und genügende zurückweisen können.

Wir wollen nur erinnern, wie das Buch nun nicht mehr als ein Spiel heiterer Willkür, die Einbildungskraft zu vergnügen, dasteht, sondern den ganzen Ernst und die volle Schwere der Wirklichkeit in seine Dichtung hinübergezogen hat, ein im größten Sinne didaktisches Werk geworden ist. Die Notwendigkeiten des irdischen Lebens nehmen darin ihren Rang neben den höchsten Vergeistigungen; in geläuterter Frömmigkeit wirkt das Christentum; die Erziehung breitet ihre Anstalten auf eignem Boden mächtig und allumfassend aus; die Bildung zur Kunst, reich ausgestattet im Besonderen, wird allgemeine Gabe; das Gewerbliche, aus zerstörendem Wetteifer in weise Ordnung geleitet, rückt ohne Scheu zu Seiten der Kunst heran, seiner Berechtigung und Ehre neben dieser gewiß; Beruf und Fähigkeit bestimmen und adeln jede Verrichtung; in richtigen Ehebündnissen, hier vorzugsweise die ungleichen Stände zusammenfügend, schwindet das Mißverhältnis der Frauen, deren Erscheinung sogar zum freien, priesterlichen Segenswirken gesteigert ist; eine neue Würdigung der Dinge und Tätigkeiten, eine neue Wahl und Austeilung der Lebenslose, ein neuer Sinn des Schönen und Guten, eröffnen – vermittelst einer großen, über den Erdboden hin sich verbreitenden, nach allen Richtungen edel tätigen, die höchsten Gegenstände und die geringsten beachtenden, Not und Schlechtigkeit überall tilgenden, frei beweglichen und dabei hierarchisch geordneten Assoziation – die reiche Aussicht einer in Arbeit und Bildung fortschreitenden Menschheit, deren höchsten Ausdruck wir zuletzt allerdings wieder auf die zwiefache Textformel zurückführen mögen: Im Irdischen für jedes ihrer Mitglieder einen richtigen Anteil am Besitze und Genusse der vorhandenen Güter zu gewähren, im Geistes- und Gemütsleben aber, bei so vielem Unmöglichen, welches ewig versagt bleiben muß, das versagte Mögliche aus den zerbrechbaren Fesseln zu befreien.

Wir gedenken schließlich auch der wunderbaren Erscheinung, daß mit diesen Bildern gleichzeitig, doch völlig unabhängig von ihnen und einander gegenseitig völlig unbekannt, aus ganz anderen Kräften und Regionen, unter demselben Nachthimmel der Weltereignisse fortschreitend verhüllt, nachbarliche Gedankenreihen verwandten Geistes aufstiegen, als Lehre sich gestalteten, und sogar den Versuch wagten, in ausübender Verwirklichung die Welt unmittelbar anzusprechen.

Hier aber halten wir inne. Für Betrachtungen aller Art erweitert sich der Raum unabsehbar; die Urteile und Einsichten jedoch, welche hier zu gewinnen sind, werden nur demjenigen fruchtbar sein, welcher diesen Raum mit eignen Schritten zu durchmessen keine Mühe scheut. –

(1832)

## »Der grüne Heinrich«. Ein Roman von Gottfried Keller
Braunschweig. Vier Bände. [1854–1855]

Der von den Lesern der drei ersten Bände dieses ausgezeichneten Romans sehnlichst erwartete vierte Band ist endlich erschienen und somit das schöne dichterische Werk zum Abschlusse gebracht. Der Verzug, müssen wir gleich sagen, hat dem Buche keineswegs geschadet, weder Unsicherheit noch Ermüdung noch Übereilung des Autors werden sichtbar, die Geschichte geht im begonnenen Schritt und in gleichmäßiger Entwicklung weiter, das Ende verknüpft sich in ungezwungener Weise dem Anfang, und ungeachtet des großen Zwischenraums in der Abfassung ist alles wie aus Einem Guß und Fluß; ein Vorzug, der wie von selbst aus dem höhern sich ergibt, daß hier überall ein leitender Gedanke waltet und die Phantasien ohne Irrung demselben Ziele zuführt. Die lebhafte Teilnahme, mit der wir dem Lebenswege des Helden folgen, beruht auf dessen eigentümlichen Innern, das uns dargelegt wird, auf den ewigen Rätseln des menschlichen Herzens und Geistes, die erforscht und offenbart werden, weniger auf raschem Wechsel von Abenteuern und auf künstlichen Verschränkungen, die schon der biographische Zuschnitt des Romans einigermaßen ausschließt, wiewohl es auch an spannenden Auftritten, überraschenden Wendungen und kühnen Schilderungen nicht fehlt; doch diese bleiben stets dem höheren Geist untergeordnet, der über dem Ganzen schwebt und es durchdringt. Selbst einige scheinbare Auswüchse, z. B. die prächtige Ausmalung des Künstlerfestes in München und das gewagte Hinabsteigen in den Zwiespalt der menschlichen Freiheit und Notwendigkeit, sind nicht willkürliche Episoden, sondern hülfreiche Glieder des gebotenen Entwicklungsganges. Überhaupt ist diese Dichtung in jedem Sinn eine ungemeine zu nennen, eine zwar der Unterhaltung gewidmete, aber nicht für gewöhnliche Romanleser, sie fordert Leser von Gemüt, von höherem Geist, von edlem Kunstsinn. Auf solche Leser auch rechnete der Autor, als er in der Vorrede das – wir dürfen wohl sagen unnötige – Bekenntnis ablegte, er habe sich in der Ausarbeitung bisweilen vergriffen; der gemeine Leser möchte hierbei vielleicht den Dichter töricht beim Worte nehmen und festhalten wollen, der einsichtige wird den Tadel ablehnen und nur das hohe Maß künstlerischer Forderungen erkennen, welche der Dichter an sich selber macht und wahrlich auch erfüllt. – Das Werk ist ein durchaus ursprüngliches, aus kräftiger Eigenheit natürlich hervorgewachsen, reich an neuen, kernhaften Gestalten, in denen frisches Leben sprudelt, fern von aller Nachahmung, von aller Ziererei. Es weht echte Schweizerluft darin, der Geist allgemeiner Freiheit und persönlicher Selbstständigkeit. Einem solchen Ursprung und einer solchen Freigestalt dürfen wir auch einige landschaftliche Ausdrücke nicht als Flecken anrechnen; sie werden kaum störend in der sonst klaren und gewandten Schreibart, die nicht selten an die helle Festigkeit des »Wilhelm Meister«, an die zarte Anmut »Heinrichs von Ofterdingen« erinnert, und sogar den Schmuck von Sinnsprüchen des Angelus Silesius willig aufnimmt. – In Einem Stücke nur können wir unsre Unzufriedenheit nicht verhehlen; wir wünschen dem »grünen Heinrich« nicht einen so frühen Tod beschieden zu sehen, er soll mit seinen schönen Gaben und Kräften weiterleben, sich selber und uns zur Freude! Möge er als ein glücklicher redivivus uns fernerhin begegnen!

# Briefe

## An Achim von Arnim

Berlin, 24. Juni 1808

Ich habe durch Reimer Ihre gütige Aufforderung an mich, beizutragen für die »Zeitung für Einsiedler«, mit vielem Vergnügen empfangen. Mit dem Wunsche, besser in Ihre Absichten einzugehen, als es mir möglich sein dürfte, schicke ich Ihnen als Beweis meines guten Willens die beifolgenden Blätter. Der Dithyrambus an Wolf ist von mir, und vorigen Sommer in einem kleinen festlichen Kreise, dessen Mittelpunkt Wolf war, verteilt worden. Schon lange habe ich gewünscht, ihn wieder abgedruckt zu sehen, und zwar mit meinem Namen. Sie verzeihen wohl, wenn ich Ihnen die Geschichte dieser Dichtart mitteile, die, Ihnen unbekannt, nicht das Interesse sein kann, Ihnen aber bekannt, leicht überschlagen wird. Joh. Heinr. Voß rühmte sich gegen Wolf, die deutsche Sprache (oder er) könnte jetzt fast alle griechischen Metren nachbilden, und nahm von dem zweifelnden Wolf die gebotene Ausforderung auf Galliamben an, eine Versart, von der uns außer Catulls »Atys« und wenigen griechischen Zeilen nichts übrig ist. Inzwischen versuchte Wolf selbst, in häufigen Nebenstunden solche Verse zu machen, deren er aber nach vieler Mühe kaum fünf hervorbrachte, mit denen er noch überdies unzufrieden war. Bald aber schickte Voß den herrlichen Dithyrambus, der im ersten Bande seiner Gedichte steht, und wohl billig hat er die neugesponnenen Verse an den Mann reden lassen, der ihre Möglichkeit bezweifelt hatte. Ich fand also diese Versart dem Manne schon geweihet, und konnte mich nicht beruhigen, bis ich das zweite Gedicht dieser Art geliefert; ein in der Tat glücklicher Zeitpunkt, da sowohl das erste zu geben schwerer war, als auch jetzt das dritte hervorzubringen schwerer sein möchte. Nach dem Ausspruche der damals versammelten Philologen ist mir die Arbeit gut gelungen, die auch Wolf selbst und Joh. v. Müller durch spätere Verteilung billigten. – Das andere Gedicht ist eine alte Romanze, die mein Freund, der Baron

Fouqué, mir zu liebe übersetzt hat und über die ich daher schalten darf. – Ob beide Ihrem der Zeitung eingepflanzten Sinne entsprechen, kann ich von hier aus nicht entscheiden. Sollten Sie aber andere Beiträge von mir nicht unwünschenswert finden, so muß ich vor allen Dingen wissen, welche Sprünge wohl Ihr Sinn erlaubt, und ob Sie für die Art der Darstellung die gehörige Breite verstatten, welches ich besonders in Rücksicht der Polemik frage, von der ich wenigstens wissen muß, daß sie frei ist, und auch zwischen den Mitarbeitern, die ja keinesweges alle Freunde sein können. Dieses lasse Sie aber ja nicht glauben, als wolle ich die Einsiedler mit Streit behelligen, vielmehr bin ich überaus friedlich und sanftmütig, und nur ängstigend und verklemmend wäre es mir, wo schon ganz im voraus bestimmt wäre, du darfst z. B. Reichardt und seine Kompositionen nicht angreifen, oder Brentanon sarkastizieren, oder Görres formalisieren, oder Wilhelm Schlegel in den Brunnen plumpen lassen, weil es ihm besser ist, als durch Stahl und Eisen umzukommen. Können Sie mir dies zusichern, wie ich denn hoffe, so denk ich Ihnen manchen hübschen Aufsatz zuzusenden, von mir und meinen Freunden. In diesem Falle bitte ich Sie, mir auch ein Exemplar der »Zeitung f. Eins.« bei Reimer anzuweisen.

Wie es bei uns steht, werden Sie durch andere Nachrichten zur Genüge wissen, hundertmal hab ich daran gedacht, das südliche Deutschland zu suchen, aber auch dort schreckt mich so manches Ungetüm, besonders die Bildung derjenigen, mit denen unsereiner zunächst umgeht. Das Heil, worauf ich mich am meisten freute, die Universität zu Berlin, scheint weit, sehr weit entfernt. Ich muß mich nun mit den medizinischen Anstalten begnügen, die wenigstens durch ihren Umfang gut sind. Wenn Sie, wie ich vermute, in Heidelberg leben, so sagen Sie mir doch zwei Worte über die dasige Universität im Vergleich mit Halle, wie es ehemals war.

Ich wünsche Ihren Unternehmungen den glücklichsten Fortgang, besonders aber das Wunderhorn fortgesetzt zu sehen. Leben Sie recht wohl, und empfangen Sie die Versicherung meiner Achtung,

K. A. Varnhagen.

An Jean Paul

Tübingen, 11. Februar 1809

Ich weiß nicht, ob Sie schon den Doppelroman »Die Versuche und Hindernisse Karls« in Händen haben, und bin nicht ohne einige Ängstlichkeit über Ihre Aufnahme dieses Buchs: zwar sagt jedermann mir, Sie könnten nicht zürnen, und solche sagen dies, die die letzte Szene mit Wilhelm Meister sehr mißbilligen, allein es bleibt mir doch eine Ungewißheit, die mir peinlicher ist, als der schärfste ausgesprochene Tadel von Ihnen mir wäre. Wenn ich bedenke, daß selbst Goethe, ungeachtet der klarsten Stellen hierüber, die innige Liebe und tiefe Ehrfurcht mißkennen könnte, die mit der Parodie so völlig besteht, wie Platons ewiges Zitieren des Homers mit dessen Verbannung aus der Republik: so weiß ich freilich nicht, wie es hätte anders werden sollen, und wie man die Griechen verstehn will, möchte aber doch lieber die Hunderte von Exemplaren still wieder in das Manuskript zurückrufen, als so verkannt sehen, wie wir es gemeint. Daß mein Freund Neumann Ihre Schreibart gut nachbildet, scheinen Sie selber bestätigen zu wollen gleichsam durch die Additionsprobe zu dem Subtraktionsexempel: den Ausruf »Himmel! welch ein Himmel!« finde ich mit dem freudigsten Erstaunen in Ihrem Neujahrsaufsatz des Morgenblatts. Wenn Sie unserm eifrigsten Wunsche gemäß das Buch rezensieren wollen (denn von Ihnen sähen wir uns am liebsten gezüchtigt, da dem doch nicht wird zu entgehn sein), so bitten wir Sie auch aus Ihrem reichen Vorrat um die Anekdote von der Flinte, die im Buche vergebens gesucht wird. Noch muß ich Ihnen sagen, daß wir zwar anfangs Kapitel um Kapitel schrieben, aber späterhin noch fremde Hände hinzukamen, die die Ordnung störten und dann auch mehrere Kapitel hintereinander aus Einer Feder flossen.

## An Ludwig Uhland

Wien, 9. Januar 1810

[. . .] Justinus [Kerner] wird Dir von meinen abenteuerlichen Schicksalen erzählt haben; wahrscheinlich ist es Dir mit seinen Nachrichten gegangen, wie mir öfters mit seinen mündlichen Reden, weil ich so oft das Falsche geglaubt, glaubte ich endlich das Wahre nicht: aber es ist diesmal vollkommen wahr, daß ich, weil ich in Hamburg nicht leben konnte noch sterben, und in Berlin keine Ruhe fand, mit drei Freunden so schnell als möglich zur österreichischen Armee reiste, wo ich Offizier bei einem Linienregiment wurde und in der großen Schlacht von Wagram einen Schuß oben durch den Schenkel bekam. Zwei Sommermonate voll der schönsten Blüte und Himmelsanmut mußte ich im Spital zubringen, wo ich kriegsgefangen wurde, und das ich noch nicht völlig geheilt verließ, um nach Wien zur Auswechslung gebracht zu werden. Hier hatte ich einige der angenehmsten Wochen, heiter, lebhaft, sorglos und hoffnungsvoll flogen die glücklichen Tage hin. Endlich ging ich nach Ungarn zu meinem Regiment, wo ich vor Kot und Regen, vor Dummheit und Elendigkeit der ganzen Umgebung fast gar nicht gelebt habe, außer einige Tage, da Marwitz und ich uns gegenseitig besuchten. Mit meinem Obersten, den ich von einem Nervenfieber glücklich geheilt, ging ich auf Urlaub nach Wien, wo ich Justinus, den ich in Hamburg glaubte, auf die Weise traf, wie er Dir erzählt hat. Ich war eben im Begriff, mit meinem Obersten nach Italien zu reisen, aber dies hat sich indes geändert, die Reise ist aufgeschoben, und wir gehn in kurzem zu unserm Regiment nach Prag; denn dieses Glück fügte sich mir, zu einem Regiment zu kommen, was in dieser zweiten Stadt der Monarchie seine Garnison hat. Die Ungewißheit der Dinge und die meines eigenen Treibens lassen mich fürs erste noch beim Militär bleiben, besonders da ich in meinem Obersten einen edlen Freund habe. Dies ist meine gegenwärtige Stellung in der Welt, und ich bin damit, so sehr ich es überhaupt sein kann, zufrieden. – Von Dir hör ich durch Justinus, daß Du noch bis zum Frühjahr still in Tübingen bleiben wirst, ich habe oft Gelegenheit, Dich um die heilige Ruhe zu beneiden, in welcher Dir vergönnt ist, viel höheres und reicheres Leben zu entfalten, als alles das bunte Treiben ist, das mich bisher fortgerissen hat und noch jetzt umwogt. Wie oft hab ich, besonders in Ungarn, wo ich lange Zeit fürchterlich allein war, an einem großen reißenden Flusse, der Vag, unter uralten herrlichen Bäumen, ohne Nachricht, ohne Lebensfreude, kurz unter den Tausenden eines ganzen Regiments mit meinem bessern Sein verlassen, wie oft hab ich da Deiner herrlichen, naturkräftigen Lieder gedacht, und was ich davon auswendig wußte, mir vorgesagt! [. . .]

## An Karoline von Humboldt

Prag, 10. November 1811

[. . .] Seitdem ich wieder in Prag bin, ist gewiß kein Tag vergangen, an dem ich Ihrer nicht lebhaft und innig gedacht hätte: allein ich konnte es nicht über mich gewinnen, in unsre junge Bekanntschaft, die durch heitre Sonnenwärme immer schöner gedeihen möge, alle den alten Mißmut und Trübsinn auszuschütten, der in dichten Wolkennebeln über meine Seele herzog; jetzt muß es um vieles besser stehn mit mir, da doch der Gedanke an Sie wie ein heller Strahl durch jene Wolken durchzubrechen vermag! Ich sehe innig erfreut auf diesen Schein und warte mit kindlichem Vertrauen ab, ob er nicht ringsumher sich ausbreiten und die Schatten weit an den Horizont verjagen wolle!

Wenn Sie mich fragen, auf welche Weise ich in Teplitz gelebt habe, so gerate ich in die größte Verlegenheit. Von keiner Zeit meines Lebens habe ich eine so verworrene Vorstellung. Es versteht sich, daß ich Rahel täglich, und, soviel ich konnte und sie wollte, ausschließlich sah; ihre Gegenwart gab mir eine außerordentliche Beruhigung, und manche heftige Unruhe, die ich mein ganzes Leben lang in geheimer Tiefe wirken fühlte, stellte ihre dunklen Arbeiten ein. Inzwischen die Trennung, die mir sehr schmerzlich fiel, hatte sich von Anfang her in unser Zusammensein als Gedanke eingeschlichen und trat oft in unglücklichen Augenblicken mit einleuchtenden Erinnerungen des Unzusammenhangs hervor, den unsre äußern Zustände dem Innern ließen. Rahel kann mir nur immer lieber und werter werden; wenn ihr Geist mir das verehrendste Staunen auferlegt, so ergreift mich die Regung ihres Herzens so tief, daß ich ihm gern jedes Opfer brächte. Von Ihnen, teure Freundin, sprachen wir oft und viel, aber an anhänglicher, belebender Zuneigung für Sie kann ich nicht sagen, wer dem andern von uns beiden nachstand. Rahel ist nach Berlin zurückgekehrt, wo, wie ich vermute, nicht ganz glückliche Verhältnisse sie empfangen haben.

Ich lernte in Teplitz den Prinzen Georg von Mecklenburg-Strelitz kennen; auch seine Schwester war dort; gemeine Leute drängten sich unverschämt mit Glück an die Vornehmen, daher überließ ich dem Zufall, ob er mich von diesen, die ich schätzte aus vielen Gründen, wollte finden lassen ohne Hinzudrängen, er brachte uns mehrmals in Gespräche zusammen, allein sie fanden nicht die Stellen, wo wir zusammengehörten, und ich schied, höchst vergnügt erfahren zu haben, wie zärtlich nicht nur, sondern auch wie einsichtsvoll der Erbprinz Sie verehrt und liebt. Die Prinzessin von Solms wußte sich, wie mir schien, nicht recht zu helfen, die sanfte Empfindsamkeit, welche der Ausdruck ihres Gesichts ist, konnte nicht verleugnen, daß sie sich in ganz andre Züge und Blicke zu verwandeln gewohnt sei, und diesen Widerstreit auf die eine oder die andere Seite beizulegen fand sich kein Anlaß.

Ich habe jedoch selten auf einnehmendere Weise gebildete Empfindung und Einsicht vorspiegeln gesehn.

Noch viele andere Preußen waren dort: Prinz August, Golz, auch Beymes auf einige Tage; dann Wolf, Fichte; dann eine Gräfin Schlabberndorf, die Sie kennen. Von Ihnen mußte sehr oft die Rede sein, es geschah mit Liebe und Wohlwollen jederzeit, und die Mannigfaltigkeit der Gestalten und Lebensbeziehungen, die sich nach und nach um Ihr Bild herumdrängten, wie es vor meiner Seele schwebte, gab einen angenehmen Hintergrund, aus dessen anregenden Figuren es desto reizender hervortrat. [...] Wie vieles gäbe ich darum, Sie heute Abend besuchen zu können, da mich dieses Bild nicht einen Augenblick verläßt, und mich, wäre Zauberei nicht durch irdische Last erdrückt, gewiß durch Traum und Wachen unaufhörlich in Ihre Gegenwart zauberte! Vielleicht, wär ich erst da, säß ich dann so stumm und bewegungslos Ihnen gegenüber, wie mir wohl oft geschieht, wenn ich mich schäme, von Literatur zu sprechen, und wüßte Ihnen nicht einmal zu sagen, wie herzlich ich Ihnen ergeben bin: allein mein Zustand wäre darum nicht weniger beruhigt und schön.

Hier besuche ich keinen Menschen und lebe ganz eingezogen. Nur Clemens Brentano, der auf einige Zeit hier ist, kommt fast täglich zu mir und ist mir eine teilnehmende, erwünschte Gesellschaft. Wenn Sie mir schreiben, wird es wirklich sein, als bräche in einer traurigen Wüste plötzlich ein frischer Quell aus grünenden Felsen hervor. Tun Sie es bald, ich bitte Sie darum, und rechnen Sie nicht genau mit einem Menschen ab, der ewig Ihr Schuldner zu sein wünscht! Freuen Sie sich des munteren Winters in Wien, um den ich Sie recht beneide! aber wie froh würde ich sein, einen Teil desselben noch mit Ihnen dort zu verleben, und ich darf diese Hoffnung hegen. Leben Sie recht wohl! Empfehlen Sie mich den verehrten Ihrigen und allen Freunden.

Mit inniger Hochachtung Ihr treuer

KAVarnhagen von Ense

## An Johann Wolfgang Goethe

Prag, 20. November 1811

Ew. Exzellenz werden aus der Vorerinnerung der beifolgenden handschriftlichen Blätter erkennen, daß sie nicht darauf berechnet waren, früher als gedruckt vor Ihre Augen zu kommen. In der festen Überzeugung, gegen Ew. E. dadurch nicht verstoßen zu können, von meinen Freunden aber und dem Publikum Dank zu verdienen, bot ich meinem Freunde, dem Dr. Cotta in Tübingen, diese kleine Schrift zum Drucken an. Seine freundliche Antwort zeigt ihn dazu geneigt, allein er bittet mich zugleich, falls sie bei ihm erscheinen solle, vorher die Zustimmung Ew. E. zu erlangen, weil, wie er sagt, er selbst so wenig wie ich etwas tun möchte, das Ihnen vielleicht unangenehm wäre. Ich glaube, wenn Herr Cotta die Schrift gesehen hätte, so würde er mich an bedachter, zarter Gesinnung für Ew. E. nicht zu übertreffen scheinen; da ihm ihr Inhalt nur angedeutet worden war, so kann ich nicht anders, als mich über seine Besorgnis freuen.

Wenn ich in früheren Jahren, bewegt von Dichterwerken, die meine Seele mit ahndungsreichem Leben durchschauerten, mich so hingerissen fühlte, daß mir unerträglich scheinen wollte, in keiner, auch gar keiner Berührung Ew. E. zu stehen, die mit anderen deutschen Männern das Leben mir reichlich gewährt hat, so hätte die übereilende Begeisterung eine Gelegenheit wie diese nur zu heftig ergriffen. Jetzt, da meine liebevolle Verehrung in eben dem Grad gestiegen, als das Bedürfnis, sie stürmisch zu äußern, verschwunden ist, jetzt, da eine nähere Bekanntschaft nur dann, aber dann auch einen unschätzbaren Wert für mich hätte, wenn sie sich glücklich ereignete, ohne daß ich ausdrücklich sie machen müßte, bin ich verlegen, wie ich mit Ew. E. eine Sache verhandeln soll, die ich Ihrem Ausspruch nur in Folge meiner innigsten Zuneigung, von der Sie jedoch nichts wissen, anheimstellen kann. Ich bitte aber Ew. E., die beifolgenden Blätter für mich reden zu lassen, und ihren Inhalt als Liebeszeugnis für mich, den Sammler, wie für die Verfasser anzunehmen!

Ich übergebe daher das Ganze Ew. E. Händen; erhält es, wie ich hoffe, Ihre Zustimmung, so mögen Sie es entweder unmittelbar an Hrn. Cotta oder mir zurückschicken; um dieses letztere bitte ich jedoch auch in dem Fall, daß die Bekanntmachung von Ihnen nicht gewünscht würde: ich habe keine Abschrift, und mir wäre ungemein leid, diese Bruchstücke, wenn auch andere nicht teil daran haben sollen, für mich selbst zu entbehren.

Die Urschrift des Briefwechsels besitz ich nicht mehr; gern würde ich sonst im Vertrauen durch größere Mitteilungen Ew. E. überzeugt haben, daß ich nicht zu rühmend davon gesprochen. Könnte noch ein Zweifel walten, ob diese abgerissenen Stellen wirklichen Briefen angehören, bei deren Abfassung an keinen solchen Gebrauch gedacht wurde, so will ich Ew. Exzellenz, da man wohl das Publikum so zu betrügen für erlaubt hält, die Wahrheit mit meinem Ehrenwort verbürgen. Nur dadurch, daß sie gleichsam absichtslos aus der Natur hervorgegangen, können die sorglosen Äußerungen Teilnahme erwecken, die von jeder künstlichen Abfassung zerstört würde. Gern würde ich sagen, von welcher Hand die mit G. bezeichneten Stücke als die bei weitem bedeutendsten herrühren, allein ich müßte erst die Erlaubnis dazu einholen, welches wegen allzugroßer Entfernung jetzt unmöglich ist. Die Zeitangaben sind alle nach der Wahrheit, die Örter auch, nur Hamburg vertritt die Stelle eines anderen Ortes, der nicht genannt werden durfte.

Indem ich nun an dem Ende dessen bin, was ich Ew. E. eigentlich zu sagen hatte, und im Bewußtsein, an wen ich schreibe, den Vorrat unzählicher Gefühle, die aus segenreichen Stunden, von Ihnen belebt, in meiner Brust gedrängt zurückblieben, die alle seit Jahren Ihnen zumeist sich zuzuwenden strebten und deren vergebliches Ringen in leisen Schlummer überging, wenn ich dieser Gefühle ganze Geschlechter überblicke, so kann ich nicht anders, als mit inniger Wehmut von Ew. E. Abschied nehmen, da ich die armen aus ihrem Schlafe nicht erwecke und bedenke, daß diese Gelegenheit, der sie wachend mit Heftigkeit zustürzen würden, auf die der schönste Teil ihres Daseins sich bezogen und die sie jetzt versäumen, vielleicht für sie niemals wiederkehrt!

Ich habe die Ehre mit tiefster Verehrung und unbeschränkter Ergebenheit zu verharren

Ew. Exzellenz
gehorsamster
K. A. Varnhagen von Ense

## An Ludwig Uhland

Prag, 23. Dezember 1811

Ich habe alles, was ich von Dir in Abschriften besaß, weggeschenkt, selbst die Blätter von Deiner eigenen Hand, aber an jemand, bei dem sie nicht schlechter verwahrt sind als bei mir, und in vieler Rücksicht besser. Die letzten Tage im Ausgang des Sommers lernt' ich in Teplitz Beethoven kennen, und fand in dem als wild und ungesellig verrufenen Mann den herrlichsten Künstler von goldenem Gemüt, großartigem Geist und gutmütiger Freundlichkeit. Was er Fürsten hartnäckig abgeschlagen hatte, gewährte er uns beim ersten Sehen, er spielte auf dem Fortepiano. Ich war bald mit ihm vertraut, und sein edler Charakter, das ununterbrochene Ausströmen eines göttlichen Hauchs, das ich in seiner übrigens sehr stillen Nähe immer mit heiliger Ehrfurcht zu empfinden glaubte, zogen mich so innig an ihn, daß ich tagelang der Unbequemlichkeit seines Umgangs, der durch sein schweres Gehör bald ermüdend wird, nicht achtete, und besonders die letzten Tage nur mit ihm und seinem Freunde Oliva, einem der besten Menschen, den Kerner auch gekannt hat, zubrachte. Wüßt ich es nicht durch unverwerfliche Zeugnisse, daß Beethoven der größte, tiefsinnigste und reichste der deutschen Tonkünstler ist, so hätte der Anblick seines Wesens es mir, sonst in der Musik ganz Unkundigen, dargetan. Er lebt nur für seine Kunst, und keine irdische Leidenschaft entstellt ihre Ausübung bei ihm, unglaublich fleißig und fruchtbar ist er. Er sucht das Weite auf seinen Spaziergängen, und auf einsamen Wegen zwischen Bergen und im Wald, beruhigt in die großen Züge der Natur blickend, denkt er Töne, freut er sich seines eigenen Herzens. Ich erwähne solcherlei, damit Du ja nicht versuchen mögest, ihn mit irgendeinem andern Musiker zu vergleichen, sondern ihn bestimmt absondern mögest. Könnte ich Dir sagen, wie schön, wie rührend fromm und ernst, als küsse ihn ein Gott, der Mann aussah, als er uns auf dem Fortepiano himmlische Variationen vorspielte, die so reines Erzeugnis eines waltenden Gottes waren, daß der Künstler sie dem Verhallen überlassen mußte, und, wie gern er auch gewollt, sie nicht auf dem Papier festhalten konnte! Diesem nun, mein teurer Freund, habe ich alle Deine Gedichte, die abzuschreiben leider nicht Zeit war, auf sein Begehren geschenkt, und Du kannst hoffen, bald einen Teil davon komponiert zu sehn. [...] Seit einigen Monaten lebt Brentano hier; ich sehe ihn aber jetzt wenig. Er hatte mich in Teplitz durch seine Keckheit genötigt, ihn zu züchtigen; dies kann leicht einmal wiederholt werden müssen, und diese Scheu hält mich ab, ganz mit ihm Freund zu sein. Sonst haben wir uns recht lieb und stimmen in vielen wichtigen Punkten einverstanden überein. Seine Lebhaftigkeit hat einen großen Reiz, aber sie erlaubt sich alles und wird auf der einen Seite leicht beleidigend, auf der andern fade. Von Herzen gutmütig, gescheuten Sinnes, scharfen Verstandes und tiefen Gefühls, das dann mit Lebensgewalt als Einsicht hervorspringt, scheint er oft von allem diesen das Gegenteil; wunderlich springen die Geister in ihm bald Lustbald Trauerspiel, aber eben oft nur als Seiltänzer. So scharf wie Brentano sieht niemand Schwächen ein, und meisterhaft zieht er die verborgenste Verderbnis mit der Zange des Witzes zum offenbaren Tagesschein hervor. An trefflichen Dichterwerken ist er reich; und besonders ein großes Gedicht in Romanzen, die Erfindung des Rosenkranzes, ein Gedicht voll wirklichen Lebens und Tuns, eine schöne geschichtliche Zeit mit allen Reizen der irdischen Welt und des Zauberreichs darstellend, wird einst, wenn es nach Jahren vollendet ist, die Dichterkrone nicht vergebens für ihn fordern. [. . .] Vor einiger Zeit schrieb ich an Goethe in einer literarischen Angelegenheit und hatte die Freude, von ihm einen sehr schönen Brief zu erhalten. Sein Leben leset Ihr dort wohl früher als wir hier in Prag, aber gewiß nicht mit mehr Entzücken! Ich habe es rezensiert für ein Wiener Blatt und hoffe, Euren Sinn dabei mit ausgesprochen zu haben. [. . .]

## An Johann Friedrich Cotta

Prag, 20. Januar 1812

Meine auf Ihren Rat bei Goethe gemachte Anfrage wegen des kleinen Buchs, das ich über ihn wollte drucken lassen,* hat die angenehmste Antwort erhalten.

»Zu einer Zeit«, sagt er, »da ich im Begriff stehe, mir und andern von meinem Leben und meinen Werken Rechenschaft zu geben, konnte mir wohl nichts erwünschter sein, als zu vernehmen, wie so bedeutende Personen, als jene Korrespondenten sind, aus deren Briefen Sie mir gefällig Auszüge mitteilen, über mich und meine Produktionen denken. Diese beiden Wohlwollenden machen ein recht interessantes Paar, indem sie teils übereinstimmen, teils differieren. G. ist eine merkwürdige, auffassende, vereinende, nachhelfende, supplierende Natur, wogegen E. zu den sondernden, suchenden, trennenden und urteilenden gehört. Jene urteilt eigentlich nicht, sie *hat* den Gegenstand, und insofern sie ihn nicht besitzt, geht er sie nichts an. Dieser aber möchte durch Betrachten, Scheiden, Ordnen der Sache und ihrem Wert erst

* Die Briefauszüge »Über Goethe. Bruchstücke aus Briefen« erschienen 1812 in den Nrn. 161, 162, 164, 168, 169 und 176 des *Morgenblatts für gebildete Stände*.

beikommen und sich von allem Rechenschaft geben. Merkwürdig ist es mir, daß zuletzt E. mehr an G. herangezogen wird, eine Wirkung, welche diese letztere Natur notwendig gegen denjenigen ausüben muß, der sie liebt und schätzt.

Doch was sage ich das Ihnen, der Sie die Personen, ihre Verhältnisse und den ganzen Briefwechsel kennen, dagegen ich mir hievon nur ein unvollkommenes Bild aus den Bruchstücken zusammenbauen muß. So sehr ich übrigens von dem Wohlwollen dieser Personen und von der Teilnahme an mir gerührt bin, so wünschte ich doch, wo nicht die ganze Korrespondenz, doch größere Auszüge daraus zu sehn, teils um mir ein deutlicheres Bild von den Individualitäten zu machen, teils auch über Mitlebende und kürzlich Abgeschiedene ihre Gesinnungen zu vernehmen, wie mir die Stellen über Jean Paul, Johannes Müller, Heinse sehr merkwürdig gewesen sind. Vielleicht können Sie in der Folge mir doch eins und das andere mitteilen. Was den Druck betrifft, so lassen Sie mich darüber noch denken. Es sind so wenige Bogen, daß sie auf eine eigene Art gedruckt werden müßten, wenn sie ein Heftchen machen sollten. Irgendwo in einer Sammlung stünden sie wohl am schicklichsten, aber freilich: in welcher? Doch das eben wäre zu bedenken.«

Aus diesem Briefe, den ich Ihnen, verehrtester Herr Doktor, im Vertrauen mitteile, ersehn Sie, daß Goethe selbst dem Drucke sehr geneigt ist. So wenig, wie er meint, macht es nun wohl nicht aus, da hat ihn das in meiner Handschrift sehr zusammengegangene Manuskript getäuscht. Ich überlasse jedoch jede Verfügung mit bescheidenster Ergebenheit ihm allein. Nur, dachte ich, würden Sie vielleicht am ersten einen schicklichen Ort finden, und einen wohlersonnenen Vorschlag am liebsten ihm selbst an die Hand geben.

## An Johann Wolfgang Goethe

Prag, 3. Februar 1812

Wenn ich einige Zeit gezögert habe, das überaus freundliche Schreiben Ew. Exzellenz zu beantworten, so lag dies mehr an der unaufgelösten Verwirrung, mit welcher ich das Neue in meiner Beziehung zu Ihnen betrachtete, als an äußeren Abhaltungen, die ich doch auch gehabt habe. Indem ich ausging, Ihre mir zur Bedingung gemachte Billigung für das Bekanntwerden jener Bruchstücke zu erlangen, durfte ich nur hoffen, auf literarische Weise Ihren Anteil zu erwecken, und ich dachte mich allzuglücklich, mit Ihnen, wenn auch noch so fernher und leise, in einer unmittelbaren Berührung gestanden zu haben, ein Glück, das in meiner Erinnerung wie das glänzende Bild eines herrlichen Jugendanblicks bis in das späteste Alter freudig fortscheinen sollte. Die milde Freundlichkeit aber und die persönliche Teilnahme, womit Sie in jene Eröffnungen gütig eingingen, und die Neigung, mit welcher Sie denselben nachfragen, rückt mich unverhofft aus meiner bisherigen Stelle in eine andere hinüber, die meine freieste Hoffnung nie erflogen hatte, und auf welcher ich mich nicht ohne Beschämung und Verlegenheit finde. Ich soll Ihnen mitteilen, von wem jene Bruchstücke sind; gern hätte ich Ihnen gleich in meinem ersten Briefe das gesagt. Allein ich fühlte bald, daß mein innigstes Empfinden und Denken in seiner persönlichsten Eigenheit an jedes Wort, das ich Ihnen darüber hätte sagen mögen, sich anschmiegen würde, und obgleich ich keinen Augenblick zweifeln konnte, Ihnen alles, was sonst Gewohnheit, Schonung und Scheu, Scham oder Stille vor der Welt zu verbergen suchen, unbedingt hinzugeben, denn Sie waren ja längst der geliebteste Vertraute und dem Inneren wohlbekannt: so nahte ich Ihnen doch mit zu ehrfürchtiger Liebe, als daß ich aufdringlich Sie hätte veranlassen wollen, gegen mich, wenigstens durch Höflichkeit, ein Verhältnis zu erwidern, mit dessen einseitiger Pflege so viele Bessere als ich Ihnen ungekannt zugetan sind. Jetzt aber bringt Ihre Güte selbst mir die Gelegenheit liebreich entgegen, die ich zu ergreifen Scheu getragen hatte, und so ist mir denn bei Ihnen eine nicht mehr bloß literarische, sondern eine menschliche Teilnahme gewonnen, die mich mit tiefster Rührung erfüllt! Gleichwohl, wie entzückend auch diese Wendung mir ist, so würde mich doch die Wehmut, zu der sich die Betrachtung meiner selbst bescheiden muß, vielleicht verhindern, dies dargebotene Glück zu erfassen, wenn ich nicht meinem schwachen Beginnen Nachdruck und Licht gegeben sähe durch ein Gemüt und einen Geist, denen ich durch liebevolle Innigkeit vertraut bin, und die würdiger Ihnen gegenüberstehen! Der Briefwechsel, welcher jene Auszüge gegeben hat, ist zwischen Rahel Robert und mir, und alles mit dem Buchstaben G. unterzeichnete ist von der Hand meiner hochverehrten Freundin. Sei mehreren Jahren habe ich das Glück, sie zu kennen, und keinen Augenblick seither wankte die Überzeugung in mir, daß die Welt, wie ich sie kenne, etwas besitze, das mir einen tieferen Wunsch geben könne als den, mit und bei jener zu leben. Und weil ich meistens von ihr getrennt und in andere Verhältnisse verschlagen war, so konnte ich desto besser, durch täglich neue Erfahrung, jene Überzeugung bewähren. Ich habe niemand auf der Welt lieber, und die herzlichste Zuneigung, die ich sonst zu vielen Freunden trage, steht weit zurück gegen dieses Verhältnis, welches dadurch, daß meine Freundin in ihrem Herzen weniger auf mich und meine Anhänglichkeit beschränkt ist, in ihrem Geiste selbstständiger lebt und in ihrem Handeln unbedingter wirkt, an seinem schönsten Genügen selbst für mich nichts verliert. Dieses aus den wenigen Worten so glücklich von Ihnen erkannt, so klar ausgesprochen zu sehen, war mir ein heilvolles Wahrzeichen des innersten Zusammenhanges; und wie die Liebenden inmitten des Gefühls, dem nichts von außen scheint zuwachsen zu können, doch heiliger an ihre Liebe glauben nach dem Segen des Priesters, so fand ich meine Freundschaft mir selbst beglaubigt mit heiligen Worten, die der Dichter darüber gesprochen hat! – Durch lange, schmerzliche Trennung habe ich die Briefe erkauft, die mir vor allen Schriften, wie Rahel vor allen Menschen, lieb und teuer sind; ungern ließ ich den größten Teil derselben in Rahels Verwahrung, die aus Besorgnis sie mit nach Berlin nehmen wollte, als sie im vorigen Sommer von Teplitz dahin zurückkehrte. Die wenigen, die ich zurückbehielt, und die ich seitdem bekam, hätte ich Ihnen gern sogleich zugeschickt, wenn ich nicht fürchtete, sie der Post anzuvertrauen, und wenn nicht überdies, ohne die zusammenhängende Folge aller, grade das Leben darin unverständlich erschiene und unvermeidlichen Mißverständnissen erläge. Dieses reine Geschöpf, von großartiger Innigkeit erfüllt, unschuldig, zart und wahrhaft in unerschütterlichem Bewußtsein, menschlich und liebreich wie das erhabenste Bild der Geschichte und edel und schön in jeder Handlung, vermochte nicht der schmählichsten Verfolgung böser Nachrede zu entgehen, und nie hat sie sich gerechtfertigt oder dem Scheine gefügt: aber in ihren Briefen sind überall die Triebfedern ihres Lebens, das fremde Einwirken und ihre innersten Regungen aufgedeckt, und das zerreißende Unglück ist dort aufbewahrt, dem ihre Bestimmung auf der Erde erlegen ist. Es ist nicht möglich, einen so strengen, vom Schicksal gebrauchten Zusammenhang, als der ihres Lebens und der Äußerungen desselben ist, zu umgehen, und vergebens würde ich suchen, durch größere Bruchstücke das Bild vollständig zu machen oder das Schroffe der früheren mit dem Leben zu verbinden; es würde immer einzeln und schroff jedes Neue dastehen und nur als umschlossener Scharfsinn erscheinen, der, so wie all ihr Geist und Talent, wie gewaltig er sein möge, verschwindet gegen das quellende Leben ihrer Brust! Ja, lassen Sie mich vielmehr vergessen, wenn ich von meiner Freundin rede, daß ein hoher Geist in ihr wohnt mit allen seinen reichen Geschlechtern des Scharfsinns, Witzes, der Einbildungskraft und Vernunft, daß ein Urquell reinen, begeisterten Schauens der Natur und Geschichte ihr Gemüt durchströmt, und die Züge der edelsten Wahrhaftigkeit unvertilgbar in ihr aus allen Lügenbildern der Welt allsogleich hervordringen: viele Dichter und Weise bietet die Welt, und mancherlei nicht schlechtere Wahl des Lobes und des Anschließens kann man treffen: aber die Unschuld und Kindlichkeit dieses wahrhaften Menschenherzens ist das Schönste, was jemals meinen Augen sich aufgetan hat. Wie würde ich mich glücklich preisen, Ihnen dies rührende Bild zu eröffnen, dem nichts gefehlt hat zu seiner Vollendung, als daß es solche Augen gefunden hätte! Mit innigem Verlangen gehen meine Gedanken den Weg, den sie mir zur persönlichen Bekanntschaft versprechend andeuten, und ich lasse mein Entzücken kaum durch die Furcht stören, daß vielleicht bis dahin über meine unzuberechnenden Tage ganz anders verfügt werden muß! Vergönnen Sie mir indes, Ihnen für einen der Ihrigen zu gelten, und erlauben Sie dem strebenden Mut, diese angeknüpfte Bekanntschaft als die glücklichste Förderung seines geistigen Weiterkommens dankbar festzuhalten und in dieser Rücksicht Ihre Gunst lebhaft anzusprechen! [. . .]

## An Karoline von Humboldt

Prag, 13. Mai 1812

[. . .] Ach ich schreibe Ihnen heute nur, weil ich Ihrer bedarf und Ihre Freundschaft um etwas bitten will, und ich warne Sie mit Grund, denn ich weiß allerdings, daß ich, auch *so*, vieles sagen werde, was wie ein Herzenserguß aussieht, und doch nur der äußerste Umriß davon ist. – Ich will nach Berlin reisen, und wenn meine Absicht gelingt, den österreichischen Dienst verlassen. Die unaussprechliche Güte, das zarte Wohlwollen und die liebenswürdige Sorgfalt, die mir der vortreffliche Graf Bentheim beweist und die mich zurückhalten sollten, werden überboten durch strengere Betrachtungen, deren schmerzliches Wirken ich am meisten empfinde. Jede Lebensart kann mir jetzt eher angemessen sein als die vorhandene, und es gilt jetzt nicht, irgendeinem Bilde, einer Idee aus höheren Kreisen nachzuhängen, sondern nur nach dargebotenen, aus dem Leben selbst entsprossenen, frischen und heitern Weisen irgendein Leben einzurichten. Was ich sonst an Einkünften besaß, habe ich verloren, ich muß also eine Anstellung suchen, und diese aus tausend Rücksichten am liebsten im Preußischen, wo sich fast alles zusammen- oder wiederfindet, was mich gereizt hat oder wird reizen können. In einem Schreiben an Herrn von Humboldt bitte ich daher um Pässe nach Berlin, und überdies, wenn dies tunlich ist, um Empfehlungen, vorzüglich an Hardenberg, denn Goltzens habe ich in dem Briefe nur erwähnt, um anzudeuten, daß ich an ihn einer Empfehlung nicht bedarf. Aber auch an Wittgenstein oder Hatzfeldt wären mir Briefe sehr willkommen. Dies alles nun, verehrte Freundin, stell ich in Ihre Hände, von denen ich alles Gute für mich erwarte, und ich vertraue Ihrem gütigen Verwenden, durch welches ich diejenigen der genannten Schreiben, die mit den Verhältnissen des Herrn von Humboldt nicht im Widerspruche stehn, gewiß zu erhalten hoffe. Ich gestehe Ihnen, daß das Fach der auswärtigen Angelegenheiten mir das wünschenswerteste derjenigen erscheint, in welchen ich angestellt werden könnte, obgleich viele preußische Diplomaten mir grade von diesem eine höchst ungünstige Schilderung gemacht haben; meine Persönlichkeit, die sich in geselligen Verhältnissen und ernsten Geschäften zugleich gefällt, scheint mich dieser Laufbahn entgegenzuführen. [...]

## An Karoline von Humboldt

Prag, 22. Juni 1812

[...] Sie reden mir mit teurer Besorgnis von meinem vorhabenden Wege ab, allein Sie fördern mich darauf zu gleicher Zeit, denn sowohl das Schreiben an den Staatskanzler als die gütige Abmahnung in dem Briefe des Herrn von Humboldt nehme ich mit Recht als den Ausdruck Ihrer Gesinnung an, und wenn ich Sie bitte, jenem meine Danksagung dafür auszurichten, so ist dies eigentlich nur ein Umweg, den meine Gedanken gehn. Könnte ich Ihnen mündlich alles erzählen, Sie würden doch meine Schritte billigen; in einem Briefe kann ich das wenigste sagen. Den Einen Punkt haben Sie richtig vermutet, teuerste Freundin! nämlich die nur durch die Zufälligkeit der Umstände für den Augenblick eingeschläferte Gefahr, in einer Sache, die allen Sinnen wie dem innersten Gemüt mißfällt und widerstrebt, den lebendigsten Anteil, nämlich mit Leib und Leben, zu äußern; eine Gefahr, die für mich noch die schlimmere mit sich führt, mitten in Europa verlegt und verloren zu werden, als wär es in den Wäldern Amerikas oder den Sandwüsten von Afrika [...]. Mir ist alles recht, wobei mein Leben nicht aller Erquickung entbehrt und von dem öffentlichen Leben nicht abgeschieden wird. Daher ich mir es auch gern gefallen lasse, in Österreich zu bleiben, wenn der Graf Metternich eine schickliche Anstellung für mich ausfindet; er sagte mir, er wolle darüber nachdenken und ließe mich ungern weggehn, wenn aber die leidigen Geldrücksichten ihn keine günstige Lage hier für mich finden lassen wollten, so würde er mir an den Staatskanzler, mit dem er vieljährig verbunden und auch in Geschäften sehr gut gestellt sei, solche Empfehlungen geben, deren Wirksamkeit er verbürgen könne. [...]

An Karoline von Humboldt

Berlin, 5. November 1812

[...] Meine Empfehlungen wurden günstig aufgenommen, meine persönliche Erscheinung gewann mir Zuneigung und Aufmerksamkeit, die ersten Männer verwenden sich noch für mich mit allem Eifer, und der König, der sich meiner von Prag und Teplitz her gütig erinnerte, hat gegen den Staatskanzler geäußert, er wünsche mich hier zu behalten: unglücklicherweise aber haben die Franzosen auf mich einen ungerechten Verdacht geworfen und diesen so dringend ausgesprochen, daß man deshalb Scheu trägt, mich anzustellen; da dieser Verdacht ebenso grundlos als bei meinen jetzigen Schritten lächerlich ist, so werde ich die Arbeit versuchen, ihn zu vernichten, und manches dazu ist schon gut vonstatten gegangen: den Grafen St. Marsan habe ich vermöge einer Denkschrift schon eines andern überzeugt, und der Graf Goltz, der ein Zeuge meiner frühern Meinungen und Absichten ist, den man nicht verwerfen kann, ist eifrigst für mich tätig. Sie sehn, daß meine Hoffnungen noch immer im grünem Kleide gehn, und wenn sie es auch noch nicht mit einem bessern, so haben sie doch keineswegs das Ansehn, es mit einem schlechtern zu vertauschen. Doch ist der Umstand, daß ich nun mir ein längeres Abwarten muß gefallen lassen, ungeachtet aller übrigen Begünstigungen viel mißlicher, als er es an sich wäre, denn meine äußerst beschränkten Hülfsmittel, auf die nur aufmerksam zu machen schon nachteilig ist, könnten leicht kurz vor dem Ziele ausgehn, und schon jetzt, da ich auf jeden Fall den Weg zur Entscheidung noch nicht zur Hälfte zurückgelegt, jene äußern Mittel aber fast in ihrer Ganzheit erschöpft habe, entstehn mir daraus viele sorgenvolle Überlegungen. Das Wiedersehn so vieler alten Freunde und lieber Gegenstände bleibt mir die glücklichste Erheiterung, die kräftigste Belebung; die Stadt, die Anstalten, die Bildung und Sinnesart der Menschen gefällt mir wie damals, als dies alles zum erstenmal auf mich wirkte. Und doch hat alles so außerordentlich gelitten, und leidet noch! und doch sind grade meine Freunde meist von harten Unglücksfällen getroffen und aus ihren angenehmen Lagen verrückt worden! Auch unsre liebe Freundin Rahel, um derentwillen mir Berlin so besonders wert ist, findet Ursache, einen andern Aufenthalt zu wünschen und Ereignisse zu beklagen, die aus allgemeinen Übeln für sie ein besonderes, ausgedehntes Unglück wurden. Sie leidet jetzt sehr an Krankheit, die ohne heftige Gestalt auf tausend schmerzliche Art ihr körperliches Wohlsein untergräbt; sie kann oft in vielen Tagen nicht ausgehn, und selten weit; sie, die sonst eine Heldin im Gehn, im Wachen, in jeder körperlichen Ausdauer war! [. . .]

## An Karoline von Humboldt

Berlin, 26. Februar 1813

[. . .] Mein Oberst, dem ich beifolgenden Brief baldigst zu geben bitte, wird Ihnen aus meinen Kriegsberichten dasjenige mitteilen, was Sie näher ansprechen kann, und wird Ihnen erzählen, welche Auftritte wir in Berlin während dieser letzten acht Tage erlebt haben, die doch zu ernsthaft sind, als daß man ihre bloß lustige Seite allein betrachten dürfte. Kosaken sprengten durch die Stadt und wurden von Würzburgern, von Flinten- und Kanonenschüssen fruchtlos verfolgt; so schreckend dies Schauspiel auch für ruhige Bürger war, so konnt ich mich doch nicht enthalten zu versuchen, es auf der Stelle festzuhalten, und so entstand beifolgendes Schattenbild nach dem Leben, das ich Ihnen zum Andenken dieses Tages hier überschicke und das wenigstens die lieben Kinder etwas ergötzen wird. Wir erwarten jetzt, nachdem die ganze französische Kriegsmacht hier in der Gegend versammelt war und zum Teil schon wieder weiter gezogen ist, mit jedem Tage den gänzlichen Abzug der Franzosen und den Einzug der Russen, die von den Generalen Tettenborn und Czernicheff kommandiert sind.

Die Wendung der Ereignisse scheint auch für mein Schicksal entscheidend zu werden und mich in gewisser Art auch Ihnen näher zu führen! Der Staatskanzler hat mir aus Breslau geschrieben, ich solle mich sofort dorthin begeben, um als aktiver Offizier in die Armee einzutreten, und da ich entschlossen bin, diesem Rufe zu folgen, so hoff ich mich Ihnen bei unserem ersten Wiedersehn als Landsmann, in der preußischen Uniform, vorzustellen, und gewiß werde ich keinen kleinsten Anspruch, den ich mehr auf Ihre Güte und auf Ihr Angehören machen kann, jemals vergessen. Einige Umstände hindern jedoch meine Abreise nach Breslau noch auf einige Zeit, und ich hoffe, noch ein paar Zeilen von Ihnen in Berlin zu empfangen. [...]

## An Karoline von Humboldt

Hamburg, 17. April 1813

[...] Ich war in Breslau, um dort meine schon eingegangenen Verbindlichkeiten bei dem Staatskanzler zu lösen; es gelang ganz nach meinem Wunsch, mir wird der russische Dienst in Preußen angerechnet, als diente ich in Preußen. Ich eilte über Berlin, wo ich Ihren Brief bekam und nur anderthalb Tage blieb, nach Hamburg zu Tettenborn, bei dem ich bis diesen Augenblick bin, und zu meiner großen Freude, denn ich segne den Augenblick, da ich diese Wahl getroffen. Der General, den ich schon früh als liebenswürdig und wohlwollend kannte, scheint nur emporgestiegen, um diese Eigenschaften herrlicher zu offenbaren. Er ist besonders gegen mich von ausgezeichneter Güte, und ich lebe in den angenehmsten Verhältnissen. Heute ist auch Graf Wallmoden angekommen, der den Oberbefehl über die Korps von Tettenborn, Dörnberg und Czernicheff führt. Graf Trogoff, der ihm vorausgegangen war, ist in diesem Augenblick auf der Elbe eingeschifft, um weiterzugehn. Wir haben hier ein beträchtliches Korps hanseatischer Truppen gebildet, die größtenteils schon vor dem Feinde stehn, dicht vor Bremen sind unsere Vorposten und in Verden, und in wenigen Tagen werden wir selbst mit Macht vorgehn. Die Begeisterung ist unbeschreiblich, der Zulauf zu den Waffen überaus groß, die Niedergeschlagenheit der Franzosen steht damit in Verhältnis. Unsre Sache steht gut und kann nicht mißlingen. [...]

An Karoline von Humboldt

Paris, 19. April 1814

Kaum atmen wir aus den Unruhen der Feindseligkeiten auf, und gleich bietet mir der Frieden zum Zeichen seiner Wiederkunft zwei langentbehrte, höchstersehnte Geschenke, ich bekomme einen Brief von Ihnen und einen von Rahel! Beinahe drei Monate zogen wir in rastloser Arbeit wie auf offenem Meere losgelassen umher, bloß Kriegsheere in der Ferne signalisierend wie Schiffe, und kamen an tausend Klippen glücklich vorüber. Tief im Rücken des Feindes, auf seinen Seiten, in unaufhörlichem Fechten und Marschieren, mußten wir freilich auf unsere eigene Verbindung ganz verzichten, und von Deutschland kam nichts zu uns, so wenig wie von uns etwas zurückgelangen konnte. Urteilen Sie daher, teuerste Freundin, von meiner Freude, diese ersten Briefe wieder zu bekommen! [. . .] In Paris sind wir, das ist schon alltäglich, es ist, als ob wir alle hier zu Hause gehörten, ich wünsche wenigstens nicht, daß wir nach Deutschland als in die Fremde zurückkehrten. Wir konnten schon früh sehr leicht nach Paris kommen, allein wir wußten es möglich zu machen, dieses Ereignis als das Ende einer Reihe von Wundern herbeizuführen und uns damit im fünften Akte zu überraschen, was im ersten Akte versäumt wurde. Die Lilien blühen in Frankreich, aber einige Bienen schwärmen doch noch darum her; ich weiß nicht, weshalb man sie konserviert, doch gewiß nicht des Honiges wegen!

Was eigentlich geschehn ist, begreift man nicht, man hat weder Geist noch Gemüt stark genug, um die Vorgänge zu fassen; die Menschen leben blind und taub in Nichtigkeit hin, Sie können es glauben, liebe Freundin, unsere Regierungen sind den Dingen nicht gewachsen, die, auch ohne Bonaparte, unbezwingbar hereinbrechen. Ich sehe es an allem, an den ungleichartigsten, unbedeutendsten Zügen, daß es bei uns einmal gewaltsam anders werden wird. [. . .]

## An Karoline von Humboldt

Baden, 23. Juni 1814

[...] Mir ist es in der letzten Zeit recht traurig ergangen; erst ließ mich mein General wegen Geschäften in Paris allein zurück, was ich bei der heftigsten Sehnsucht nach deutscher Luft nur in der Hoffnung baldiger Endschaft der Geschäfte überstand; allerdings reisten die hohen Leute ab, mit dieser Abreise war die meinige verbunden, und fröhlich blickt' ich schon nach dem Rhein: aber jetzt grade, da ich reisen konnte, fühlt' ich alle meine Glieder hinsinken, mußt' ich mich niederlegen und ein Nervenfieber aushalten, das mich beinah verzweifeln machte. Alles war abgereist, kein Freund, kein Bekannter um mich, in tötender Einsamkeit lag ich da, von tausend Zufällen gequält, mehr noch von der wüsten Stimmung des Gemüts; drei Wochen dauerte das, und Dr. Harbaur stellte mich noch schnell genug wieder her, aber ich blieb unsäglich schwach und fange erst jetzt langsam an, mich zu erholen. Erst als ich anfing, wieder besser zu werden, besuchte mich der ehrwürdige Graf Schlabrendorff, der selbst unwohl gewesen war und erst wieder anfing auszugehn; dieser treffliche Mann hat mich durch seine wiederholten Besuche, mehr noch durch die unverhohlenen Zeichen seiner schätzenden Freundschaft – welch größere Ehre konnte mir in Paris zuteil werden? – außerordentlich aufgerichtet und blieb von Anfang bis zu Ende mir die liebste Erscheinung, der werteste Umgang, den auch nur einen Tag zu versäumen ich nie ohne Mißmut geschehn ließ. [...]

Es ist nun entschieden, teuerste Freundin, ich gehöre Ihnen näher an als je; zu allen Verhältnissen, die zwischen einer Frau, in welcher alles auf das reizendste lebendig ist, was ich geschaffen bin mit hegender Anerkennung aufzusuchen, ja in Anspruch zu nehmen, und diesem letztern Menschen vorhanden oder möglich sind, gesellt sich nun noch das Verhältnis eines preußischen Legationssekretärs zu einer preußischen Gesandtin, was mich ganz unendlich erfreut! Der

Staatskanzler hat mir noch in Paris geschrieben, daß ich in kurzem bei der ersten Vakanz oder Errichtung einer neuen Gesandtschaft in jener Eigenschaft angestellt werden soll, und fordert mich auf, ihm immer den Ort meines Aufenthalts wissen zu lassen, damit ich meine Bestimmung baldigst erfahren könne. Wohin diese nun sein wird, weiß der Himmel [...].

## An Johann Friedrich Cotta

Berlin, 30. Juni 1815

Verehrtester Herr Doktor! Sie werden sich nicht weniger als wir über die glücklichen Ereignisse gefreut haben, mit welchen der Feldzug so unerwartet eröffnet und glorreich gewendet worden ist. Was mich betrifft, so konnte ich anfangs an die Vollständigkeit der Niederlage Napoleons kaum recht glauben, ja selbst jetzt noch bin ich weit entfernt, die Sache für beendigt anzusehn, wenigstens scheint mir auch das Abtreten Napoleons noch kein Ende des französischen Widerstandes, der dann erst recht anfangen könnte. Inzwischen haben wir durch die siegreichen Fortschritte doch wenigstens so viel gewonnen, daß wir hoffentlich unsre innere politische Entwickelung nicht lange mehr durch äußere Besorgnisse aufhalten zu lassen brauchen; nicht nur bei uns hier, auch bei Ihnen, wo doch alles schon in vollem Gange war, scheinen die Konstitutionsarbeiten mehr als billig hinter den Kriegssachen zurückzustehn, und diese Hauptsache geworden, wie es freilich wohl für den Augenblick sein mußte. Da mir dieser Krieg aber niemals an sich als eine Hauptsache erscheinen wollte, so möchte ich ihm auch keinen in dem Grade leichten und siegreichen Ausgang wünschen, daß der Übermut von oben die Kraft von unten übersehn und verleugnen könnte: ein bloß triumphierender, widerstandsloser, alles unterwerfender Zug nach Paris und Aufenthalt in Frankreich wäre nur allzuleicht ein lähmender

Streich gegen die Konstitutionshoffnungen, zu denen die deutschen Völker berechtigt sind. Ich wünsche, daß ich mich irre! – Bei Ihnen geht es noch recht gut; Sie sind ein Mann, auf den das Volk bauen kann. Aber mit welchen Genossen müssen Sie sich abmühn! Ich bin noch ganz empört über die Petition des Adels, die in der »Allg. Zeitung« stand; nicht weniger über den Grafen Firmas, dessen französ. Schrift ich im Juni [in] der »Jenaischen A[llgemeinen] L[iteratur] Z[eitung]« gebührend durchgenommen habe. Ich kann nicht umhin, Ihnen meinen Glückwunsch über die Feinheit und Klugheit abzustatten, womit Sie bisher in Ihren Reden und Vorschlägen so verschiedenartige Elemente vereint halten und zu frühe Spaltungen vermeiden konnten! [...]

Ich habe mich unendlich gefreut, hier so viele wackre Männer wiederzusehn. Niebuhr, Reimer, Eichhorn, Ölsner etc., alle zu gleichem Zwecke kräftig; vor allem aber Beyme, der genialste Staatskundige, der mir noch vorgekommen. [...]

Nach Perthes' Äußerungen scheint er lebhaft zu wünschen, an dem »Deutschen Beobachter«, dessen Ruf täglich steigt, teilzunehmen [...]. Ich bin Perthes' Freund, aber ich darf Ihnen aus Interesse für das Institut nicht verhehlen, daß ich bei aller Achtung für Perthes und bei vielfacher Übereinstimmung mit seiner politischen Ansicht doch der Meinung bin, seine kaufmännische Teilnahme nütze nicht so sehr, als seine geistige schaden kann, er geht sehr ins Kleinliche, Örtliche, und ist leider nur zu sehr geneigt, die preußische Tendenz des Blattes, die doch in aller Rücksicht seine wahre Seele ist, zu verändern. Dävel klagt mir noch besonders über die zu großen Kosten; allein ich tröste ihn damit, daß Sie das Institut einmal nicht anders als auf einen großen Fuß setzen wollen und daher Auslage und Gewinn nur in größere Verhältnisse, nicht aber in Mißverhältnisse treten. Sie sehn die Sachen mehr ins Große und müssen Dävels unermüdete, rührige Tätigkeit von Zeit zu Zeit mit Ihrem Unternehmungsgeiste erheben! Ich nehme übrigens in *aller* Rücksicht den lebhaftesten Anteil an dem Gedeihn des Blattes und trage schriftlich und mündlich alles Mögliche dazu bei. [. . .]

Ich empfehle mich vielmals Ihrer verehrten Frau Gemahlin und allen Ihrigen und verharre mit aller Hochachtung

Ihr

ergebenster

K.A.V.v.E.

An Johann Friedrich Cotta

Frankfurt a. M., 6. November 1815

Ich habe Ihnen von Paris eine Weile hindurch nicht mehr geschrieben, weil ich es bald von Frankfurt aus zu können hoffte, wohin ich von Tage zu Tage abzureisen dachte. Endlich bin ich losgekommen und vorgestern hier angelangt. [. . .]

Ich dachte in Berlin eine Ministerial-Zeitung zu schreiben, wenigstens traf das Bedürfnis des Staats und die Absicht des Kanzlers schon in Wien darin zusammen; allein die Unsicherheit, die über der Entwickelung unserer innern Zustände schwebt, macht jedes solches Unternehmen jetzt zweifelhaft, und es scheint fürs erste ein Parteienkampf entschieden werden zu müssen, der alle Gemüter heftiger oder langsamer durchwogt. Unter diesen Umständen hat mir der Fürst die angenehme, vorzüglich auch ihrer Unabhängigkeit wegen wünschenswerte, für Beobachtung der Nachbarn wichtige Anstellung als Chargé d'Affaires in Karlsruhe erteilt, wodurch ich zu meiner großen Freude in Ihre Nähe komme! [. . .] Sie sehn, wie angenehm mir diese Stellung sein muß, und ich gestehe, daß ich ganz damit zufrieden bin, besonders da es mich, nach des Kanzlers ausdrücklicher Erinnerung, bald weiter fördern soll. Ich denke noch vor Neujahr nach Karlsruhe mit meiner Frau abzureisen, und freue mich besonders auf den Sommer in Baden. Inzwischen entwickelt sich vieles zu Hause in Berlin. [. . .]

Das Fragment von Goethe* ist wunderschön und erweckt die größte Erwartung. Käme doch bald das Ganze! Ich werde an Goethen darüber schreiben; er hat hier meine Frau besucht und bezeigte die gütigsten Gesinnungen. [...]

## An Johann Friedrich Cotta

Frankfurt a. M., 17. November 1815

Zuvörderst gratuliere ich von ganzem Herzen wegen der glücklichen Wendung der württembergischen Angelegenheiten**, von welcher der Geheime Staatsrat Küster die umständliche Nachricht hieher gebracht! Gottlob, daß dieses sich ereignet hat, es ist ein Segensspruch des Himmels für alle deutschen Länder! Unser Kanzler wird gewiß innigen Anteil daran nehmen; Stein hat Tränen der Freude vergossen! [...] Niebuhr hat mir seine neue Schrift geschickt, die in Berlin großes Aufsehn macht, da der Verfasser im Staatsdienste eine so bedeutende Stelle bekleidet. Wir müssen aber eifrig fortarbeiten und die geschlagene Lügenbrut nicht wieder aufkommen lassen. [...]

Nächstens hoffe ich Ihnen etwas über den Goetheschen Aufsatz im Damenkalender zu schicken. Wir müssen diesmal die Wirkung im Publikum nicht dem Zufall oder dem gewöhnlichen Gange seiner Gleichgültigkeit überlassen, mich ängstigt schon der Gedanke, Goethe könne, wenn ihm ungünstige Urteile zu Ohren kommen, die Herausgabe des Ganzen verdrießlich aufschieben wollen!

Meine Erzählungen*** erwartete ich schon gestern; vielleicht kommen sie heute an. Ich will nun auch nächstens

* J. W. Goethe, »Das nußbraune Mädchen«, in: *Taschenbuch für Damen auf das Jahr 1816.*

** Der württembergische König Friedrich I. hatte sich in einem Manifest vom 13. November bereiterklärt, die Verfassungsfrage in einem Vergleich zu regeln.

*** K. A. Varnhagen von Ense, *Deutsche Erzählungen*, Stuttgart/Tübingen 1815.

meine Gedichte – ein kleines Bändchen – drucken lassen*, dann bin ich mit meinen Jugendlichkeiten in der Literatur fertig, und fürder auf Staat und Geschichte angewiesen. [...]

## An Johann Friedrich Cotta

Frankfurt a. M., 25. Januar 1816

[...] In Berlin sind die Geister sehr geschäftig, die Leidenschaften fangen an es zu werden. Das Edikt über die geheimen Gesellschaften hat großes Aufsehn gemacht; der Eingang gibt den Liberalen den vollständigsten Sieg, den aus dem Schlusse die Gegenpartei für sich nehmen will. Überdies ist ein Verbot zu drucken höchst auffallend in einem Augenblick, wo man sich *wirklich* ernsthaft damit beschäftigt, die Preßfreiheit durch ein Gesetz einzuführen. Die ganze Sache überzeugt mich aufs neue von meinem frühern Satze, daß die Dinge in Deutschland so liegen, daß die Regierungen, wie sie auch sich benehmen mögen, *nur Fehler* machen können. [...]

Meine Abreise nach Karlsruhe ist noch nicht bestimmt, doch erwart ich bald den Befehl dazu. [...] Indes sitz ich hier in ungeduldigster Erwartung, bis sich alles gestaltet und entscheidet, oft ganz wütend über die Unmöglichkeit, in der prekären Lage und oberflächlichen Einrichtung nichts Tüchtiges studieren, keine rechte Arbeit anfangen zu können, und so die köstlichste Zeit bei einem Zudrang innerer Anregungen ungenützt verfließen zu lassen! [...]

## An Johann Friedrich Cotta

Frankfurt a. M., 14. Februar 1816

[...] Die »Allg. Zeitung« erhält von mir reichliche Nachrichten über die Angelegenheiten im Preußischen, aus Düsseldorf, Danzig, Berlin, Frankfurt, je nachdem meine Korre-

* K. A. Varnhagen von Ense, *Vermischte Gedichte*, Frankfurt a. M. 1816.

spondenz sie mir zuströmt. In Berlin bereiten sich allerdings große Veränderungen immer ernstlicher vor, doch ist schwer, eine bestimmte Richtung darin vorherzusehn, oder auch nur den Zeitpunkt eines Umschwungs zu bestimmen; die Artikel in der »Allg. Zeit.« enthalten zum Teil sehr gründliche Wahrheiten. [...]

## An Johann Friedrich Cotta

Mannheim, 27. März 1816

Ihren Brief, verehrtester Herr Doktor, erhielt ich hier, wo ich seit 14 Tagen bei meinem teuren Kriegsobersten Tettenborn zu Besuch bin. Zufolge eines Handschreibens, das ich dieser Tage vom Fürsten Staatskanzler erhielt, kann ich meine Abreise nach Karlsruhe als sehr nah ansehn, ich denke aber doch noch Zeit zu mancherlei Nebenausflügen zu finden und besonders noch vorher Gneisenau zu besuchen, so daß ich aber immer wieder erst nach Mannheim zurückkehre und Sie Ihre Briefe etc. daher am sichersten hieher adressieren. Dies bitte ich besonders in Rücksicht des »Schweizerischen Museums«, welches Troxler, wie er mir schreibt, durch Ihre Handlung an mich befördert hat. Ich nehme zugleich diese Gelegenheit wahr, um Ihnen die genannte Zeitschrift, deren Herausgeber [Troxler] in jedem Sinne zu den Unsrigen gehört, bestens zu empfehlen! [...]

Hier in Baden wird es ja nun auch bald lebhaft werden mit Verfassungsdebatten: ich bin sehr begierig darauf, es ist von großer Wichtigkeit und würde auch in einem kleinern Staate, als Baden ist, für die Nachbarn von Einfluß sein müssen! Soviel ich jetzt schon urteilen kann, so wird hier abseiten der Regierung mit kluger Mäßigung verfahren werden; auf jeden Fall gewinnt Deutschland eine neue und eigne Beispielart mehr, wie seine große Aufgabe gestellt werden kann. [...]

## An Ludwig Uhland

Frankfurt a. M., 19. Mai 1816

Sei mir herzlichst gegrüßt, geliebter Freund und Dichter! Ich habe mich recht innig gefreut, endlich einmal wieder ausführlich zu erfahren, was Du machst und wie Du lebest; in dieser Rücksicht durch Deine allgefallenden, herrlichen Gedichte in meinem freundschaftlichen liebevollen Anteil mehr aufgeregt als beschwichtigt! Es durch den würdigen Dichtergenossen, den trefflichen Rückert, zu erfahren, und seine längst gewünschte Bekanntschaft dabei und dadurch zu machen, ist eine von den idealischen Begünstigungen des über den alltäglichen Tagen waltenden Lebensverhängnisses, gegen welche man nicht so undankbar sein sollte, wie man es gewöhnlich ist. Rückert lobte Dich wie ein wahrer Freund, und ich erkannte Dich in seinen Mitteilungen ganz so, wie ich Dich früher gekannt! Auch Wangenheim sprach würdig und liebevoll von Dir, und ich freute mich ungemein, Dich überall gelten zu sehen! Desto mehr tat es mir leid, zu erfahren, daß Du von juristischer Praxis fast ganz hingenommen seist; solch ein Leben kann auf die Dauer nicht für Dich sein, wie oft dacht' ich für Dich an Reisen, an freie Bewegung, an höhere Arbeiten im Leben, wenn ich, vom Lesen Deiner herrlichen Gedichte erfrischt, die günstigen Bedingungen noch unzählicher Hervorbringungen, denen Dein jugendliches Alter entgegengeht und entgegenstreben muß, suchen wollte! Möchten Wünsche hier fördern, wie es Taten könnten!

Ich hoffte immer, Dich in Stuttgart zu überraschen; jetzt bin ich für eine Zeitlang wieder darauf zurückgestellt zu sinnen, ob nicht ein günstiger Zufall Dich vielleicht nach Frankfurt führen könnte. Ich warte hier den Befehl ab, zu meiner Bestimmung nach Karlsruhe abzugehen, wo ich in Deiner Nähe sein werde. Es verzögert sich aber alles so sehr!

Mit unsrem Kerner habe ich vor kurzem die Briefverbindung, die Krieg und Frieden gestört hatten, wieder angeknüpft. Wie oft denk ich der Tübinger Zeit! Wie anders ist jetzt alles! Ich bin mit meiner geliebten Rahel verheiratet, über den damals im Auge gehabten Kriegsdienst schon wieder weit hinweggeführt, und wenn auch vieles von dem, was ich damals erwartete, unerfüllt geblieben, so ist mir doch bei weitem mehr erfüllt worden, als ich damals erwarten konnte. –

Meine Büchlein* wirst Du erhalten haben; ich bin unversehens in die Geschichte geraten, sie ist auch eine Muse, wenn man ihr nur nicht tote Zusammenraffung, sondern lebendige Auffassung der Gegenwart zumutet. Die Gedichte, die ich gleichsam hinterdrein geworfen, wirst Du bekommen haben, diese Sammlung unterscheidet sich von andern darin, daß sie wahrscheinlich nur vermindert, schwerlich aber vermehrt wird. [...]

## An Johann Friedrich Cotta

Karlsruhe, 30. Juni 1817

[...] Die einstweilige Entscheidung der Ständesache** konnte mir, wenn ich die Schilderung, die Sie mir selbst gaben, festhielt, nicht unerwartet sein; Sie erinnern sich, daß ich besonders die Richtung der Mediatisierten grade so beurteilt habe, wie sie sich gezeigt hat. Auch Hrn. von Wangenheim sagte ich es schon in Frankfurt. Die aristokratischen Wirkungen haben einen großen Zusammenhang und treten unter allerlei Farben hervor, das Verderben derselben ist in seinem ganzen Umfang, abgesehn von den täglichen Erfahrungen – in Portugal, Brasilien, überall nur conjuratio nobilitatis oder militaris, nirgends plebis – schon daraus zu ermessen, daß die aristokratische Richtung keinen andern Ursprung als das Prinzip der Ungerechtigkeit hat. Was hat es gefruchtet, daß man bei Ihnen eine so zarte Sorgfalt für die Aristokratie in die

* K. A. Varnhagen von Ense, *Hanseatische Anregungen*, Bremen 1814, und K. A. V. v. E., *Deutsche Erzählungen*, Stuttgart/Tübingen 1815.

** Die württembergische Ständeversammlung war am 4. Juni aufgelöst worden.

Verfassung aufnehmen wollte? [. . .] mit dem Bürger kommt zum Ziele, was mit dem Adel gehend durch diesen immer auf Nebenwege abgelenkt wird, von diesen auf die grade Straße ist mühsam, aber immer möglich zurückzukehren. Doch in welche Art zu reden gerate ich hinein? Ich wollte Ihnen bloß Hoffnungen aussprechen, und fast sieht es aus, als läse ich den Text!

Ich habe in Baden dem Könige und der Königin aufgewartet, beide vortrefflich gefunden, besonders riefen die Eigenschaften der Königin mich zu huldigender Verehrung, da ich sie früher noch nie gesprochen, sie nur gesehn, nur von ihr gehört hatte. Der König sieht wohl und munter aus; seine Gesinnung spricht sich auf die trefflichste Art aus, und vielleicht war es nie einem Fürsten größerer Ernst, seinem Volke eine freiheitbürgende Verfassung zu geben. Seine Vorsätze scheinen unverrückt dieselben, und auch ohne Konstitution wird er ein konstitutioneller König sein. Diejenigen sind gewiß in grobem Irrtume, die da glauben, er sei froh, die ganze Sache auf solche Art losgeworden und der Beschränkung, die er sich auferlegen wollte, überhoben zu sein; ihre eigene Schlechtigkeit liegt dem Urteil dieser Leute zum Grunde, die, wie ein Minister in feister Plumpheit sich für witzig, in dummer Rücksichtslosigkeit sich für mächtig haltend, geäußert haben soll, in den Bädern von Baden Konstitutions-Rekonvaleszenten Stärkung suchend zu finden meinen! [. . .]

## An Ludwig Uhland

Karlsruhe, 17. Januar 1818

Ich glaubte, Du würdest mir Dein Trauerspiel* schicken, mein teurer Freund! oder mir wenigstens bei Gelegenheit seines Erscheinens ein paar Worte schreiben. Zwar des Buches bedarf ich nicht, denn ich besitze es längst und habe es

* Ludwig Uhland, *Ernst, Herzog von Schwaben*, Heidelberg 1818.

so freudig empfangen, als wäre es mir unmittelbar aus Deinen Händen gekommen! Aber nachfragen will ich, ob Du mir etwa aus Groll schweigest, aus Groll über die Verschiedenheit, welche in der Anwendung unsrer höherhin gewiß einstimmigen Denkart auf politische Stoffe durch unsre Briefe sich offenbart hat? Da hättest Du sehr unrecht, mein teurer Freund, auf eine Sache so großen Wert zu legen, die, wenn sich erst die Verfassungsangelegenheit aus der provinziellen Vereinzelung zu einer Gemeinsache des großen Vaterlandes herausgearbeitet haben wird, doch sehr zurücktreten muß; daß ich aber kein Württemberger bin, weißt Du, und wenn ich Dir nicht als Preuße entgegentrete, sondern als Deutscher, so darf ich doch mit Recht erwarten, daß auch Du in dieser allgemeinern Eigenschaft mich aufnehmest. Aber am Ende bist Du mir ganz freundlich und gut gesinnt, und ich rede unnütz in den Tag hinein, mit Voraussetzungen, über die Du lächelst!

[...] Ich war in Berlin, wo ich Deinen Namen im besten Ansehn fand; Deine württembergischen Lieder* sind bis jenseits der Weichsel verbreitet, man nahm Abschriften zu Dutzenden davon. Dir würde es Freude machen zu vernehmen, daß die württembergische Ständeversammlung, das sogenannte alte Recht verteidigend, in jenen Gegenden zahlreichen Anhang gefunden hat, wenn ich nicht hinzusetzen müßte, daß der Quell dieses Anhangs offenbar nicht die Teilnahme an dem alten Volksrechte, sondern der Gebrauch, den der aristokratische Geist des Adels von jenem Rechte zur Opposition gegen den Fürsten machte, zu sein scheint. Unser Adel, wo er als solcher hervortritt, zeigt überall dasselbe Bild der Verderbtheit und Verkehrtheit, sein Abscheiden aus dem Staatsdasein – denn das ist ein großer Bestandteil unsrer jetzigen Geschichte – geht nicht ohne Störung des Bürgerstandes ab, aber ich hoffe, er soll am Ende einem wahrhaften freien Bürgertum den Platz überlassen! [...]

* Ludwig Uhland, *Vaterländische Gedichte*. Tübingen 1817.

## An Ludwig Uhland

Karlsruhe, 5. März 1818

Unendlich lieb ist es mir, Dich wiedergesehen zu haben, mein teurer Freund! Meine Seele ist Deines Wesens gleichsam neu versichert worden, nicht eigentlich Deines Wesens, an dem kein Zweifel haften kann, aber der Beziehungen, die zwischen uns bestehn können, und die, meine ich, nie Zeit genug hatten, sich nach ihrer Möglichkeit zu entwickeln. Jede Trennung ist ein Wurm, der an den besten Lebensverhältnissen nagt, und den künftigen Tagen vergiftet, was den vergangenen teuer war. Frische des Herzens und Geistes kann allein davor bewahren, man muß auf den großen Bahnen bleiben, um sich immer wiederzufinden. Unsre politischen Streitverhandlungen waren mir über alles lieb! Ich habe gesehn, daß wir einiger sind, als ich nach Deinen schriftlichen Äußerungen vermuten konnte, daß wir besonders da einig sind, wo sonst die größten Trennungen liegen; im Fortschreiten der Dinge werden wir am ehsten übereinstimmen, wo Deine und meine jetzigen Meinungsgenossen vielleicht grade von uns beiderseitig am meisten abweichen! Die Gestalten und Kämpfe der Gesellschaftsvereinigungen der Menschen sind an der Zeit, wer will sich ihnen entziehen? aber die Freundschaft der Gemüter darf in ihnen herrschend bleiben!

Erfüllt von den lebhaftesten Eindrücken der Tage in Stuttgart, habe ich noch viel und bekümmert über die dortigen Zustände gedacht, aber leider kein zureichendes Ergebnis erblickt, zu dem jetzt die Sachen von einer oder der andern Seite zu führen wären. Die Begültigung der alten Verfassung abseiten des Königs hätte ich vor kurzem noch staatsklug gefunden, eigentlich recht aber keineswegs, .die Grundbegriffe meiner Staatsansichten stünden damit in starkem Widerstreit, Einheit des Staats und Volks, ungetrennte Berechtigung und Verpflichtung aus den Quellen der Vernunft stehn darin obenan. Aber auch der Gesichtspunkt der Klugheit ist durch Zwischengetretenes verändert. Mir scheint die Sache einer unvermeidlichen Vertagung anheimgefallen, bis in den größern vaterländischen Angelegenheiten irgendein Durchbruch kommt; Württemberg wird wie jeder andre deutsche Staat den Wogenströmungen der Gesamtheit folgen, daß es darin vor andern bedeutend erscheinen wird, scheint durch seinen ausgezeichneten Fürsten verbürgt, in welchem selbst die Parteisucht guten Willen, höheren Gedankenschwung und die Abwesenheit vieler Untugenden, an deren Wirkungen sonst Völker leiden, anerkennen muß. Für die Verfassungsfrage wäre ein glücklicher Ausweg am Bundestage möglich gewesen, das preußische Votum über diesen Gegenstand vermindert sehr diese Hoffnung, die der König, ich weiß es, gerne gehegt hatte. – [...]

---

*Im Garten bei Justinus Kerner*
*Stahlstich nach einem Ölgemälde von H. Rustige, 1867*
*V. l. n. r.: Theobald Kerner, Nikolaus Lenau, Gustav Schwab, Alexander von Württemberg, Carl Mayer, Justinus Kerner, Friederike Kerner, Ludwig Uhland, Karl August Varnhagen von Ense*

## An Ludwig Uhland

Karlsruhe, 4. März 1819

Mein teuerster Freund!

Ich freue mich sehr der guten Nachrichten Deines letzten Briefs! Mögen sie zugleich als Vorbedeutung einer künftigen Folgereihe von ihresgleichen dienen! Hrn. von Cottas freies Anerbieten gefällt mir ungemein, ich erkenne ihn übrigens ganz darin wieder, denn man kann nicht mehr liberalen Hang mit strengem Ansichhalten verbinden, als er in seiner Handlungsweise bezeigt. Du fragst, wieviel Du Honorar begehren sollst? Ich dächte, tausend Gulden, und Du läßt ihn die Anzahl der Abdrücke bestimmen; aber *bestimmen*, denn ich hoffe, der zweiten soll bald eine dritte Auflage folgen! Findet er die Forderung zu groß, so kann sie ja herabgesetzt werden. Aber wie gesagt, ich hoffe, Deine Gedichte finden diesmal den vollen Durchbruch ins Publikum und dürfen daher Dir und Cottan unbedenklich in höherem kaufmännischem Werte stehn. Aber in Betreff der äußeren Anordnung folge meinem Rat; verteile den ganzen Vorrat in zwei gleichmäßige Bände nach neuer Anordnung, werfe die Lieder und Romanzen zusammen, auch die Sonette und Oktaven verteile, die größern Stücke, Schildeis, Fortunat, stelle ans Ende, ganz zuletzt die altfranzösischen Gedichte. Auch die vaterländischen Gedichte, zwar zusammengestellt, aber nicht unter besonderer Überschrift hervorgehoben, schließe den andern in gleicher Folge an. Mir scheint diese Art zum guten Auftreten des Ganzen beizutragen. Vor allem aber ein etwas kleineres Format, etwa wie Goethes Gedichte, die im J. 1815 in zwei mittlern Bändchen bei Cotta erschienen sind. Doch über diese Sache wird Hrn. von Cottas Urteil als das erfahrenste besonders zu vernehmen sein. – Nichts wußte ich bis jetzt von der bevorstehenden Aufführung Deines »Ernst«; Mad. Brede, die wir täglich zum Besuch erwarten, hat uns die angenehme Neuigkeit wahrscheinlich zu mündlicher Mitteilung aufgespart.

Von Basel habe ich noch keine zuverlässige Antwort: es sieht aber dort sehr weitläuftig aus, und ich erfahre, daß ein baselsches Stadtkind die etwanige ästhetische Professur daselbst als eine heimische Pfründe mit großem Vorsprunge bei den Vätern für sich anspricht. Wegen Heidelberg oder Freiburg habe ich hier Schritte getan, die gut aufgenommen worden sind; heute habe ich etwas Schriftliches deshalb eingereicht. Allein alles dies ist ausgestreuter Samen, der erst nach einiger Zeit aufgehn kann. Daß A. W. Schlegel von Bonn weg und nach Berlin geht, ist mir sehr glaublich: letzteres war seine eigentliche Berufung. Allerdings wäre in diesem Falle viel für Dich zu machen. Hier die Mittel dazu! Du schreibst sogleich an unsern Koreff nach Berlin, Du habest jenes Gerücht vernommen, und bei Deinem Wunsche, die akademische Laufbahn zu betreten, darauf einige Hoffnung für Dich gebaut, Du wendest Dich dieserhalb an ihn, seines amtlichen Verhältnisses wegen, und auch, weil Du als Freund von mir und als sein confrère en Apollon zu ihm ein besonderes Vertrauen habest usw. Dieser Brief wird seine Wirkung nicht verfehlen, aber es ist nötig, daß Du ihm schreibest, und unverzüglich! Daß ich meinerseits auf zweckmäßige Art eifrigst mitzuwirken suche, glaubst Du mir ohne Beteurung. Aber schreibe Du in jedem Falle jenen Brief, auch wenn Du für die Sache selbst noch nicht völlig entschieden, oder lieber zu andern Wegen geneigt sein solltest; vielleicht wäre es im Jahre 1820 sehr wünschenswert, den Schritt schon im Jahre 1819 getan zu haben! [...]

## An Ludwig Uhland

Karlsruhe, 19. Juni 1819

Wie sehr haben wir Dich hiehergewünscht, mein teurer Freund! auf daß Du Dein Lied vernommen hättest »Lebewohl, lebewohl mein Lieb« wie es von Mad. Milder-Hauptmann hier in ihrem Konzerte gesungen worden, von dieser

Silberglockenstimme, die selbst unser schwerfälliges Publikum in Entzücken versetzte! Zweimal sang Mad. Milder das Lied mit hinreißendem Ausdruck und unter schallendem Beifall. Der Kapellmeister Kreuzer hat dieses und noch ein andres Lied von Dir äußerst glücklich in Musik gesetzt. Wir hätten es Dir so sehr gegönnt, von dieser Verherrlichung ein Zeuge zu sein, es müßte Dich ungemein gefreut haben. Besonders meine Frau, die Dich bestens grüßen läßt, rief einmal über das andere aus, wenn nur Uhland hier wäre und sein Lied mit hörte! Auch bei uns im Zimmer wurde es gestern gesungen. Wenigstens schreiben wollt ich darüber ein Wort an Dich, und das ist hiermit geschehn. – Ich wünsche von Herzen Glück und Heil zur neuen Ständeversammlung! Nach mehreren Andeutungen darf ich glauben, daß Du zu lebhafter Tätigkeit dabei berufen wirst, in jedem Falle wirst Du die Teilnahme haben, die von jedem Standpunkte aus Talent und Gesinnung ausüben können. Ich wünsche und hoffe alles Gute. Vielleicht gestaltet sich Württemberg zwischen Bayern und Baden jetzt günstiger zur volksvertretenden Verfassung, als früher auf einsamem Wege. Eine gefahrvolle Klippe bei Euch scheint mir der Adel, nicht so sehr wegen seiner eignen Anmaßung, als wegen der unterwürfigen Gewohnheit, in der sich das Volk noch gegen ihn befindet. Darin seid nur wachsam und stark und laßt Euch nicht von dem vornehmen Herkommen bewältigen; gewöhnt Euch und sagt es Euch oft und laut vor, daß Ihr als Staatsbürger und insbesondere als Ständemitglieder in voller Gleichheit steht, und macht diese persönlich bei jeder Gelegenheit geltend! Überzeugt Euch frühzeitig, daß Ihr mit dem Könige wesentlich vereint und nur zufällig auseinander seid, daß Ihr aber mit dem Adel niemals dauerndes Heil finden könnt!

[. . .] Eure Stände werden hoffentlich einen Weg einschlagen, der mit den Nachbarn gleiche Richtung hält: je mehr Einigkeit zwischen den süddeutschen Verfassungstätigkeiten, desto reicher der Gewinn für eine jede! Daher sind alle freundschaftlichen Beziehungen, die eine Wechselwirkung begründen, so viel als möglich zu pflegen. Hier hat die Berufung eurer Stände eine große Freude erregt, und man fühlt sich gleichsam die Flanke gedeckt und Geist und Mut verstärkt. –

Das neue Verfassungsleben ist noch von großen Gefahren in Deutschland umstellt; die Aristokratie mit ihren Umtrieben und im Besitz der größten Staatsämter ist ja selbst in Frankreich noch nicht ganz überwunden, und doch der Erbfeind aller Volksfreiheit und alles echten Königtums. Wir Deutschen haben das Werk mit größren Schwierigkeiten überkommen als andre Völker; gehen wir daher mit desto größerer Umsicht, Kraft und Festigkeit daran!

Leb wohl! Ewig Dein treuer
KAVvE

## An Justinus Kerner

Karlsruhe, 20. September 1819

Auf dem Punkte, von hier wegzureisen, muß ich Dir vorher noch einmal schreiben, nicht um Abschied zu nehmen – denn ich hoffe noch nicht für immer aus diesen Gegenden zu scheiden, und mancherlei Umstände können mich hieher zurückführen –, sondern um Dich im voraus zu beruhigen wegen alles dessen, was mit mir geschehen kann. Die Gerüchte, welche sich an die Nachricht von meiner Abberufung vom hiesigen Posten anschlossen, sind amtlich widerlegt worden, Du hast hoffentlich nicht lange in Unruhe sein dürfen. Daß ich in gar nichts verwickelt gewesen und keinen Vorwurf zu fürchten gehabt, brauche ich Dir nicht erst zu sagen! Auch gesteht man mir die Unzufriedenheit, die man gegen mich haben mag, gar nicht einmal ein, so wenig darüber auch ein Zweifel stattfinden kann, und so sehr ich auch weiß, daß Herr von Berstett und Herr von Küster meine Abberufung betrieben haben unter dem Vorgeben, ich sei zu frei gesinnt, leite die badischen Stände, hege geheime Zusammenkünfte und andere ebenso abgeschmackte, verleumderische Dinge! Doch wie gesagt, man gesteht es mir nicht ein, und sonach kann ich mich an niemand halten, niemanden zur Rechenschaft ziehen, besonders auch, da ich mich nicht auf diejenige berufen kann, durch die ich klare Auskunft erhalten. Dabei müßte ich mich nun beruhigen, es ist aber noch mehr geschehen, um jeden Schein öffentlichen Tadels von mir abzunehmen, indem ich bereits eine neue Anstellung erhalten habe! Der König hat mich nämlich zu seinem Minister bei den Vereinigten Staaten von Nordamerika ausersehen, ein ehrenvoller, auch in gewisser Art anziehender Posten, das ist nicht zu leugnen; ob für mich gerade besonders passend und annehmlich, das will ich dahingestellt sein lassen. Ich reise nun am Freitag mit meiner Frau – noch nicht nach Washington, sondern fürs erste nach Berlin ab, um mit eigenen Augen die Lage der Dinge und meines Verhältnisses anzusehen, und darnach das weitere zu beschließen; vielleicht treten Änderungen ein und man gibt mir eine nähere Bestimmung, vielleicht bleibt es eine zeitlang ungewiß – mit Einem Worte, es läßt sich noch nichts darüber sagen! [. . .]

## An Johann Friedrich Cotta

Berlin, 18. Dezember 1819

Nachdem ich mir lange die Entbehrung fast alles Briefwechsels auferlegt, erlaube ich mir endlich einige Zeilen an Sie, Verehrtester. [. . .] In meinen persönlichen Angelegenheiten steht alles ganz gut, sofern dies bei dem allgemeinen Zustande möglich ist; mir ist kein Vorwurf gemacht bis diesen Augenblick, der Staatskanzler hat mich so freundlich aufgenommen wie jemals, die nichtswürdigen Verleumdungen sind gefallen, rein und frei tret ich auf, bin in den großen Assembleen der Minister, lebe ganz unangefochten und bin ganz zufrieden, den Winter hier ruhig abzuwarten. [. . .] Von den hiesigen Angelegenheiten im allgemeinen schreib ich Ihnen nichts, weil es mir ganz unmöglich ist; doch kann ich Ihnen sagen, daß Berlin nie merkwürdiger und entwickelungsreicher war, und daß mir dieser Aufenthalt die wichtigsten Stoffe und Betrachtungen liefert, die meinen Wert als politischen Mann um ein gutes Teil vermehren müssen. Leider kann ich für die Wendung der Ereignisse und für die Zukunft insbesondre von Deutschland nicht ohne Sorge und Kummer sein, es sind furchtbare Kräfte in Kampf, die wohl sobald nicht loslassen. [...] Wenn ich dies überlege, wenn ich bedenke, daß ich in der Welt nicht allein stehe und auch für andrer Wohl zu sorgen habe, so möcht ich gern das Land der Ruhe suchen, wenn es ein solches gäbe, außer jenseits des Meeres, was doch zu weit ist! – Vielleicht komm ich Ihnen bald wieder näher, oder der Wechsel der Zeitverhältnisse erlaubt wenigstens wieder schriftlich einander nah zu sein im freien Austausche der Gedanken und Meinungen. – Grüßen Sie alle meine Freunde; es soll mir aber keiner schreiben, denn es wäre doch jetzt nur mißlich, da jedes Wort übel gedeutet werden kann; Papiere sind jetzt ein böser Schatz, sie können jeden Augenblick zu feurigen Kohlen werden. [...]

## An Ludwig Uhland

Berlin, 24. Februar 1821

[...] In unserm nördlichen Deutschland geht es mit der Dichtkunst abwärts; die Dresdener Leute sind gar matt, die Berliner nicht besser, Tieck ist verstummt, leider meist wegen Krankheit. Fouqué sänge wohl noch, aber es mag es niemand mehr hören, in der Gesellschaft wird er mit seiner Ritterwut fast wie ein Toller angesehen, und im Buchhandel sagt ihm jeder Verleger ab. – Unsere Literatur im ganzen verfällt in wüste Trümmer ...; es fehlt an Gemeinsamkeit, an Ordnung, an Sammelplätzen, an Zucht und Kritik, von den Gewerbeverhältnissen des Buchhandels bis zu den geistigen Beziehungen der Kunsterzeugnisse gilt dies durch alle Mittelstufen. Auch in diesem Gebiete kündigt sich der große Umschwung an, der in allen andern Gebieten des Lebens teils schon eingebrochen ist, teils heranrückt und gewiß in die größten Wetterschläge ausbricht! – Ich sehe in den politischen Dingen nur schwere Ungewitter und zumeist für unser deutsches Vaterland, dem sein Bundestag und einzelne Landstände noch lange nicht genügenden Halt und Bestand geben. Möge Torheit und Eigensucht doch ihr Ziel finden, ehe sie uns an den äußersten Rand des Unheils gebracht haben. Aber leider gibt sich, wie die Geschichte zeigt, wenig im Guten, es will alles im Bösen, unter harten Schlägen gewonnen sein! – Gerüchte, denen wir nicht ganz auf den Grund kommen können, nennen Dich bald Bräutigam, bald Ehemann. Laß uns wissen, auf welcher der beiden Stufen Du die Glückwünsche Deiner Freunde annimmst. [...]

## An Justinus Kerner

Berlin, 1. Juli 1821

[...] Beschuldige mich nicht wegen meines Schweigens, ich würde gerne schreiben, und Briefe könnten mir Ersatz bieten für so manche Entbehrung; allein die Umstände lassen mich nur täglich mehr in dem Vorsatze beharren, allen Briefwechsel auf die unausweichlichsten Fälle zu beschränken; mein Aufenthalt hier ist unsicher, meine Verhältnisse unentschieden, die Entfernung groß, meine Freunde zahlreich, die Gegenstände schwierig zu behandeln: lauter Gründe, um lieber gar nicht zu schreiben, wenn man nicht alle Zeit und Mühe dem einen und jetzt sehr unfruchtbaren Geschäfte widmen will. – Mir geht es übrigens wohl, ich habe von meinem hiesigen Aufenthalte manche Annehmlichkeit und manchen Vorteil, und sehe sehr gelassen der Entwicklung der Dinge zu, welche dem betrachtenden Geist unendlichen Stoff und reichen Erfahrungsertrag zuführt! In meinen eigenen Verhältnissen hat sich nichts geändert, außer daß ich die Sendung nach Amerika nun ganz und gar abgewendet habe und nicht mehr die Rede davon ist. Eine neue Anstellung, die nur in wenigen Fällen nach meinen Wünschen und nach meinen Zuständlichkeiten sein könnte, warte ich ruhig ab; vieles, was andere hastig anstreben, hat für mich keinen Wert, manches, was andere wenig reizt, wäre meiner Neigung gemäß. Mir wird schon zuteil werden, was mir das angenehmste ist! Am wenigsten möchte ich jetzt Deutschland verlassen, dessen vaterländisches Interesse in den jetzigen Weltverhältnissen meinen höchsten Anteil erweckt. – Leider ist meine arme Frau fast immer krank, sie entbehrt die mildere Luft des Südens, und der kurze Sommerbesuch von Bädern kann sie dafür nicht entschädigen. [. . .]

## An Johann Wolfgang Goethe

Berlin, 6. März 1827

Ew. Exzellenz

dürften aus den ergangenen Ankündigungen und den darauf erfolgten wirklichen Anfängen der neuen Literaturzeitung, zu deren Herausgabe hier ein Gelehrtenverein unter dem Namen der »Sozietät für wissenschaftliche Kritik« zusammengetreten ist, von dem Zweck und der Richtung dieses Instituts bereits genügende Kunde genommen haben, um uns der näheren Erörterung und besonderen Rechtfertigung des Gegenstandes selbst leicht zu überheben. Gleich bei Gründung dieses wissenschaftlichen Vereins mußten die Stifter und ersten Teilnehmer, ihrer würdigen Absicht und bedeutenden Aufgabe bewußt, indem sie die wünschenswertesten Förderer und Genossen in auswählenden Überblick zu fassen strebten, vor allen des Namens eingedenk sein, der als die erste und schönste Zierde unsrer Literatur den weiten Kreis derselben mit unverzüglichem Glanz durchleuchtet. Wie lebhaft und eifrig indes das Verlangen sein mochte, dem neuen Unternehmen die Gunst und den Anteil Ew. Exzellenz zu gewinnen, so schien es gleichwohl den Verhältnissen angemessen und war in unsrem Gefühl tief begründet, mit unsrer Eröffnung dieserhalb noch zu zögern und Ew. Exzellenz Mitwirkung und Beitritt nicht für ein bloß im Vorhaben schwebendes, noch erst zu erwartendes Werk in Anspruch zu nehmen. Jetzt aber, nachdem das Unternehmen, wenn auch noch jung und unvollkommen, doch kräftig und fest, in zuverlässigem Fortschritt durch die Tat vor Augen gestellt und in einer Reihe von gelieferten Arbeiten der Sinn und Geist desselben bestimmter ausgesprochen ist, jetzt darf unsre Gesellschaft nicht länger anstehn, ihren frühsten Wunsch, ihr eifrigstes Begehren, zu günstiger Erfüllung ehrerbietigst darzulegen! Die freudigste Einstimmigkeit hat diesmal alle sonst notwendig erachteten Formen der Erwägung und Entscheidung völlig beiseite gesetzt, und gleicherweise eine ungewöhnliche Form der zu machenden Eröffnung verfügt. Den Unterzeichneten ist der ehrenvolle Auftrag erteilt worden, Ew. Exzellenz namens der Gesellschaft zur Teilnahme an derselben ergebenst einzuladen. Wir kennen die Rücksichten, welche uns gebieten, jeden unmittelbaren Anspruch auf bestimmte Tätigkeit von dieser Einladung fernzuhalten, wir ordnen im voraus unsre eifrigsten Wünsche hierin jeder anderen Beziehung willig unter; aber wir würden es uns zur hohen Ehre rechnen, wenn Ew. Exzellenz unsrem Unternehmen eine beifällige Zustimmung gönnen, unsren Blättern die Hoffnung, nach Gelegenheit und Umständen von Ihrer Hand bereichert zu werden, nicht verschließen, und uns demnach gestatten wollten, in dem Verzeichnis unsrer Mitglieder Ihren höchstverehrten Namen aufzuführen, um unsrerseits vor der Nation nicht in dem Vorwurfe zu stehn, die in solcher Hinsicht anerkanntest darzubringende Gebühr der Verehrung verabsäumt zu haben. –

Indem wir Unterzeichnete uns des empfangenen Auftrags hiedurch ehrerbietigst entledigen, können wir nicht unterlassen, uns des ausgezeichneten Vorzugs lebhaft zu erfreuen, der uns gewährt, mit dem Ausdrucke der gemeinsamen, abseiten unsrer Sozietät Ew. Exzellenz gewidmeten Huldigung zugleich den unsrer persönlichen ehrfurchtsvollsten und anhänglichsten Gesinnungen zu vereinigen, in welchen wir die Ehre haben zu verharren

Ew. Exzellenz gehorsamst-ergebenste
Hegel
K. A. Varnhagen von Ense

## An Johann Friedrich Cotta

Berlin, 11. Mai 1827

Wollen Sie, Hochverehrter! meinen jungen Freund H. Heine, den Verfasser der zwar überdreisten, aber auch hochgenialen »Reisebilder«, von welchen der zweite Teil eben jetzt erschienen ist und großes Aufsehn macht, für das »Morgenblatt« während der nächsten Zeit beschäftigen, die er in England und demnächst in Frankreich zuzubringen gedenkt, so bitte ich Sie, ihm dies und die Bedingungen, die er freilich sehr günstig gestellt erwartet, mit ein paar Worten nach London unter Adresse von L. A. Goldschmidt & Co. gefälligst anzuzeigen. Besondere Wünsche würde er gern berücksichtigen; seinen eignen Zwecken zufolge kann sein Aufenthalt in England etwa drei Monate dauern, wäre in bezug auf das »Morgenblatt« eine Verlängerung angemessen, so hätte darüber, der großen Teurung wegen, ein näheres Abkommen stattzufinden. Auf sein an mich gerichtetes Ersuchen teile ich Ihnen diesen Antrag mit.

Heine ist Doktor juris, aber bisher jeder amtlichen oder bürgerlichen Laufbahn fremd geblieben; als Neffe des reichen Salomon Heine in Hamburg befindet er sich in einer Lage, die ihm erlaubt, völlig unabhängig zu bleiben. Sein Talent brauche ich Ihnen nicht anzurühmen. Er ist ein würdiges Gegenstück zu Börne, mit dem Vorzuge, den immer das produktive poetische Genie vor dem kritischen prosaischen hat.

## An Johann Wolfgang Goethe

29. Februar 1828

Ew. Exzellenz

höchst verehrtes Schreiben vom 19. d. hat mich in die lebhafteste Freude versetzt, die ich gestern in unsrer Geschäftsversammlung den anwesenden Mitgliedern unsrer Sozietät mitzuempfinden gab, und jetzt in flüchtigen Zeilen, wie sie mir heute nur erlaubt sind, kaum nach Gebühr auszusprechen vermöchte! Wir empfangen mit innigstem Dank das herrliche Erbieten Ew. Exzellenz und sehen dessen geneigter Erfüllung mit aller Kraft des Verlangens entgegen, welche durch das wirksamste Bewußtsein, was uns selbst und der Welt ein solch tätiger Anteil Ew. Exzellenz zu bedeuten hat, in uns allen aufgeregt wird. Wir bitten Ew. Exzellenz noch insbesondre, in Form und Ausdehnung der gütigst angebotenen Rezension keine Regel unserer Einrichtung als irgendeine Schranke denken zu wollen, indem unsre Jahrbücher doch immer, was von Ew. Exzellenz Hand ihnen zukommt, als in seiner Art Einziges zu betrachten haben, welches seine Regel mitbringt, aber nicht empfängt. Zu solcher Aristokratie, wenn das Wort in diesem Sinne gelten kann, bekennen wir uns willig! –

Auch wegen der höchstschätzbaren Erinnerung hinsichtlich des Werks des Hrn. von Eckendahl, welches den meisten von uns noch unbekannt war, haben wir unsren wärmsten Dank darzubringen. Es ist beschlossen worden, dasselbe dem Hrn. Mohnicke in Stralsund, der sich insbesondre für schwedische Geschichte und Literatur gemeldet hat, mit dem Bemerken anzutragen, daß die Rezension, wenn sie nach der Überzeugung des Rezensenten nicht günstig ausfallen könnte, unterbleiben soll.

Übrigens kann ich Ew. Exzellenz mit Vergnügen den guten Fortgang unsrer Jahrbücher anzeigen. Ungeachtet mancher heftigen Feindschaft, die besonders im Stillen durch gelehrte und politische Kotterien entgegenzuwirken sucht, gewinnen sie im Publikum mehr und mehr Eingang und stärken sich auch besonders in sich selbst durch Zuwachs der Teilnehmer und durch ihre nähere Verständigung. Eines gewissen gelehrten Schwalles, der in den deutschen wissenschaftlichen Arbeiten oft so schwer den Geist frei werden läßt und mit dem auch wir unsre Not haben, hoffen wir uns nach und nach einigermaßen zu entledigen, denn es wäre vermessen, dies unbedingt zu versprechen. Schon jetzt aber fehlt es nicht an Aufsätzen, welche Gehalt und Darstellung glücklich verbinden, wofür ich nur die Rezension des Generals von Pfuel über Fains Manuskript von 1812 und Wilhelm Neumanns Rezension von Jacobis Briefwechsel anführen will. Andre Rezensionen, wie von Bopp, von Dirksen, eine zu erwartende von Rückert, haben das in andrer Art große Verdienst, daß kein in demselben Fache Fortarbeitender ihrer entbehren kann. Friedrich Roth in München, welcher in die Sozietät selbst einzutreten durch Verhältnisse gehindert ist, schreibt mir in unparteiischer Anerkennung, daß den besten unsrer Rezensionen keine andern in den übrigen gelehrten Blättern des vergangenen Jahres gleichkommen, selbst die besten in dem »Edinb. rev.« nicht ausgenommen. Von bevorstehenden interessanten Aufsätzen kann ich Hegels Rezension von Solgers Nachlaß und des Ministers von Wangenheim Anzeige der Goertzischen Memoiren ankündigen; doch will der Letztere bei dieser Gelegenheit seinen Beruf zu solchen Arbeiten erst erfahrend prüfen. – [...]

Hrn. Alexanders von Humboldt gedoppelte Vorlesungen erfreuen sich fortdauernd der allgemeinsten Teilnahme. Der Reichtum seines Wissens macht ihm den Vortrag fast zur Last, da er immer wählen und sondern muß. Nie gab es in dieser Art eine glänzendere Versammlung; beide Kollegien umfassen weit über tausend Zuhörer, unter ihnen sind S. M. der König, der Kronprinz, die Prinzessinnen, und Karl Ritter, Leopold von Buch; Erman und andre solchen Ranges schreiben nach! Der Hr. Minister von Humboldt wird in einigen Wochen mit ganzer Familie die Reise nach Frankreich und England antreten und auf der Durchreise einen Tag in Weimar zubringen. Ich habe ihm angelegen, seine mannigfachen literarischen Arbeiten in eine Sammlung zu vereinigen, aber seine Bescheidenheit verkennt den Wert, welchen eine solche Sammlung so vieles Geistvollen und Scharfsinnigen, Inhaltsschweren und Formvollendeten entschieden in unsrer Literatur und grade jetzt haben würde. –

Hr. Professor Hegel beauftragt mich, Ew. Exzellenz seine dankvolle Verehrung auszudrücken. Meine Frau dankt innigst dem ihr über alles teuren Andenken; gewiß »zu guter Stunde« sind wir vereint Ew. Exzellenz eingedenk, denn so oft dies geschieht, wird die Stunde zur guten ganz unfehlbar! Wir vereinigen unsre eifrigsten Grüße für das ganze teure Haus.

## An Achim von Arnim

Berlin, 30. April 1830

Hier endlich meine Lebensbeschreibung Zinzendorfs! Nehmen Sie, Hochverehrter, dies Buch mit derselben freundlichen Geneigtheit auf, die Sie schon seinen Vorgängern so gütig gewährt haben, und die keinen strengen Urteilsspruch zu hemmen braucht, sondern ihn nur allenfalls begleiten wolle! Übrigens habe ich für dieses Buch die geringsten Hoffnungen; ich habe den Stoff nicht gehörig bezwingen können, wie schon der Umfang der Arbeit erweist, der billigerweise nicht über die Hälfte des jetzt Vorliegenden sich hätte erstrecken sollen; zudem erscheint das Buch im ungünstigsten Augenblick, wo jedermann diese Art Gegenstände mit Befangenheit betrachtet, und zunächst darin absichtliche oder mögliche Bezüge auf den Tagesstreit sucht, wobei denn der wirklich parteilose Inhalt sicher am schlechtesten fährt. Inzwischen ist die Sache einmal da und muß verzehrt werden, wobei mir wenigstens zu wünschen erlaubt ist, daß sie meinen Freunden einigermaßen schmecken könne! – Die Literatur ist ein schönes Gebiet der Tätigkeit und des Genusses, alles Beste der Einzelnen wie der Nationen strömt dahin und kommt daher; sie ersetzt ganze Stücke fehlenden Bürgertums und fehlender Geselligkeit, mit lebendigstem Anteil folg' ich ihren Bewegungen [...].

## An Johann Wolfgang Goethe

Berlin, 22. Mai 1830

[...] Ew. Exzellenz überreiche ich endlich hiebeifolgend nun auch die »Denkwürdigkeiten« Erhards*, eines Mannes, von welchem Sie, wie S. 443 erzählt wird, einst mit ehrender Gunst urteilten, der späterhin mir befreundet wurde, und dessen schriftlichen Nachlaß herauszugeben mir obliegen sollte. Das Buch war, wie das Datum der Zueignung bezeugt, schon vor mehr als einem ganzen Jahre zum Druck fertig, und sein Erscheinen bis jetzt nur durch des Hrn. Verlegers Überhäufung mit Geschäften aufgehalten, leider, wie ich befürchte, zur Ungunst für mich, da die Biographie Zinzendorfs nun früher ans Licht getreten ist, und der Einführer eines Freigeists und eines Frommen klüglicherweise mit jenem vorangehen und diesen für den letzten Eindruck bewahren sollte! Nun geschieht es umgekehrt, und ich muß der Folgen des Übelstandes gewärtig sein; zum Glück ist die Welt voll andrer Beschäftigungen und Angelegenheiten, und im Sommer zerstreuen sich alle sonst furchtbar richtenden Konventikel in ihren höfischen, militärischen, gelehrten und sonstigen Bestandteilen mehr und mehr ins Weite, und die einen ohne die andern vermögen nicht viel! Die Billigkeit, mit der eine solche Herausgabe, die man eigentlich niemanden ganz recht machen kann, beurteilt zu werden Anspruch macht, wird hoffentlich auch noch vielerorten sich finden lassen.

* *Denkwürdigkeiten des Philosophen und Arztes J[ohann] B[enjamin] Erhard*, Stuttgart 1830.

Das Buch trägt in seiner Mannigfaltigkeit einen tiefen Geschichtsgehalt. Wie hier die Kantische Philosophie gleich einer neuen Religion und an deren Stelle mächtig in das Leben einrückt und an diesem, wie dieses an ihr, die verschiedensten Entwickelungen und Endigungen nimmt, bietet sich als ein Anblick dar, dem einige Betrachtung zuzuwenden nicht gereuen dürfte. [...]

## An Johann Wolfgang Goethe

Berlin, 25. September 1830

Ew. Exzellenz

haben wir alle, Herausgeber und Leser, den innigsten Dank abzustatten für die reichen und schönen Beiträge, welche Sie neuerdings unsern Jahrbüchern zugewendet haben und für uns so hocherfreuend ferner zusagen! Darf ich mir erlauben, hier über Sachen, deren die eine, streng genommen, mir fremd heißen, die andre aber gewissermaßen als eigne mir Schweigen auferlegen könnte, urteilend einzureden, so möchte ich sagen, der Aufsatz über die Streitigkeit der beiden französischen Naturgelehrten erhebt und beugt, denn es regt neben der Bewunderung eine Art Beschämung auf, zu sehen, wie über diese Gegenstände mit höherer Einsicht und in größerem Zusammenhang gesprochen werden kann, und dann zurückzublicken, mit welchem geringen Sinn und in welcher dumpfen Beschränkung gewöhnlich darüber gesprochen wird! Ich glaube, dieser Aufsatz mit seiner verheißenen Fortsetzung wird unter vielerlei Murren von Widersachern doch an diesen selbst seine leitende Kraft und Einwirkung dartun. –

Was die andre Anzeige, die des wertvollen Reisebuchs*, in gewissem Sinn zu meiner eignen Sache macht, werden E. E. aus den gedruckten Blättern ersehen, welche hier beiliegen.

* Die anonym erschienenen ersten beiden Bände der *Briefe eines Verstorbenen* von Hermann von Pückler-Muskau, München 1830.

Möchte nur diese Nebeneinanderstellung, die sich uns aufnötigte, auch von Ihnen gütig genehmigt und als keinerlei Anmaßung angesehen werden! Gewiß darf es mir zur Ehre gereichen, ein solches Erstlingsbuch gleichzeitig mit Ihnen in seinem Werte aufgefunden und geschildert zu haben, aber ich täusche mich nicht über die Gefahren einer solchen Gemeinschaft, in der hervorzutreten eine für jedermann zu starke Prüfung ist. Könnte anerkennendes Sichbescheiden je demütigen, so müßte ich es jetzt wahrlich sehr sein, wenn ich vergleiche, wie glücklich, sicher, anmutig und rein die kürzere Anzeige den vollen Kern des Buches mühelos hervorgewendet hat, den die längere mit vieler umständlichen Sorgfalt nur stückweise herauszuschälen vermochte. Nur durch die Freude der Bewunderung und durch das, was ich an solchem Beispiele gelernt habe, bin ich für allen Nachteil, den mir sonst die Vergleichung bringen muß, entschädigt!

Ich hatte früher mir vorgenommen, mit meiner abgedruckten Rezension das Buch selber, von dem ich nicht voraussetzte, daß es schon bekannt sei, E. E. zu übersenden und mir zu diesem Behuf ein Exemplar ausgebeten, erhielt aber vorläufig diese Zeilen erwidert: »Verehrtester Freund, ich erschrecke doch ein wenig vor Ihrem Gedanken, diese unbedeutenden Briefe Goethen, der meiner armen Seele in diesem Augenblick wie der unerbittliche Rhadamanth erscheint, vorlegen zu wollen. – Er ist solchen freien Ergießungen des Augenblicks ohne Kunst und ohne Plan nicht günstig, und ich kann mir, wenn er so geringer Erzeugung überhaupt seine Aufmerksamkeit schenkt, sein Urteil schon aus seiner Korrespondenz im voraus wörtlich abschreiben. Ja, das geschah bereits in meinem Tagebuch, und hier ist es: ›Geistreich und unterhaltend, aber leider leichtsinnig, dilettantisch, mitunter hasenfüßig und phantastisch.‹ Viel besser wird es mir nicht gehen, wo noch so gut. – Indessen wer einmal die Schwachheit hatte, sich drucken zu lassen, muß sich allem unterwerfen, und selbst ein Tadel Goethes ist noch ehrenvoll, wie man dem lieben Gott auch für die Züchtigung dankt. – Übrigens kenne ich den hohen Greis – und die ersten noch fehlenden Bände meiner Eitelkeitssünde enthalten mehr von ihm.« Urteilen E. Exz. nun, wie glücklich und strahlend zu diesen Gesinnungen und Absichten plötzlich Ihr von selbst gekommenes, günstiges und öffentliches Wort hinzutrat! Ich bedaure nur, daß ich hier nicht weiter reden und den Verfasser, gegebenem Wort gemäß, noch nicht ausdrücklich nennen darf, wozu für jetzt die Erlaubnis ihm abzudringen auch die Entfernung nicht gestatten will. Durch die zu erwartenden andern Teile, in denen auch ein Besuch in Weimar vorkommen muß, werden aber die Zeichen sich genug vervielfältigen und verdeutlichen, um in diesem Betreff nichts Rätselhaftes für E. E. mehr übrig zu lassen. Auch mich haben Umstände, die nicht zu beseitigen waren, früher ins Vertrauen gezogen, als der gute Wille des Verfassers sich dazu entschlossen hätte, und ich kann ihm seine Zurückhaltung, die ihm besonders einen Schritt förmlichen Sichdazubekennens untersagt, nicht verargen. –

[...] An politischen Stürmen dürfte es in den nächsten Jahren nicht fehlen; wir wollen aber hoffen, sie glücklich zu überstehen, und uns so wenig als möglich in den geistigen Bestrebungen hindern lassen, welche auch auf die Staatsbewegungen ordnend und mäßigend zurückwirken. Von welchen schauderhaften Erscheinungen würden nicht im Anfange des achtzehnten oder im Laufe des siebzehnten Jahrhunderts solche überall in Deutschland aufzuckende Volksentflammungen begleitet gewesen sein, die jetzt im neunzehnten, bei unsrer auf Literatur gegründeten und durch sie verbreiteten Bildung, in der größten und entscheidendsten Gewaltsamkeit noch die Greuel der äußersten Rohheit und tierischen Leidenschaft vermeiden konnten! – [...]

## An Johann Wolfgang Goethe

Berlin, 28. Dezember 1831

[. . .] Ich lese oft und viel in den »Wanderjahren«, wo ich immer neues Leben finde, das unmittelbar meinen Tagen zu Nutz und Frommen gereicht. Schon lange geht mir das Buch über Roman und Dichtung weit hinaus. Jetzt will sich mir der St. Simonismus damit in Beziehung setzen. Diese merkwürdige französische Gestalt, deren Wesen, wie mich dünkt, länger wirken wird als die einstweilige fratzenhafte Hülle, wird unfehlbar auch bei uns eindringen, und da wäre es wohl der Mühe wert, genau zu scheiden und zu vergleichen, welche Keime zu analoger Lehre und Übung bereits in den »Wanderjahren« niedergelegt sind, und in welch verschiedenem Sinne daselbst ihre Entwickelung angedeutet ist. Auch Pestalozzi und sogar Zinzendorf kommen bei diesem Thema in Betracht. Wenn man doch nur in Frankreich möglich fände, von seiten der Regierung sich jedes gewaltsamen Einschreitens in dieser Sache zu enthalten! Verfolgung und Märtyrtum könnten die unheilvollsten Entflammungen bewirken!

## An Hermann von Pückler-Muskau

Berlin, 4. Mai 1832

Ew. Durchlaucht

auf einige Tage in Ihrem herrlichen grünen Paradiese zu überraschen, hegt' ich schon geheime Hoffnungen und traf ich in Gedanken schon Anstalten, die Unruhe dieser Anfangszeit sommerlicher Bewegungen trifft aber mit der Unruhe so vieler anderen Verhältnisse und Betrachtungen zusammen, daß daraus ein stockendes Hinhalten entsteht, aus dem ich vielleicht später den befreienden Sprung wage, der sich jetzt noch nicht will tun lassen. Welche Erquickung, welche Genüsse und Kräftigungen mir entgehen oder doch verzögert werden, auf die Gefahr gänzlicher Vereitelung, weiß ich am besten, und brauch es nicht erst auszusprechen! – Auch für den weiteren Sommer kann ich keinen sichern Plan haben, ich lebe vom Tag auf den Tag und nehme frühmorgens jeden neusten so hin, wie er hier in Berlin über Nacht grade fertig geworden ist; glücklicherweise arbeiten auch anderwärts noch Leute an unseren Tagen mit, denn sollte es allein auf unsere Arbeiter ankommen, so könnte sehr gut einmal der Morgen ausbleiben, und das Frühstück mit dem Abendbrot zusammenfallen, die Predigt mit der Oper! Ew. Durchlaucht nehmen aus diesem mißlaunigen Unwitz schon genugsam ab, daß es hier nichts Neues und kaum genug Altes gibt, um einen Abwesenden damit zu unterhalten! –

Dennoch schreibe ich Ihnen heute wegen Neuigkeiten, die aber keine hiesigen sind. Ich habe soeben flüchtig ein neues Buch durchlaufen, das ich nun aber mit Sorgfalt lesen will, und finde, daß auch Ew. Durchlaucht dasselbe lesen müssen. »Politische Freiheit«, von Franz Baltisch, Leipzig bei Brockhaus, 1832, ist der Titel, der Verfasser aber ist Herr Professor Hegewisch in Kiel. Sehr sinnig und kundig, in angenehmer Sprache und mit fester Geschichtskenntnis sind die Lebensfragen der heutigen Staatswelt darin besprochen, alle Waffen der Erörterung blank geputzt und ausgelegt. Wenn Ew. Durchlaucht über diese Gegenstände je zu schreiben gedenken, dürfen Sie das Buch nicht ignorieren. Auch des »Verstorbenen« wird darin rühmlich an einer Stelle Erwähnung getan. Der Verfasser steht auf einer bedeutenden geistigen Höhe, das konstitutionelle Wesen kann nicht feiner aufgefaßt und behandelt werden. Was ihm fehlt, das ist noch nicht von ihm zu verlangen, und doch zwingt er seinem Boden auch sogar das Gegenteil dessen, was er eigentlich will, schon einigermaßen ab, um dies damit zu verbessern! Das Buch ist nämlich ganz konstitutionell, und insofern in stetem Widerspruche mit dem Saint-Simonismus, den es nur unvollkommen zu kennen scheint, und dabei hat dasselbe auffallend und unleugbar schon wirklich ein Saint-Simonistisches Element in sich aufgenommen! – Die ganze Größe des Saint-Simonismus erscheint grade darin, wie klein alles andere neben ihm wird, wie unbedeutend und gering fast alles, was uns bisher Hauptsache war und sein mußte. Auch breitet er sich mit Macht aus, nicht sowohl in erklärten Anhängern, obgleich es auch an diesen nicht fehlt, als vielmehr in Ideen und Wirkungen, selbst in den Rücksichten und Tätigkeiten der Gegner. Der »Globe« hat aufgehört, mit glänzenden Schlußreden und Verheißungen; Enfantin geht mit vierzig Jüngern auf ein paar Monate in die Einsamkeit, die weltliche Tätigkeit wird inzwischen von den übrigen Jüngern eifrig fortgesetzt, und neue Schriften, Flugblätter usw. erfolgen ohne Unterbrechung. An Geldmitteln scheint es nicht im geringsten zu fehlen. Wie allgemein die Bedeutung der Sache ist, geht schon daraus hervor, daß gleichzeitig in Florenz und in Uppsala Stimmen von edler Art dafür laut geworden. Wir wollen sehen, was weiter damit wird. Ich habe keine Vorstellung von dem Gange, den die Sache nehmen kann, und genieße daher die Spannung wie vor einem Schauspiel, worin jeder Auftritt mir neu ist. –

Nun muß ich Ew. Durchlaucht aber noch ganz besonders auf die Zeitschrift »Revue encyclopédique« aufmerksam machen. Sie wird von Carnot und Leroux monatlich herausgegeben, zweien Saint-Simonisten, die aber von Enfantin getrennt sind. Seit langer, langer Zeit habe ich keine so gediegenen Aufsätze gelesen wie in dieser Zeitschrift. Aufsätze literarischen, politischen und wissenschaftlichen Inhalts, wobei der Saint-Simonismus nur als Licht im Hintergrunde steht.

Auch meine Frau ist ganz entzückt von diesen Aufsätzen. Ew. Durchlaucht können nichts Besseres tun, als sich auf die Revue zu abonnieren. – [. . .]

## An Hermann von Pückler-Muskau

Berlin, 12. November 1832

[...] Das letzte Heft von »Kunst und Altertum«, durch Goethes Freunde nach seinem Hinscheiden vervollständigt und herausgegeben, hat eben die Presse verlassen. Auch von mir ist ein Aufsatz* darin, durch welchen ich mit zarten Fingerspitzen ein Gleichlaufen Goethescher und St. Simonscher Ideen aufzuzeigen wage. Apropos von St. Simon: Die Sachen gehen noch immer ihren Gang, und selbst die Macht des Lächerlichen, die doch in Paris noch souveräner ist als das Volk, richtet nichts aus dagegen! In Deutschland aber frißt so etwas im Stillen weit um sich, ehe davon auf der Oberfläche etwas zu sehen ist. – [...]

## An Bettina von Arnim

Berlin, 18. Dezember 1832

Also die guten Leute meinen, ich hätte dem Verfasser der Lebensgeschichte Friedrichs des Großen viel zu viel Lob erteilt, und mehr meine Gunst als des Buches Verdienst ausgesprochen! Und Ranke stellte sich in dieser Meinung mit Stuhr vereinigt dar? Von letzterm rede ich lieber gar nicht; Ihren Ranke aber, gnädige Frau, haben Sie, wie früher ich, schlecht erzogen, daß er noch jetzt solcher Belehrung bedürfen konnte, wie Sie ihm gaben in der treffenden Bemerkung: wenn er das Gute, was ich von dem Buche rühme, in demselben nicht sähe, so müsse er die Schuld nur in seinem Mangel an Sehen suchen. Den Vorwurf, daß ich mich zu leicht einnehmen lasse und jüngere Talente zu feurig anpreise, mag ich wohl etwas verdienen; als ich Rankes ersten Versuch nachdrücklich lobte, machte zwar nicht er, aber mancher andre mir solchen Vorwurf. Dagegen wird Ranken nicht so leicht etwas Ähnliches vorzuwerfen sein, er hütet sich wohl, jeman-

* Über *Wilhelm Meisters Wanderjahre*.

den zu loben, anzuerkennen. In der Tat, geben Sie einmal acht, ob er sich darauf ertappen läßt! –

Ehrlich gestanden, gnädige Frau, ich gebe Ranken für immer auf und glaube, ich werde mich nie mehr mit ihm finden. Il a été une de mes erreurs, würde Napoleon sagen. Sein Brief aus Italien über die Frömmler in Halle, die Lauigkeit, womit er meinen Erwiderungen auswich, die Entschließung, die daraus hervorleuchtete, mit dem bestehenden Mächtigen und Vornehmen, sei es auch noch so schlecht, guten Frieden zu halten, waren mir äußerst mißfällig. Den eigentlichen Stoß aber gab ihm bei seiner hiesigen Wiederkehr die Faselei über Goethe, die er mündlich gegen mich mit vollem Selbstbehagen entwickelte, und die mich in ein so ungestümes Lachen versetzte, daß es für uns beide eine wahre Verlegenheit wurde. Nun sah ich, daß ihm aller Blick ins Leben fehle, daß die geschichtliche Wahrheit bei ihm einem willkürlichen Dünkel, einer wahnvollen Einbildung unterliege; für mich hatte er seitdem als Geschichtsforscher alle Treu und Glauben eingebüßt.

Sie erinnern sich doch noch seiner Behauptungen? Goethe hat Italien nicht gekannt, noch gesehen; eingeschlossen in seine Studien, war er dem eigentlichen Leben und Lebensschauplatze dort fremd geblieben. In den »Römischen Elegien« ist nur Erdichtetes, und zwar ganz falsch Erdichtetes; so sind die Sitten, die Verhältnisse in Rom nie gewesen, so nie eine Liebschaft dort geführt worden. Die Geliebte selbst hat gar nicht existiert, ist ein gemachtes Bild, wie es dem Dichter grade gefällig war. Und so ging es fort. Für mich nicht anders als die Rede eines Tollen, der aus Eitelkeit verrückt ist, und sein kleines Persönchen, seine ungeschickten Erfahrungen, sein mühsames Auffassen an die Stelle des gewaltigen Riesen, des allseitigen Lebensvertrauten, des begabten Sehers und Bildners setzen möchte! Goethes Sinn ist ein Phänomen unsrer Zeit, seinem Bericht über innre und äußre Welt vertraut die geistige Gemeinde Europas. Noch ist diese Tatsache nicht umgestoßen. Was in aller Welt sollte mich bestimmen, wenn ich Goethes Berichten nicht mehr glaubte, nun Rankes Berichten zu glauben? –

Mir steht bei dergleichen Absprüngen wirklich der Verstand still, und ich sehe nun in Ranke, so oft er mir vorkommt, immer etwas Unheimliches, dessen Lösung mir fehlt. Auch kann ich nichts Rechtes mehr mit ihm haben, und die Kosten unsres noch fortdauernden Umganges trägt fast nur meine Frau. –

V.

## An Bettina von Arnim

Berlin, 20. Dezember 1832

Wie weit und in welcher Gestalt meine neuliche Herzenserleichterung in Betreff Rankes durch Sie diesem bekannt geworden, darüber beunruhige ich mich nicht, gnädige Frau, sondern lasse Ihren Takt dies mit Ihrem Gewissen abmachen. Daß das Blatt eine solche Mitteilung nicht zur Absicht hatte, darf wohl zu meinen Gunsten feststehen.

Haben Sie ihn so weit geängstigt, daß er nun auch seinerseits die Notwehr ergriffen, Sie durch Andeutungen zu ängstigen, wie ehemals ich selber auch ihm Klagen und Härten wider Sie ausgesprochen, wovon er die brieflichen Zeugnisse in Händen hat, so ist auf diese Art denn doppelt geschehen, was schon einfach eigentlich zu viel war.

Ich werde meine Äußerungen wahrlich nicht ableugnen, aber auch nicht zurücknehmen, noch versuchen sie zu beschönigen. Sie würden wohl die erste sein, gnädige Frau, in das fröhlichste Lachen auszubrechen, wollte ich versichern, Sie hätten mir im Laufe unsres wunderlichen Umganges niemals Ursache zu bittrer Klage, zu starker Beschwerde gegeben. Sie kennen sich selbst viel zu gut und stehen in geistiger Höhe viel zu erhaben über dem, was die Tageserscheinung zuweilen aus Ihnen macht, um nicht frei und willig manchen gegründeten Vorwurf gelten zu lassen, zu tragen, und sich nicht davon hindern zu lassen. Ihr stetes Wiederkommen nach so vielen mißfälligen Scheidensauftritten, die wir gehabt, ist in jenem Betreff ein fortwährendes Eingeständnis, für Sie so ehrenvoll als für mich erfreuend und wert.

Ich dürfte Sie an mehr als einen Vorgang erinnern, von dem Sie jetzt mit Lachen und Jubel mir zugestehen würden, daß er mir das Recht erteilt habe, Sie anzuklagen und zu schelten, und Sie würden es nur um so lustiger finden, je mehr ich bei solchen Dingen, die Sie eigentlich nur in Laune und Neckerei zum Scherz aus dem Ärmel schütteln, mich in schweren Ernst und strenges Rechthaben verbeißen möchte.

Von Ranke jedoch wäre es ein Mangel an Zartheit, hätte er Ihnen in anderm Sinne, als ich es tun könnte, nämlich nicht zum Lachen und Scherzen, sondern zum Ernst und Verdruß, unerfreuliche Bilder vorgerufen aus früheren Zeiten, denen Sie selbst gar keinen Belang für den heutigen Tag einräumen wollen!

Ich könnte zum Ersatz auf der Stelle viel Gutes von Ihnen an Ranke schreiben, damit es sich mit dem Bösen, das er in den frühern Briefen schon hat, ausgliche, so wie auch Ihnen jetzt viel Gutes von Ranke, dessen ehrenwerten Gemütseigenschaften und schönen Gaben ich ja gern Gerechtigkeit widerfahren lasse, wenn ich schon deren Genuß für mich weniger zugänglich finde – allein, wollte ich das alles tun, und nach allen Seiten so durchaus alles in Ordnung bringen, abwägen, zurechtbiegen, gradestrecken, hieße das nicht ein wenig dem jüngsten Tage vorgreifen? –

Leben wir so weiter zwischen Recht und Unglimpf, Übermaß und Unzulänglichkeit, Gradsinn und Schlauheit, wie es der Weltwirrwarr mit sich bringt, und suchen wir nur unter allem Wechsel das reine Wohlwollen, den freien Geist und den klaren Sinn stets zu behaupten, so wird es uns zuletzt an bestem Einverständnis gewiß nie fehlen!

V.

## An Alexander von Humboldt

Berlin, 23. Januar 1833

Freilich war ich es, der Ew. Exzellenz neulich im Sonnenscheine der Mittagsstunde begegnete, und Sie zu spät erkannte, wie von Ihnen zu spät erkannt wurde. Gern wäre ich Ihnen nachgeeilt, aber so rasche, zum Einholen nötige Schritte wollten mir noch nicht geziemen! Ich hätte Ew. Exzellenz ein Wort, Hrn. von Bülow in London betreffend, mitzuteilen gewünscht, das damals noch ganz frisch, aus sicherster Quelle, und wahrscheinlich auch Ihnen noch neu war, eine Äußerung des Königs nämlich, wonach die Gefahr, in welcher jener verwegene Gesandte schwebte, als vorübergegangen anzusehen ist. Seitdem haben Ew. Exzellenz von allen Orten her die Kunde längst vernommen, und meine Mitteilung ist veraltet. –

Nun haben wir Preußen ja endlich auch eine allgemeine Volksvertretung empfangen, oder vielmehr, wir hatten sie lange, und wußten's nur nicht. Hr. Bischof Eylert hat uns die Augen geöffnet, er hat zuerst das große Wort ausgesprochen, ein zweiter Mirabeau an Licht der Gedanken und Kühnheit des Ausdrucks; ich denke mir, nicht nur der Rittersaal, sondern das ganze Schloß erzitterte, als er den gewaltigen Spruch in die Versammlung donnerte, die Vertretung des ganzen Volks, aller Stände und Interessen sei – das Ordensfest! Ich beuge mich in Ehrfurcht und Bewunderung dieser kolossalen Kühnheit, dieser neuen unerhörten Kombination, wodurch die elenden Institutionen, die bisher für Volksvertretung in Europa gelten durften, Parlamente, Kammern, Stände, Cortes und dergleichen mehr, in ihr Nichts geschleudert werden. Ich habe den Redner nur durch den lautlosen Mund der Staatszeitung vernommen, aber Ew. Exzellenz waren ohne Zweifel gegenwärtig, und gewiß bedauern Sie mich und rufen mir zu, was in alter Zeit von Demosthenes' vorgelesener Rede gesagt wurde: »Ja, wenn Ihr erst ihn selbst gehört hättet!« Und das beifällige Lächeln, die gnädige Zufriedenheit der

Hörer, die frohen Blicke der Staunenden mit anzusehen, muß den Eindruck noch mehr erhöht haben! –

O unsre evangelischen Pfaffen sind auf gutem Wege, sie versprechen den katholischen, wie sie in ihrer höchsten Pfaffenblüte waren, nichts nachzugeben! Solch gleisnerischer Schwarzrock macht uns zum Gespött von ganz Europa. Volksvertretung hin, Volksvertretung her, mag sie gegeben werden oder versagt bleiben, das kümmert mich in diesem Augenblicke nicht, aber daß der Kerl das Ordensfest dafür einschieben will, das ist ein Unterstehen, worauf das Tollhaus oder das Zuchthaus stehen sollte. – Aber nicht einmal ein Lied, ein Gassenhauer, ein Scherzbild bestraft solche Ungebühr, es ist alles still! –

Und da es denn Schlafenszeit ist, so will ich mich auch niederlegen und Ihnen und mir angenehme Träume wünschen. Mit tiefster Hochachtung etc. etc. etc.

V.

## An Justinus Kerner

Berlin, 27. Mai 1833

Mit innig dankbarem Herzen erkenn ich Deinen liebevollen Anteil, mein teurer Freund, Deinen wohlmeinenden, treuen Sinn! Ja, mein geliebter Justinus, es wäre wohl schön, wenn ich diesen Sommer bei Dir einkehren könnte, wie vor vier Jahren! Goldene Zeit, die nun dahin ist, und von der eine Viertelstunde wieder in Gegenwart zu verwandeln ich gerne alle Jahre dahingäbe, die mir noch beschieden sein mögen! Aber ich kann nicht kommen! Ich habe weder Lust noch Ursache, von hier wegzureisen, wenn man mich nicht im Verlaufe des Sommers noch zu einem Badaufenthalte nötigt, und habe hier noch vielerlei zu tun. Nicht fremdartige Geschäfte, zu denen ich mich unfähig bekenne, sondern Arbeiten und Besorgungen, die sich auf meine geliebte Freundin beziehen, auf meine Rahel, in deren Namen und von deren Namen ich allein noch lebe! Weißt Du noch, vor fünfundzwanzig Jahren in Tübingen hörtest Du diesen Namen schon von mir, als den Inbegriff meiner damaligen Wünsche und Hoffnungen. Sie haben sich erfüllt, diese Wünsche und Hoffnungen, das seltenste Glück auf der Welt! Ich habe es genossen, ich war ein auserwählter Mensch; aber diese Erfüllung ist nun zu Ende, und wieder wünsche und hoffe ich nur! Wie mir zumute ist, kann ich Dir nicht sagen; ich habe diesen Abgrund von Leid und Not nicht geahndet, und ich ermesse täglich neue Räume desselben, ohne ihn auszumessen. Gott hat mich so eingerichtet, daß ich an diesem Bilde, das er mir gezeigt, hängen muß, er selbst hat sich mir durch diese Vermittlung offenbart, ich dank ihm noch dafür, mehr als für mein eigenes Leben, und es ist nicht Frevel, wenn ich nach dem Verluste jenes Bildes mich für trostlos bekenne, es ist vielmehr auch dies Ergebung, denn ich warte auf Trost, auf Änderung! Bis dahin kann ich nichts denken und sinnen, als Rahel, nichts wünschen und hoffen, als sie, nur sie vermissen und beweinen! Darin störe mich doch niemand! [...] Daß Uhland ganz in die Politik gezogen wird, bedauer ich mit Dir; besonders weil heute keine andere als eine beengte, nur dem traurigsten Tage kümmerlich dienende möglich ist. Alle jetzigen Tätigkeiten werden in den dunkeln Boden eingestampft, um einst für andere zur Grundlage zu dienen; freilich ist das auch nötig, aber dazu genügen rauhe Steine, nicht schöne Bildwerke, die nicht durch ihre Masse, sondern durch ihre Gestalt gelten, und am hellen Tageslichte dauernd bestehen sollen! [...]

### An Hermann von Pückler-Muskau

Berlin, 11. Oktober 1833

[...] Die Abenteuer der Frau von Arnim haben leider von jeher ein für sie selbst höchst beklagenswertes Ansehen. Das Geniale nimmt in ihr gar zu leicht den Abweg nicht nur ins

Dämonische, sondern ins Hexenartige, und es ist wahrhaft jammervoll, wie sie einen bisweilen zwingen kann, ein scharfes Eisen hinzuhalten, gegen das sie alsdann mit der Brust anspringt, um blutige Wunden zu empfangen. Man ist ihr gegenüber fast immer genötigt, aus seinem Charakter herauszugehen; früher zwang sie mich, wider meinen Sinn und meine Gewohnheit, förmlich grob zu werden; jetzt – was auch ganz wider meine Gemütsart ist –, immer auf meiner Hut zu sein, und weder ihre Teilnahme zu lebhaft anzusprechen, noch die meinige zu stark auszudrücken. Dabei muß man sie doch bewundern und hochachten, auch sogar lieben, wenn sie dies nicht gewaltsam verhindert, wozu ihr in verkehrtem Gebrauch alsdann ungeheure Gaben zu Gebote stehen. Sie ist ein Thema, das man so leicht nicht aufs Reine bringt, und über das man fast mit jedem Tage sein Urteil neu stellen muß, wenn dasselbe auch oft nur ein früheres wiederholt und bestätigt. Dabei tut ihr jede Freundlichkeit, Beachtung und besonders Höflichkeit, die man ihr erweist, so unendlich wohl, vielleicht grade deswegen, weil sie oft alles anwendet, um sie nicht hervorzurufen. Das Buch über Goethe kenne ich nur wenig und habe durch alle Erzählungen und einiges Vorgelesene noch durchaus kein Bild, wie und was das Ganze sein wird. Sicher sind große Schönheiten darin; wenn diese jedoch nur abgesonderte Oasen sein sollten, so käme es vorzüglich darauf an, wie zahlreich und einander nahe liegend sie wären. In jedem Fall tadle ich Frau von Arnim, daß sie die Sachen überall so verschwenderisch vorliest; sie verzehrt und erdrückt damit allen Reiz der Frische und des Wohlbehagens. Ich sag es ihr oft, sie selbst erzählt mir ihr häufiges Mißlingen, aber sie fährt in dieser falschen Befriedigung immer fort, und will nicht begreifen, daß, wenn sie einem eine Faust voll Rosen stets an die Nase drückt, man nur das Ersticken fürchtet und nicht weiter beachtet, daß es durch Rosen geschieht! Wie ich verstanden habe, so wünscht sie sehr aus früheren an Ew. Durchlaucht gerichteten Briefen manches für das Goethesche Buch zu benutzen; Ew. Durchlaucht sollten ihr diese auf eine Zeit anvertrauen: geschähe dies mit Sorgfalt, und mit dem Ansehen, daß Sie großen Wert auf den geistigen Gehalt legten, so würden Sie, wenn auch nicht bei Ihnen selbst, doch bei dem Widerpart die schmerzvolle Erinnerung der Mißgeschicke in Muskau sehr lindern. Die arme Bettina geht eigentlich immer selbstmörderisch mit sich um, und es ist Nächstenpflicht, ihr beizustehen und ihr Beginnen zu hemmen. – [. . .]

## An Karl Rosenkranz

Berlin, 14. Oktober 1833

[. . .] Das Buch Rahel macht fortdauernd die tiefste Sensation; in Wien, in London, in Stockholm, in Paris, in St. Petersburg, im Haag, in ganz Deutschland. Fürst Metternich, Graf Bernstorff, beide Humboldt, der Kronprinz, die Herzogin von Cumberland, Prinzessinnen überall und noch ganz andre Personen, welche jener glänzenden Genanntheit gegenüber eine noch wertvollere und tiefinnige Ungenanntheit darstellen, sind in gleicher Weise ergriffen und begeistert. Die Anforderungen nehmen von allen Seiten mit jedem Tage zu. Ich aber bin beschämt, gebeugt, in Weh versenkt! Das Leben entbehrte solche Fülle, und nun sie erscheint, fehlt dieses teure, liebe Leben! – [. . .]

## An Hermann von Pückler-Muskau

Berlin, 7. Januar 1834

[. . .] Das ist ja sehr schön, daß mit Frau von Arnim ein angenehmer und ergiebiger Verkehr sich eingerichtet hat! Ich gönne es ihr von ganzem Herzen, denn sie hat sonst gar nichts, woran ihre verlangende Einbildungskraft sich erfrischen kann. Auch ihre Söhne machen ihr das Leben nicht eben süß, so leidenschaftlich sie an ihnen hängt und für sie zu leben sucht. Einen Stiefvater gibt sie ihnen gewiß nie, weder in Ranke, noch in irgend einem anderen – sie widerspricht heftig dem Gerücht (das ich doch nur von ihr vernommen) von beabsichtigter Verheiratung mit Ew. Durchlaucht. Leider setzt sie ihre Vorlesung der eigenen Denkwürdigkeiten noch immer und meist mit üblem Erfolg und zu schlechtem Dank an übelgewählten Orten fort, und wenn sie die Sachen je zum Druck bringt, ist jedermann darüber blasiert. Raten und helfen Sie ihr, wenn Sie es nicht können, so kann es niemand: durch Sie ist sie somnambüle, machen Sie sie nun auch clairvoyante!

Seien Ew. Durchlaucht ohne alle Besorgnis wegen Ihrer vertraulichen Mitteilungen! Ich bin zwar – und doch nur wie alle Welt – der intime Vertraute von Bettina, aber eben daher weiß ich am besten, daß sie meine Vertraute nie sein kann und darf. – [...]

## An Gustav Schlesier

Berlin, 22. März 1834

Ich habe nun Ihre Kritiken gelesen und möchte Ihnen gern ein Wort darüber sagen, wiewohl ich dies nur kann, indem ich auf gut Glück schreibe, denn ein bestimmtes Ziel der Verständigung und eine feste Bahn dazu dürfte hier nicht leicht abzustecken sein. Den Eindruck, welchen Ihre Blätter mir gemacht, muß ich dem eines Bildes vergleichen, vor dem man in dem Widerspruche befangen bleibt, sich in stets erneutem Wechsel sagen zu müssen: »Ich bin es!« und: »ich bin es nicht!« Daß mich Ihr Lob recht träfe, müßte ich höher stehen, Ihr Tadel streift nur meine Außenseite, die ganze Bezeichnung fällt gleichsam nebenan. Und doch fühl ich mich durch manches wohl getroffen, und kann mir eine gute Mahnung daraus nehmen, nach welcher Seite ich mich weniger hinzustellen habe, um nicht mehr getroffen zu werden. Dies alles näher zu erörtern, wäre nun freilich die mündliche

Unterhaltung durchaus erforderlich; hier muß ich mich begnügen, Ihnen ganz im Allgemeinen zu versichern, daß ich Ihre Aufsätze mit größtem Anteil und Vergnügen gelesen habe, wozu indes auch die lächelnde Schadenfreude beitragen mußte, wie sehr Sie sich wundern würden, wenn Sie zu dem Geisteskinde Ihrer Schilderung nun wirklich das leibhafte Vorbild zu sehen bekämen! Sie hätten mir die Blätter übrigens ganz ohne Bedenken schicken können: ich bin nicht peinlich in solchen Dingen und kann Tadel und Lob vertragen, auch unverdientes, mit dem es meist am schwierigsten fertig zu werden ist. Sie aber machten mir die Sache auch ihrerseits ganz leicht, denn Ihre Schilderung, abgesehen von Ähnlichkeit oder Unähnlichkeit, ist an und für sich so anmutig, belebt, gehaltvoll, daß sie dadurch ihren Gegenstand hinlänglich in sich selber hat, und auch dann, wenn sie nur ein gewähltes äußeres Ziel gar nicht berührte, niemals eine leere oder zwecklose sein würde. Ich habe schon vor langer Zeit einmal den Gedanken gehabt, daß man eine Galerie von Bildnissen liefern könnte, der Schriftsteller sowohl als der Schriften, die noch gar nicht da wären, und daß gerade darin die größte Meisterschaft an den Tag gelegt werden könnte. Sehen Sie dies nur nicht in mißfälliger Anwendung als etwas Spöttisches an; erwägen Sie lieber den unleugbaren Vorteil, der in solchem Unternehmen läge, wodurch die Kritik eine nicht nur prophetische, sondern geradezu eine erzeugende Macht würde! –

Um noch einmal auf mich zurückzukommen, so merke ich insbesondere an, daß Sie in der literarischen Untersuchung auf gutem Grunde und sicheren Schrittes vorgegangen sind, Ihr Urteil aber hauptsächlich dadurch geirrt wurde, daß Sie die persönliche Bahn mit der literarischen zu sehr als gleichlaufend voraussetzten.

Ihre Gabe, zu sehen, die Gegenstände beliebig allgemeiner oder spezieller aufzufassen, in entschlossener und anmutiger Wendung hinzustellen, würdige ich mit höchster Anerkennung. Ihre Rede hat immer einen Gegenstand, ein Gesehenes in sich, wäre es auch nicht immer grade das, was ausdrücklich als solches benannt wird. Verlieren Sie nur niemals die uns Deutschen mehr als allen andern Nationen unentbehrliche Gründlichkeit, so werden Sie auf diesem Wege gewiß weit fortschreiten. Sie sehen, daß ich mich schon sehr zu den Alten rechne, und der Jugend gute Hoffnung ausspreche!

Ohne Zweifel ist von Ihrer Hand auch die Anzeige des neuen Pücklerschen Buches, die ich soeben gelesen habe. Halten Sie es nicht für Anmaßung, sondern sehen Sie darin nur unbefangenen Mitteilungsdrang, wenn ich Ihnen sage, daß diese Anzeige mir außerordentlich gefallen hat; nicht, weil sie grade meinen eignen Sinn ausspräche; sondern weil sie in der Wahl des Standpunktes, in der Kraft und Frische des Ausdrucks den größten Takt, den freiesten Umblick und die gewandteste Bildung zeigt. Ich freue mich jedesmal, wenn mir dergleichen begegnet, und kann dabei selbst mir Widersprechendes und Feindliches preisen; wie ich z. B. in dieser Art ein leidenschaftlicher Bewunderer und Verehrer von Gentz sein mußte, dem ich hingegen persönlich als Widersacher mich nicht verleugnete.

In den Blättern, an welchen Sie mitarbeiten, sind mir Bruchstücke einer Schilderung von Schall zu Gesicht gekommen; nur Bruchstücke, Anfang und Schluß fehlten. Sehr merkwürdige Zeichnung; hin und wieder etwas zu breit ausgelegt, aber sehr wahr, und mit Geist und Laune gefaßt. Andre meinen, mit zu wenig Liebe; ich finde das nicht; die Wahrheit und Richtigkeit ist deswegen nicht lieblos, und die hohlen Empfindsamkeiten, die aus allen Toten Engel machen möchten, sind mir verhaßt. Ich weiß aus eigner, täglich erneuerter Schmerzerfahrung, daß die tiefste Liebe und herbste Trauer grade am wenigsten jener weichlichen Schonung bedürfen oder begehren, die den geliebten Gegenstand nicht sehen mag, wie er war, und durch Verhüllung oder Schein ihn nur vernichtet! –

Werden Sie mir verzeihen, wenn ich Sie mit einer Bitte belästige? Ich finde in der »Allg[emeinen] Z[eitung]« ein

Buch angekündigt, dem ich hier vergebens nachfrage: »Das junge Europa«, von H. Laube, Novelle in zwei Teilen. Ich wünsche das Buch zu haben und bitte Sie, mir es durch Ihren Buchhändler unter meiner Adresse an Hrn. Dümmler hier senden zu lassen, nebst der Anweisung auf den Betrag, den ich sogleich entrichten werde. Ich bin so frei, mich an Sie zu wenden, weil Sie mit dem Hrn. Verfasser befreundet sind und selbst im Fall, daß das Buch in Leipzig nicht mehr zu haben wäre, wohl am leichtesten Rat zu schaffen wissen.

Mit den aufrichtigsten Wünschen für Ihr Wohlergehen und das Gedeihen Ihrer geistigen Arbeiten verharre ich hochachtungsvoll und ergebenst

Ihr gehorsamster
Varnhagen von Ense

## An Hermann von Pückler-Muskau

Berlin, 2. April 1834

Der Kutscher soll mir nicht umsonst abgehen, und er könnte denn doch früher kommen als die Post; so möge er denn diese Grußzeilen für Ew. Durchlaucht mitnehmen! Ich mußte mein Blatt von heute vormittag eilig schließen, weil mir der Kopf bedrängt und verstört war, daß ich jeden Augenblick fürchten mußte, es entsteht ein Unfall daraus. Die nächsten Stunden brachte ich sehr unangenehm zu; der Zustand ist noch nicht vorüber, doch versuch ich gern, im Schreiben fortzufahren.

Die Gelegenheit bietet sich so günstig, daß ich Ew. Durchlaucht das heute früh erwähnte Buch* lieber gleich mitschicke. Ich erbitte mir solches aber wieder zurück, denn ich selber habe es noch nicht ausgelesen. Wie es Ihnen vorkommt, bin ich sehr begierig zu hören. Mich macht es unglücklich, es gibt mir eine Stimmung von Pein und Weh, daß ich ein ganz wei-

* Heinrich Laube, *Das junge Europa. Novelle*, Tl. 1: *Die Poeten*, Leipzig 1833.

nerliches Gesicht dazu mache; dies rührt aber einzig von den Kunstgewöhnungen her, in denen mein Gemüt seit frühesten Zeiten sich auf- und niederschwingt: das Gestaltete fehlt mir zu sehr, und das Bildende, und der große Hintergrund ruhiger Natur und Geschichte, der aus unendlichen Weiten doch eine feste Schlußwand macht: an Talent, Geist, Reiz und Kraft fehlt es nicht. Der Autor ist ein ungewöhnlich begabter Mensch, der in Ermangelung alles anderen, was ihm zu sein und zu treiben noch versagt ist, sich im Dichtungsfache versucht. Wäre ich ein Helfer beim Staatswesen, ich wäre aufmerksam auf diese jungen Leute, die in Deutschland immer häufiger hervortauchen, seitdem Heine diesen Strom hinabgefahren ist. Sie sind ein Zeichen der Zeit, und ihr Wirken und Dichten deutet auf manches Neue, das sie vielleicht nicht liefern, aber vorschmecken und andeuten.

Auf ganz anderem Standpunkte, und mit sehr verschiedener Begabung, haben Ew. Durchlaucht doch mit diesen Jünglingen etwas gemein, und zwar das Wesentlichste, nämlich die völlige Geistesfreiheit, mit der Sie in Welt und Leben dastehen, sich umschauen und einhergehen. An plastischem Sinn, an Geschmack und Sicherheit des Darstellers, an eigentlicher Kunstrichtung sind Ew. Durchlaucht weit voraus.

Es wäre nicht billig, wenn Sie von Ihren natürlichen Verbündeten sich abwenden wollten; ich dächte, Sie pflögen, im Gegenteil, ein leidliches Vernehmen nach dieser Seite! Was meinen Sie? möchten Sie wohl von dem »jungen Europa« des jungen Laube in Ihren nächsten Bänden ein gutes Wort mit einfließen lassen?

Ich selber stehe seltsam zu der jungen Brut. Ich erkenne sie als tapfere Streiter, ich nehme mir sogar mein Teil von ihrer Siegesbeute und lasse mir wohl auch den Ertrag ihrer Plünderungen nicht entgehen; aber ich gehöre doch nimmermehr zu ihrer Fahne. Wo sie mich gelten lassen, bin ich mißtrauisch, und wo sie mich tadeln, oft sehr fest und stolz. Sie neigen alle ein wenig zu dem Frevel hin, Goethen lästern zu wollen, ihn zu verkleinern, zu mißachten; und darin verwerf ich sie unbedingt. Dann freut es mich wieder, daß ich die Freien und Wilden auch wieder so zahm und ehrerbietig einlenken sehe, und ihre Huldigung hat dann freilich doppelten Wert.

Diese junge Literatur kommt mir vor wie reitende Artillerie; da sie einmal da ist, möchte man sie nicht wieder missen, obgleich unser altes schweres Geschütz, zu dem wir geschworen, dabei gar sehr außer acht kommt. [...]

## An Gustav Schlesier

Berlin, 18. April 1834

Ich darf nicht länger aufschieben, Ihnen herzlichst zu danken, Verehrtester, für die freundliche Güte, mit der Sie meinen Wunsch erfüllt haben, oder vielmehr überboten, denn Sie haben aus einer Besorgung, um die ich Sie anzusprechen wagte, ein angenehmes Geschenk hervorgehen lassen, für welches ich Ihnen nun doppelt verpflichtet bin. Nicht mit Unrecht war ich auf das Buch aufmerksam und begierig; dasselbe hat mir reichlich zu schaffen gemacht und tut es noch, insofern die Betrachtungen, die sich ihm angeknüpft haben, noch immer ihr Gespinst weiter treiben. Darüber öffentlich zu reden, wäre ich kaum imstande, wenn auch nicht äußere Hindernisse entgegen wären, die mit unsern Einrichtungen zusammenhängen, und gegen die der Einzelne nichts vermag. Der ganze Stoff will sich mir allzu breit auslegen, und ich wüßte ihn in der Kürze nicht zu bewältigen, da er die gestaltete Gedrängtheit, in welcher ich ihn sehen und fassen möchte, auch in den Händen des Urhebers nicht empfangen hat. Ich will den letztern damit nicht tadeln; es gibt Stoffe, deren Wesen es ist, der strengen Kunstform sich nicht zu fügen, aus den organischen Reichen sich gewaltsam herauszuhalten und in dem elementarischen Reiche zu verkehren; alles, was in der Literatur als Wetter, Sturm, Meteor, Wolkenzug erscheint, ist mehr oder minder von dieser Art. Eine besondere Kraft und Wirksamkeit wohnt diesen Erscheinungen bei, ein Lebenseindruck, der dem schöner Gestalteten oft erst in einiger Ferne folgt. Dies, dünkt mich, ist auch der Fall bei der Novelle Ihres Freundes. Sie bezeugt eine außerordentliche Lebenskraft, reichen, üppigen Geist, scharfen Sinn, unverzagten Blick, große Keime der Zukunft. Aber was ich vermisse, vermisse ich meiner Natur und Bildung nach gar sehr; und ich kann, bei aller Anerkennung, nicht über den Mangel hinwegkommen. Ich vermisse die Milde und Schönheit der Kunstgestalt, auf welche der Anspruch doch vorhanden ist; und ich kann mich unheimlicher, peinlicher Empfindung dann nicht erwehren. Sie mißverstehen mich nicht, Sie wissen schon, daß ich dies nicht sowohl dem Autor als seiner Aufgabe zurechne, und daß ich diese für wichtig und verdienstlich halte, ja persönlich teil an ihr nehme, aber doch aus ihr stets wieder zu andern Forderungen gedrängt werde, die nur der strengreine Künstler erfüllen kann, der echte Dichter, der nichts anderes sein muß und will, als ein solcher. Ich sage mit Bedacht »muß«, denn ich glaube allerdings, daß Friedrich Schlegel in der »Lucinde«, Heinse, Jean Paul Richter, unter den Franzosen Victor Hugo meist etwas anderes sein mußten als Dichter, und ich glaube auch, daß sie wohl daran taten, wenn schon mir bei ihnen nicht immer wohl ist. Ihr Freund hat es mit den größten sittlichen und geselligen Problemen zu tun; wie könnte er da anders, als einen Teil seiner dichterischen Gaben in die der Lebenstätigkeit, des streitfertigen Eingreifens, des auf die Zukunft deutenden Anreizes umzusetzen? Ich finde das in der Ordnung. Aber hüten wir uns, um dieser Notwendigkeit willen die andern Vorteile zu verkennen! Sagen wir nicht, weil wir jetzt kein Gold gebrauchen, sondern Eisen, das Gold sei nicht Gold! Und hier komme ich mit Recht auf Goethen: er ist dieses Gold, das ewig das edelste Metall bleibt, und zuletzt auch dem Eisen befiehlt! Der Demokratismus, welcher dieser Aristokratie entsagte, die Zukunft, welche sich von dieser Vergangenheit ablöste, würden nur schwachen Bestand haben. Weniges ist zu vertilgen, das meiste aufzunehmen und zu stellen; das ist die Kunst!

Schließlich muß ich Ihnen auch noch bekennen, daß ich für Ihre schwere Ketzerei, meine Worte über Goethes vierten Band seines Lebens mit mehr Vergnügen gelesen zu haben als diesen Band selbst, in mir keine Macht und Formel finde, Sie zu absolvieren! –

Ich habe die Novelle dem Fürsten Pückler gesandt, der mir schon sehr eingenommen darüber geschrieben hat, und wie ich glaube, Anlaß nehmen wird, in seinen folgenden Bänden ein öffentliches Wort davon zu sagen; das wird besser sein, als wenn ich meine – doch nur gefesselten – Worte darüber hinklirren ließe. Sowie ich das Buch zurückhabe, soll es mein Freund Professor Gans lesen, der jetzt bei weitem beste Kopf meines Erachtens in Deutschland! – Lassen Sie mich immer beizeiten erfahren, was von Ihnen und Ihrem Freunde erscheint, – da der Buchhandel uns manches vorenthält, wie grade jene Novelle! –

Ich würde mich sehr freuen, Ihre persönliche Bekanntschaft zu machen, und wenn Sie einmal unvermutet bei mir einträten, sollten Sie gewiß sehr willkommen sein! Sie fänden freilich aber nur einen Verstimmten und Kranken!

Wäre ich rüstiger, so verspräche ich Ihnen gerne einen Beitrag zu Ihrer Zeitschrift; aber es vergehen Wochen, in denen ich nichts schreiben kann und kaum den Korrekturbogen gewachsen bin, die mir von dem neuen Abdrucke des Buches Rahel täglich zukommen. Bietet aber die Gelegenheit sich günstig dar, so sollen Sie meinen guten Willen durch die Tat erkennen.

Ich war diese Zeit hindurch sehr leidend und fühle das noch nach, indem ich schreibe; sonst würde ich noch nicht aufhören, da wohl so vielerlei noch zu sagen wäre. Nur zwei vereinzelte Bemerkungen mögen noch hier stehen. Ich habe, durch Ihr unbilliges Wort veranlaßt, den neuesten Band von Goethes Leben abermals gelesen, und wünschte, Sie hätten die Bewunderung und Befriedigung, welche dies Werk gewährt, mit mir empfinden können. Die zweite Bemerkung bezieht sich wieder auf die Novelle: ich bin erstaunt, wie durch und durch unsere Zeit im Allgemeinen Saint-Simonistisch ist, und zwar recht eigentlich dem Bedürfnisse nach. Doch dies ist ein Gegenstand, der mehr als jeder andre zum plötzlichen Abbrechen geeignet ist. – Leben Sie wohl, und mögen meine besten und treuesten Wünsche für Sie in Erfüllung gehen! [...]

An Karl Rosenkranz

Berlin, 12. Juni 1834

[...] Die jungen, herrlichen Talente, die jetzt so häufig in politische Opposition oder in ungebärdige, sansculottische Kritik übergehen, möchte ich auch gern der deutschen Literatur, von der sie zum Teil abfallen, zum Teil ausgestoßen werden, in Ehren erhalten sehen durch Anerkennung dessen, was sie Besseres sind, bedeuten und leisten. Freilich ist das keine leichte Aufgabe, aber aus dem Standpunkte wissenschaftlichen Überblicks ist sie doch zu lösen. In solchem Sinne mache ich es mir zur Pflicht, Heine nicht preiszugeben, Börne zu beklagen und Pückler zu loben; neuerdings ist mir ein talentvoller junger Mann dieser Art namens Laube vorgekommen, auf den ich Sie doch aufmerksam machen will. –

Ich höre, daß Ihnen Ihr nordischer Aufenthalt wohl behagt und Sie von Ihrem altehrwürdigen Lehrstuhl mit jugendlicher Kraft fruchtbar und gedeihlich wirken. Ich wünsche Ihnen aus tiefstem Herzen Glück dazu, und kräftige Gesundheit und stets frische Lust! Ihr Beruf ist der schönste, den es bei uns gibt. – Ich lebe so hin wie ich kann; krankend, in erzwungener Muße und Geschäftigkeit, müde, sehnsuchtsvoll. Eine kurze Zeit lächelte mir eine neue Verbindung; sie hat sich wieder zerschlagen; vielleicht ist es so am besten; es ist nun wie vorher. [...]

## An Gustav Schlesier

Berlin, 13. Juni 1834

[...] In einigen Wochen kann das neue Buch Rahel in Ihren Händen sein; ich ersuche Hrn. Duncker, Ihnen gleich einen Abdruck zugehen zu lassen, da ich selbst vielleicht in jenem Zeitpunkte nicht mehr hier bin, sondern auf dem Wege nach Wien, wo ich meine Kränklichkeit etwas abzustreifen hoffe. Dieses Buch ist mein eigentliches Lebensdenkmal; hier ist mein Inhalt, mein Verdienst, mein Glück, meine Bestimmung; hier haftet meine Erinnerung, mein Gewissen, meine Phantasie; was ich außerhalb dieses Kreises lebe, treibe, leiste, ist alles nur untergeordnet, blaß, erlöschend! Sie werden die alten Schätze durch neue reichlich vermehrt finden, das Persönliche deutlicher, dreister, die Beziehungen vollständiger und geschlossener. Es ist mir um Lob des Buches nicht zu tun; dasselbe wird der Teilnahme nicht entbehren; ich kann mich hier auf die Sache ganz verlassen und werde nicht irre werden, auch wenn die nächste Gegenwart nicht günstig sein wollte. Aber in Einem Betreff möchte ich mir günstige Stimmen sogleich sammeln, und meine Freunde darum angehen. Ich kann nicht leugnen, daß die öffentliche Mitteilung die Schranken der früheren vertraulichen weit überschreitet; anstatt scheuer zu sein, bin ich nur dreister geworden; man wird klagen, ich hätte Sachen weglassen, Verhältnisse umschleiern, Personen schonen sollen. Hier nun wünsche ich von Wohl- und Freigesinnten nicht nur gebilligt, sondern auch verteidigt zu werden. Ich hasse die deutsche, philisterhafte, hausbürgerliche Scham, die nicht öffentliche Berührung vertragen kann; ich verabscheue die frömmelnde Empfindlichkeit, die mit Tugend und Ehrbarkeit scheinheilig tut und in jedem Tadel ein Verbrechen gegen die gute Sitte sehen will; ich führe gegen diese böse Ziererei durch Wort und Tat Krieg; aber ich möchte nun auch gern den Beistand der Genossen erfahren, nicht allein in diesem Gefecht bleiben! Können Sie mich in diesem Punkte freisprechen, so tun Sie es, und sagen Sie, daß ich recht getan, die Stellen über Schleiermacher, Tieck und manchen andern sowie über eine Menge Bezeichnungen des Privatlebens nicht zu unterdrücken! Wir müssen diese Schwäche unseres Charakters überwinden. Ich habe von frühster Zeit diese Lehre nicht nur bekannt, sondern auch geübt, und kein Tadel hat mich je gebeugt oder nur ungewöhnlich verdrossen. [...]

## An Hermann von Pückler-Muskau

Berlin, 19. Juni 1834

[...] Frau von Arnim läßt wirklich das oftgelesene Buch drucken: »Briefwechsel Goethes mit einem Kinde«; eine witzige Dame fügte hinzu: »Dichtung und Lüge.« Die arme Bettine wird was erfahren! Sie denkt, in der Literatur geht es wie in einer Teegesellschaft zu; die Literatur ist aber ein Schlachtfeld, ein Ordensfest, eine Schandbühne, es gibt Wunden und Stöße in Menge, neben wenigen Ehrenzeichen, die am Ende auch wenig gelten. Das Vergnügen an der Sache ist das Beste dabei, wie bei der Jagd. – [...]

## An Leopold Schefer

Berlin, 19. Februar 1835

[...] Das Buch der Frau von Arnim ist erschienen. Ich kannte fast alles schon. Gedruckt macht es auf mich nun eine entschieden widerwärtige Wirkung. Es ist eine hysterische Selbstsucht darin, die zum Teil geistreich, zum Teil fratzenhaft sich äußert, und wenn man stundenlang gelesen hat, glaubt man zuletzt, man habe nichts gelesen. Für mich ist noch besonders der lügenhafte Grund schrecklich, auf den alles gebaut ist und den ich zum Teil als solchen genau kenne. Daß die Sonette alle an Bettine gerichtet seien, ist mehr als zweifelhaft, man nennt in Weimar ganz andere Namen dazu.

Einige Briefe oder Briefteile sind zuverlässig ganz neu, und unter das alte Datum geschoben, damit es aussehe, als habe Goethe seine dichterischen Äußerungen daraus geschöpft. Der Brief vom 22. März 1832 ist gewiß nicht an diesem Tage geschrieben, sondern viel später. So wäre mir auch die Zueignung an den Fürsten ganz schön und angenehm, wüßte ich die Sache nicht anders, und zwar aus Bettinens eignem Munde! Voll Grimm, Feindschaft und Zerknirschung kam sie aus Muskau zurück und jammerte bitterlich, daß man sie nicht habe anhören wollen, daß man sie schlecht behandelt und unedel beschimpft habe! Da ich nun weiß, wie die Liebe zu Pückler und mit Pückler war, so muß ich natürlich fragen: wer weiß, wie es mit Goethe war? Sie braucht Goethen und Pückler wie Schönpflästerchen, sich damit zu schmücken; sie möchte gar zu gern an Pücklers Namen und Verdienst Anteil, ihn begeistert haben zu dem, was die Welt an ihm bewundert; sie möchte den Leuten einbilden, es hänge nur von ihr ab, an seiner Seite zu leben; soll darauf Goethe in dem Sonett, wo von »Fürstin« die Rede ist und das sie wahnsinnigerweise auch auf sich deutet, weissagend angespielt haben? – und jetzt, da sie Pücklers Glanz durch den minderen Erfolg der »Tutti Frutti« etwas erloschen glaubt, ist sie treulos genug, hier überall es sich zum Verdienst anzurechnen, daß sie dem Gesunkenen ihr Buch doch noch zugeeignet, daß sie aus Demut sich vor dem Publikum noch zu ihm bekenne, ihn nicht fallen lasse, sondern halte und trage, und die Hoffnung ihn zu bessern noch immer festhalte! Dergleichen mußt' ich gestern in großer Gesellschaft erzählen hören mit tiefstem Staunen über die arglistige Dreistigkeit der kleinen Hexe – die nicht zugegen war – und mit höchstem Unwillen für den armen Fürsten, der nicht ahndet, wie ihm so bösartig mitgespielt wird. Bettine hat eine Art von Wut auf bedeutende geistreiche Männer und möchte sie alle abnagen, die Knochen dann den Hunden hinwerfen. Ein Don Juan, in weiblicher Unschuld einherfahrend wie der Fuchs im Schafspelz! Was sind dagegen alle männlichen Wüstlinge! – In gewisser Art tut es mir leid, daß der Fürst durch die Zueignung nun so sehr verknüpft ist mit dem Buche; die Zueignung wäre hübsch für sich allein, besonders für Unkundige; das Buch aber macht sie zur Kompromittierung, und noch mehr Bettinens maßloses, törichtes Benehmen. Doch genug! – [...]

An Karl Rosenkranz

Berlin, 8. Mai 1835

[...] Stoßen Sie sich nicht an die verfehlte Stellung, welche Mundt mit jugendlicher Irrung hin und wieder gegen Hegel zu nehmen wagt; ich halte dies und viel andres in seinen literarischen Wendungen für unreif und vermessen und tadle es stets: allein ich finde, zusammen leben und schreiben muß man auch bei den größten Verschiedenheiten können, und eine etwas freiere Gesellschaftlichkeit als bisher täte unsrer Literatur sehr gut. – Von den neusten Anfechtungen, welche Mundt wegen seines Buches »Madonna« hier bei der Universität durch die Übereilung und Schwäche von Steffens erleidet, werden Sie wohl schon wissen; da ihm der Hr. Minister von Altenstein sehr geneigt ist, auch Steffens bereits reuige Tränen darüber vergossen hat, so wird wohl binnen kurzem alles glimpflich beigelegt sein! Ich finde die eigentlichen Zunftgelehrten, je mehr ich sie kennenlerne, desto widerwärtiger. Leute, auf die man etwas halten wollte, zeigen sich plötzlich gemein und dumm, wie man es rohen Handwerkern kaum verzeihen dürfte! – Auf der einen Seite die angesehenen Pedanten, auf der andern die ungezogenen Wildfänge – da wird es schwer, in der Mitte ruhig durchzugehen und weder gegen das schätzbare gelehrte Wissen in jenen, noch in diesen gegen die unleugbaren Talente ungerecht zu werden! – [...]

In meinen besten Stunden und Tagen bin ich fortwährend mit dem Geistes- und Herzensandenken meiner geliebten dahingeschiedenen Freundin beschäftigt. Ich habe unausgesetzt mit Rahels Nachlaß zu tun, ihn zu ordnen, abzuschreiben, zu durchdenken, nochmals zu durchleben. Zwar sollen fürerst keine neuen Publikationen erfolgen, aber vorbereiten möchte ich manche, und das Bedeutendste, der eigentliche Lebenszusammenhang, der Roman möchte ich sagen dieser Briefe, ist noch zurück. Das Buch ist erstaunlich durchgedrungen in der Welt, auch in fremden Ländern, und Rahels Dasein wächst mit jedem Tage, worüber mir die wundervollsten Zeugnisse zukommen. [...]

## An Karl Gutzkow

Berlin, 16. November 1835

So leid es mir ist, meinen Namen nochmals in eine Angelegenheit zu verflechten, in welcher Sie denselben schon einmal mit größtem Unrecht genannt haben, so sehe ich mich doch gezwungen, weil die Sache hier ein so unangenehmes Aufsehen macht, heute ein berichtigendes Wort an die »Allg. Ztg.« zu senden. Ich halte es für schicklich, Ihnen davon Anzeige zu geben, und tue es um so lieber, als ich Sie dringend ersuchen möchte, meinen dort ausgesprochenen Wunsch zu berücksichtigen. Ich rechne mit Zuverlässigkeit darauf, daß Sie durch keine Erwiderung mich in den Fall setzen, nochmals zu antworten. Da, was Sie getan, mehr als ein Irrtum ist, so können Sie nicht verletzt sein, daß ich es nur also nenne.

Ich glaube, meine Vorhersagungen werden eintreffen, und der widerwärtige, nach keiner Seite gedeihliche Streit wird Ihr lit. Unternehmen in der Geburt ersticken, und Ihre bessern Absichten, Ihre löblichen Vorsätze, von denen Sie reden, werden kaum eine Stätte finden, wo sie sich zeigen können. Möchten Sie aber auch eine unglückliche Erfahrung dieser Art nur benutzen, in jenen Vors. zu beharren, Ihrem Talent, das gewiß jeder Pflege wert ist, eine neue, mit unsren deutschen Zuständen und Gewöhn. übereinstimmendere

Richtung zu geben, und dasselbe zu künftiger Anerkennung nur um so strenger auszubilden. Mit diesem wohlgemeinten Wunsche scheide ich von Ihnen und verbleibe

mit Hochachtung Ihr ergebenster V.

## Empfänger unbekannt

Berlin, 2. Januar 1836

Die Erklärung des Dr. Laube, durch die er sich gegen die Richtungen ausspricht, denen man ihn unter dem Namen des jungen Deutschlands beigezählt hatte, war mir schon bekannt. Ich vermag aber in die Verdammnis, die man deshalb über ihn verhängt, nicht einzustimmen. Sie müssen bedenken, daß Laube fortwährend ein Gefangner ist und als solcher spricht, der nicht nur in der Gewalt des Feindes ist, sondern auch noch neue Übel auf sich eindringen sieht, die er versuchen muß abzuwenden, wenn er nicht gradezu untergehen will. Der Heldenmut, lieber unterzugehen als sich zu beugen, ist groß und schön, wir müssen ihn bewundern, dürfen ihn aber nicht fordern. Galilei widerruft seine eingesehene Überzeugung, ohne daß wir ihn deshalb verachten dürfen. Auch die größten Könige bequemen sich zu schmachvollen Friedensschlüssen. Die Freundschaft, welche der König von Preußen nach dem Frieden von Tilsit gegen Napoleon heucheln mußte, ist nicht schlimmer noch besser, als die, welche von Laube gegen Tzschoppe bezeigt wird. Aus diesem Gesichtspunkte mögen Sie das Verhältnis ansehen, und Ihr Urteil wird sich billiger stellen. Allein hier kommt noch ein andrer Umstand in Betracht. Laube hat nämlich seine Ansichten wirklich verändert, er ist in Bildung und Weltverständnis weitergeschritten, und jenes frühere unreife, gewaltsame Treiben ist nicht mehr das seine! In jedem Fall hat er die Welt klüger anzufassen gelernt, und sein Bekenntnis war ihm in dieser Hinsicht umso leichter, als das, wozu er sich gedrungen fühlt, mit dem, was man von ihm gebieterisch forderte, wenigstens in einigen Stücken zusammenstimmt. Und auch hiemit ist meine Entschuldigung für Laube noch nicht erledigt. Fühlt er sich, wie ich ihn sehe, so kann alles Literarische für ihn nur untergeordneten Wert haben; er darf daher leichter und lässiger mit diesen Verhältnissen umgehen, die doch nicht seine Hauptsache sind, wenngleich die Umstände sie ihm für den Augenblick aufdrängen. Ich glaube nämlich, der Kern seines Wesens, der Zusammenhang seiner Gaben, wie groß diese auch sein mögen, bestimmt ihn eigentlich nicht zum Schriftsteller, und es ist eine Nothülfe, daß er dennoch nur dies bis jetzo geworden ist. Allerdings halt ich ihn neben Gutzkow für das entschiedenste Talent, welches in der jüngsten Zeit aufgetaucht, allein ich meine, die Folge könnte diesem Talent noch eine ganz andre Laufbahn öffnen. Seine Eigenschaften dünken mich mehr praktisch als schriftstellerisch, und die Wirklichkeit des Lebens scheint mir der Stoff, in welchem er am besten vermöchte zu arbeiten. Er hat alles, was zum gewandten Diplomaten, zum großartigen Unternehmer, vielleicht zum Helden gehört. Warten wir ab, was die Welt ihm noch darbieten wird, ob sie ihm die Bahnen aufschließt oder versagt! Bleibt er nur Schriftsteller, so lebt er in der Erscheinung nur mit dem mindern Teile seiner Anlagen und wird meist irrig beurteilt werden, wie Mirabeau, bevor sein lebendiges Wort die doch ebenfalls bedeutenden Werke seiner Feder in Schatten stellte, und den ganzen tatkräftigen Mann erkennen ließ. Ob ich mich in dieser Bezeichnung irre? Möglich. Denken Sie aber einen Augenblick, daß in Laube eine Ahndung solcher Art wach sei, wie gering und gleichgültig muß ihm dann vorkommen, was er jetzt einstweilen in den geringfügigen Bewegungen dieser Tagesliteratur tut oder unterläßt, ob er sich nicht befugt dünken darf, darin ganz nach seiner augenblicklichen Zuständigkeit zu verfahren? – Ich gebe ihm nicht Recht, aber ich kann ihn nicht tadeln. –

Im Bette schreibt sich's gar schlecht. Ich höre auf. Leben Sie wohl!

(Geben Sie mir dies Blatt zurück.) Ihr V.

Mein alter, theurer Freund!

Deine liebevollen Zeilen haben mich innigst erfreut, und ich erwiedre deinen Gruß und deine Wünsche aus treuem Herzen. Unsre alte Liebe kann nicht verglühen, selbst unter der Asche, die sich darüber gelegt haben möchte, müßte sie sich wohlbewahrt wissen. Indem du diese Asche wegzuhauchen beginnst, giebst du dem eignen Herzen das schönste Zeugniß, und es freut mich, dasselbe anzuerkennen. Für das übersandte grüne Blatt aus Baden-Baden sag' ich dir den wärmsten Dank, es erinnert mich wehmüthig an vergangne Zeit, die ich als die beste meines Lebens ansehe, wiewohl auch sie nicht ohne Trübsal war. –

Ich hoffte immer, mit deinen Augen ginge es besser, der Anblick deines Schreibens bestärkt mich darin.

Meine Nichte Ludmilla grüßt dich innigst, und gedenkt lebhaft und liebevoll der alten Zeiten in Weinsberg; die ältere Schwester Ottilie lebt in Newyork. –

Ich habe großes Leid im Hause. Meine alte treue Dore liegt krank darnieder, unter unaufhörlichen Schmerzen, seit vier Monaten. Es ist ein großer Jammer! –

Grüße bestens deinen Sohn und seine liebe Frau!

In alter treuer Liebe dein unveränderter

Varnhagen von Ense.

Berlin, den 29. Dezember 1855.

*Brief Varnhagens an Justinus Kerner*

## An Hermann von Pückler-Muskau

Berlin, 6. Januar 1836

[. . .] Wenn auch nur durch die Zeitungen, werden gewiß einige Nachrichten von der Schriften- und Schriftsteller-Verfolgung zu Ihnen gedrungen sein, welche seit einigen Monaten bei uns ausgebrochen ist. Die jungen Leute haben es toll gemacht und entbehrten jeder Weltklugheit; die alten Leute schienen es hierin gleichtun zu wollen; aber was bei den jungen Leuten noch verzeihlich und graziös war, nimmt sich bei den alten unerträglich aus. Das sogenannte »junge Deutschland« bestand eigentlich nur in Dr. Gutzkow, einem sehr großen, aber brutalen Talente, und dieser junge Mann hat nun die Ehre, daß alle deutsche Regierungen und der Bundestag dazu, weil Louis Philippe mit seinen Franzosen gerade nichts zu tun gibt, sich mit ihm beschäftigen! [. . .]

## An Klemens Lothar Wenzel Fürst von Metternich

Berlin, 6. April 1836

Durchlauchtigster Fürst!

Ew. Durchlaucht verehrtes Schreiben vom 19. Dez. v. J. ist mir durch den Überbringer erst am 12. März d. J. eingehändigt worden, und leider mußte sich dieser großen Verspätung des Empfanges, der mich schon genug bestürzte, gleich eine neue für die Beantwortung hinzufügen. Denn ich lag an einer Krankheit darnieder, deren hartnäckige Langwierigkeit, wie dies bei Influenza gewöhnlich, gegen alle Mittel die Oberhand behielt. Eben erst will sich ein Anfang des Genesens zeigen, und diese Zeilen sind die ersten, welche ich an meinem Tische zu schreiben versuche. Ew. Durchlaucht haben mein langes Schweigen gewiß schon durch Voraussetzung solcher Umstände, wie diese erwähnten sind, gütigst erklären wollen und dem Gedanken, der für mich die kränkendste

Ungerechtigkeit wäre, daß meine Beeiferung hier im Fehl sein könnte, keinen Augenblick Raum geben mögen!

Erlauben Ew. Durchlaucht, daß ich nun sofort den Gegenstand aufnehme, wegen dessen Sie mich befragen. Wiewohl ich überzeugt sein muß, daß in der großen Zwischenzeit bereits mancher Aufschluß sich ergeben habe, so wird meine Mitteilung doch vielleicht noch einiges ergänzen, andres bestätigen können.

Was ich Ew. Durchlaucht früher in betreff einer Deutschen Akademie, dann hinsichtlich eines Vereins, zu welchem Goethes Namen und Geist der Mittelpunkt sein sollte, vorzulegen gewagt, hatte den bestimmten Zweck, der literarischen Verwirrung, welche ich seit Goethes Tod mit jedem Tage anwachsen sah, feste und wirksame Gegenmächte literarischer Art entgegenzustellen; die besseren Bestrebungen sollten sich in diesen Gebilden näher vereinigen, der Nation ihre höhere Geistesrichtung deutlich vor Augen halten, den Unfug aber, wo nicht verhüten, was auf diesem Gebiete wohl nie ganz gelingen kann, doch auf den engsten Raum beschränken und in sich selbst untergehen lassen. Meine Besorgnis war, wie die Folge gezeigt, nur allzuwohl begründet, wenn ich auch keineswegs glaubte, sie schon so nahe und auffallend gerechtfertigt sehen zu sollen!

Die literarischen Erscheinungen, welche im vorigen Sommer so großes Ärgernis gegeben, sind ihrem Wesen nach keine Neuheit, sondern nur die Fortsetzung einer seit vielen Jahren eifrig bemühten Wirksamkeit, welche hauptsächlich im südwestlichen Deutschland sich angesiedelt hat. Sie gehen ganz eigentlich aus der Schule des Mannes hervor, der späterhin, wegen zufälligen Zwiespaltes, als der Ankläger und Widersacher jener Erscheinungen auftrat. Seit Jahren wird in dem Stuttgarter »Literaturblatt« ein frecher und gemeiner Liberalismus gepredigt, jede würdige Autorität herabgesetzt, insbesondere Goethe lästerlich verunglimpft und jeder Schriftsteller als schlecht und dem deutschen Vaterlande feindlich gesinnt geschildert, der nicht in das hohle Geschrei einstimmt, das seit dem Jahre 1830 so vielfältig laut geworden. In diesem Hasse gegen Goethe, gegen den Philosophen Hegel, dessen Lehre dem Bestehenden zu günstig schien, gegen Preußen, wo Mäßigung und Ordnung kein wildes politisches Treiben aufkommen ließen, in dieser Richtung zu persönlicher Ungebühr und frechem Hohn wurde namentlich Gutzkow als Mitarbeiter jenes »Literaturblatts« erzogen. Jünger, eifriger und unstreitig auch weit begabter als sein Meister*, überflügelte er denselben bald, und sein Versuch, selbständig zu sein, führte den Zwiespalt herbei, durch welchen die öffentliche Aufmerksamkeit lebhaft angesprochen wurde. Mir war die ganze Richtung, in ihrer Wurzel wie in ihrer Blüte, tief zuwider, die Mißhandlung, die Goethes Namen erfuhr, hatte mich schon immer empört; die jüngeren Schriftsteller ließen es nicht an feindlichen, brutalen Äußerungen fehlen, die mich persönlich noch empfindlicher verletzt hätten, wäre meine Empfindlichkeit hier zu treffen gewesen; und wenn ich gleichwohl in diesen unreifen, geschmacklosen Schriften unverkennbare Spuren großen Talentes finden mußte, Fähigkeiten, welche besserer Pflege wert schienen, so konnte ich höchstens mit Goethes Unmut sagen: »Ich leugne die Talente nicht, wenn sie mir auch mißfallen.«

Kaum aber war jener Zwiespalt ausgebrochen, so ging in den Richtungen beider Teile eine merkliche Veränderung vor. Die eine Seite suchte sich auf Sittlichkeit und Ehrbarkeit zu stützen, ohne jedoch das Mißtrauen tilgen zu können, daß diese Begriffe jetzt nur heuchlerisch in der Not als bequeme Hilfe dienen sollten. Die andre Seite wünschte einzulenken, dem edleren Geschmacke zu huldigen und sich mit der allgemeinen Geistesbildung der Nation zu vereinigen. In diesem einlenkenden Sinne war es, daß Gutzkow, dem sich Wienbarg verbunden hatte, die Zeitschrift ankündigte, welche jedoch gar nicht erscheinen durfte; denn der Sturm war schon

* Wolfgang Menzel, Kritiker und Literaturhistoriker.

ausgebrochen, und es blieb kein Raum mehr, den bessern Sinn zu betätigen. Inzwischen hatten die beiden jungen Schriftsteller doch insoweit sich erklärt, daß sie glaubten, auf Goethes Verehrer und Freunde einen guten Eindruck gemacht zu haben. Sie forderten auch mich zu Beiträgen für ihre Zeitschrift auf, die sie noch zu retten hofften; ich antwortete durchaus ablehnend; indem ich bemerkte, ich sei überhaupt kein Schriftsteller für Tageblätter und müsse mich auf die Arbeiten beschränken, welche aus eigner Wahl und Vorsatz mir gehäuft oblägen. Die beiden Herausgeber begingen, trotz dieser Antwort, die leichtsinnige Ungebühr, mich bald darauf dennoch öffentlich zu nennen, als hätten sie meine Zusage erhalten. Aufgebracht über eine solche dreiste Unwahrheit, widersprach ich derselben öffentlich, jedoch nur notgedrungen und möglichst milde, weil ich gegen den falschen Schein, dieser Seite anzugehören, durchaus nicht den ebenso falschen eintauschen wollte, als könnte ich mit ihrem Widerpart je gemeine Sache machen. Hiermit erledigt sich so ziemlich alles, was mich persönlich in dieser Angelegenheit betrifft.

Nun muß ich aber sogleich die Bemerkung beifügen, daß die hochklingende und beunruhigende Benennung »Junges Deutschland« mir keinen Augenblick etwas zu bedeuten geschienen hat. An einen Plan, an eine Verbündung, an verzweigte Verabredung und eingerichtete Hilfsmittel war auf keine Weise zu denken. Leichtsinn und Torheit sind auch unfähig, irgendeinen Zusammenhang zu stiften. Ich kenne weder Gutzkow noch Wienbarg, aber ich habe genug von ihnen erfahren, um weder dem einen noch dem andern die Absicht oder Kraft zuzutrauen, in solcher Art gefährlich zu sein. Mir war schon früher einmal begegnet, daß ein junger deutscher Gelehrter öffentlich einen literarischen Verein als bestehend ankündigte, aber auf meine bestimmte Nachfrage vertraulich eingestand, bis jetzt sei er selber nur das einzige Mitglied! Von jenen beiden möchte wohl dasselbe gelten, denn selbst ihr Zusammenstehen war nur scheinbar, und innerlich entzweit, trugen sie ihre Trennung schon vorbereitet. Zwei andre der jungen Schriftsteller, die man mit jenen für eng verbunden hielt, kenne ich persönlich und wußte mit Zuverlässigkeit das Gegenteil. Mundt hatte sogar schon öffentlich gegen Gutzkow geschrieben, und ich warnte ihn nur, nicht heftiger in diese Streitigkeiten einzugehen. Laube hingegen war in dieser ganzen Zeit, wie noch jetzt, einzig bemüht, die Unbesonnenheiten früherer Jahre vergessen zu machen und seine inzwischen gereifte Bildung und Einsicht den Behörden darzutun, deren Gunst er in Anspruch zu nehmen hatte. Diese jungen Männer, welche man durch einen Mißgriff, der aus völliger Unkunde hervorging, in die gleiche Kategorie zusammenwarf, hatten wenig Gefallen aneinander, bekämpften sich wechselseitig und wiesen eifrigst jeder des andern Unzulänglichkeit nach. Nicht leicht können sich in einem so jugendlichen Kreise mehr Gegensätze und Antipathien auftun als in diesem, den man das Junge Deutschland nennt! Daß eine gewisse Zeitstimmung in diesen jungen Köpfen gemeinsam herrscht und wirkt, kann nicht geleugnet werden; allein diese Zeitstimmung ist so luftartig verdünnt und verbreitet, daß man neben jenen Namen noch dreißig oder vierzig andre nennen könnte, ohne die Reihe zu erschöpfen oder auch nur mit Sicherheit annehmen zu können, ihre hauptsächlichsten Manifestationen herausgegriffen zu haben!

Dies führt zu einer allgemeineren Betrachtung, welche zu meinen anfänglichen Vorschlägen zurückleitet. Von jeher ist in der Literatur ein Element der Opposition gewesen, das mit dem Staat, der Kirche, den Sitten in mehr oder minder entschiedenen Kampf gerät. Dies wird immer und ewig so sein und durch Zensur und Polizei nie bemeistert werden, am wenigsten bei uns, wo das literarische Feld so schwer zu kennen und zu beaufsichtigen ist. Das Bedeutendste und Mächtigste steht großenteils durch die wissenschaftliche Form außerhalb des Bereichs der Staatsbehörden; das flüchtig Ärgerliche und Verletzende hat längst gewirkt, ehe diese einzuschreiten vermögen. Eine unlösbare Schwierigkeit liegt aber besonders in dem Umstand, daß die Literatur in ihren Vorräten für eine jede heute gefährlich erachtete und strafbare Richtung glänzende Beispiele und scharfe Waffen hat, denen man Ansehen und Gültigkeit gar nicht mehr absprechen kann. Des ganzen klassischen Altertums hier nicht zu erwähnen und bloß einiger neueren Schriftsteller zu gedenken, so möchte die Wirksamkeit Voltaires, Byrons, Wielands und so vieler andern, welche man den Sitten, dem Staat und der Religion für gefährlich hält, wohl durch keine Macht mehr zu beschränken sein, und andre Schriftsteller, denen man die gleiche Beschuldigung gemacht, wie Friedrich Schlegel, Fichte, Schleiermacher, Tieck, sind allmählich in ein ehrenfestes, ich möchte sagen durch den Staat sanktioniertes Ansehen getreten, und man hat vergessen, daß sie einst als Frevler gegen die Sitten, den Gottesglauben, die Regierungen verhaßt und verfolgt waren!

Ich habe aber dies nicht vergessen, und die Erscheinungen, welche meine Jugendzeit erfüllten, mit aufmerksamen Blick in ihrem späteren Verlauf begleitet. Vergleiche ich die damaligen Bestrebungen und Kräfte mit denen, welche heutiges Tages auf dem Schauplatz erscheinen, so muß ich bekennen, daß ich über die jungen Schriftsteller, welche den neuesten Lärm erregt haben, kein sehr strenges Urteil abzugeben vermag. Ich muß aber hier zunächst für mich selber ein Wort einschalten! Ew. Durchlaucht wissen es oder werden es doch meiner Versicherung glauben, daß jene Richtung der Frechheit und des Hohnes, welche den Unwillen der Behörden auf sich gezogen hat, keineswegs die meine ist; seit dreißig Jahren habe ich keine Zeile geschrieben, in welcher die gute Sitte, ja, wie ich hoffe, der gute Geschmack willentlich verletzt wäre; im Gegenteil, jene Richtung ist mir zuwider, sie empört mich und hat mich noch insbesondere in meinen teuersten Zuneigungen auf rohe Weise verletzt. Ich führe also gewiß nicht meine eigne Sache, indem ich jene neuesten Ausbrüche milder zu bezeichnen suche als so manche frühern, mit denen sie notwendig zusammenzustellen sind!

Es kann literarisch gar keine Frage sein, daß zum Beispiel die verrufene »Wally« von Gutzkow in Vergleich der nicht minder verrufenen »Lucinde« von Friedrich Schlegel als ein schwaches Kind erscheint, das mit unzureichenden Kräften die Bewegungen stärkerer Naturen nachahmt; ebenso haben die neuesten Angriffe auf das Christentum bei weitem nicht die Haltung und das Gewicht und noch weniger die Wirksamkeit, welche zum Beispiel die von Lessing herausgegebenen sogenannten Wolfenbüttelschen Fragmente noch jetzt ausüben; und was mag vollends ein beiläufiges humoristisches Lob des Casanova gegen diesen selbst bedeuten, der in zehn Bänden, deutsch und französisch, überall freien Markt hat! Nicht also das Begangene, wohl aber die Unbesonnenheit, und, ich muß hinzufügen, die Ohnmacht, mit der die törichten Versuche gewagt worden, ist größer als bei den Vorgängern. Ich für mein Teil bin überzeugt, daß ohne die Wichtigkeit, welche ihnen die Verfolgung gegeben hat, die ärgerlichen Erzeugnisse der neuesten Zeit schon ganz vergessen wären und die ganze Richtung aus Mangel beachtender Teilnahme längst in sich selber völlig erstorben sein müßte. Nicht minder scheint mir das spätere Benehmen der jungen Schriftsteller sehr zu ihren Gunsten zu sprechen. Die ersten Maßregeln gegen sie kündigten sich mit einer unerhörten Strenge an und ließen noch größere befürchten; dennoch hat keiner die Flucht ergriffen, keiner sich den Gesetzen entzogen, keiner sie zu umgehen und sich einer zensurfreien Presse zu bedienen gesucht. Sie sind nicht im Trotze verhärtet, sondern erschrocken und erweicht, und wo sie seitdem zu Worte kommen konnten, ist es auf eine mäßige Art geschehen, in dem Ausdruck einer Sinnesänderung, der man nur etwas Zeit gönnen mag, um sie zu dem Ziele gelangen zu lassen, das man billigerweise ihr setzen kann. In denjenigen von ihnen, die ich kenne, ist zuverlässig das Gute und Edle nicht allein bewahrt, sondern auch vorzugsweise wirksam; in den übrigen seh' ich ebenfalls unverkennbare Spuren des Bessern und reiche Anlagen, die sich noch zur allgemeinen Billigung ausbilden können und wohl noch einst ehrenvoll im Vaterlande dastehen! Wenn ich bedenke, daß ich den Verfasser der »Lucinde« später mit dem päpstlichen Christusorden geziert gesehen, und Schleiermacher, der diese »Lucinde« mit philosophischem Ernst angepriesen und im »Athenaeum« die Ehe mit bitterm Hohn angegriffen hat, als Gottesgelehrten und Prediger hier im höchsten Ansehen vor Augen gehabt habe, so kann ich auch für den Verfasser der »Wally« noch jede Geschickswendung für möglich halten, ja noch mehr, ich möchte sie bestimmt voraussagen! Meine Ansicht kann irrig sein, aber wie ich sie habe, lege ich sie Ew. Durchlaucht vor und sage daher ohne Hehl, daß ich von den bisherigen Schriften jener jungen Leute zwar nur geringe Meinung hege, eine große aber von ihren Talenten. Ich glaube, daß diese sich ausbilden, eine Stellung gewinnen und ebenso zu Beifall und Ansehen gelangen werden, wie dies bei den Schlegel und Tieck der Fall war. Einiges, die Ungebühr und Roheit, werden sie abwerfen, manches aber auch von dem, was jetzt in ihnen anstößig ist, werden sie in besserer Form durchführen und von der Zukunft aufgenommen sehen.

Ew. Durchlaucht selbst haben mir im Sommer 1834 gesagt – und jedes Wort aus Ew. Durchlaucht Munde ist mir tief in die Seele eingegraben –, daß das unbedingte Verwerfen der Menschen selten recht oder auch nur zulässig sei, daß in den meisten das Gute mit dem Bösen gemischt lebe und der Staatsmann bedacht sein müsse, beides immerfort zu scheiden, das eine, um es zu fördern und zu benutzen, das andre, um es zu tilgen und unschädlich zu machen: ich glaube daher nur dem hohen Vorbilde solch edler Gesinnung nachzueifern, wenn ich mich zu dem Wunsche bekenne, daß ich die jungen Talente, wo immer und in welcher Mischung sie sich zeigen, lieber geleitet und dadurch gerettet und gewonnen sehen möchte, als verfolgt und zugrunde gerichtet!

Im allgemeinen darf ich noch immer in dieser Hinsicht die Vorschläge zu einer Akademie, welche alle deutschen Staaten umfaßte, sowie nicht minder die von der Frau Großherzogin von Weimar aufgestellten Ideen als zeitgemäß und nützlich erachten, wenngleich ein unmittelbarer Bezug auf die jüngsten literarischen Unordnungen damit nicht verknüpft ist, noch verknüpft sein kann. Die mittelbare Einwirkung auf die literarischen Zustände überhaupt dürfte sich außerordentlich groß und wohltätig erweisen. Indes zweifle ich selbst nunmehr, daß ein solcher Versuch mit rechtem Ernste wird unternommen werden.

Ich habe Ew. Durchlaucht, da Sie mich gefragt, meine Ansicht und Überzeugung von diesen Sachen nicht vorenthalten dürfen, ich gebe Ihnen solche mit dem unbedingten Zutrauen hin, welches Sie mir von je eingeflößt und in mir bei dem letzten Wiedersehen bis zum freudigsten Enthusiasmus gesteigert haben! Ich getröste mich der Gewißheit, daß Ew. Durchlaucht, im Falle Sie auch meine Ansicht im ganzen oder in einzelnen Teilen durchaus mißbilligen und verwerfen müßten, doch deshalb meine Aufrichtigkeit gutheißen und nur meine Urteilsfähigkeit, nicht aber meine persönliche Gesinnung in Zweifel setzen würden. So fürchte ich denn keineswegs, daß Ew. Durchlaucht mich um der Betrachtungen willen, die ich zugunsten der Personen geltend zu machen gesucht, den törichten und ausgelassenen Bestrebungen beirechnen, die man mit dem Namen »Junges Deutschland« bezeichnet. Die ganze Kategorie ist überdies schon völlig in nichts aufgelöst und kann höchstens nur noch im Scherze gebraucht werden. Als es ein wirkliches junges Deutschland gab, in Goethes Jugend, da hatte man den Namen noch nicht; jetzt dürfte man lange den Namen vorschieben und herumzerren, ehe man wieder zu der Sache gelangte! Ich und die mir Gleichgesinnten, wir fühlen nur allzu sehr, daß wir zu dem alten Deutschland gehören und uns mit der Jugend, welche dasselbe einst hatte, behelfen müssen!

Es ist Zeit, daß ich mein langes Schreiben endige. Ich habe den Verfolg doch wieder im Bette schreiben müssen, welches ich nur anführe, um die Nachsicht Ew. Durchlaucht in dem

vollen Maße zu erbitten, in welchem ich derselben bedürftig bin!

Ich erlaube mir, Ew. Durchlaucht eine kleine Schrift* beizulegen, die vielleicht einen günstigen Blick von Ihnen empfängt. In kurzer Zeit werden einige Arbeiten von mir fertig sein, die ich nicht ermangeln werde, Ew. Durchlaucht gleichfalls zu Füßen zu legen. Eine Schilderung von Gentz nebst einer Auswahl von Briefen desselben möchte ich besonders dem Wohlwollen Ew. Durchlaucht empfehlen und mir, wo der Beifall versagt bleiben müßte, wenigstens nachsichtige Geneigtheit sichern. Meinen aufrichtigen und redlichen Sinn werde ich hoffentlich keiner Verkennung ausgesetzt haben. [...]

## An Karl Rosenkranz

Berlin, 1. Mai 1836

[...] Mit großer Freude empfing ich gestern Ihre Schrift über Schleiermacher, der späte Abend fand mich noch mit ihr beschäftigt. Vor- und Nachwort haben mich lebhaft angesprochen, sie sind beide auch voll eigentümlichen Lebens, allgemein geistigen und persönlichen, welche beide von Ihnen immer besonders anmutig und fruchtbar verknüpft werden. Wunderbar habe ich in Ihrer Erzählung einen Teil meiner eignen Lebenserfahrung wiederfinden müssen. Mir ist es mit Schleiermacher ebenso ergangen in früheren Jahren, wie Ihnen in späteren, nur war es nicht die streng philosophische Bahn, wo sich meine Verhältnisse entwickelten, noch hatte ich den Anhalt und den Geisteszug eines Hegel zur Hülfe, sondern in allgemeiner Geistes- und Lebensgestalt kam alles in Kampf und Entscheidung. Meine Bezüge zu Schleiermacher war[en] ganz persönlich und innig, die größte Hingebung mit einer Selbstständigkeit, die ihm jene

* Heinrich Laube, *Das junge Europa. Novelle*, Tl. 1: *Die Poeten*, Leipzig 1833.

erst recht wert machen mußte. Aber diese letztere vertrug er nicht, und einen zufälligen Zwiespalt machte er zum unversöhnlichen. Er hat mir Arges angetan, aber ich grollte ihm nicht, sondern er mir; er konnte mir nicht verzeihen, daß ich ihn unwürdig und gehässig gesehen; daß er dies nicht konnte, machte mir ihn zum stets erneuerten Rätsel, zur immer wiederholten Frage. Als ich später seine Geistesart mehr überschauen, seine Bücher genauer würdigen konnte, und er als Denker und Schriftsteller mir nicht mehr genügte, nahm das dem Interesse nichts, das er als Person noch für mich hatte. Ich fühlte ein tiefes Bedürfnis, ihn anerkannt und zugleich bekämpft zu sehen; jedes allein machte mir eine schmerzliche Empfindung. Ich selbst konnte ihn nur im Stillen anerkennen, bekämpfen gar nicht, außer in einigen Lebensbeziehungen, wo wir uns aber fast nie begegneten. Urteilen Sie nun, wie Ihre Auffassung und Darstellung mir erwünscht und gelegen kommt! Sie erkennen ihn an, und bekämpfen ihn. Durch Sie erfüllt sich mir eine der peinlichsten Unvollständigkeiten meines Lebens; dieser Mißton gelangt zu seiner Auflösung, dieser Unwillen befriedigt sich. In der Tat ist mir Schleiermacher, wie er aus Ihrer Behandlung hervorgeht, nur wieder um so ehrenwerter, lieber geworden, ich seh ihn mit dem echten Scheine um das Haupt, den sein eigner Geist ausstrahlt, nicht mit dem falschen der Amts- und Koterie-Konventionen, den seine Freunde ihm hier zuletzt angelegt, und den er sich – gefangen und geschmückt davon – gefallen ließ. Doch ohne Liebe habe ich ihn auch vorher nicht angesehen; nur wollte meine Liebe nicht die Gerechtigkeit zertrümmern lassen, sondern diese als Stärke in sich haben; deshalb freute mich damals der Aufsatz von Gutzkow so sehr, in welchem die schlechten Freunde nur Bosheit sehen wollten, da er doch diese nie, sondern neben vieler Wahrheit nur manchmal Unkenntnis oder Mißverstand enthält. Ich habe seit einem Vierteljahrhundert viel an Schleiermacher gelitten und auch noch in neuster Zeit mich wiederholt mit ihm beschäftigt. Erst vor einigen Wochen, krank zu Bette, und

nur zu solchen abgerissenen Aufzeichnungen fähig, schrieb ich ein paar Seiten über »Friedrich Schlegel und Schleiermacher«, die ich dem Dr. Laube, welcher mich grade besuchte, für die Mitternachtszeitung überließ. Lesen Sie doch diese Zeitschrift, das Blatt wird sich leicht finden, wahrscheinlich in dem Hefte vom Mai, denn noch hab ich es nicht gedruckt gesehen. Ich erzähle dort eine kleine Anekdote von Chamisso, die unerwartet neues Interesse erhält durch die Andeutung, welche letzterer in seiner eben erschienenen Reisebeschreibung zu geben durch ein Gefühl genötigt gewesen sein muß, das er peinlich mit sich so lange Jahre herumgetragen. Der Mann, von welchem Chamisso (Werke Tl. I. S. 7.) als demjenigen spricht, der ihn gedrückt anstatt ihn zu heben, ist kein andrer als Schleiermacher. –

Hier fällt mir noch eine Besonderheit ein, die ich noch nirgends aufgeschrieben habe, und die doch des Anmerkens nicht unwert sein dürfte. Ich lege sie bei Ihnen am guten Orte hier nieder! Im Sommer 1806 traf ich mit Schleiermacher eines Nachmittags auf einsamem Spaziergange bei den Felsen gegenüber von Giebichenstein zusammen, wir setzten uns und sprachen. Ich war nicht heiter gestimmt, ich hatte über Deutschlands Lage nachgedacht, Staat und Volk ließen wenig hoffen, die Literatur war mir zweifelhaft. Die Trümmer der Schlegelschen Verwüstung rauchten noch, eine ganze vermeinte Herrlichkeit lag vernichtet; des Stehengebliebenen war wenig, das Neugebaute schien mir schwach begründet; ich nahm die Möglichkeit an, daß wir alle in einer großen Täuschung lebten und unsre Sprache, Literatur und Wissenschaft wohl gar keine wesentliche Rolle in dem Weltgange haben, sondern rasch der Vergänglichkeit heimfallen könnten; selbst Goethe schien mir keine Bürgschaft mehr. Diese Zweifel teilte ich Schleiermacher mit. Er verwies sie mir. »Also haben Sie wirklich die feste Überzeugung« – fragte ich ihn voll Zutrauen – »daß wir Deutsche in der Reihe der Völker literarisch fortbestehen, daß unsre Geistesblüte in der Geschichte unvergänglich sein wird, wie es uns jetzt die der

Griechen ist?« »Diese Überzeugung«, sagte er, »habe ich gewiß; *und*« – fügte er entschlossen hinzu – »wenn ich *die nicht* hätte, so schösse ich mir lieber noch heute eine Kugel durch den Kopf!« – Ich war erschrocken, so knallten seine Worte mir ins Ohr. Die Überzeugung ließ ich mir sehr gern gefallen, und ich nahm sie höchst gewichtig. Seltsam aber dünkte mich der Ausdruck, der in seiner Stärke grade nur Schwäche verriet, und ich mußte oft darüber denken, wie der Philosoph und der Prediger sein Leben so eitel und stolz an etwas knüpfen mochte, das doch im angenommenen Falle nur ein Götzenbild wäre. Da mußte ich mir selber ja schon einen Vorzug über ihn einräumen, der ich wohl mit Betrübnis die Sache dachte, aber darum noch nicht verzweifelte. Aber so heftig und persönlichen Herrscherwegs bedürftig war damals Schleiermacher, so ungemäßigt und scharf in seinen Worten. Auch den Lucindischen Sachen hatte er sich noch nicht entrückt. Der Roman und seine eignen Briefe darüber wurden oft besprochen, und nicht selten verfiel er auch noch in den Ton von jenem. Mit seinem höhnischen Lachen bekannte er (gegen uns Studenten), es sei nichts natürlicher, als daß einem der Schw... sich aufrichte, wenn man ein schönes Weib sehe; und mit behaglichem Wohlgefallen trug er (uns Studenten) das eilf-wortige Kunstgedicht seines Freundes Friedrich Schlegel auf eine der vielen Geliebten desselben vor: »O, o! Kleine Mereau, Mach doch so, so! Mit dem Popo!« Dergleichen galt für so genial und vortrefflich, daß ich in der nächsten Folgezeit nur meine Schuldigkeit und ein Werk der Pietät auszuüben wähnte, indem ich eine flüchtige Liebschaft mit ähnlichen Reimkünsten abschließen wollte! – In solchen Zügen liegt doch allerdings viel Bezeichnendes, das nur in dergleichen Stoff aufzubewahren ist, weshalb er selber zu verzeihen sein mag!

Der Rückblick auf jene Zeit und ihre Äußerungen hat mich denn auch vorzugsweise mit Nachsicht und Milde den neuen Übermut und die neue Ungezogenheit beurteilen lassen, die als »junges Deutschland« so großen Lärm verursacht haben.

Ich ehre die Talente, »wenn sie mir auch mißfallen«, wie Goethe sagt; und die jungen Männer wünschte ich lieber gerettet als verderbt zu sehen. In diesem Sinne habe ich meine Meinung an gehörigen Orten abzugeben nicht gescheut. Glücklicherweise hat die persönliche brutale Verfolgung keinen Bestand gehabt; der allgemeine Druck aber lastet schwer, und fast nichts mehr kann harmlos und unbefangen gesagt werden. Darunter leiden viele Einzelne, und ganze Zeiten werden uns verdüstert; aber die Geister lassen sich nimmermehr zwingen! – Hier in Berlin namentlich sieht es seit Hegels Tod in der Literatur sehr trübe aus. [...]

## An Ludwig Tieck

Berlin, 1. Juli 1836

Durch Ihre freundliche Zuschrift und die Art, wie Sie darin von Rahel sprechen, haben Sie, Hochverehrter, mir die Seele wunderbar angeregt! Denn ich bin wohl unempfindlich und hart genug gegen Mißkennung und Tadel, aber darum nicht minder gerührt und erfreut durch jede Gunst und Zustimmung, welche meinem Andenken an die geliebte Freundin sich vereinbaren. Die Freundschaft und Achtung, welche Sie für Rahel bekennen, ist mir wohltuend; auf bedingte Einzelheiten der Ansicht und des Urteils kommt es hier nicht an. Lassen Sie mich auch sogleich ausdrücken, daß Sie mich nicht umsonst als »verständigen Freund« sollen angeredet haben; ich darf Ihnen versichern, daß Antrieb und Zweck wie Stimmung und Sinn Ihres Briefes mir ganz erklärlich sind, und dieser bei mir gute Stätte findet. Möge davon das Nachstehende, was ich, im Gedränge zwischen Unwohlsein und Abreise, nur eben rasch zusammenfasse, Ihnen vorläufiges Zeugnis sein!

Zuvörderst eine Entschuldigung. Ich sandte Ihnen die erste Sammlung der Rahelschen Briefe, weil sie nicht im Buchhandel war, und ich sie in Ihren Händen zu wissen wünschte. Die zweite Ausgabe, so gut wie mein neustes Buch*, bei denen zwar jener Umstand wegfiel, hätte ich Ihnen nicht minder zugesandt; allein Frau von Arnim sagte mir damals bei ihrer Rückkunft von Dresden, Sie hätten sich mißliebig und feindlich über Rahel geäußert, und so fand ich es nicht gehörig, mit solchen Zusendungen fortzufahren, die Ihnen unangenehm sein konnten. Mißverstehen Sie, Hochverehrter, ich bitte Sie, dieses nicht! Ich mache nicht den Anspruch, irgendein Urteil in seiner Freiheit zu beschränken, ich kann jede Art und Ansicht und Meinung, die sich mir nicht aufdrängt, vertragen, und wenn mich etwas in Äußerungen verletzt, so ist es eher das Allgemeine, als das mir Persönliche. Ich gebe meine eignen Bücher nicht anders der Öffentlichkeit hin, als wie man die Geburts- Heirats- und Todesanzeigen in die Zeitungen wirft; Tausende müssen diese Meldungen gelesen oder ungelesen hinnehmen, die vielleicht nur sechs oder sieben Personen angehen, für diese aber sind sie. Mancher findet vielleicht bei einer Todesanzeige nur Scherz und Lachen. Immerhin! Jeder muß nach seinem Anteil und Sinne sich benehmen. Ich habe Ihnen deshalb, weil ich Sie feindlich gegen Rahel glaubte, keineswegs gegrollt, nur bisweilen mir die Bewandtnis zu erklären gesucht. Mit inniger Freude erfahre ich nun von Ihnen, daß ich einen Irrtum aufgenommen hatte, und bedaure nur, dadurch Ihnen abgewendeter, als ich es wirklich war, erschienen zu sein.

Was nun Genelli betrifft, so habe ich ihn nie gesehen; nur von ihm gehört durch Rahels, Marwitzens und Bernhardis voneinander unabhängige Erzählungen. Aber alles, was Sie von ihm sagen, ist mir mit der Erscheinung, die er sich für jene zu geben gewußt, gar wohl vereinbar. Hat er geschmäht und gelästert, wo er früher angebetet – so sei ihm verziehen! Wie ich es auch Gutzkown verzeihe, daß er das mir teuerste Andenken auf brutale Weise berührt hat. Es tut mir nur leid um ihn. Ich bin für Rahel, wie auch für mich selbst, in diesem

* Gallerie von Bildnissen aus Rahel's Umgang und Briefwechsel, Leipzig 1836.

Betracht fest und sicher, und was die Leute sagen, kann ich sehr leicht beruhen lassen. Lebte Rahel, so hätte ich allerdings die leiseste Empfindlichkeit für sie und würde manches nicht aussagen, andres ernstlicher aufnehmen; aber so ...! Die Lebenden will ich überhaupt geschont wissen, und ich glaube, daß ich es meinerseits nur allzusehr getan habe; in welchem Maße, könnte nur der beurteilen, der einsähe, was alles in meinen unendlichen Papieren ich zum Schweigen gebracht habe! [...]

An Hermann von Pückler-Muskau

Berlin, 25. Mai 1838

[...] Ich habe für Mundts neue Zeitschrift ein Fragment aus Ihrem neuesten Buche erbeten und hoffe, dasselbe wird an guter Stelle seine Wirkung tun. Noch zur Zeit sind leider Mundt und Laube guten Fechtern zu vergleichen, die keine Waffen führen dürfen: das Metier der Literatur ist fortwährend grausam verkümmert. Die jungen Talente sind weit größer, als sie bisher zeigen konnten. Vielleicht sehen wir noch, daß dies anders wird. – [...]

Als Neuigkeit muß ich Ew. Durchlaucht doch auch melden, daß ich mir im vergangenen Winter etwas näher russische Sprache und Literatur angesehen und davon großes Vergnügen gehabt habe. – [...]

An Karl Rosenkranz

Berlin, 10. Juni 1839

Bevor ich meine Badereise antrete, muß ich mich noch zu Ihnen wenden, verehrtester Freund, Sie zu grüßen und Ihnen zu danken für die wiederholten Gaben, die ich von Ihnen empfange. Die neuen Bände von Kant, das Bändchen Studien – alles ist richtig angelangt, mir zur innigsten Freude, zum wahren Trost. Und Ihre Geschenke haben das noch besonders

ders Vortreffliche, daß sie auf immer weitere deuten – Ihr Versprechen, alljährlich mit solchen Bändchen Studien fortzufahren, ist wahrlich ein neues Geschenk für mich, und ich freue mich des guten Einfalls. Eigentlich denk ich schon lange, jeder Schriftsteller, der nicht bloß einem Fache vorsteht, sondern Mannigfaches, Lebendiges, Menschliches mitzuteilen hat, müßte, wie Goethe sein »Kunst und Altertum«, seine Hauszeitschrift haben, durch die er mit seinen Freunden, seiner Gemeinde, über Welt und Literatur in fortgesetztem Verkehr stünde, und wobei mehr Nachsicht und Lässigkeit erlaubt wäre als bei eigentlichen Werken, und doch wieder mehr Sorgfalt, und besonders leichtere und ausgedehntere Wirksamkeit als bei bloßen Briefen. Tieck, Steffens hätten jeder eine solche Zeitschrift gar wohl füllen können und würden selber unendlichen Nutzen davon gehabt haben. Sie aber, Verehrtester, haben nun gar eine neue, äußerst angemessene Form dafür gefunden, und Ihre »Studien« werden, ich verheiße es, den schönsten Erfolg dartun. Lassen Sie nur auch das Persönliche bisweilen getrost hervortreten, reden Sie von und reden Sie zu Personen! Sind Sie auch jung, so jung sind Sie doch nicht mehr, daß nicht auch Sie schon ganz gut in der Erinnerungsweise sprechen dürften, und Ihre Lebensnachrichten von Daub liefern auch hierin schon das kräftigste eigne Vorbild für Sie! –

Ich sollte Ihnen von Gans sprechen, – aber ich kann nicht! Der Verlust ist übergroß, und ich besonders empfind ihn täglich. Es ist wirklich, als ob in dem großen Berliner Leben etwas fehlte, die Luft ist schwerer geworden, sie trägt weniger freie Worte; ganze Strecken unsres Bodens, mit Mühe frisch und grün erhalten, und dem Sande abgewonnen, versanden. – Gewänne ich Muße und Kraft dazu, so würde ich mit Freuden eine Schilderung unsres Freundes unternehmen. Aber ich muß die Stimmung abwarten; mit einer auferlegten Arbeit könnt ich doch nie zufrieden sein. –

Ich reise Endes der Woche nach Kissingen; der Doktor will es, und ich habe Vertrauen zu dem Wasser. Es wäre doch gar wertvoll für mich, noch ein Stück Gesundheit wiederzuerlangen! Gelingt es auch nur etwas, so reis ich wohl auch noch an den Rhein, wohin ich am liebsten gleich ginge. Natürlich schließt die Kur alle Arbeit aus, und der Sommer wird mir so hingehen, wie auch schon der Winter hinging! Auch meine russischen Studien haben fast ganz ruhen müssen, wiewohl ich sie nur zum Vergnügen und nicht als Arbeit treibe. –

Dr. Mundt ist nach Mecklenburg gereist und empfiehlt sich Ihnen bestens. Dr. Guhrauer geht nach London; er ist mit wackern, tüchtigen Arbeiten beschäftigt und wird nach seiner Rückkehr auch Leibnitz' deutsche Schriften wieder aufnehmen. Auf seine »Mainzer Denkwürdigkeiten« bin ich sehr begierig. – Dr. Laube ist mit seiner Frau in Paris, was ich beiden nach der Muskauer Prüfung bestens gönne. – Dr. Gutzkow sucht neue Verbindungen und Erfolge in Frankfurt am Main und Stuttgart, da die Hamburger Verhältnisse nicht gedeihen – der »Telegraph« soll sich kaum fristen. Ich fürchte, der Schüler fällt am Ende noch in des Meisters Menzel Klauen zurück! Seine Talente läßt man ihm gelten, aber sein Charakter ist's, der ihm schadet. Für die Eitelkeit des Augenblicks ist er zu jedem Frevel bereit, und dabei will er ein Haupt, ein Führer sein!! – Mir fällt hier Dr. Jung ein – den soll meine Kritik nicht irre machen, seine Vorliebe möge nur immerhin fortfahren, sie ist von dem, was ihrer nicht wert, doch innerlich stets geschieden. Grüßen Sie ihn aber bestens von mir! –

Zum Schlusse noch ein Wort, das Sie betrifft und mir kürzlich zugekommen ist: »Stehen Sie mit Rosenkranz in steter Berührung? Das ist ein herrlicher Mensch. Ich wünschte, er wäre unterrichtet von meiner immerwährenden Teilnahme an seinem Wirken. Wir leben aber in gar so großer Entfernung von einander. Ich meine, daß er auch als Mensch sehr liebenswert sein muß.« Dr. Schlesier schreibt das, aus Stuttgart. –

Seit langer Zeit hat mich nichts so gepackt, wie Gentz' Briefe an Johann von Müller (Schaffhausen, 1839). Ein zürnender Prophet erscheint der Mann, und größer, als ich ihn mir je gedacht, der wahrhaftig nicht gering von ihm gedacht. Und nun erst seh ich ein, mit welchem guten Rechte ihn Rahel doch stets noch höher gestellt, als ich getan. Sie kannte den in ihm, der diese Briefe schreiben konnte, der in dieser Weise immerfort zu sprechen pflegte. So geht es mir mit Rahel in allen Fällen, wo ich ihr Urteil doch nicht völlig gelten ließ, wo ich dasselbe berichtigen zu müssen glaubte – nach und nach entdeck ich mit Staunen, mit Beschämung, daß ich mich zu berichtigen habe! –

Leben Sie wohl! Der Himmel gebe Ihnen einen gesegneten Sommer, in jeder Art! Und bei allem, was Sie tun, was Ihnen gelingt, denken Sie nur gleich, daß die innigste Teilnahme dafür in vielen Herzen schlägt! – Mit treuster Gesinnung Ihr ergebenster

Varnhagen von Ense

## An Karl Rosenkranz

Berlin, 24. April 1840

[...] Ich wende mich zu Ihrem neuesten Unternehmen, der Biographie Hegels. Zu dieser hab ich leider wenig zu liefern. Ich sah Hegel ziemlich viel, aber unser Umgang blieb beschränkt, da ich weder sein Zuhörer war noch sein Gefährte in gesellschaftlichen Dingen. Rahel war sehr aufmerksam auf ihn und hörte ihn gern sprechen, erkannte auch die volle Geistesgröße in ihm an, allein wenn er uns besuchte, so brachte er meist seine Frau mit, die denn ganz auf Rahel fiel, während Hegel mit mir Politik sprechen mochte oder durch Ludwig Robert in verdrießliche und ertraglose Streitigkeiten verwickelt wurde und gestehen sollte, er sei doch im Grunde weniger als Fichte! Sie sehen, dabei war kein Heil zu finden! Hegel erkannte Raheln als eine kluge, denkende Frau und behandelte sie als solche, aber das eigentliche Wesen ihres Geistes hat er schwerlich gekannt. Ich selbst war mit Hegel auf dem besten Fuße, ein paar einsame Abende auf meinem Zimmer führten zu vertraulichen Bekenntnissen über Dinge, die er im größeren Gespräch immer vermied. Auch bei der Stiftung der »Jahrbücher für wissenschaftliche Kritik«, wobei viele Leidenschaft erregt war, hatten unsre Reibungen keine Folgen. Ich mußte ihm öfters Widerpart halten, und dies um so kräftiger, als ich in der Gesellschaft der einzige war, der nicht durch persönliche Verhältnisse oder Rücksichten darin gehemmt wurde, also fast immer und allein die Opposition übernehmen mußte. Hegel aber, als die Jahrbücher schon im Gange waren, wurde immer schwieriger, tyrannischer, und benahm sich in den Sitzungen so sonderbar, daß die ganze Gesellschaft fühlte, so könne es nicht weitergehen und die ganze Sache müsse ins Stocken geraten – da fiel mir wieder die Rolle zu, mich im Namen aller zu widersetzen und den verehrten Mann zu bedeuten, daß auch er seine Schranken zu beachten habe. Dies war ein heftiger, von beiden Seiten mit bittrer Schärfe geführter Kampf, ein persönlicher Zank mit Anklagen und Vorwürfen. Aber nichts Unehrbares kam vor, nichts, was die Achtung verletzt hätte. Während des auf die Sitzung folgenden Abendessens dauerte die Verstimmung und der Nachhall des Zankes fort, die übrigen Anwesenden waren mehr mit Hegel befreundet als ich, aber in der Sache mehr auf meiner Seite. Als wir aber von Tisch aufstanden, trat ich an Hegel heran und sagte: »So dürfen wir uns zur Nacht nicht trennen! Sie haben mir, ich habe Ihnen harte Dinge gesagt, aber nichts, was nicht hinzunehmen wäre! Bedarf es noch der Versicherung, daß meine Hochachtung für Sie unverändert ist? Hier ist meine Hand, trennen wir uns versöhnt!« Er schlug nicht nur ein, sondern wir umarmten einander herzlich, und ihm standen Tränen in den Augen; er hatte diese Wendung nicht erwartet. Seitdem hatten wir keine Kämpfe mehr, er ließ in seinem störenden Benehmen nach, und die Sitzungen gingen ihren Gang. Er fragte mich in mancherlei Dingen um Rat, in seinen Beziehungen zu beiden Humboldts war ich mehrmals Vermittler. Wir blieben in bestem Vernehmen, außer daß wir im Jahre 1830 anfingen, unsre abweichenden politischen Urteile nicht ohne Not gegeneinander auszusprechen, weil wir da nur neue Entzweiung sahen. Sie wissen, Hegel war in den letzten Zeiten ganz absolutistisch, und die öffentlichen Bewegungen fanden bei ihm den stärksten Widersinn. Die belgischen Unruhen besonders haßte er voll Grimm, und als dieselben nicht gedämpft werden konnten, war er ganz außer sich. Diese politische Verstimmung hatte am meisten Gans zu tragen, der völlig auf der Gegenseite stand. Sie kennen doch seine letzte scharfe Äußerung gegen diesen? Dorow hat in seinem vierten Teile »Denkschriften und Briefe« das merkwürdige Blatt zum Druck gebracht, Gans selber wollte das schon immer, und ich hielt ihn nur davon ab, indem ich ihm vorstellte, er selbst könne nicht schicklich die Erläuterung schreiben, die damit verbunden sein müsse. Charakteristisch für Hegel ist das Blatt in jedem Fall; er hatte eine große Kraft des Zorns und Grimms, und wo er einmal glaubte hassen zu müssen, da tat er es recht gründlich; so auch im Schelten war er fürchterlich, wen er anfaßte, dem schlotterten alsbald die Gebeine, und so habe ich ihn einst den Hofrat Förster wie einen Schuljungen zurechtweisen gesehen, daß dieser selbst und alle Anwesenden erschrocken waren. Dies ist ungefähr alles, was ich von Hegel zu sagen habe. Benutzen Sie es nach Belieben. Ich selbst komme in meinen Denkwürdigkeiten wohl nicht bis in diese Zeiten herab! – [. . .]

## An Heinrich Heine

Berlin, 11. Oktober 1842

Mein teuerster Freund! Ich schreibe Ihnen aus Stimmung, weil ich schon einige Morgenstunden mit Ihrem Andenken und dem Andenken der Zeiten, in welchen wir uns täglich sahen, sinnend verbracht – und weil ich mich gedrungen fühle, Ihnen eine Veränderung mitzuteilen, die sich in meiner Lage ereignet hat! Ich lebe nicht mehr allein, ich freue mich wieder holder freundlichen Gegenwart, in meinen eignen

Zimmern. Meine Nichten, Ottilie und Ludmilla Assing, sind aus Hamburg zu mir gezogen und wollen bei mir bleiben; Sie erinnern sich, nicht wahr? dieser lieben guten Kinder, die nun zu liebenswürdigen Mädchen herangewachsen sind! Der Gewinn, der mir zuteil wird, ist freilich teuer erkauft, durch den Tod beider Eltern. Daß meine Schwester vor mir sterben würde, hatte ich mir nie als möglich denken dürfen; nachdem dies aber eingetroffen, konnt' ich auf das Leben meines Schwagers wenig mehr rechnen. Er starb in Hamburg dieses Frühjahr wenige Wochen vor dem Brande. Die Kinder beschlossen gleich, zu mir zu kommen, wenigstens nach Berlin; denn ob es ihnen bei mir gefallen kann, ist fürerst noch ein Versuch, und ich dürft es ihnen nicht verdenken, wenn sie sich nach andrem Aufenthalte sehnten, denn ich selbst kann ihnen zu keiner großen Freude sein.

Sie müssen wissen, teuerster Freund, daß es mit meinem Gesundheitszustande gar nicht sonderlich steht; seit einigen Jahren half mir Kissingen immer für einige Zeit, aber in diesem Sommer ist die Kur eher nachteilig geworden; ich bin schlimmer zurückgekehrt als hingegangen, konnte zuletzt nicht mehr im Freien gehen außer geführt, und so ist es bis heute noch; ich kann im Zimmer die größten Wege machen, aber nicht im Freien, da ergreift mich Schwindel und ich fürchte zu fallen. Mich in Berlin führen zu lassen, ist mir verhaßt, und auch das Fahren verdrießt mich, seit ich darauf beschränkt bin. So bleib ich denn viel zu Hause und muß die lieben Nichten für Spaziergänge und Gesellschaften meist ihren eignen Kräften überlassen. – Zum Glück ist mir das Schreiben unverkümmert, und ich habe grade in dieser Zeit viel zu Papier gebracht, was zum Teil schon bald ans Licht treten wird; es ist eine neue, vervollständigte Ausgabe meiner Denkwürdigkeiten* im Druck. – An andre als literarische Arbeiten, darf ich nicht denken. Man hat mich fast mit

* K. A. Varnhagen von Ense, *Biographische Denkmale*, Tl. 1 und 2, 2., verm. und verb. Aufl., Berlin 1845.

Gewalt in die politischen Geschäfte ziehen wollen, ich aber fühlte meine Unfähigkeit und machte sie geltend. Meine Unlust aber ist fast noch größer; ich blicke mit Widerwillen, ja mit Verachtung auf das kümmerliche Getreibe, das sich für Politik ausgibt; dieser Zug der Dinge ist es nicht, der mich reizen könnte! Mir ist jetzt die Zurückhaltung nicht nur notwendig, sondern auch einzig anständig. – Die Literatur geht mehr als je mit dem Staatswesen zusammen; auch in ihr möcht ich und könnt ich kein Amt übernehmen, ich gehe auch in ihr nur spazieren, und kann es, da ich in diesen Räumen keineswegs an Schwindel leide. Vielleicht erlebe ich es noch, daß auch in der Literatur sich große und schöne Richtungen eröffnen, an denen ich eifrig und geregelt teilnehmen kann. Der jetzige Wust hat keine Handhabe für mich; seine eigne Gärung muß ihn klären oder aufzehren. Was hört man für Urteile! was plaudert nicht einer dem andern nach! Gleich einer Ansteckung wirkt der Unverstand, die Beschränktheit, der Dünkel, und dann wieder die Überklugheit, die falsche Gelehrsamkeit, der besoffne Eifer! Unter den jüngern Leuten besonders herrscht, neben der trostlosesten Unkunde, die Falschheit und Herzlosigkeit, die Selbstsucht und Heuchelei; die letztere nicht bloß bei denen, welche den herrschenden Mächten sich anschließen, sondern auch bei denen, die ihnen entgegenstehen; der Vaterlands- und Volkseifer, der sich breit macht, ist meist ein erlogner. – Wie sehr sind Sie, mein teuerster Freund, aus solcher erheuchelten Beeiferung verunglimpft worden! Die Art, wie Ihr Verhältnis zu Börne – von Ihnen so wahr, so gründlich und gehaltvoll geschildert – aufgefaßt worden, gleicht den ekelhaftesten Karikaturen des revolutionären Parteigeistes, wie ihn die schlimmsten Zeiten von 1793 nur je gezeigt. Ich habe genug dagegen gestritten, die tolle Verblendung zur Besinnung aufgerufen; allein vergebens! Die Widersacher wußten heimlich wohl, was sie wollten, und liefen schreiend ihren Weg weiter. Jetzt scheinen sie etwas den Atem verloren zu haben, die Menge zerstreut sich, die Bessern kommen zur Besinnung. Bald wird man wieder einsehen, daß Ihr Buch* ein wahres und gutes ist, – wenn es auch einzelnes enthält, das nicht jeder billigen kann, auch ich nicht billige. –

Es ist jetzt eine Schiller-Zeit; eine Goethe-Zeit wird sie schon wieder ablösen; das wird dann auch wieder meine sein. Ein solches Auf und ab zwischen Schiller und Goethe wird in der deutschen Literatur wohl auf lange hin seine Wellen schlagen; wie man ähnliches in der Philosophie zwischen Platon und Aristoteles wahrnimmt. Aristoteles-Hegel soll jetzt zurückgedrängt werden; aber ich sehe den Platon-Träger noch nicht, denn der alte Schelling ist doch jetzt kaum ein Schatten seiner selbst; er ist hier zum Gespötte geworden, genießt aber aller Gunst des Hofes und alles Ansehns der Behörde. In Berlin, 1842, spricht der Philosoph von der Unbefleckten Empfängnis und Höllenfahrt, der Jurist vom Sündenfall, der Mediziner von der Heilkraft des Glaubens! Was werden noch am Ende die Pfaffen tun, wenn ihnen alle so ins Handwerk pfuschen? Sie werden im stillen sich auf ein andres legen, auf das des Regierens zum Beispiel. –

Sie haben doch meinen sechsten Band durch Brockhaus empfangen? Was macht der Marquis von Custine? Wenn Sie ihn sehen, grüßen Sie ihn, und sagen ihm, ich hätte ihm nach Mailand geschrieben. –

Kommen Sie nicht einmal wieder zu uns? Jetzt wär es tunlich. Ich riete Ihnen aber, nach Berlin über Wien zu gehen, der glänzende Empfang an letzerm Orte würde hier entscheidend sein! –

Ich habe schließlich noch eine Bitte an Sie. Ich bin in meinen alten Tagen ein Autographensammler geworden! Französisches hab ich nur wenig; schaffen sie mir Blätter von Frau von Dudevant, Chateaubriand, Ballanche, Thiers, Sainte-Beuve etc. Von der erstern dürften Sie, glaube ich, gradezu für mich ein Blatt fordern; meine Bewunderung und Liebe verdiente wohl diese Gunst! Vielleicht schenkt Ihnen jemand

* *Heinrich Heine über Ludwig Börne*, Hamburg 1840.

für mich die Blätter von Talleyrand, Lafayette, Mirabeau, Carnot! Sammeln Sie ein bißchen für mich, und senden es mir durch die Buchhandlung Brockhaus. –

Apropos von Sammeln! Wird denn nicht eine Sammlung Ihrer Schriften einmal erscheinen? Ihr Hauptverleger müßte doch wohl dazu geneigt sein! Der Eindruck würde über Erwarten ausfallen, ich bin es gewiß. Die Zensur würde jetzt keine große Schwierigkeit sein. Manches könnte auch jetzt wegfallen oder verändert werden; ich meine bloß einzelne Stellen, Zeilen. Denken Sie doch daran! –

Wie Sie leben, kann ich mir ungefähr vorstellen. Frisch und frei jedenfalls; innen tätig, wenn auch nach außen nicht; hoffnungsvoll, und nicht ohne gegenwärtigen Genuß, wenn auch schmerzlich und wehmütig. Wie jeder ordentliche Mensch lebt, wie Rahel lebte, wie ich noch zu leben trachte. Schenke der gütige Himmel Ihnen Gesundheit, das ist eine Hauptsache! –

Und so sag ich Ihnen für diesmal herzlichst Lebewohl! Bleiben Sie meiner Gesinnung in allem Betracht versichert. Ich wechsle nicht. Einen anerkennenden, beständigen Freund haben Sie stets an mir; ich habe den edlen reinen Kern in Ihnen nie verkannt und werde ihn nie verkennen, welcherlei Hüllen auch Sie selber darumzulegen genötigt oder gelaunt seien! –

Mit treuem Handschlag herzlichst und treulichst Ihr

Varnhagen von Ense

## An Karl Rosenkranz

Berlin, 17. Juni 1843

[...] Sie sprechen in Ihrem Briefe, Verehrtester, von den Schwierigkeiten des bewegten Lebens, den Schwankungen und Widersprüchen, die es in den Äußerungen der Ansichten und Urteile hervorbringt, wenigstens in den Äußerungen, wenn auch Gesinnung und Richtung dabei fast dieselben bleiben. Sie klagen, daß man oft den Schein der Zweideutigkeit nicht vermeiden könne, ja bisweilen sich selber nicht freisprechen dürfe. Auch mir sind diese Empfindungen wohlbekannt. Ich habe mein ganzes Leben redlich gestrebt, durchaus wahr und aufrichtig zu sein, und bin doch oft genug in dem Falle gewesen, unwahr und treulos sein zu müssen, nicht weil die Umstände stärker waren, als mein Willen, sondern weil diesem die Unmöglichkeit entgegenstand. Die buchstäbliche Wahrheit haben wir oft keine Zeit auszusprechen, wir müssen abkürzende Formen zu Hülfe nehmen, es entsteht ein neues Gebilde, und in diesem Gebilde ist etwas, das die Wahrheit trägt, aber sie nicht ist. Alle Historie unterliegt dieser Bedingung, zum Schaden oder zum Heil, je nachdem der Historiker ist. Aber auch nach Maßgabe der Personen, mit denen wir sprechen, wechselt unsre Rede, tritt unser Urteil in abweichender, ja entgegengesetzter Weise hervor. Niemand war darin stärker als Rahel, die liebreichste Anerkennung und die unwilligste Verwerfung konnten miteinander abwechseln, und jedesmal wahr und richtig; nicht ihre Schuld war der Widerspruch, sondern die Schuld des Gegenstandes. Hielt man es ihr vor, oder kam es zufällig an den Tag, so war sie nicht im mindesten verlegen, sie leugnete keines von beiden, sondern erhärtete beides, mit größter Unschuld und Sicherheit. Ich fand das vortrefflich und hatte mich auch früher schon gewöhnt, mir aus Widersprüchen mit mir selbst nichts zu machen. So bestand neben meinem Franzosenhaß immer auch eine Franzosenliebe in mir, und es ist möglich, daß mancher Freund auf Augenblicke dadurch irr an mir geworden. Und heute noch! ich schreibe so viele Briefe, aber ich mache mich gar nicht anheischig, daß sie alle übereinstimmen sollen! Selbst der schnellste Wechsel ist nicht grade Falschheit, sondern eben nur Wechsel, und ein durch Umstände und Eindrücke auch wohl sehr begründeter. Reichbelebte, hohe Naturen haben und geben dazu am meisten Anlaß. Man hat mir erzählt, der Fürst von Hardenberg, lange Jahre mit Hrn. von Nagler feindselig gespannt, habe sich endlich bereden lassen, ihn zu einer Aussöhnung bei sich zu sehen, beide seien tief gerührt gewesen, und zuletzt unter Tränen voneinander geschieden; kaum aber sei Nagler aus der Türe gewesen, so habe Hardenberg sich besonnen, alsbald die Faust geballt und ausgerufen: »Daß mir die Kanaille nur nicht wieder über die Schwelle komme!« Ich glaube deswegen gar nicht, daß die Tränen kurz vorher nicht aufrichtig gewesen. Oder sollte Goethe, indem er gegen Schiller sich über Böttiger wegwerfend äußert, diesem nicht gleich darauf in bester Form achtungsvoll und freundlich eine antiquarische Notiz abverlangen? Ich sehe darin nichts Arges, im Gegenteil muß ich es für echt sittlich erachten, in Antipathien und auch in Sympathien sich nicht zu verhärten. Die wahre Treue beruht auf andrer Grundlage, die von solchen Schwankungen des äußern Lebens nicht berührt wird. [. . .]

## An Justinus Kerner

Berlin, 7. November 1843

Lieber Freund, kannst Du mir nicht auch ein Blatt von Hölderlin verschaffen? Ich weiß, Du selbst kannst Dich nicht bemühen, aber ein Wort der Für- und Ansprache magst Du gelegentlich anbringen; und auch in Betreff meiner Sammlung überhaupt [. . .]!

## An Heinrich Heine

Berlin, 26. Oktober 1844

[. . .] Ihre neuern Gedichte machen das größte Aufsehen, mit dem Schrei des Entsetzens wetteifert der Schrei der Bewunderung; alle Stimmen vereinigen sich, die volle Macht der Poesie, das hohe Walten des Genius anzuerkennen. In den Äußerungen, welche zum Druck gelangen, werden Sie diese Stimmen freilich nur sehr abgeschwächt vernehmen, ja aus dem

Lobe hinaus und in den Tadel hinüber gedrängt – Sie kennen ja die Umstände und die Werkzeuge zum Teil! Aber jedermann weiß, daß unsre Öffentlichkeit und das lebendig Tatsächliche zwei sehr verschiedene Dinge sind, und mancher Sinn, der Ihnen unter jener Maske der Öffentlichkeit feindlich erscheint, ist Ihnen zugetan im Innern und meint wohl gar durch klugen Tadel Ihnen noch zu nutzen, wirft Ihnen vor, daß Sie unreine Reime brauchen (wie doch Schiller ebenfalls, und Goethe und Voß) und nicht Aristophanische Verskünste treiben! Als ob es darauf ankäme, als ob hier nicht ganz andre Dinge in Betracht ständen! – Mein Bericht wird Ihnen um so unverdächtiger erscheinen, als Sie sich ohne Zweifel erinnern, daß ich immer der Meinung war, Ihr Genius würde am schönsten leuchten und am mächtigsten wirken, wenn er anstatt der Schärfe die Milde hervorkehrte, und er das Pathos im Menschen anspräche; die schönen Gedichte auf die Mutter und den Oheim, einige herrliche Liebes- und Naturklänge in den Anfangsliedern stehen dieser Meinung auch heute nicht entgegen. – Doch wer dürfte hier, bei so starken autonomischen Kraftregungen, Rat geben wollen, wer ihn annehmen? Ich erkenne mehr als je den Spruch der Weisheit an: »Sehe jeder wie er's treibe«, und alles was folgt. –

Ich treibe meine Sache treulichst im alten Zuge, abwechselnd mit Lust und Unlust, mit und ohne Erfolg, wie das Wetter es mit sich bringt. Die eigne Befriedigung ist die Hauptsache bei jeder Tätigkeit; doch fehlt grade mir auch die Befriedigung von außen keineswegs; ich habe viele Menschen, die auf mich hören und die mir zustimmen. Sogar mein geselliges Leben, indem es sich zusammenzieht, erweitert sich zugleich, es öffnen sich immer neue Gänge. Meine literarische Tätigkeit beschränkt sich durch mancherlei Umstände, besonders aber durch mein Augenleiden, das mir sehr hinderlich wird, dann aber auch durch den Zustand der Literatur, der vollkommen anarchisch ist. Schufte und Lumpe haben sich der geringen Bühnen bemächtigt, wo man schreit und lärmt, der Markt ist mit Gesindel überfüllt. Die Bursche möchten einem vorschreiben, was man tun und lassen, wie man urteilen soll, und haben selber weder Gesinnung noch Ziel, treiben auf dem Meer ohne Steuer, abhängig von jedem Windstoß und jeder Welle, das nennen sie dann Freiheit! Ich bekümmere mich um das Volk gar nicht, verachte sein Lob wie seinen Tadel, und gehe meinen Weg. Einigen könnt ich den größten Gefallen tun, wenn ich gegen sie loszöge, aber ich hüte mich wohl! Auf bellende Hunde richtet man keine Kanonenschüsse, Stein und Stock wohl – bei Gelegenheit! – Auch die Bessern leiden von Mangel an Halt und Richtung und schweifen in der Irre umher, sich und andern nutzlos. Ich nehme ausdrücklich unsern Freund Laube aus, der bei hervorragendstem Talent am sichersten weiß, was er will, und sich selbst getreu ist und daher auch andern. Von ihm ist die beste, wärmste und geschickteste Anzeige Ihrer neuern Gedichte. Die in der Augsb. »Allg. Ztg.« war etwas blöde, ich weiß nicht von wem. Ich sende bisweilen auch kleine Artikel dorthin, vor einiger Zeit über Dahlmann, Rosenkranz, jetzt eben über Knigge, nächstens über Pücklers »Mehemed Ali«, alles mit V. v. E. bezeichnet; aber ich bemerke, daß mir die bayerische Zensur, oder in Furcht derselben die Redaktion, einige garstige Korrekturen in die Worte über Knigge hineingepfuscht hat. –

Die neue Auflage des »Buches der Lieder« war mir sehr erwünscht, es gibt kaum ein schöneres Buch zum Verschenken, und ich habe es recht oft verschenkt. Die erneuerte Erinnerung darin an Rahel tut meinem Herzen wohl, und es dankt Ihnen mit Innigkeit! Ich lebe doch zumeist in diesem Andenken, ich sehe mich selber nur als einen Wächter desselben an. Und wie lebt Rahel in ihrer Wirkung herrlich weiter! Ich erfahre davon täglich neue Zeugnisse! –

Leben Sie wohl, mein sehr teurer Freund! Ich hoffe Sie doch noch wiederzusehen, und wünsche es sehnlichst! Wie es kommen soll, kann ich nicht angeben, aber es kommt vieles mit der Zeit, ohne daß man das Wie vorher wußte; es ist nur erforderlich, daß man lebe. –

Mit herzlichem Gruß und neuem Handschlag, Ihr treulichst ergebner, unwandelbarer

Varnhagen von Ense.

Wie soll der Brief an Sie gelangen? Weiß ich doch Ihre Adresse nicht! –

Apropos! Ich bin ein Autographensammler geworden, und nicht zu leerer Spielerei! Schicken Sie mir einmal ein großes Paket von allem, was Sie entbehren und auftreiben können! Sie tun mir einen großen Gefallen und Dienst! –

An Karl Rosenkranz

Berlin, 18. Mai 1845

[...] Über den Zustand unsrer Literatur drängen sich mir eigne Betrachtungen auf; er deutet in Wahrheit auf eine Krise, und die eigentliche Gelehrsamkeit reicht nicht mehr aus, ihr eignes Feld zu behaupten, sie muß den Bedürfnissen des Tages weichen. Sie haben Recht, daß Sie die Zeitschriften unbeachtet lassen, sie bringen nichts und wirken nichts. Die Schriftsteller vom Gewerbe, welche meist von den Blättern leben, wie diese von ihnen, sind Jammerleute oder werden es. Die Gesinnungslosigkeit ist gleich groß wie die Ungeschicklichkeit; sie verderben täglich die eigne Sache, sie haben weder Einsicht noch Zucht. Unsre noch übrige gute Kritik muß man aus tausend Winkeln zusammensuchen, und dann erschrickt man, wie wenig es sei. Hier in Berlin ist vollends die trübseligste Verwilderung. – Ich glaube, eine politische Bewegung wird nötig sein, um auch in der Literatur aufzuräumen; das wird aber ein großer Gerichtstag werden, und unsre großen Sterne werden heller leuchten denn je! – [...]

[PS] Hier liest alle Welt den »Kosmos«, mit Staunen; es kommen für unsre fanatischen Theologen auch einige harte

Brocken darin vor; sie hassen den Autor schon von langer Zeit her.

Kann ich nicht durch Ihre gütige Vermittlung Autographen von Jacoby, Walesrode und Rupp erhalten? Gelegentlich! –

## An Justinus Kerner

Berlin, 30. Oktober 1845

[...]

[PS] Kann mir denn niemand ein Autograph von Hölderlin verschaffen? Meine Sammlung wächst, wird auch nach meinem Tode beisammen bleiben und einer künftigen Zeit ein merkwürdiges literarisches Vermächtnis unseres Lebens sein.

## An Amely Bölte

Berlin, 1. April 1848

Ich darf nicht säumen, verehrtes Fräulein, Ihnen den Empfang Ihres Briefes vom 21. März anzumelden, besonders auch wegen der Zeitumstände, die wie in der Nähe so auch in der Ferne mancherlei Besorgnis erregen können. Vor allem sag ich Ihnen, daß ich gutes Mutes bin und getrost in die Zukunft blicke, was auch immer persönlich mir begegnen möge! Der Umsturz aller gesellschaftlichen Verhältnisse, der schon vorhanden ist, die Verarmung, welche befürchtet wird, die Parteiwirren, die schon anfangen, können auch mich treffen und mir herbe Verlegenheiten bringen, aber mein eigenstes Leben schwebt hoch über diesen Bedingungen, und ich freue mich jeden Tag, diese Wandlung der Dinge noch erlebt zu haben; sie ist mir eine große Genugtuung, die uns für dreißigjährigen Druck, Verkümmerung und Schmach endlich zukommt. Da ich unserem Regierungswesen durch viele Beziehungen nahestand, so habe ich, besonders während der letzten Jahre, über die Verkehrtheit der Ansichten, den Dünkel und die Fahrlässigkeit der Obenstehenden täglich meinen Ärger und Grimm gehabt und oft ausgesprochen, was zu tun sei, was man versäume und wie es kommen werde; doch natürlich ohne allen Nutzen! Mich hat bei unsern Sachen wie bei den französischen nichts überrascht als Tag und Stunde; *die* konnte niemand wissen. Der äußerste Kampf wäre auch ohne die Dummheit und den Eigensinn der Verblendeten, welche der Himmel in der Zusammensetzung seiner Dramen immer als wirksame Triebfedern mitgebraucht, in der Tat vermieden worden; jetzt bildet dieser Kampf die eigentliche Kraft und Glut der fortschreitenden Bewegung. Ich habe den Kampf am 18. und in der Nacht zum 19. mitangesehen, das Einzelne war mir nicht neu, aber das Ganze kann ich mit nichts Erlebtem vergleichen. Der Heldenmut, die Ausdauer, die Todesverachtung, welche die Kämpfer gezeigt, übertreffen alles, was ich in meinen Kriegszeiten gesehen. Unsere Gegend war durch Barrikaden abgeschlossen, sie wurden verteidigt und behauptet bis zum hellen Morgen. Kanonen, Reiterei, Fußvolk, alles war im Streit, die Geschütz- und Gewehrsalven hörten nicht auf, dazu das Geprassel der von den Dächern geschleuderten Steine, das Geschrei der Kämpfer! Vor meinen Fenstern erlag eine Schar Fußvolk dem Steinhagel. Das Haus wurde durchsucht nach Waffen, übrigens nichts genommen. Mit dem Auszug der Truppen aus der Stadt und den freigebigsten Bewilligungen abseiten des Königs endigte die Sache, die zur wirklichen Revolution überging und eine neue Zeit anhob. In dieser geht es nun vorwärts, auflösend und gestaltend, in großem Drang und Gewirre, woraus aber die Ordnung hoffentlich bald erstehen wird. Der König ist aufrichtig in der neuen Richtung, er hat die Nacht vom 18. zum 19. wie ein Gottesurteil angenommen und sich in das sonst Verhaßteste willig gefügt. Das Volk hat ein richtiges Gefühl hierin und hat noch ein Herz für den König; dagegen trifft den Prinzen von Preußen der glühendste Haß, und man hält es für unmöglich, daß er je werde den Thron besteigen können; ihm wird alle Schuld des früheren Eigensinns und des letzten Blutbades beigemessen; selbst wenn erwiesen werden mag, daß dies unrichtig sei, wird es lange dauern, ehe das tiefgefaßte Vorurteil weichen wird. Die Hauptsache für uns ist, daß das preußische Parlament und dann das deutsche bald zustande kommt, daran wird aus allen Kräften gearbeitet. Freilich muß alles im Sturme täglich erneuter Überraschungen geschehen, und das macht alles mißlich. Indes wir sind einmal mitten drin und müssen hindurch! Die Welt wird übrigens nicht untergehen. – [...]

## An Amely Bölte

Berlin, 16. Mai 1848

Ihr letzter Brief, verehrtes Fräulein, den ich etwas spät – wie es scheint durch vermittelnde Hand – erhielt, mahnt mich, an den Ereignissen der Zeit tätigen Anteil zu nehmen, Sie haben überall, sagen Sie, meinen Namen gesucht und nirgends gefunden! Die Mahnung traf mich in einer Zeit, wo ich aufs neue von Unwohlsein peinlichster Art heimgesucht, mir selbst als augenscheinlicher Beweis erscheinen mußte, wie unfähig ich bin, Ihrer so wohlgemeinten Erwartung zu entsprechen. Ich leugne nicht, daß ich in manchem Betracht gesünder und stärker bin als in früherer Zeit, daß ich manches wage und leiste, was ich vor drei, vier Jahren nicht imstande gewesen wäre, aber alles ist nur einzeln und gleichsam zufällig, ohne sichre Folge und Dauer; ich kann auf keinen Tag mit Gewißheit rechnen, am wenigsten auf eine Reihe von Tagen – was läßt sich da tun! Ich war bei den Urwahlen tätig, aber mit großer Anstrengung überwand ich die Mühsale und war nachher krank. Ich hörte, daß in einigen Wahlbezirken viele Stimmen mich zum Abgeordneten nach Frankfurt wollten, allein da ich nicht zugegen war, keine Reden halten konnte, so fiel die Sache wieder, und ich hätte mit gutem Gewissen die Sache nicht annehmen können. Ganz vor kurzem versucht' ich zum erstenmal einen Volksredner im Freien mitanzuhören, eine halbe Stunde hielt ich die enge heiße Luft im dichten Menschengedränge aus, mußte dann durch die Abendkühle heimkehren und bekam ein Flußfieber, von dem ich heute noch nicht ganz wieder frei bin. Sie sehen, ich kann keine öffentliche Rolle mehr durchführen, es ist zu spät! Ja, wenn vor zwanzig Jahren diese Zeitumstände mich gerufen hätten! Ich bin so unbescheiden zu glauben, daß ich etwas Tüchtiges zu leisten imstande gewesen wäre; ja, noch mehr, ich sehe unter allen heute Tätigen keinen, denen ich in meiner eignen Schätzung mich nachstellen müßte, im Gegenteil, ich sehe mich sehr vielen an Mut und Einsicht voraus; aber was hilft's? Das Schicksal hat es anders mit mir gemeint und ich füge mich seinem Spruche; ja ich bin ihm innigst dankbar, daß es mir noch vergönnt hat, dies alles wenigstens noch zu erleben, als Tat und Wirklichkeit zu sehen, was ich als Wunsch und Hoffnung so viele Jahre in mir gehegt! – Meine Gesinnung und meine Geisteskräfte dürfen Sie unbedenklich überall gegenwärtig und mittätig glauben, wo nur irgend für die Sache des Volks und der Freiheit gearbeitet wird, und *diese* Teilnahme ist auch keineswegs unwirksam, denn ich stehe in vielfacher Verbindung, mündlicher und schriftlicher, und ich habe die Freude, manches Saatkorn aufgehen zu sehn, das ich ausgestreut. Diese Tätigkeit und diese Freude möcht ich um keinen Preis entbehren. Übrigens war ich nie so frei von persönlichem Ehrgeiz als eben jetzt, ich fühle, welch ein Glück es ist, in der Sache selber zu leben, anstatt in ihrem Schimmer; Namen und Ruhm werden da gleichgültig. –

Meine Zuversicht und Hoffnung sind unerschüttert, ich sehe ferne herrliche Zielpunkte, auf die mit allem Vertrauen hinzustreben ist, die gewiß einst erreicht werden. Dabei weiß ich sehr wohl, daß grade jetzt eine große Verwirrung herrscht, die noch immer zunimmt, und die uns den größten Gefahren zuführt; ich sehe furchtbare Wetter im Innern und nicht geringere von außen, ich weiß, daß der Untergang dicht neben dem Siege lauert, aber darauf muß es gewagt sein. Wie teuer der Sieg sein wird, welche Opfer ihm fallen müssen, wieviel Blut noch fließen muß, das hängt nicht sowohl von der Bewegung ab, als von dem Widerstande, den sie findet. Die Feinde haben diese Bedingungen in der Hand, sie bestimmen, welche Mittel nötig sind, das Feld zu behaupten. Wenn ich gewissen Zeichen glauben darf, so fürcht ich, es wird arg werden, und es soll uns nicht besser gehen als andern Völkern. Noch wollen die Deutschen aufrichtig ihre Könige und Fürsten, noch wollen sie den Adel freundlich in die neuen Einrichtungen aufnehmen, noch hassen sie Bluturteile und Gütereinziehung, aber – zum Frieden gehören zwei, wenn Ein Teil den Krieg fortsetzt, so ist auch der andre dazu genötigt! Das weiß ich, solche Greuel, wie die französische Revolution hat durchmachen müssen, die möchte ich *nicht* erleben! Der Freiheit aber werd ich sie nie zur Schuld rechnen.– [...]

Von Fräulein Lewald werden Sie längst Nachricht haben, sie hat Ihren Brief richtig erhalten. Von Paris kam sie allzu früh zurück und versäumte die dortigen Annehmlichkeiten großenteils, das Unangenehme dagegen fand sie hier nur unangenehmer wieder; denn auch im Revolutionieren sind die Franzosen uns an Geschicklichkeit und Grazie voraus. Ich sehe Fräulein Lewald wenig, sie liebt es, einen engern Kreis um sich her zu haben, und die eigentlich geselligen Verhältnisse sind überhaupt sehr gestört. – Bettina von Arnim ist auch wieder hier, besuchte mich gleich nach der Wiederkehr und seitdem öfters, und ist so freundschaftlich und vertraulich als je. Mit der Revolution ist sie vollkommen einverstanden, und Freundin der Polen und Franzosen. – [...]

Empfehlen Sie mich aufs innigste Herrn Carlyle! Seiner wird in diesen Zeiten oft bei uns gedacht, seine Schriften »Post and present« und über »Chartism« finden dankbare Leser. Ist denn das neue Bild, das ich von ihm bekommen soll, schon abgesendet? Erhalten habe ich nichts. –

Leben Sie wohl und genießen Sie eines guten Sommers! Wie der meinige sein wird, kann ich noch nicht sagen, meine

Badereise hängt von unsern öffentlichen Angelegenheiten und selbst von Geldverhältnissen ab, die sich noch nicht übersehen lassen. Bewahren Sie mir Ihr freundschaftliches Wohlwollen

Ihr

ergebenster

Varnhagen von Ense

## An Amely Bölte

Berlin, 8. August 1848

[. . .] Unsre Angelegenheiten verwirren sich immer mehr. Ich sehe darin die Folge der aus früheren Verhältnissen auf uns vererbten Schäden, die noch immer reichlich an das Licht kommen und ihre Heilung fordern, welche jetzt ohne gewaltige Mittel nicht zu gewähren ist; aber ich sehe darin auch die Anlage zu größerer Entwicklung, als wir sie im ersten Ausbruche der neuen Erscheinungen sehen und meinen konnten. Wir fassen diese Gegenstände meist zu klein und vereinzelt, wir möchten gutmütig als Zweck annehmen, was nur ein Mittel ist, um Größeres zu bewirken. Ein paar Kampftage und der alte Druck abgetan, die neue Freiheit eingeführt, das wäre eine gar einfache und hübsche Abmachung! Doch die Geschichte rechnet so nicht, die stellt ihre Anlagen auf weite Ferne hinaus. Wir möchten gerne konstitutionelles Fürstentum, und die Mehrheit würde damit sehr befriedigt sein. Aber wenn die Geschichte dazu den Kopf schüttelt, wenn sie die Herzen der Pharaonen verstockt, die Völker mit Blindheit schlägt, die unedlen Leidenschaften aufwühlt und die edlen überschüttet – was dann? Wir müssen weiter, wenn auch mit Seufzen und Bedauern. Der Einzelne hat in diesen Stürmen keinen Halt als den sittlichen; Wahrheit und Gerechtigkeit sind immer an der Tagesordnung, mit bester Einsicht die nächste Pflicht üben, das gilt zu jeder Stunde. Aber leicht und süß ist es freilich nicht, diese Rolle folgerecht durchzuführen!

– Ich bin wahrlich nicht müßig in dieser Zeit, es ist aber nicht nötig, daß es in größerem Kreise gewußt werde. Bei der Masse des Verkehrten, des Halben und Schwachen, des völlig Unsinnigen, ist leider wenig auszurichten. – In Preußen geht alles jetzt aus dem Zufall des Tages, kein leitender Gedanke, keine kräftige Führung ist wahrzunehmen. Wir häufen Fehler auf Fehler, verwirren uns in stets neuen Widersprüchen. Weiß der Himmel, wie wir uns da herausfinden werden! – [. . .]

– Ich will vor allem Gerechtigkeit, für alle Völker und Menschen. Daß wir nach der Revolution und trotz der Revolution noch Unterdrücker der Polen, Tschechen und Italiener sind, und es sein wollen, ist eine Schuld, die wir durch eignes Unheil büßen werden. Die Stimmen in Frankfurt, welche Deutschland frei und groß wollen auf Kosten andrer Völker, sind undeutsche, verwerfliche; sie ahmen den früheren Franzosen das nach, was uns an ihnen durchaus verhaßt war. [. . .]

## An Ernst von Pfuel

Berlin, 12. Oktober 1848

Herr General!

In der Bedrängnis des Augenblicks richte ich an Ew. Exzellenz diese warnenden Worte. Bringen Sie die Sache nicht aufs äußerste, lenken Sie ein, da es noch Zeit ist, Sie sind auf dem Wege des Verderbens. Sie haben jetzt eben einen Gesetzesvorschlag eingebracht, der die Volksfreiheit in der Wurzel angreift. Sie haben sich damit das Urteil gesprochen. Nehmen Sie nun auch den Frankfurter neuesten Beschluß an, so sprechen Sie auch dem Staate das Urteil, er erscheint als völlig mediatisiert, die Regierung willigt in ihre Knechtschaft, um auch das Volk wieder knechten zu dürfen. Das alles geschieht unter Ihrem Namen! Ich will Sie nicht an die Gefahr erinnern, die Sie persönlich auf sich ziehen, denn Sie sind ein tapferer Mann, der sich dadurch nicht schrecken läßt; aber ich will

Ihnen vorhalten, daß Sie Ihr greises Haupt mit Schande in die Grube legen, daß Ihr Name für immer den Haß und die Verachtung des ganzen Vaterlandes tragen wird. Und, was Sie mehr noch zu erwägen haben, durch Ihr törichtes Verfahren zerbricht der Thron, fällt die Monarchie, denn alle Ihre Maßregeln haben – des seien Sie versichert – keinen Erfolg, sie werden zuschanden an der stürmenden Bewegung dieser Zeit. Weiter habe ich Ew. Exzellenz nichts zu sagen.

Sie kennen meine Handschrift, also bedarf es keiner Unterzeichnung meines Namens.

## An Justinus Kerner

Berlin, 21. September 1849

Deinen Brief vom 14. September habe ich vorgestern empfangen, und an demselben Tage traf auch aus Leipzig das Buch* bei mir ein, das er mir ankündigt. Ich danke Dir bestens für diese Sendung und für den guten Willen, den sie mir bezeugt. Das Buch war mir durch den Buchhandel schon früher zugekommen, und ich habe mit Eifer mir es angeeignet und mit wärmstem Anteil es gelesen. Ich weile gern in der Erinnerung der Vergangenheit, in der ich mich auch mit Dir noch innig verbunden fühlen kann. Die neueste Zeit trennt uns. Ich war, seit ich anfing meiner bewußt zu sein, ein Freund der Freiheit und des Volkes und werde es bleiben bis zum letzten Lebenshauche. In allem Wechsel habe ich beide nur immer mehr erkennen und verehren gelernt, und der Schein der Ereignisse macht mich nicht irr über ihr Wesen. Wir sind alt und haben von der Welt für uns wenig mehr zu fordern, mich erhebt aber der Gedanke, daß sie den Nachlebenden reichlichst in der Tat gewähren wird, was sie mir nur im Geiste zu besitzen gewährt hat. – Lebe wohl! Ich wünsche Dir von Herzen alles Gute und so viel Freudigkeit, als ich sie jetzt sogar in der scheinbar trüben Bedrängnis ungeirrt empfinde. Mögen

* Bilderbuch aus meiner Knabenzeit, Braunschweig 1849.

Deine Augen Dir erhalten bleiben! Die meinen leiden sehr, wenn auch meine Handschrift noch ziemlich dieselbe ist. Ich grüße herzlichst Deine liebe Frau, Deinen mir sehr werten Sohn und Deine edle Schwiegertochter!

In treuer Gesinnung Dein
Varnhagen von Ense

## An Amely Bölte

Berlin, 8. Januar 1850

[...] Wie es um unsere öffentlichen Angelegenheiten steht, wissen Sie durch die Zeitungen. Daß ein Engländer von diesen Sachen nichts weiß, sich nicht die Mühe geben mag, Näheres zu erfahren, wundert mich nicht; sind doch die meisten Deutschen selbst darüber völlig im unklaren; wenn sie auch das Tatsächliche hinreichend kennen, so sind sie doch der Bedeutung unkundig und lassen sich immerfort durch Blendwerke täuschen. So jetzt aufs neue durch die Wahlen zu dem sogenannten Erfurter Parlament. Es gibt noch immer Toren, die etwas von dieser Verkehrtheit, von dieser Vorspiegelung hoffen. Doch die Mehrheit des Volkes ist schon zu aufgeklärt und beteiligt sich dabei nicht. Daß die neue Bundeskommission in Frankfurt am Main nur eine schlimmere Wiederkehr des verhaßten Bundestages ist, wird auch so ziemlich eingesehen. Die Reaktion ist in vollem Gange, bald wird sie auch das Vereinsrecht und die Preßfreiheit unterdrücken. Allein ihr Sieg ist dennoch nur ein scheinbarer, die Revolution macht ganz andere Fortschritte, und jedes Gelingen der Reaktion beflügelt jene nur. Die Folgezeit wird es schon dartun! Unsere preußische Verfassung – ein trauriges Flickwerk – ist so gut wie fertig; allein man glaubt, der König werde sie noch anders wollen, und unsere Zustände noch nicht zum Abschlusse kommen. Alles das ist Nahrung, kräftige Nahrung für die Revolution. – [...]

An Karl Rosenkranz

Berlin, 2. Februar 1852

Hochverehrter Herr und Freund!

Mit lebhaftem warmen Anteil hab ich Ihre Lebenserinnerungen gelesen, und wie immer sind auch hier die ersten Kinderzeiten mir von besonderem Reiz und Wert. Diese Schicksale haben noch das allgemein Menschliche, das jedem Leser mitangehört, das er mitdurchgemacht, ehe noch Stand und Beruf ihn näher bedingt haben; sie sind es auch, die vorzugsweise mit voller Aufrichtigkeit erzählt werden, wenigstens so erzählt werden können, weil ihre kleinen Tatsachen, wie bedeutend sie auch für die Entwicklung der Gemüts- und Denkart sein mögen, doch außerhalb der Ansprüche des späteren Lebens liegen und dessen Stellung nicht berühren. Doch hiemit sei keineswegs gesagt, Sie hätten uns das Beste schon gegeben, im Gegenteil ist nun die Erwartung erregt, die jenen Anfängen entsprechende Fortsetzung folgen zu sehen, und ich sehe mit wahrem Bedauern, daß Sie meinen, diese nicht zu liefern! Ich hoffe, diese Meinung hält nicht stand, und Sie entschließen sich weiterzugehen und besonders das Bild Ihrer Universitätsjahre uns nicht vorzuenthalten, das, in Ihrer Behandlung, den größten Reichtum geistiger Gebilde wie persönlicher Gestalten gewähren muß. Die Schwierigkeiten, deren Sie gedenken, erkenn ich an, aber sie sind zu überwinden, erstlich durch Mut und Entschluß, dann durch Geschicklichkeit. Man darf weit mehr wagen, als man gewöhnlich glaubt, und das Erschrecken mancher Leute hat nicht viel auf sich, wenn man nur nicht zu sehr darauf achtet; sie geben sich bald zufrieden und danken wohl gar, daß man sie nicht schärfer angefaßt. Ich will gewiß nicht, daß Lebende rücksichtslos und unnötig verletzt werden, ich habe vielmehr die stärksten Beispiele von Schonung und Milde, von Hervorhebung des Löblichen gegeben; allein es gibt in jedem Menschen Seiten und Beziehungen, die der Öffentlichkeit verpflichtet sind, und die er ihr nicht versagen darf, auch wenn es ihm unangenehm ist, daß sie der Welt mitgeteilt werden. Was der gemeinste Gerichtshandel von ihnen begehren darf, daß sie als Zeugen auftreten, kann mit größerem Recht ein höheres Anliegen von ihnen fordern; eine Frau, die von Goethe geliebt worden, ein Mann, der Friedrichs des Großen Vertrauen hatte, sind ihrem Schicksal verfallen, sie können keine stille Verborgenheit mehr ansprechen. Wo sich das Ganze durchaus nicht sagen läßt, da wird doch immer ein Teil sich sagen lassen, und dann hat man nur dafür zu sorgen, den Ausdruck so zu wählen, daß die anderweitige oder spätere Ergänzung ihm sich anschließen könne, ohne ihn aufzuheben. Doch Sie kennen die Hülfsmittel des Vortrags und der Darstellung wenigstens ebensogut als ich und wissen, daß sie unendlich sind! Also vertrauen Sie dem Mut und der Kunst nur getrost, und setzen Sie Ihre biographischen Mitteilungen fort! Geben Sie uns ein Bild der Menschen und Bestrebungen in der Blütezeit der Hegelschen Philosophie, nach Ihren eignen Erlebnissen und Anschauungen, wovon einiger Schimmer bereits in Ihrem »Leben Hegels« leuchtet! – [. . .]

## An Theodor Fontane

Berlin, 11. Februar 1852

Hochgeehrtester Herr Doktor!

Sie haben mir gütigst einen Wunsch des Herrn Dr. Wolfsohn eröffnet, den ich zu erfüllen sogleich herzlich gern bereit war, aber dabei im Zweifel stand, in welcher Weise dieses am schicklichsten geschehen könnte. Das Manuskript des Werkes, das ich empfehlen soll, ist mir ganz unbekannt, und ich würde von demselben, wenn es auch zur Hand wäre, kaum nähere Kenntnis nehmen können, da meinen leidenden Augen das Lesen von Manuskripten überaus beschwerlich wird. Über Nacht fiel mir ein, daß der abgerissene Schluß eines Briefes die bequeme Form böte, mit guter Art alles das harmlos auszusprechen, was dem nächsten Zwecke förderlich sein könnte, und was zu sagen ich unter den waltenden Umständen auch in Wahrheit verantworten kann. Ein solches Blatt bin ich so frei Ihnen in der Anlage ergebenst zu überreichen, mit der gehorsamsten Bitte, solches, im Fall es Ihre Billigung hat, mit meinen besten Grüßen dem Herrn Wolfsohn zu senden, der dann sein Heil damit versuchen möge! – Die traurige Lage des Herrn Dr. Jung in Königsberg bekümmert mich sehr, und schon seit Jahren sinne ich mit andern Freunden desselben vergebens, auf welche Art ihr abzuhelfen, sie wenigstens zu erleichtern sein möchte; die örtlichen und persönlichen Verhältnisse, die Zeitläufte, ja sein Talent selbst, alles ist für ihn ungünstig gestellt, und sein ernstes würdiges Streben, sein edler tapfrer Eifer mühet sich ertraglos ab. Ich würde mich glücklich schätzen, wenn meine armen Worte dem Buche, auf welches er seine fast letzte Hoffnung gesetzt, irgendwie zur baldigen Erscheinung verhelfen könnten. Ihnen und Herrn Wolfsohn würde ich dann dafür dankbar verpflichtet sein, mir die Gelegenheit dazu dargeboten zu haben! –

Mit ausgezeichneter Hochachtung habe ich die Ehre zu verharren Euer Wohlgeboren ganz ergebener

Varnhagen von Ense

## An Alexander von Humboldt

Berlin, 14. März 1856

Euer Exzellenz

gütige werte Geschenke kommen in meine Abgeschiedenheit, wie dieser rauhe Nachwinter sie mir auferlegt, heitrer und freundlicher als der Sonnenschein, der ihn begleitet! Empfangen Sie mit meinem wiederholten Danke die eifrige Versicherung, daß ich alles nach Gebühr zu schätzen weiß, am höchsten doch die wohlwollende Gesinnung, welche meiner so günstig gedenkt und mich so liebreich erfreut! Die Bleistiftzeilen des sterbenden Heine sind mir ein teures

Andenken, und bleiben in dem Umschlage, von Euer Exzellenz Hand überschrieben, ehrenvoll verwahrt. Auch die heutige Gabe, die sinnige Verknüpfung von Archimedes und Franklin bezüglich ihrer Denksteine, habe ich mit wärmster Teilnahme gelesen.

Ich sehe, daß Sie nicht Wind noch Wetter scheuen, und glücklicherweise nicht zu scheuen brauchen, wenn es gilt, eine Ehrenpflicht zu erfüllen. Die heutige Zeit bringt seltsame Aufgaben! – Daß ein Polizeichef im Zweikampf erlegt wird, ist wohl in den Staaten des neuern Europa noch nicht dagewesen. Die Berufung eines Ministers der auswärtigen Angelegenheiten nach Paris, um zur abgemachten Sache den Streusand aus der Mark zu bringen, erscheint auch etwas fabelhaft. Doch – Allah ist groß! – In treuster Verehrung und dankbarster Ergebenheit unwandelbar Euer Exzellenz gehorsamster

Varnhagen von Ense

## An Alexander von Humboldt

Berlin, 7. April 1857

[. . .] Seit einigen Tagen leb ich ganz in Erinnerungen vergangener Zeiten und Verhältnisse. Der soeben bei Cotta erschienene Briefwechsel zwischen Gentz und Adam Müller hat mich in einen Zauberkreis gebannt, und ich muß den ganzen Inhalt jener Lebensbilder nochmals in mir betrachtend durchleben. Ich habe beide Männer früh und vertraut gekannt und viel mit ihnen zu tun gehabt, persönlich befreundet, in den Sachen meist feindlich. Die Überlegenheit von Gentz über den jüngern, von ihm sehr überschätzten Freund war mir nie zweifelhaft und wird hier aufs neue bestätigt; nur zuletzt, als die Ermordung Kotzebues den Sinn verwirrt und betäubt, treibt die Gewalt des Schreckens den sonst Klarheit liebenden Staatsmann in die trübe Nebelschichte, in welche der geängstete Freund sich schon lange zurückgezogen hatte. Dieser Briefwechsel ist wohl einzig in seiner Art. Die Ver-

*Varnhagen von Ense kurz vor seinem Tode, 1858*

handlungen, Erörterungen, wechselseitigen Einwirkungen, Zuneigungen und Befehdungen haben den Reiz eines Dramas. In Adam Müller steckt übrigens der vollständige Keim der Kreuzzeitungspartei, jedoch in idealer Höhe, noch ohne Berührung mit der Wirklichkeit, daher ohne gehässige Gemeinheiten. –

Euer Exzellenz haben mir gütigst ein paar Zeilen über Franz Baader zugesagt; darf ich daran mit der Bemerkung bescheidentlichst erinnern, daß wirklich nur ein paar Zeilen dem Zwecke genügen? –

In treuester Verehrung und dankbarster Ergebenheit unwandelbar Euer Exzellenz gehorsamster

Varnhagen von Ense

# Anhang

# Verzeichnis der Texte und Druckvorlagen

Die Texte der vorliegenden Ausgabe folgen den jeweils angegebenen Druckvorlagen. Die Orthographie und die Interpunktion wurden bei Wahrung des Lautstandes und sprachlicher Eigenheiten behutsam dem heutigen Gebrauch angeglichen. Erläuternde und verbessernde Zusätze des Herausgebers stehen in eckigen Klammern. Offensichtliche Druckversehen wurden stillschweigend korrigiert. Fußnoten sind vom Herausgeber ergänzt worden.

## Publizist und Zeitzeuge

## Rezensionen



## Briefe

# Personenregister

Das Register verzeichnet die in den Schriften und Briefen sowie in der Einleitung und der Zeittafel genannten Personen. Kursiv gesetzte Ziffern verweisen auf Stellen, wo über eine Person ohne Nennung ihres Namens gesprochen wird.

# Erzählungen und Romane der deutschen Romantik

IN RECLAMS UNIVERSAL-BIBLIOTHEK

Arnim, Achim v.: *Erzählungen.* (G. Henckmann) 1505 – *Isabella von Ägypten.* (W. Vordtriede) 8894 – *Die Kronenwächter.* (P. M. Lützeler) 1504 – *Die Majoratsherren.* (G. Beckers) 9972 – *Der tolle Invalide auf dem Fort Ratonneau. Owen Tudor.* (K. Weigand) 197

Arnim, Bettina v.: *Ein Lesebuch.* Mit 21 Abb. (Ch. Bürger und B. Diefenbach) 2690 auch geb.

Bonaventura: *Nachtwachen.* Anh.: *Des Teufels Taschenbuch.* (W. Paulsen) 8926

Brentano, Clemens: *Der Dilldapp u. a. Märchen.* 6805 – *Gedichte.* (P. Requadt) 8669 – *Die Geschichte vom braven Kasperl und dem schönen Annerl.* 411 – dazu *Erläuterungen und Dokumente.* (G. Schaub) 8186 – *Gockel und Hinkel.* (H. Bachmaier) 450 – *Die mehreren Wehmüller und ungarischen Nationalgesichter.* (D. Lüders) 8732

Chamisso, Adelbert v.: *Peter Schlemihls wundersame Geschichte.* 93 – dazu *Erläuterungen und Dokumente* (D. Walach) 8158

Eichendorff, Joseph v.: *Ahnung und Gegenwart.* (G. Hoffmeister) 8229 – *Aus dem Leben eines Taugenichts.* 2354 – *Dichter und ihre Gesellen.* (W. Nehring) 2351 – *Das Marmorbild. Das Schloß Dürande.* 2365 – *Sämtliche Erzählungen.* (H. Schultz) 2352

Fouqué, Friedrich de la Motte: *Undine.* 491

Hoffmann, E. T. A.: *Die Bergwerke zu Falun. Der Artushof.* (H. Pörnbacher) 8991 – *Doge und Dogaresse.* (B. v. Wiese) 464 – *Die Elixiere des Teufels.* (W. Nehring) 192 – *Das Fräulein von Scuderi.* 25 – dazu *Erläuterungen und Dokumente.* (H. U. Lindken) 8142 – *Der goldne Topf.* (K. Nussbächer) 101 – dazu *Erläuterungen und Dokumente.*

(P.-W. Wührl) 8157 – *Kater Murr.* (H. Steinecke) 153 – *Klein Zaches genannt Zinnober.* (G. R. Kaiser) 306 – dazu *Erläuterungen und Dokumente.* (G. R. Kaiser) 8172 – *Kreisleriana.* (H. Castein) 5623 – *Das Majorat.* 32 – *Meister Floh.* (W. Segebrecht) 365 – *Meister Martin, der Küfner und seine Gesellen.* 52 – *Nachtstücke.* (G. R. Kaiser) 154 – *Nußknacker und Mausekönig.* 1400 – *Prinzessin Brambilla.* 8 Kupfer nach Callotschen Originalblättern. (W. Nehring) 7953 – *Rat Krespel. Die Fermate. Don Juan.* (J. Kunz) 5274 – *Der Sandmann. Das öde Haus.* (M. Wacker) 230 – *Des Vetters Eckfenster.* (G. Koziełek) 231

Kleist, Heinrich v.: *Die Marquise von O... Das Erdbeben in Chili.* (Ch. Wagenknecht) 8002 – *Michael Kohlhaas.* (P.-W. Lützeler) 218 – dazu *Erläuterungen und Dokumente.* (G. Hagedorn) 8106 – *Sämtliche Erzählungen.* (W. Müller-Seidel) 8232 – *Die Verlobung in St. Domingo. Das Bettelweib von Locarno. Der Findling.* 8003 – *Der Zweikampf. Die heilige Cäcilie. Sämtliche Anekdoten. Über das Marionettentheater und andere Prosa.* 8004

Novalis: *Heinrich von Ofterdingen.* (W. Frühwald) 8939

Schlegel, Friedrich: *Lucinde.* (K. K. Polheim) 320

Tieck, Ludwig: *Die beiden merkwürdigsten Tage aus Siegmunds Leben. Fermer, der Geniale.* (W. Biesterfeld) 7822 – *Der blonde Eckbert. Der Runenberg. Die Elfen.* (K. Nussbächer) 7732 – zu: Der blonde Eckbert. Der Runenberg *Erläuterungen und Dokumente.* (H. Castein) 8178 – *Franz Sternbalds Wanderungen.* Studienausg. 16 Abb. (A. Anger) 8715 – *Der Hexensabbat.* (W. Münz) 8478 auch geb. – *Des Lebens Überfluß.* (H. Bachmaier) 1925 – *Liebesgeschichte der schönen Magelone und des Grafen Peter von Provence.* (E. Mornin) 731 – *Vittoria Accorombona.* (W. J. Lillyman) 9458 – *William Lovell.* (W. Münz) 8328

Philipp Reclam jun. Stuttgart

# Prosa aus Biedermeier und Vormärz

IN RECLAMS UNIVERSAL-BIBLIOTHEK

---

Berthold Auerbach, *Schwarzwälder Dorfgeschichten.* Ausw. und Nachw. von Jürgen Hein. 4656

Ludwig Börne, *Briefe aus Paris.* Ausw., Anm. und Nachw. von Manfred Schneider. 9850 – *Monographie der deutschen Postschnecke.* Skizzen, Aufsätze, Reisebilder. Ausw. und Nachw. von Jost Hermand. 11

Georg Büchner, *Lenz. Der hessische Landbote.* Nachw. von Martin Greiner. 7955 – *Lenz.* Studienausgabe. Hrsg. von Hubert Gersch. 8210 – dazu *Erläuterungen und Dokumente* hrsg. von Gerhard Schaub. 8180

H. Clauren: *Mimili.* Wilhelm Hauff: *Kontrovers-Predigt über H. Clauren und den »Mann im Monde«*, Hrsg. von Joachim Schöberl. 2055

*Der deutsche Vormärz.* Texte und Dokumente. Hrsg. von Jost Hermand. 8794

Annette von Droste-Hülshoff, *Die Judenbuche.* Novelle. 1858 – dazu *Erläuterungen und Dokumente* hrsg. von Walter Huge. 8145

Friedrich Gerstäcker, *Die Flucht über die Kordilleren. John Wells.* Erzählungen. 6320

Adolf Glassbrenner, *Der politisierende Eckensteher.* Ausw. und Nachw. von Jost Hermand. 5226

Jeremias Gotthelf, *Elsi, die seltsame Magd. Der Besenbinder von Rychiswyl.* Erzählungen. 7747 – *Die schwarze Spinne.* Erzählung. Nachw. von Konrad Nussbächer. 6489 – dazu *Erläuterungen und Dokumente* hrsg. von Wolfgang Mieder. 8161 – *Uli der Knecht.* Hrsg. von Hans Peter Holl. 2333

Franz Grillparzer, *Der arme Spielmann.* Erzählung. Nachw. von Emil Kast. 4430 – dazu *Erläuterungen und Dokumente* hrsg. von Helmut Bachmaier. 8174 – *Das Kloster bei Sendomir.* Erzählung. Nachw. von Karl Pörnbacher. 8761

Karl Gutzkow, *Wally, die Zweiflerin.* Hrsg. von Günther Heintz. 9904

Wilhelm Hauff, *Das Bild des Kaisers.* Novelle. Nachw. von Gerard Kozielek. 131 – *Die Geschichte von dem kleinen Muck. Der Zwerg Nase.* Märchen. Nachw. von Erwin Ackerknecht. 7702 – *Das kalte Herz und andere Märchen* (Gespensterschiff. Kalif Storch). 6706 – *Lichtenstein.* 85 – *Sämtliche Märchen.* Hrsg. von Hans-Heino Ewers. 301 – *Saids Schicksale. Die Geschichte Almansors.* 8321

Heinrich Heine, *Aus den Memoiren des Herren von Schnabelewopski.* Nachw. von Manfred Windfuhr. 2388 – *Der Doktor Faust.* Hrsg. von Joseph A. Kruse. 3605 – *Die Harzreise.* Nachw. von Friedrich Sengle. 2221 – *Ideen. Das Buch Le Grand.* Hrsg. von Dierk Möller. 2623 – *Der Rabbi von Bacherach.* Hrsg. von Hartmut Kircher. 2350 – *Die romantische Schule.* Hrsg. von Helga Weidmann. 9831

Justinus Kerner, *Ausgewählte Werke.* Hrsg. von Gunter Grimm. 3857

Eduard Mörike, *Maler Nolten.* Novelle. Hrsg. von Heide Eilert. 4770 – *Mozart auf der Reise nach Prag.* Novelle. 4741 – dazu *Erläuterungen und Dokumente* hrsg. von Karl Pörnbacher. 8135 – *Das Stutt-*

*garter Hutzelmännlein.* Märchen. Hrsg. von Walther Hofstaetter. 4755

Charles Sealsfield, *Das Kajütenbuch oder Nationale Charakteristiken.* Hrsg. von Alexander Ritter. 3401 – *Die Prärie am Jacinto.* Erzählung. Nachw. von Karl Konrad Polheim. 7881

Adalbert Stifter, *Abdias.* Erzählung. Nachw. von Paul Requadt. 3913 – dazu *Erläuterungen und Dokumente* hrsg. von Ulrich Dittmann. 8812 – *Bergkristall.* Erzählung. Nachw. von Helmut Bachmaier. 3912 – *Der beschriebene Tännling.* Erzählung. Nachw. von Karl Pörnbacher. 7548 – *Brigitta.* Erzählung. Mit einem Nachw. 3911 – dazu *Erläuterungen und Dokumente* hrsg. von Ulrich Dittmann. 8109 – *Die drei Schmiede ihres Schicksals.* Hrsg. von Karl Pörnbacher. 9863 – *Granit.* Erzählung. Vorrede zu »Bunte Steine«. 7602 – *Der Hagestolz.* Erzählung. 4194 – *Der Hochwald.* Erzählung. Nachw. von Emil Merker. 3861 – *Kalkstein.* Hrsg. von Karl Pörnbacher. 9932 – *Der Kondor. Das Heidedorf.* Erzählungen. Nachw. von Irene Ruttmann. 8990 – *Die Mappe meines Urgroßvaters.* Hrsg. von Karl Pörnbacher. 7963 – *Nachkommenschaften.* Hrsg. von Karl Pörnbacher. 7924 – *Der Waldsteig.* Erzählung. Nachwort von Helmut Bachmaier. 3898 – *Wien. Die Sonnenfinsternis.* Nachw. von Johannes Urzidil. 8850

Georg Weerth, *Humoristische Skizzen aus dem deutschen Handelsleben.* Hrsg. von Jürgen-Wolfgang Goette. 7948

---

Philipp Reclam jun. Stuttgart